Provence

EINE KULINARISCHE REISE

Brathähnchen nach Art von Barthelasse (Rezept S. 122)

Provence

EINE KULINARISCHE REISE

Mit 213 Originalrezepten der Region

Text von Richard Olney und Jacques Gantié
Foodfotos von Peter Johnson
Landschafts- und Städtefotos von Michael Freeman

Christian Verlag

Aus dem Englischen übersetzt von Susanne Vogel
Redaktion: Brigitte Milkau
Korrektur: Britta Fuss
Umschlaggestaltung: Ludwig Kaiser
Herstellung: Dieter Lidl
Satz: Fotosatz Völkl, Puchheim

Text: Richard Olney (Rezepte und Einführungstexte zu den
Gerichten)
Jacques Gantié (Einführungstexte zu den Regionen)
Foodfotos: Peter Johnson
Foodstylist: Janice Baker
Landschafts- und Städtefotos: Michael Freeman

Produced by Weldon Owen Inc.:
President: John Owen
General Manager: Stuart Laurence
Publisher: Jane Fraser
Co-Editions Director: Derek Barton
Designer: John Bull, The Book Design Company
Production: Stephanie Sherman, Mick Bagnato

Karten: Kenn Backhaus
Illustrationen: Diana Reiss-Koncar

Produktion: Mandarin Offset, Hong Kong
Printed in China

Rechts: *Die Camargue ist gewissermaßen der Wilde Westen
Frankreichs; hier gibt es Stiere, wilde Pferde und »Gardians«,
die berittenen Stierhüter.*

Seite 2–3: *Die weiten Täler der Alpes-de-Haute-Provence zählen
zu den am wenigsten besiedelten Landschaften der Provence.*

Seite 8/9: *Kartoffelauflauf mit Knoblauch und Parmesan* (links;
Rezept S. 176) *und Gratin von weißen Rüben* (rechts; Rezept
S. 201)

Seite 10: *Obstsalat in Bandol-Wein* (Rezept S. 236) *und
Zitronencreme* (Rezept S. 238); *fotografiert im Hof der
Domaine Tempier*

Seite 12/13: *Cassis, der idyllische Fischerort an der Côte d'Azur,
hat einen bezaubernden Hafen, exzellente Fischrestaurants und
köstliche Weißweine zu bieten.*

Vorsatz: *Römische Statuen schmücken dieses Gebäude in
Aix-en-Provence.*

INHALT

Warme Gelb- und Ockertöne kennzeichnen Kunst und Architektur der Provence.

PROVENCE
KÜCHEN DER SONNE

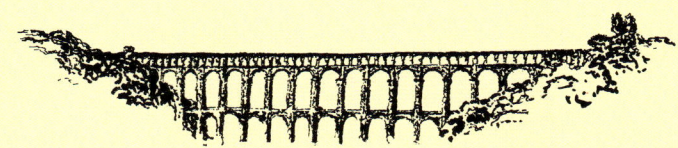

Von ferne und mit einer gewissen Distanz betrachtet, präsentiert sich die Provence als eine Gesamtregion ohne klare Konturen. Nur eilige Touristen aber können diesem Trugbild erliegen. Die Provence hat viele Gesichter, und wer sich bemüht, ihr wahres Wesen und ihre Geheimnisse zu ergründen, wer versucht, ihren kulinarischen Schätzen auf die Spur zu kommen, wird – ebenso wie Sozialhistoriker und Geographen, die sich mit dieser bemerkenswerten Region im Süden Frankreichs befassen – nicht umhinkönnen, von »den Provences« zu sprechen.

Tatsächlich vermag nur der Plural diese sonnigen Gegenden angemessen zu beschreiben, die sich dem Besucher nicht so leicht offenbaren, wie er es vielleicht erwarten mag. Ebensowenig erschließen sich ihm so ohne weiteres ihre Aromen. Der Charakter dieser Region enthüllt sich nur dem, der sich die Zeit nimmt, ihm nachzuspüren, dem »kulinarischen Lustwandler« also, der weiß, daß man die Schätze der Natur nicht einfach hinunterschlingt, sondern daß man ein Auge für sie haben, Worte für sie finden, sie mit Liebe ernten muß, bevor man sie sich schließlich genüßlich zu Gemüte führt.

Provences in der Mehrzahl also! Die des Hochlands, wo der Mistral, mitunter mit Eiseskälte aus dem Rhônetal kommend, weht, hat nichts gemein mit der Provence der in gleißendes Weiß getauchten Buchten zwischen Marseille und

Cassis. Und ebensowenig ist sie zu vergleichen mit den lieblichen Hügeln des Var, den sanften Ockertönen des Massif de l'Esterel an der Côte d'Azur oder den Dörfern oben in den Alpes-Maritimes, wo zwischen Berggipfeln und Tälern kulinarische Traditionen entstanden sind, die bereits die heiteren volkstümlichen Akzente des nahen Italien ahnen lassen.

Hier rückt das Kochen in den Bereich der Kunst. Weder zu viel Schatten noch zu viel Sonne. Weder zu kräftige Farben noch dominierende Aromen. Stimmungen, Heiterkeit und Phantasie – alles ist von der *joie de vivre* durchdrungen, und überall sprechen die kulinarischen Schätze der Provence eine beredte Sprache: durch ihre sämigen Suppen, so denkbar einfach und dabei so appetitanregend; mittags serviert man gern leichte Fisch- und Krebssuppen oder auch eine kalte Tomatensuppe, abends eher deftigere Suppen, zum Beispiel mit dicken oder grünen Bohnen oder auch mit Kürbis; und natürlich durch die großartigen Klassiker wie *aïoli, bouillabaisse, brandade de morue, bourride,* die *daubes* in ihren vielfältigen Variationen und nicht zuletzt den *pot-au-feu;* weiterhin durch die Salate und *pan-bagnat, ein* kleines rundes Brot, gefüllt mit den traditionellen Zutaten des *salade niçoise,* wie Tomaten, Oliven, Paprika, jungen dicken Bohnen und anderem mehr. Nicht zu vergessen der *casse-croûte* (Imbiß), der in Nizza unter dem italienischen Namen *mérenda* bekannt ist. Dieser Snack kann aus den einfachsten Kleinigkeiten bestehen: geröstetem Brot, das mit Knoblauch eingerieben oder mit *tapenade* oder *anchoïade* bestrichen wird, oder auch *panisses,* jenen köstlichen Broten aus Kichererbsenmehl, denen einer

Linke Seite: Obwohl sich in St. Tropez heute alles versammelt, was Rang und Namen hat, gibt es in dem kleinen Ferienort an der Côte d'Azur noch immer ruhige Straßen.

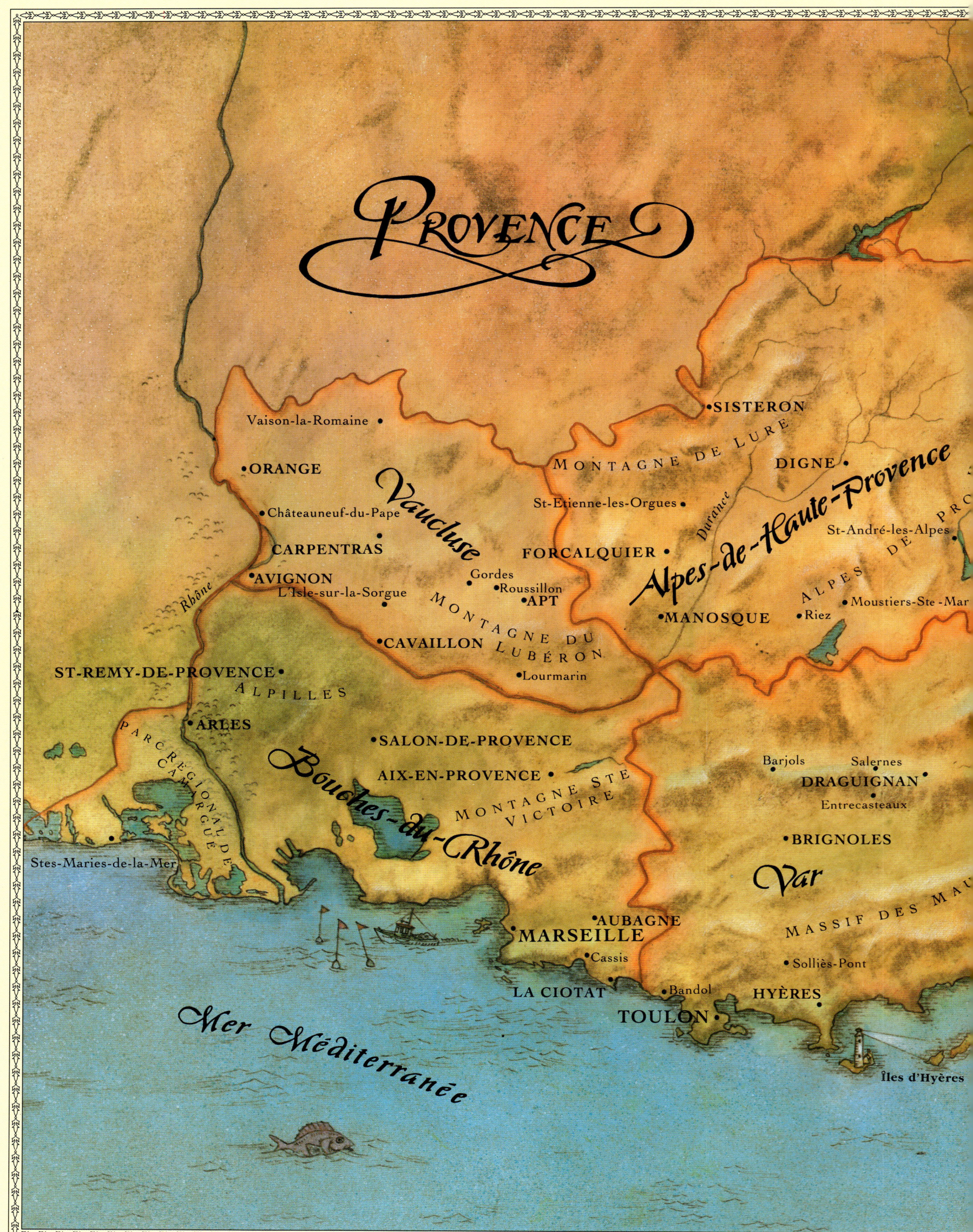

BARCELONNETTE

Saorge

Var

Entrevaux

Alpes-Maritimes

Sospel

MONTE CARLO

Eze **Monaco**

Vence **NICE** Villefranche-sur-Mer

GRASSE

Biot

CANNES **ANTIBES**

Côte d'Azur

FRÉJUS
ST-RAPHAËL

ST-TROPEZ

von Marcel Pagnols Helden seinen Namen verdankt. Man würde sie für Speisen der Ärmsten der Armen halten, in Wahrheit aber sind sie die funkelndsten Sterne der Küche der Sonne.

Meisterköche des ausklingenden 20. Jahrhunderts, darunter auch einige, die in der Provence tätig sind, haben die Bedeutung dieser schlichten Zubereitungen erkannt und aus ihnen nach der Devise »zurück zur Natur« exquisite Trendgerichte gezaubert. Einst Nahrung der Bauern, bringen diese Speisen heute Gourmets ins Schwärmen, die natürlich keinen Gedanken an die beschwerliche Feldarbeit verschwenden. Ohne sich dessen bewußt zu sein, tun sie es der Marquise de Sévigné gleich, die im 17. Jahrhundert schwelgte: »Diese Rebhühner, die sich von Thymian und Majoran nähren … weiße, zuckersüße Feigen, Muskattrauben, Bernsteintropfen gleich, die, genösse man sie ohne Maß, einem die Sinne betäuben würden … Mein lieber Cousin, welch ein Leben!«

Alle Regionen der Provence haben ihre eigene Atmosphäre und Persönlichkeit. Schriftsteller und Künstler, die den Süden Frankreichs priesen, entdeckten für uns, wie nur Poeten es vermögen, ihre Geheimnisse und unterschiedlichen Charaktere. Jean Giono, Marcel Pagnol, Alphonse Daudet, Colette, Zola, Matisse, Picasso, Paul Signac, Cocteau, Dufy, Cézanne und van Gogh irrten nicht in ihren Worten und Farben, und gewiß war es kein ihnen unbekanntes Land, das sie uns schilderten, denn sie nahmen sich die Zeit, in Aix, Manosque, Arles, Nizza oder Saint-Tropez zu leben.

Desgleichen wußten die Köche der Provence, und schon lange vor ihnen die Hausfrauen, die Stunden und mitunter gar Tage damit zubrachten, Suppen, Terrinen, Schmalzgebackenes und *daubes* zu bereiten, immer das rechte Maß zu finden, mit den Aromen zu experimentieren und die Früchte der Sonne richtig zu bemessen.

Das milde Klima der Côte d'Azur lockt das ganze Jahr hindurch Besucher und Musikanten in die Straßencafés.

Erst wenn sich der Hunger meldet und wir uns zu Tisch begeben, entdecken wir die Besonderheiten dieser von der Sonne vergoldeten Landschaften, erschließt sich uns die der gesamten Provence gemeinsame Sprache. Sie berichtet von den Freuden des Kochens und verlangt nach einer *pointe d'ail,* einer Messerspitze Knoblauch. Auch fordert sie, daß die Gerichte mit einem Olivenöl zubereitet werden, das möglichst aus einer der letzten verbliebenen Ölmühlen in Mausanne, Oppède, Rouret, Contes, Nyons, Cucuron oder einem anderen jener heiligen Orte stammen sollte, wo der Olivenanbau noch immer in der Hand von Familienbetrieben ist. Während das Öl zum Kochen durchaus auch leicht sein darf, muß es für Salate unbedingt fruchtig sein. In früheren Zeiten war die heute etwas in Vergessenheit geratene *olivade* mit ihrem so treffenden Namen ein traditionelles Familienfest. Es gab *aïoli,* oder man rieb in Olivenöl getunktes Brot mit Knoblauch und Sardellen ein und röstete es anschließend über der Glut. Des weiteren fordert sie, daß die Gerichte der Sonne – in Maßen natürlich – gewürzt seien mit aromatischen Kräutern, deren Verwendung nur durch die Maßgabe eingeschränkt ist, die Zubereitung nicht geschmacklich zu »erschlagen«. Rosmarin, Basilikum, Lorbeerblätter, Fenchel, Minze, Majoran, Thymian und Safran ergänzen sich, mit dem richtigen Gespür dosiert, äußerst harmonisch.

Diese Küche, die Poeten und Reisende gleichermaßen begeistert, gibt sich nicht hochnäsig. Vielmehr gilt sie von den Alpen bis zum Mittelmeer eher als Küche der armen Leute. Genau dies verleiht ihr Stärke und Phantasie. Andere Gegenden Frankreichs können größeren sichtbaren Wohlstand und auch mehr Traditionen vorweisen. In den Augen der Welt sind

Weithin sichtbar ist der Kirchturm von Bargemon, einem malerischen Dorf im kargen Nordosten des Var.

Der Zeit entrückt scheinen die Weiler im Hinterland der Alpes-Maritimes, wo die alten Traditionen noch lebendig sind.

Linke Seite: Straßenrestaurants laden zum Verweilen ein.

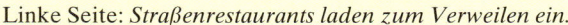

sie mit ihren oft Stunden währenden Mahlzeiten die wahren Hüter der französischen Kochkunst und der Kunst des Genießens. Hier dagegen haben die stürmischen Winde, der über das Wasser wehende Mistral ebenso wie die aus dem Norden kommende *tramontane,* eine sengende Sonne, ausgedörrte Erde und das bewegte Meer andere, unverfälschtere Rituale und lebensnahes Wissen gefördert.

Ein traditioneller Anlaß, zum Essen zusammenzukommen, ist das *gros souper,* daß »große Abendmahl« am 24. Dezember. Bei einem solchen Festessen werden nicht nur dreizehn runde Brotlaibe in die Tischmitte gelegt, sondern – wichtiger noch, denn hierbei handelt es sich um eines der Symbole der provenzalischen Weihnacht – dreizehn Nachspeisen aufgetischt, darunter Rosinen, Feigen, Mandeln, Walnüsse, Birnen, Äpfel und Nougat.

Ein provenzalischer Graf verfaßte zu Beginn des 19. Jahrhunderts folgende Schilderung eines *gros souper:* »Zunächst bilden *raïto,* eine Art Haschee aus Kabeljau oder Aal, dazu verschiedene Arten gegrillten Fisches und rohe Artischocken, Karden, Sellerie sowie diverse andere Gemüsesorten den ersten Gang. Das erste Tischtuch wird abgenommen, und dann werden die *calénas* aufgetragen. Sie bestehen aus Kuchen, Dörrobst, Konfitüren, Gebäck und Naschwerk. Je nach dem Wohlstand der Familie können die Nachspeisen mehr oder weniger üppig ausfallen; Kuchen, Dörrobst und Walnüsse aber fehlen niemals, ebensowenig die Weine und Liköre.« Heute sind die kulinarischen Sitten und auch die alltäglichen Gebräuche von einst zumeist in Vergessenheit geraten.

Trotzdem aber ist der von den Altvordern ererbte Sinn für Schlemmerei nicht völlig verlorengegangen. Er wurde weiterentwickelt und brachte eine der leichtesten Küchen der Welt hervor: eine feine Lebensart, die unsere tägliche Nahrung mit wertvollen Anregungen bereichert und die eine Handvoll

Ein Gewirr enger Gassen, schmale Fenster und schmiedeeiserne Laternen verleihen der Altstadt von Nizza einen ganz besonderen Charme.

Ob in Marseille oder anderenorts, Straßencafés sind ein fester Bestandteil des provenzalischen Lebens.

In Grasse, bekannt als die französische Hauptstadt des Parfums, nahmen die ersten Destillieranlagen im 16. Jahrhundert ihren Betrieb auf. Unmengen von Blütenblättern werden benötigt für die Herstellung der duftenden Essenzen.

großer Köche der nobelsten Restaurants der Provence und der Côte d'Azur – Roger Vergé, Louis Outhier, Alain Ducasse, Jacques Maximin, Jacques Chibois – heute auf ihre Weise interpretieren und exportieren. Diese Meister haben den überkommenen Rezepten einen neuen Stil und ein neues Gewand verliehen. Dabei opferten sie keineswegs die ursprünglichen, einfachen Ideen, die die neue Küche der Sonne und die Gastronomie des Südens kennzeichnen. Die Provence hat diese Künstler und auch uns mit ihrem reichhaltigen kulinarischen Erbe beschenkt. In diesem Buch liegt dieses Erbe vor uns, unversehrt und mit Leidenschaft von Richard Olney restauriert, den nichts, was im Süden Frankreichs in den Kochtöpfen simmert und schmort, gleichgültig läßt. Illustriert ist diese tief wurzelnde Leidenschaft durch Rezepte, deren Sprache – so scheint es – jedermann versteht. Auf jeder Seite geben die Düfte und Farben sich ein Stelldichein. Jeder Zubereitungsschritt, jede Zutat erzählt uns von einer Ecke der Provence, einer Besonderheit, einem Ritual.

Viele, dessen bin ich mir gewiß, werden diese Reise im strahlenden Sonnenlicht nicht nur als Einladung begreifen, jederzeit bei Tisch Platz zu nehmen oder in die Küche zu gehen, sondern zugleich auch als Feldzug gegen die großen Gefahren unserer Tage: ein abgestumpftes Geschmacksempfinden und ewigen Zeitdruck.

ALPES-MARITIMES

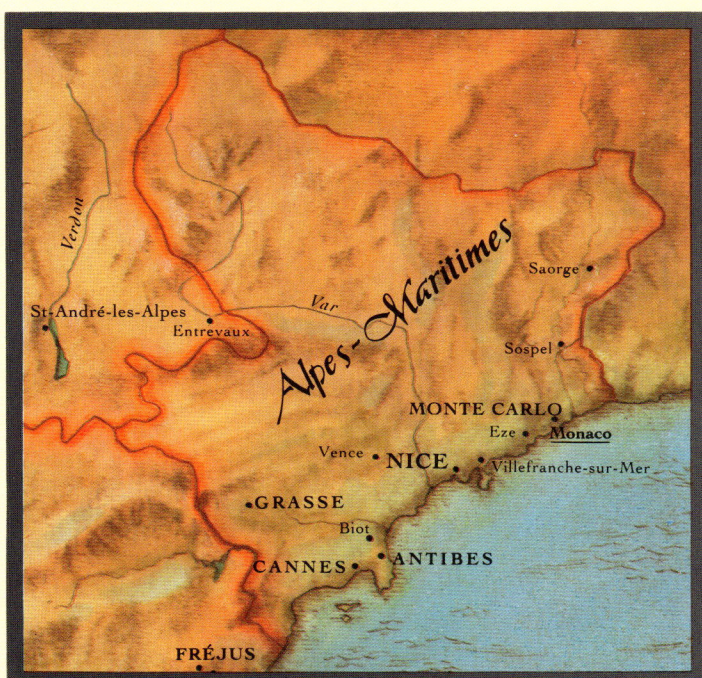

ALPES-MARITIMES

Manche nennen die Küche Nizzas eine »Küche der armen Leute«, die schlimmstenfalls als »italienisch« bezeichnet und bestenfalls mit dem Attribut »italo-*niçoise*« bedacht wird.

Je näher die Jahrtausendwende rückt, desto schwieriger wird es für die kulinarischen Traditionen der Gegend um Nizza, sich Anerkennung und Achtung zu verschaffen. Man könnte meinen, diese köstlichen Besonderheiten seien – obgleich für das Geschmacksbewußtsein und die französische Eßkultur von so entscheidender Bedeutung –, einer »europäischen Bewegung« gehorchend, in einer allgemeinen Vorstellung von einer »provenzalischen« oder gar »mediterranen« Küche aufgegangen.

Und dennoch sind es gerade und nur diese nizzaischen Traditionen, auf die wir uns verlassen können, wenn von diesem Département im äußersten Südosten der Provence, von seinem Meer, seinen Hügeln und Bergen die Rede ist. Es sind die Traditionen einer Grafschaft, die sich 1860 durch Volksentscheid Frankreich anschloß. Nacheinander gelüstete es Griechen, Römer, Genuesen, Savoyer, Piemontesen und Sarden nach dem Besitz des Berglands von Nizza, Grasse und Menton mit seinen Pässen und Tälern. Doch faßten die Invasoren niemals wirklich Fuß in dieser gebirgigen und unwirtlichen Gegend, durch die die Maulesel, mit kostbaren Waren bepackt, vom 15. bis 19. Jahrhundert der Salzstraße folgten, die von Nizza über Lucéram, Sospel und Saorge nach Tende führte.

Die Atmosphäre der Abgeschiedenheit, die über diesem Bergland liegt, hellt sich auf, sobald man in eines der zahllosen Dörfer hinaufsteigt, die auf den Gipfeln kauern oder an den Felsen zu kleben scheinen: Bonson, Saint-Jeannet, Peillon, Gattières, Gourdon, Cabris, Saorge, Marie, Sainte-Agnès,

Vorhergehende Seiten: Die mittelalterliche Ortschaft Peillon schmiegt sich an die Felsen. Links: Bis heute hat sich die Altstadt von Nizza, das erst seit 1860 zu Frankreich gehört, ihr italienisches Flair bewahrt.

Utelle. Hier, wo man an steilen Felsabhängen liebevoll die Gemüsegärten hegt, bildete sich jene so unverwechselbare Familienküche heraus, deren Aromen jahrhundertelang prägend waren.

Die kleinen Gehöfte begründeten den Ruf dieser sogenannten »Küche der Armen«. Alles, was sie damals hervorbrachten, waren ein paar Erzeugnisse aus Ziegenmilch. Fett lieferte einzig das Hausschwein, das bis zu Beginn unseres Jahrhunderts so ziemlich jede Familie hielt. Trotzdem aber war es eine vielseitige, aromatische und auf ihre Weise reiche Küche und vor allem eine Küche der Geduld. In diesen kleinen Paradiesen auf den Anhöhen – das Gebirge beginnt direkt hinter Nizza – begegnen wir gleich neben dem Olivenbaum, nach wie vor König der provenzalischen Bäume, und dem Feigenbaum, auch er eine Legende und einer der Ernährer der mediterranen Völker, den wichtigsten hiesigen Schätzen, den Gemüsen.

Da gibt es Zwiebeln, die Hauptsache bei der *pissaladière,* einer mit Sardellen und schwarzen Oliven garnierten Zwiebelpizza. Aus Kichererbsen wird die berühmte *socca* bereitet, ein großer Fladen, der – natürlich mit Olivenöl – im heißen Holzofen goldbraun gebacken und noch heute in den Straßen um die malerischen Gemüsemärkte von Nizza und Menton frisch vom Blech verkauft wird.

Von Sonne durchtränkt sind der Mais, der zu Polenta verarbeitet wird, und die Tomaten, die in der Mitte des 15. Jahrhunderts hierher gelangten. Erwähnung verdienen natürlich auch die dicken Bohnen (die ganz jungen *févettes* werden roh gegessen) und die Zucchini, die zartgrünen Früchte des Gemüsegartens, die in einer *ratatouille* (natürlich lauwarm serviert) nicht fehlen dürfen, aber auch gratiniert oder im Teigmantel gebacken werden, weiterhin Paprikaschoten, Artischocken, Fenchel, Auberginen und schließlich Mangold. Er wird vor allem zu einer süßen, mit Marc aromatisierten Torte namens *tourte de blettes* verarbeitet, die zu den berühmtesten Desserts der Grafschaft Nizza zählt.

Die Einheimischen genießen das ruhige Leben in den Alpes-Maritimes, dem vergleichsweise spärlich besiedelten »Garten« der französischen Riviera.

Wer sich auf die Suche nach den Düften und Traditionen von früher begibt, liebt die wunderbaren Dinge, die eine bestimmte Küche eigentlich ausmachen. In den Alpes-Maritimes ist es der unvermeidliche, allgegenwärtige Knoblauch, dem diese Rolle zukommt (einst warf man in Nizza bei der *fête de Saint-Jean* ganze Knollen ins Feuer, um etwaiges Unglück abzuwenden). Charakteristisch sind auch Fenchel, Salbei, Rosmarin, Thymian und das berühmte *balico* (Basilikum), im Mörser mit Knoblauch, Parmesan und Olivenöl zu *pistou* verarbeitet. Selbst der Salat ist anders hier, eine Mischung aus Endivie, Kopfsalat, Wegwarte, Rauke und anderen Wildsalaten, die unter der Bezeichnung *mesclun* zusammengefaßt sind.

Natürlich ist Italien nicht weit, und so sind in und um Nizza auch Einflüsse des Piemont und der ligurischen Küste zu spüren. Ravioli, Gnocchi, Capellini und Tortellini sind Teil der hiesigen kulinarischen Geschichte, was das Ravioli-Essen beweist, das alle vier Jahre in Breil-sur-Roya nördlich von Menton anläßlich der *stacada,* einem historischen Fest, stattfindet. Doch sind Ravioli keineswegs besonderen Anlässen vorbehalten. Im Hochland um Nizza findet man sie häufig auch bei den Dorffesten als *raïola.* Heute aber kann man nicht mehr unbedingt davon ausgehen, daß sie *cousus main* sind, handgemacht mit eben jener Sorgfalt, die sonst etwa auf ein Kleid der *haute couture* verwendet wird.

Daß die Grafschaft Nizza im Lauf ihrer Geschichte verschiedenen Einflüssen ausgesetzt war, wurde bereits erwähnt. Den sichtbaren Beweis hierfür liefert zum Beispiel die *estocaficada,* ein volkstümliches Stockfischgericht.

Im 19. Jahrhundert brachten Seeleute vom Mittelmeer Fässer mit Olivenöl nach Norwegen und nahmen von dort Kisten mit getrocknetem Schellfisch entgegen, der bei den Skandinaviern »Stockfisch« hieß. Für die französischen Seeleute war dieser Fisch gleichbedeutend mit Geld, denn, in den Hafen von Nizza oder Villefranche zurückgekehrt, entlohnten sie damit die für das Löschen der Fracht zuständigen Schauerleute. Nun war es an den Hausfrauen, diesen Fisch aus fernen Landen durch mehr als einwöchiges Wässern zu neuem Leben zu erwecken und ihm mit Paprikaschoten, Knoblauch, Zwiebeln, Tomaten, Kartoffeln und *picholines,* jenen für Nizza typischen kleinen schwarzen Oliven, einen gewissen Reiz zu verleihen. Der aus Nizza stammende Schriftsteller Louis Nucera beschrieb dieses Geschehen folgendermaßen: »Die Großmutter hat sich beim Ofen niedergelassen. Seit einer Woche schon ist sie dort emsig tätig, denn so lange muß der Stockfisch im Wasser liegen, das ständig ausgewechselt werden muß… Um die Köchin herum Töpfe, Schmortopf, Pfanne und Dämpftopf. Sie alle wurden zur Zubereitung und für die verschiedenen Garvorgänge gebraucht.«

Und so entstand das berühmte *ragoût niçois,* ein klassisches Gericht für den traditionsgemäß fleischlosen Freitag. Seit 1905 und bis zum heutigen Tage setzt sich eine nizzaische Vereinigung von Puristen namens *l'estocaficada* vehement für den Fortbestand dieses Fischgerichts ein.

Zweifellos handelt es sich bei der Küche von Nizza um eine provenzalische Küche, doch steht sie etwas neben den übrigen Kochtraditionen. Sie ist so eng mit der der Großmütter von ehedem verwandt, daß Jacques Médecin, ein früherer Bürgermeister Nizzas, eines Tages beschloß, diesen ein Denkmal zu setzen. Er verfaßte das Buch »Die Küche von Nizza: traditionelle Kochrezepte der Grafschaft Nizza«, das noch heute gern zu Rate gezogen wird. Unter den 305 im nizzaischen Dialekt wiedergegebenen Rezepttiteln finden sich so klangvolle Namen wie *lou pietch* (gefüllte Kalbsbrust) und *la bagna caouda* (ein Gemüsefondue Piemonteser Herkunft), das, wie Louis Nucera schrieb, »die Großmutter nicht aus den

Seinen Namen verdankt Cannes dem Schilf des umgebenden Sumpflands – »canne« bedeutet Rohr, Schilf. Heute ist die Stadt für ihre internationalen Filmfestspiele weltbekannt.

Augen läßt; steigt nur der geringste Schwaden auf, kommt es für sie einer Blamage gleich«. Nicht fehlen dürfen auch *la porchetta* (gefülltes Spanferkel, das zugegebenermaßen ursprünglich aus Mittelitalien stammt), *lou trulé* (eine mit Kräutern gewürzte Blutwurst), *la merda de can* (mit Parmesan bestreute handgerollte Mangold-Gnocchi) und schließlich die heute so selten gewordene *la poutina*. Die hierfür benötigten winzigen Jungfische dürfen aufgrund eines Erlasses von höchster Stelle aus der Zeit der sardischen Herrschaft vor 1860 nur zwischen Antibes und Menton an 45 Tagen von Februar bis April gefangen werden.

Es ist also nicht das Nizza der Promenade des Anglais, der Kasinos oder der Bürgerhäuser des Vorortes Cimiez, das den kulinarisch Interessierten anspricht, sondern es sind die in den Farben Italiens leuchtende Stadt, die kleinen Handwerksbetriebe und die engen Gassen des historischen Nizza. Und dieses ist schließlich nicht unähnlich der Stadt, die Raoul Dufy malte, mitunter nur als Ausschnitt, aus einem Fenster gesehen, zwischen Palmen und Meeresufer.

Somit verwundert es nicht, daß das jüngste Restaurant, das sich dieser »authentischen« Kochkunst verschrieben hat, gerade einen Steinwurf vom Palais de Justice entfernt, einfach »La Merenda« heißt, was im nizzaischen Dialekt soviel bedeutet wie eine kleine, leichte Mahlzeit, die den knurrenden Magen besänftigen soll, eben einfach nur ein Imbiß.

Wer in Nizza lebt, muß nicht weit gehen, um »seine« Weinberge zu durchmessen oder die passenden Tropfen zu den Gerichten der hiesigen Küche zu finden. In den an die Var angrenzenden Hügeln werden auf einer Fläche von nur etwa 30 Hektar die begehrten *Bellet*-Weine erzeugt. Zwar feierte man unlängst das fünfzigjährige Jubiläum, doch können die Reben auf eine mehr als fünfhundertjährige Geschichte verweisen. Die Weine sind so exzellent, daß die Bewohner von

Saint-Roman-de-Bellet, als während der Französischen Revolution alle religiös gefärbten Dorfnamen geändert werden mußten, den Namen »Bacchus« wählten. Die zwischen Château de Crémat in der Nähe von Nizza und Château de Bellet ansässigen Winzer, die vor allem seidige, frische Roséweine, aber auch Weißweine sowie üppige Rotweine produzieren, bieten dem unaufhaltsam aus den Tälern emporkriechenden Beton entschlossen die Stirn.

Wenn wir von der wahren Provence sprechen, müssen wir nach Villars-sur-Var in die Hügel hinaufsteigen, wo M. Sassi auf seinem winzigen Gut namens Clos Saint-Joseph, das offiziell den Côtes de Provence angegliedert ist, ebenfalls ganz entschiedenen Widerstand leistet – und das auf nicht einmal 3 Hektar Rebfläche!

Ist die *cuisine niçoise* wirklich eine Küche der armen Leute? Angesichts der Fülle der Früchte der Natur scheint eine solche Behauptung keineswegs angebracht, wenngleich die Restaurants, die heute noch eine authentische *cuisine niçoise* bieten, sich beinahe an fünf Fingern abzählen lassen.

Doch selbst wenn die Hüter des Tempels einer nach dem anderen verschwinden, bleibt uns noch immer die Erinnerung, in diesem Fall sogar eine sehr detaillierte Erinnerung an diese Küche. Immerhin können die Alpes-Maritimes auf das erste Museum der Kochkunst verweisen, das zwischen Nizza und Saint-Paul-de-Vence, genauer gesagt in Villeneuve-Loubet, eingerichtet wurde. Die Rede ist vom berühmten Musée de l'Art Culinaire im Geburtshaus von Auguste Escoffier, dem größten Erneuerer der französischen Küche, der Anfang des 20. Jahrhunderts zu Ruhm und Ehren gelangte und unter anderem den Pfirsich Melba ersann. Er erblickte hier 1846 das Licht der Welt, bevor er sich schließlich aufmachte, Paris, Monte Carlo, Luzern, Rom und London (zuerst als Chef im Savoy und später dann im Carlton) zu erobern.

SUPPEN UND VORSPEISEN

Verschiedene Gewürze bilden kräftige Farbtupfer auf dem Markt.

SUPPEN UND VORSPEISEN

In der Provence halten sich die Traditionen hartnäckig. Zwar heißt das Mittagessen inzwischen nicht mehr *dîner,* sondern *déjeuner,* doch ist es auf dem Land und in der Familie noch immer die Hauptmahlzeit des Tages. Wer einen langen, körperlich anstrengenden Arbeitstag hat, wie die Bauern, Winzer und Steinmetze, legt morgens um halb neun gewöhnlich die erste Pause, *le casse-croûte matinal,* ein. Diese Mahlzeit besteht aus *charcuterie* (Wurst), Käse, Brot und Rotwein, dazu gibt es häufig auch dünne kalte Omeletts, *pan bagnat* (mit *salade niçoise* gefülltes Brot) oder eine andere lokale Spezialität, die sich gut mitnehmen läßt.

Außer bei besonderen Anlässen werden abends leichte Speisen gegessen, meist eine Suppe, gefolgt von Käse und Obst. Klare Suppen werden über altbackene Brotscheiben *(croûtes)* geschöpft, die manchmal zuvor mit Olivenöl beträufelt wurden. Viele Suppen – oft sogar die besten – bestehen einfach aus fein zerkleinertem Gemüse, in Wasser oder Brühe gegart und auf *croûtes* angerichtet. Nicht selten enden Suppenrezepte mit dem Satz *trempez votre soupe* – »eine Terrine mit Brotscheiben auslegen und die Suppe darübergießen«. *Tremper* heißt »eintunken«, und *soupe* bezeichnete früher das Stück Brot, das mit einer würzigen, heißen Flüssigkeit übergossen wurde.

Die provenzalische Küche ist von Hausmannskost bestimmt. Kreationen von Berufsköchen »à la provençale« sind nicht authentisch. Saucen- und Suppengrundlagen, etwa *de-*

mi-glace, sind der provenzalischen Hausfrau fremd und ebenso den Jägern, die in der Hütte gemeinsam das erlegte Federwild braten, oder den Fischern, die über offenem Feuer eine *bouillabaisse* kochen. Von einem *pot-au-feu* übriggebliebene Brühe dient als Grundlage zahlreicher Suppen, verfeinert *daubes* (Schmorbraten), Gemüsegerichte oder Reis. Ist gerade keine Fleischbrühe im Haus, ringen provenzalische Hausfrauen keineswegs verzweifelt die Hände, sondern nehmen statt dessen einfach Wasser – ohne Brühwürfel! –, Wein oder Gemüsebrühe; Kochwasser von Kichererbsen wird besonders gern verwendet.

Kichererbsen, anderenorts in Frankreich kaum verbreitet, sind in der Provence sehr beliebt. Dennoch kennt die provenzalische Küche für sie nur zwei Zubereitungsweisen: Sie werden als Salat angerichtet, der normalerweise als erster Gang serviert, häufig aber auch nach einer Vorspeise aus Oliven, *saucisson* (Salami), Radieschen und anderer Rohkost der Saison als Hauptgericht aufgetischt wird. Reste des Kichererbsensalats ergeben, mit dem Kochwasser püriert, eine herrliche Suppe, zu der *croûtons* (in Olivenöl geröstete Brotwürfel) gereicht werden.

Die provenzalische Küche spiegelt den Rhythmus der Jahreszeiten und die Vorliebe der Provenzalen für rohe Speisen – ob aus dem Meer, der urwüchsigen Hügellandschaft oder dem Garten – und für gekochtes, frisches Gemüse, mit Olivenöl und Zitrone oder Essig angemacht. Nirgends wird diese Vorliebe deutlicher als bei den mittäglichen Vorspeisen mit ihrer Geschmacks- und Formenvielfalt, die sich nicht in Rezeptanleitungen fassen läßt.

Vorhergehende Seiten: *Marinierter Fenchel* (Rezept S. 34) *und Gefüllte Tomaten und Zucchini* (Rezept S. 62)

In den Monaten mit R werden die Mahlzeiten häufig mit einer Auswahl aus Seeigeln, *violets* (Seescheiden), Miesmuscheln, einem halben Dutzend verschiedener Venusmuschelarten *(praires, coques, palourdes, clovisses, vernies)* sowie mehreren Austernarten, samt und sonders lebend, eröffnet. Die kleinen Seeigel aus dem Mittelmeer mit ihren purpurnen Stacheln und dem safranfarbenen Rogen, der auch Rührei, Fischsuppen und -saucen abrundet, sind die zartesten und delikatesten überhaupt. *Violets* (Seescheiden), Lebewesen mit einem sackförmigen Körper, die sich in küstennahen Gebieten des Mittelmeers im Sandboden verankern, tragen den treffenden lateinischen Namen *Microcosmus*. Er läßt Gedanken an die unergründliche Tiefe des Meeres mit einer unvorstellbaren Tier- und Pflanzenwelt wach werden, inmitten derer diese eigentümlichen Meeresbewohner leben. Ihr zartes gelbes Fleisch hat ein köstliches zitronenartiges Meeresaroma. *Violets* stehen an der Küste zwischen Marseilles und Toulon hoch im Kurs, in anderen Gegenden sind sie aber so gut wie unbekannt.

Jedes Jahr im Oktober pflanzt der provenzalische Gärtner dicke Bohnen in der Hofnung, beim Neujahrsfest die ersten zarten *fèves* – oder *févettes* – roh essen zu können. Fast immer aber gefriert der Boden, und die *fèves* lassen bis März auf sich warten. Roh genießbare dicke Bohnen sind gerade fingernagelgroß, die Schoten zartgrün, samtig und fest und etwa 15 cm lang. Ein Teller mit einem Berg dicker Bohnen wird in die Tischmitte gestellt, und alle machen sich ans Enthülsen. Man ißt die Bohnen *à la croque au sel,* das heißt, man dippt die zarten Kerne vor dem Genuß in Salz (damit es haftet, muß man sie eventuell zuvor mit der Zungenspitze befeuchten). Eine typische Beilage ist luftgetrockneter Schinken aus den Alpes-de-Haute-Provence *(jambon de montagne)* oder aus Bayonne, Korsika oder Parma. Kerniges Brot *(pain au levain)* und kalte, nicht pasteurisierte Butter runden das Mahl ab.

Zarte kleine Artischocken ohne Heu kommen im November auf den Markt, verschwinden mit den ersten Frösten und kehren im Februar für die gesamte Dauer des Frühjahrs zurück. Man serviert sie *à la croque au sel* oder mit *poivrade*. Dazu werden Pfeffermühle, Salzstreuer, Essig und Olivenöl bereitgestellt. Jeder Gast rührt sich auf seinem Teller eine Vinaigrette an und tunkt dann zunächst die Blätter und schließlich das geviertelte Herz hinein.

Grüner Spargel von den Feldern des Vaucluse (in Nordfrankreich bevorzugt man weißen, in der Provence grünen Spargel) wird von Ende Februar bis Ende Mai angeboten; höchste Gaumenfreuden verspricht er im März und April. Unübertroffen ist der Spargel aus Nizza, der ausschließlich im Gebiet der Alpes-Maritimes zu bekommen ist. Die Stangen sind nur etwa 15 cm lang, haben dunkelpurpurne Köpfe und einen intensiven Geschmack, der das nahe Meer ahnen läßt. Sie werden geschält, gebündelt, in Salzwasser gekocht, bis sie gerade gar sind, und, in eine Serviette eingeschlagen, heiß oder warm serviert. *Sauce hollandaise* zu Spargel ist den Provenzalen zwar ein Begriff, aber ohne Olivenöl ist dieses köstliche Gemüse für sie undenkbar. Daher dürfen die Öl- und die Essigflasche auf dem Tisch nicht fehlen. Man verwendet spezielle Spargelteller mit einer Mulde auf einer Seite zum Anrühren der Vinaigrette oder nimmt dafür einen normalen Teller und schiebt seitlich eine Gabel oder ein Messer darunter, damit er etwas schräg steht, und man tunkt den Spargel in die Vinaigrette und beißt ab, tunkt wieder ein und beißt wieder ab – ein feierliches Ritual. April ist der Monat des wilden Spargels. Wenn sich die Hügel mit den violetten Blüten des wilden Thymians überziehen, sprießen zugleich auch zarte, höchstens 3 mm dicke Sprosse unten aus den unscheinbaren, dornigen wilden Spargelpflanzen. Sie werden geerntet, wenn sie 20–25 cm lang sind. Man bricht die unteren harten Enden ab, sautiert die Stangen

kurz in Olivenöl und verarbeitet sie zu einer *omelette baveuse* mit dem exquisiten, leicht herben Geschmack von wildem Spargel.

Süße Melonen mit orangerotem Fleisch aus Cavaillon im Vaucluse und aus Hyères im Var bereichern das Angebot ab Ende Mai. Man ißt sie mit Salz und Pfeffer und, wie in Italien, mit luftgetrocknetem Schinken, der dicker aufgeschnitten wird als jenseits der Grenze. Im Herbst wird der Schinken von frischen Feigen begleitet.

Ende Juni bis Anfang Juli werden die noch grünen Mandeln geerntet, die aussehen wie unreife Aprikosen. Ihre noch weichen Steinschalen unter der grünen, später schwarzen Hülle lassen sich mit dem Messer leicht öffnen. Nachdem die weißliche Haut um den Samenkern abgezogen ist, kommt die milchweiße, zart-knackige Mandel mit ihrem wundervollen Aroma zum Vorschein. Grobgehackte grüne Mandeln werden gern auch an Omeletts, Salate und Süßspeisen gegeben.

Im Juli und August gibt es Tomaten in Hülle und Fülle. Tomatensalate in allen erdenklichen Variationen eröffnen im Sommer beinahe jedes Mittagessen. Oft sind die Tomaten mit schwarzen Oliven, Sardellenfilets, milden Zwiebelringen und frischen Basilikumblättern gemischt, und dazu wird ein Gurkensalat serviert; halbierte Tomatenscheiben werden auch einfach fächerförmig ausgelegt, gesalzen und gepfeffert und mit Olivenöl und einigen Tropfen Essig beträufelt. Wichtig ist vor allem, daß die Tomaten frisch gepflückt, sehr fest und um den Stielansatz noch grünlich sind. Vollreife Tomaten werden zum Kochen verwendet.

Den ganzen Sommer hindurch bekommt man als Vorspeise kleine, zarte grüne Bohnen, sorgfältig geputzt, kurz gekocht und heiß mit Olivenöl und Zitronenspalten serviert. Blumenkohlröschen und Broccoli – die Stengel geschält und in Scheiben geschnitten – sowie Spinat und Mangold werden auf dieselbe Weise zubereitet.

Knoblauch verleiht vielen provenzalischen Gerichten ihr typisches Aroma.

Paprikasalat

PROVENCE

SALADE DE PIMENTS DOUX
Paprikasalat

Große rote, gelbe oder grüne Paprikaschoten, geröstet, enthäutet und entkernt, sind eine schmackhafte Zutat zu den vielen Salaten, die tagtäglich in der Provence neu kreiert werden. Wählen Sie ebenmäßige, frische Schoten, denn krumme oder schrumpelige Exemplare lassen sich nur schwer häuten. Gitterförmig ausgelegte Sardellenfilets und schwarze Oliven runden den Salat nach Belieben ab.

1 kg große Paprikaschoten
1 Knoblauchzehe
Grobes Meersalz
Frisch gemahlener Pfeffer
1 EL Essig mit Kräutern der Provence (siehe Glossar)
60 ml Olivenöl
1 milde weiße Zwiebel, in dünne Ringe geschnitten,
    alternativ junge grüne Schalotten oder Frühlingszwiebeln,
    in feine Ringe geschnitten
Frische Basilikumblätter und -knospen

Im Holzkohlengrill ein Feuer entfachen oder den Elektrogrill einschalten. Die Paprikaschoten über der Glut auf einem Rost oder unter dem Grill auf einem Backblech 20–30 Minuten rösten (das Backblech mit Alufolie auslegen, so läßt es sich hinterher leichter säubern). Die Schoten mehrmals wenden, bis die Haut ringsum Blasen wirft und unregelmäßig gebräunt ist.

Anschließend die Schoten auf einen Teller legen und diesen in eine Plastiktüte schieben, deren offenes Ende unter den Teller gefaltet wird. Die Paprikaschoten 15 Minuten ruhen lassen, wobei sich die Haut unter der Dampfeinwirkung löst. Die Haut am Stengelansatz einstechen und abziehen. Die Schoten jeweils in 3–4 Segmente schneiden, die Scheidewände entfernen und die Samen mit den Fingern abstreifen. Den ausgetretenen Saft durch ein kleines Sieb gießen, um eventuell noch vorhandene Samen zu entfernen.

Die Paprikastücke mit der gehäuteten Seite nach oben und Kante an Kante auf eine Platte legen. Im Mörser den Knoblauch mit Salz und Pfeffer nach Geschmack zu einer Paste zerreiben. Den Essig, danach den Paprikasaft und zuletzt das Olivenöl einrühren.

Die Sauce mit einem Löffel gleichmäßig auf dem Salat verteilen, dann die Zwiebelringe darüberstreuen. Die Basilikumblätter zerpflücken, die Knospen zerreiben und beides über den Salat streuen.

Für 4 Personen

ALPES-DE-HAUTE-PROVENCE

PÂTES AUX HERBES
Kräuternudeln

Gut passen in diesen Nudelteig junger Löwenzahn, Portulak und jeder andere Wildsalat. Im Frühling bieten sich dazu die zarten jungen Triebe des Winterbohnenkrauts an. Man kann auch Basilikum, Majoranblätter und -blüten, Zitronenmelisse, Rauke, Ysop, Petersilie, Sauerampfer, Schnittsellerie und Frühlingszwiebeln in beliebiger Auswahl mit Spinat oder Mangold kombinieren.

Grobes Meersalz
125–150 g gemischte frische Kräuter und grüne Blattsalate
400 g Mehl
2 Eier
Lauwarmes Wasser nach Bedarf
1 EL Olivenöl

ZUM SERVIEREN:
Parmesan und Reibe, Butter und Pfeffermühle

Kräuter und Salate hacken und im Mörser mit dem Salz zu einer Paste verreiben. 250 g Mehl in eine Schüssel häufen. In die Mitte eine Mulde drücken und den Inhalt des Mörsers sowie die Eier hineingeben. Mit einer Gabel von innen nach außen arbeitend die Zutaten mit dem Mehl vermischen. Dabei etwas lauwarmes Wasser oder Mehl hinzufügen, so daß schießlich ein weicher, klebriger Teig entsteht.

Den Teig auf eine dick mit Mehl bestreute Arbeitsfläche geben und folgendermaßen mit den Händen bearbeiten: Auf der Arbeitsfläche im Mehl wenden, mit den Handballen auseinanderdrücken, zusammenfalten, wieder im Mehl wenden, um 90 ° drehen und erneut auseinanderdrücken. Auf diese Weise kneten, bis Kräuter und Salate allmählich ihren Saft abgeben und der Teig immer mehr Mehl aufnimmt. Wenn er schließlich nicht mehr klebt, aber noch immer weich und elastisch ist (er muß sich ohne weiteres mit den Händen flachdrücken lassen), zu einer Kugel formen. Mit einem Küchentuch abdecken und 1 Stunde ruhen lassen.

Die Arbeitsfläche säubern, erneut mit Mehl bestreuen und den Teig etwa 3 mm dick ausrollen. Dabei den Teig auf der bemehlten Arbeitsfläche zwei- bis dreimal wenden (leichter geht dies, wenn man ihn dafür um das Nudelholz legt). Den Teig zuerst in 4 cm breite Streifen und dann in Quadrate schneiden.

In einem großen Topf reichlich Salzwasser zum Kochen bringen. Das Öl hineingeben. Die Teigstücke mehrmals von einer Hand in die andere fallen lassen, um überschüssiges Mehl abzuschütteln, und in das kochende Wasser geben. Sobald es erneut aufwallt, die Temperatur so weit verringern, daß es nur noch leise sprudelt. Die Kräuternudeln etwa 6 Minuten garen, dabei häufig mit einer Holzgabel rühren. Abgießen und in vorgewärmten Suppentellern servieren. Dazu Parmesan, Butter und Pfeffermühle bereitstellen.

Für 4 Personen

Kräuternudeln

MARINADE DE FENOUIL
Marinierter Fenchel

Auf die nachstehend beschriebene Art und Weise lassen sich auch halbierte Sellerieherzen, ganze oder geviertelte junge Artischocken, Abschnitte von weißem Porree, Blumenkohlröschen oder Champignons (große Exemplare geviertelt) zubereiten. Man kann sich für eine Gemüsesorte entscheiden oder sie auch beliebig mischen. Gehäutete, entkernte und gehackte Tomaten und eingeweichte Korinthen oder Rosinen, mit einer Prise Zucker und einem Hauch Cayennepfeffer gewürzt, bilden eine schmackhafte Ergänzung.

1 kg Fenchelknollen
Bouquet garni (siehe Glossar)
250 g Perlzwiebeln
4 Knoblauchzehen, zerdrückt
$1/2$ TL Fenchelsamen
$1/2$ TL Koriandersamen
$1/2$ TL Pfefferkörner, zerstoßen
Salz
5–6 EL Olivenöl
Saft von 1 Zitrone
125 ml Weißwein

Von den Fenchelknollen die Außenblätter entfernen. Die Stengel schräg abschneiden, das Fenchelgrün aufbewahren. Die Fenchelknollen längs vierteln.

Am besten gelingt das Gericht in einer feuerfesten Tonkasserolle, doch ist ein normaler Topf ebenso geeignet. Das *bouquet garni* hineingeben. Darauf dicht an dicht Fenchelviertel, Zwiebeln und Knoblauchzehen verteilen. Die Gewürze darüberstreuen. Öl, Zitronensaft, Weißwein und so viel Wasser angießen, daß das Gemüse knapp bedeckt ist. Das Ganze aufkochen lassen und anschließend zugedeckt etwa 25 Minuten leise köcheln lassen, bis der Fenchel zart, aber noch fest ist. Das *bouquet garni* entfernen. Den übrigen Topfinhalt in eine Servierschüssel füllen. Abkühlen lassen und zimmerwarm auftragen oder auch bis zum Servieren zugedeckt in den Kühlschrank stellen. Vor dem Servieren das Fenchelgrün hacken und über das Gemüse streuen.

Für 4 Personen   *Abbildung S. 28–29*

SALADE FRANCILLON
À LA TAPENADE
Salat von Muscheln und Kartoffeln mit Tapenade

Die gekochten Kartoffeln müssen noch heiß geschält und in Scheiben geschnitten werden, damit sie das Muschelsudaroma gut aufnehmen können. Man kann seine Hände schützen, indem man die heißen Kartoffeln zum Schälen mit einem mehrfach gefalteten Küchentuch hält.

1 kg Miesmuscheln, in Weißwein gedämpft (siehe Glossar)
500 g kleine, festkochende gelbfleischige Kartoffeln
3–4 junge Schalotten oder Frühlingszwiebeln, in dünne Scheiben
   geschnitten

FÜR DIE VINAIGRETTE:
1 EL Essig
3 EL *tapenade* (siehe Rezept rechts oben)
Salz und frisch gemahlener Pfeffer
60 ml Olivenöl

Die Muscheln nach Anleitung vorbereiten. Den Sud in einer Schüssel beiseite stellen und die ausgelösten Muscheln in eine Salatschüssel geben. Die Kartoffeln in einen Topf mit Salzwasser geben, zum Kochen bringen und in etwa 30 Minuten gar, aber nicht weich kochen. Die Kartoffeln abgießen und noch heiß schälen. Die geschälten Kartoffeln sofort über der Schüssel mit dem Muschelsud in Scheiben schneiden.

Die Kartoffeln, sobald sie im Sud erkaltet sind, abgießen (den Sud auffangen und für eine Suppe verwerten) und zusammen mit den Schalotten oder den Frühlingszwiebeln in die Salatschüssel zu den Muscheln geben.

Für die Vinaigrette in einer Schale den Essig mit Salz und Pfeffer verrühren. Dann die *tapenade* und zuletzt das Öl einrühren. Die Vinaigrette über den Salat geben, durchmischen und servieren.

Für 4 Personen

TAPENADE
Kapern-Oliven-Paste mit Sardellen

»Tapeno« ist die provenzalische Bezeichnung für Kapern. Laut Reboul, dem Autor von »La Cuisinière Provençale«, ist die »tapenade« eine Erfindung seines Freundes Meynier, der im vergangenen Jahrhundert die Küche des »Maison Dorée« in Marseille leitete (anderen Quellen zufolge war das Rezept schon den alten Griechen bekannt). Zusätzlich zu den nachstehend aufgeführten Zutaten enthält Meyniers Rezept marinierten Thunfisch, englischen Senf sowie Cognac und kommt ohne Knoblauch aus. Man kann diese pikante Paste auf Toaststecken streichen, mit hartgekochtem Eigelb vermischen und Eier damit füllen oder sie auch in kleinen, ausgehöhlten Tomaten anrichten, um nur einige Möglichkeiten zu nennen. Außerdem ist sie eine schmackhafte Beigabe zu Lammbraten.

250 g schwarze Oliven in Salzlake, entsteint
100 g Kapern, abgespült und gut abgetropft
3 Sardellen in Salz, abgespült und filetiert (siehe Glossar)
Getrocknete Kräuter der Provence (siehe Glossar)
Grobes Meersalz
Frisch gemahlener Pfeffer
2 Knoblauchzehen
4–5 EL Olivenöl

Oliven, Kapern und Sardellen in der Küchenmaschine pürieren. Im Mörser die Kräuter mit Salz, reichlich Pfeffer und dem Knoblauch zu einer Paste zerreiben. Die Olivenmischung hinzufügen und alles mit dem Stößel zu einer glatten Mischung verarbeiten. Dabei nach und nach das Olivenöl einträufeln, bis eine sämige Paste entstanden ist.

Für 6 Personen

TROUCHA
Mangold- oder Spinat-Omelett

Meist bereitet man in der Provence flache Omeletts zu, und die Eier spielen nur eine Nebenrolle als Bindemittel für die geschmacksgebenden Zutaten. In Nizza glaubt man, »la troucha« sei eine lokale Spezialität, und bereitet sie mit Mangold zu. Der provenzalische Dichter Frédéric Mistral siedelte die Heimat der »troucha« im Vaucluse an, wo sie Spinat enthält. In Marseille und Toulon dagegen mischt man Spinat und Mangold und fügt oft etwas gehackten Sauerampfer und ein paar gehackte Sardellenfilets hinzu.

5–6 EL Olivenöl
1 Knoblauchzehe, feingehackt
500 g geputzter Mangold oder Spinat, blanchiert, gut ausgedrückt
   und gehackt (siehe Glossar)
Salz und frisch gemahlener Pfeffer
4 Eier
1 EL Butter, gekühlt und gewürfelt

Mangoldomelett (vorn), *Kapern-Oliven-Paste mit Sardellen* (rechts) *und Salat von Muscheln und Kartoffeln mit Tapenade* (links)

Zwei Eßlöffel Olivenöl in einer Pfanne bei mittlerer Temperatur erhitzen. Den Knoblauch und, sobald er zu zischen beginnt, das Gemüse hinzufügen. Salzen und pfeffern und 2–3 Minuten durchmischen. Die Pfanne vom Herd nehmen. Eier, Salz, Pfeffer sowie die Butter in eine Schüssel geben und mit einer Gabel verquirlen, bis Eigelb und Eiweiß sich gerade vermischen. Den Pfanneninhalt dazugeben und sofort rühren, damit die Hitze sich gleichmäßig verteilt.

Verwenden Sie eine Pfanne, die oben einen Durchmesser von 28 cm und unten von 20 cm hat. Drei Eßlöffel Olivenöl rasch darin erhitzen und die Pfanne schwenken, damit das Öl sich bis zum Rand hinauf verteilt. Die Ei-Gemüse-Mischung hineingeben und mit dem Gabelrücken rühren, ohne über Boden oder Rand der Pfanne zu krat-

zen. Die Oberfläche mit der Gabel glattstreichen und das Omelett zugedeckt etwa 1 Minute garen.

Sobald die Eimasse zu stocken beginnt, die Pfanne rütteln, um das Omelett zu lösen, und es dann auf den Deckel stürzen. Einen Eßlöffel Olivenöl in die Pfanne geben. Das Omelett mit der gebräunten Seite nach oben wieder hineingleiten lassen und etwa 20 Sekunden braten. Wenn man das Omelett nicht wenden will, kann man es unter den Grill schieben, bis die Eimasse in der Mitte nicht mehr feucht, aber auch nicht zu trocken ist. Das Omelett auf eine Servierplatte geben, wie eine Torte aufschneiden und heiß oder lauwarm servieren.

Für 4 Personen

PROVENCE

SOUPE AU PISTOU
Provenzalische Gemüsesuppe mit Basilikumpaste

Dieses Rezept gelangte im letzten Viertel des 19. Jahrhunderts von Genua in die Provence. Die im Mörser zubereitete Knoblauch-Basilikum-Paste hat sich nicht verändert, die Suppe aber bestand vor einem Jahrhundert ausschließlich aus Kartoffeln, Bohnen, Tomaten und Nudeln. Es wurde praktisch kein Wasser hinzugefügt, und so warnen die alten Rezepte denn auch, daß die Suppe leicht anbrennt.

Vielen mag es einfacher erscheinen, den »pistou« vor dem Servieren in die Suppe zu rühren, doch geht dann der reizvolle Anblick eines rustikalen Mörsers auf dem Tisch verloren und auch das Vergnügen, sich die Suppe selbst zu würzen. (Wenn Sie den »pistou« separat reichen, benötigen Sie etwa die doppelte Menge.)

2,5 l Wasser
500 g rot- oder gelbfleischiger Winterkürbis, geschält, entkernt und in Würfel geschnitten
500 g frische dicke Bohnen oder Tiefkühlware
Großes *bouquet garni* (siehe Glossar)
Salz
500 g Kartoffeln, geschält, längs geviertelt und quer in dicke Scheiben geschnitten
2 milde weiße Zwiebeln, in dünne Scheiben geschnitten
2 Porreestangen, in dünne Scheiben geschnitten
3 Tomaten, enthäutet, entkernt und grobgehackt
250 g Karotten, geschält, längs halbiert und in dicke Scheiben geschnitten
150 g grüne Bohnen, geputzt und in 1 cm lange Stücke geschnitten
2 kleine Zucchini, grobgewürfelt
100 g kurze Maccheroni oder zerbrochene Spaghetti

FÜR DEN PISTOU:
Grobes Meersalz
Frisch gemahlener Pfeffer
4 große, feste Knoblauchzehen, leicht zerdrückt
Große Handvoll frische Basilikumblätter und -blütenknospen
Etwa 60 g Parmesan
Etwa 200 ml Olivenöl

Das Wasser mit dem Kürbis, den Bohnenkernen, dem *bouquet garni* und Salz nach Geschmack in einen großen Topf geben. Das Ganze

Gemischter Blattsalat mit Knoblauch-Croûtons

Provenzalische Gemüsesuppe mit Basilikumpaste

aufkochen und dann zugedeckt bei mittlerer bis schwacher Hitze 20–30 Minuten leise köcheln lassen. Dann Kartoffeln, Zwiebeln, Porree, Tomaten und Karotten hinzufügen. Erneut aufkochen und noch etwa 30 Minuten leise köcheln lassen. Grüne Bohnen, Zucchini und Nudeln dazugeben und etwa 15 Minuten mitgaren (Suppennudeln sollen nicht *al dente* sein).

Für den *pistou* Salz und Pfeffer nach Geschmack, Knoblauch und Basilikum in einen Mörser geben. Das Ganze mit einem hölzernen Stößel bearbeiten, bis eine flüssige Paste entstanden ist. Etwas Käse dazureiben und mit dem Stößel einarbeiten, so daß sich eine feste Paste ergibt. Etwas Olivenöl einträufeln und weiter rühren, bis die Mischung wieder flüssig ist. Abwechselnd weiter Käse und Öl zufügen, bis Mischung und Menge stimmen (genaue Mengenangaben lassen sich nicht vorgeben). Den Stößel herausnehmen und den *pistou* im Mörser mit einem Löffel auf den Tisch stellen.

Das *bouquet garni* aus dem Topf nehmen und die Suppe im Topf auf den Eßtisch stellen. Nachdem alle Teller großzügig gefüllt sind, nimmt sich jeder Gast nach Geschmack von dem *pistou*; für einen vollen Suppenteller rechnet man etwa einen knappen Eßlöffel. Bevor die Gäste sich eine zweite Portion nehmen, sollte die Suppe erneut aufgewärmt werden.

Für 6 Personen

MESCLUN AUX CHAPONS
Gemischer Blattsalat mit Knoblauch-Croûtons

»Mesclun« bedeutet Mischung; in Nizza besteht sie zumeist aus jungen Löwenzahnblättern, wilder und kultivierter Rauke sowie zarten Salatpflänzchen in beliebiger Vielfalt. Dazu kommen eventuell Kerbel, Brunnenkresse, Portulak, »wilde« Zichorie (längliche grüne Blätter mit bitterem Geschmack; wird in der Provence auch angebaut) sowie Radicchio, Basilikum und gehackter Ysop. Überall in der Provence werden die Preise für »mesclun« pro 100 g (»hecto«) angegeben, einer ausreichenden Portion für ein Essen zu zweit. Stellen Sie sich einfach ihre Mischung nach Belieben selbst zusammen aus Blattsalaten, die Sie auf dem Markt finden. Der Salat muß nach dem Waschen sorgfältig getrocknet werden.

Das ideale Brot dazu ist ein großer, festkrumiger Bauernlaib aus Sauerteig, der mehrere Tage alt ist. Die Scheiben werden – möglichst über verglimmender Glut – geröstet, bis sie trocken und knusprig, aber noch nicht gebräunt sind.

FÜR DIE VINAIGRETTE:

Salz

Frisch gemahlener Pfeffer

1 EL Weinessig mit Kräutern der Provence (siehe Glossar)

5 EL Olivenöl

5–6 junge grüne Schalotten oder Frühlingszwiebeln, in feine Scheiben geschnitten

250 g *mesclun* (siehe Rezepteinleitung)

2 große Scheiben altbackenes Brot (etwa 2 cm dick), leicht geröstet, beidseitig mit Knoblauch eingerieben und gewürfelt

2 hartgekochte Eier, geschält und grobgehackt

Salz, Pfeffer und Essig in die Salatschüssel geben und vermischen, dann das Olivenöl einrühren. Zuletzt die Schalotten dazugeben. Das Salatbesteck gekreuzt über das Dressing legen, damit der Salat möglichst wenig mit ihm in Berührung kommt.

Darauf den *mesclun* geben, mit den Knoblauch-Croûtons und dem gehackten Ei bestreuen und servieren. Den Salat erst bei Tisch kräftig durchmischen – am besten einfach mit gespreizten Fingern oder auch mit dem Salatbesteck.

Für 4 Personen

TOURTE DE BLETTES À LA NIÇOISE
Mangoldkuchen

Fügt man diesem würzigen Kuchen Äpfel, Rosinen, Pinienkerne und abgeriebene Zitronenschale hinzu, entsteht die in der Gegend von Nizza beliebte Mangoldtorte mit Äpfeln und Rosinen (Rezept S. 225).

Provenzalischer Auslegeteig (siehe Rezept für *pissaladière*, S. 49)
1 kg geputzter Mangold, blanchiert, ausgedrückt und gehackt
2 Eier
50 g frisch geriebener Parmesan
Salz und frisch gemahlener Pfeffer
1 EL Olivenöl

Den Teig herstellen und mindestens 1 Stunde kühlen. Den Backofen auf 180 °C (Gasherd Stufe 2–3) vorheizen. Mangold, Eier und Parmesan in einer Schüssel mit den Händen gründlich vermengen. Salzen und pfeffern.

Eine runde Tortenform von 25 cm Durchmesser leicht mit Öl bestreichen. Den Teig in zwei Portionen teilen. Die eine Hälfte ausrollen und damit die Form auslegen, wie im Rezept für *pissaladière* beschrieben. Den Teigrand etwas überstehen lassen. Die Mangoldfüllung in die Mitte geben und zum Rand hin gleichmäßig verteilen. Die zweite Teighälfte ausrollen und auf die Füllung legen. Falls nötig, die Teigränder beschneiden, anschließend zusammendrücken und am Rand zu einem Wulst umlegen. Den Teigrand mit dem eingemehlten Daumen oder dem Gabelrücken riefeln. Mit der Spitze einer schräg gehaltenen Schere an vier bis fünf Stellen einschneiden, damit während des Backens der Dampf entweichen kann. Teigdeckel und -rand dünn mit Öl bestreichen.

Den Kuchen etwa 30 Minuten backen, bis er appetitlich gebräunt ist.

Für 4 Personen

CRESPÈU AUX COURGETTES
Zucchini-Omelett

Überall in der Provence heißen flache Omeletts »crespèu«. Eigentlich aber, so der provenzalische Gastronomie-Experte René Jouveau, dürfte diese Bezeichnung nur für flache Schinken- oder Kartoffelomeletts verwendet werden. Falls erhältlich, rundet eine Handvoll zarter grüner Mandeln, geschält und grobgehackt, das Omelett gelungen ab.

400 g kleine, feste Zucchini
Salz
5–6 EL Olivenöl
3 Eier
Frisch gemahlener Pfeffer
Zarte Majoranblätter und -knospen, feingewiegt
1 EL Butter, gekühlt und gewürfelt
30 g frisch geriebener Parmesan

Den Grill einschalten. Von den Zucchini beide Enden abschneiden. Die Früchte quer in drei Teile schneiden, größere Exemplare zuvor längs halbieren. Die Zucchini in der Küchenmaschine mit dem entsprechenden Aufsatz grob raspeln. Die Zucchini lageweise in eine Rührschüssel füllen, zwischendurch jeweils großzügig mit Salz bestreuen und 30 Minuten Wasser ziehen lassen. Anschließend portionsweise mehrmals mit den Händen ausdrücken.

In einer Bratpfanne 2 Eßlöffel Olivenöl bei starker Temperatur erhitzen. Die Zucchini hineingeben und 2–3 Minuten braten. Dabei die Pfanne häufig rütteln und die Zucchini mit dem Holzlöffel umrühren, damit sie nicht zusammenkleben. Die Pfanne vom Herd nehmen.

Die Eier mit Pfeffer nach Geschmack, dem Majoran und der Butter in eine Schüssel geben und mit der Gabel verrühren, bis Eigelb

Zucchini-Omelett (oben) und Mangoldkuchen (unten)

und Eiweiß sich etwas vermischen. Die gebratenen Zucchini hinzufügen und sofort mit der Gabel rühren, damit die Hitze sich gleichmäßig verteilt.

In einer Omelettpfanne, die oben einen Durchmesser von 28 cm und unten von 20 cm hat, 3 Eßlöffel Olivenöl erhitzen. Die Pfanne schwenken, um das Öl bis zum Rand hinauf zu verteilen. Die Ei-

Zucchini-Mischung dazugeben und mit dem Gabelrücken rühren, ohne den Pfannenboden oder -rand dabei zu berühren. Die Eimasse oben mit der Gabel glätten, einen Deckel auflegen und das Omelett etwa 1 Minute bei niedriger Hitze braten. Mit dem Parmesan bestreuen, der nicht auf den Pfannenrand gelangen darf, damit das Omelett nicht an der Pfanne klebt. Die Pfanne unter den heißen Grill schieben, bis der Käse zerläuft und die Eimasse in der Mitte nicht mehr feucht, aber auch nicht zu fest ist. Das Omelett auf eine runde Platte gleiten lassen, wie eine Torte aufschneiden und heiß oder lauwarm servieren.

Für 4 Personen

Provenzalische Fischsuppe (hinten), *Tintenfischsalat* (rechts), *Marinierte Sardinenröllchen* (vorn) *und Muschelsuppe* (links)

PROVENCE

SALADE D'ENCORNETS
Tintenfischsalat

Durch rasches Braten werden kleine Tintenfische so zart, daß sie förmlich auf der Zunge zergehen. Bei zu langer Garzeit werden sie hingegen zäh und müssen dann, um sie wieder mürbe zu bekommen, relativ lange geschmort werden.

2 EL Olivenöl
1 kg kleine Kalmare (Körper 10–15 cm lang), geputzt und die
    Körper quer in 1 cm breite Ringe geschnitten (siehe Glossar)
Salz und frisch gemahlener Pfeffer

FÜR DIE MARINADE:

2 Tomaten, enthäutet, entkernt und in grobe Würfel geschnitten
Salz
1 kleine Knoblauchzehe
Grobes Salz
Frisch gemahlener Pfeffer

1 EL Essig mit Kräutern der Provence (siehe Glossar)
1 EL gehackte glatte Petersilie
60 ml Olivenöl

Das Olivenöl in einer großen Pfanne bei hoher Temperatur erhitzen. Die Tintenfischringe und -fangarme hineingeben, salzen und pfeffern. Maximal 1 Minute, beziehungsweise bis die Tintenfische das meiste ihrer Flüssigkeit abgegeben haben, braten, dabei ständig rühren und die Pfanne rütteln. Das Fleisch muß danach fest sein und darf nicht mehr glasig aussehen. Die Kalmare mit dem Schaumlöffel aus der Pfanne nehmen und in eine Salatschüssel geben. Den Fond bei starker Hitze auf einen bis zwei Eßlöffel Flüssigkeit reduzieren (er muß die Konsistenz eines leichten Sirups haben), in eine Schale füllen und beiseite stellen.

Die Tomatenstücke mit Tafelsalz bestreuen und in einem Sieb oder auf einem Gitter 30 Minuten abtropfen lassen. Danach feinhacken. Im Mörser den Knoblauch mit dem groben Salz und frisch gemahlenem Pfeffer nach Geschmack zu einer Paste zerreiben. Langsam den Essig, den reduzierten Fond, die Tomaten, die Petersilie und zuletzt das Olivenöl einrühren. Die Marinade über die Kalmare geben, alles gut durchmischen und servieren.

Für 6 Personen

1 frischer Thymianzweig
1 TL Fenchelsamen
10–12 Pfefferkörner
10–12 Koriandersamen
500 ml trockener, fruchtiger Weißwein, vorzugsweise Sauvignon
    oder Muscadet

Von den Sardinen unter fließendem Wasser behutsam die Schuppen entfernen. Die Fische mit dem Messer am Bauch öffnen, dann die Köpfe etwas drehen und mitsamt der Mittelgräte und den Innereien auslösen. Mit Fingerspitzen und Messerspitze die Filets so von der Mittelgräte lösen, daß sie am Rücken verbunden bleiben. Die Mittelgräte an der Schwanzflosse abschneiden. Die Filets abspülen, mit Küchenkrepp trockentupfen und dann mit der Haut nach unten nebeneinanderlegen. Die Sardinen mit Salz bestreuen, vom Kopf žur Schwanzflosse hin aufrollen und die einzelnen Röllchen mit Zahnstochern zusammenstecken. Die *paupiettes* auf einen großen Teller legen, gleichmäßig einsalzen und 3 Stunden ruhen lassen.

Alle Zutaten für die Marinade in einen Topf geben. Aufkochen und dann bei verminderter Hitze zugedeckt 10 Minuten leise köcheln lassen. Die Marinade vom Herd nehmen und abkühlen lassen.

Die *paupiettes* mit Küchenkrepp trockentupfen und nebeneinander in eine Schüssel mit hohem geradem Rand legen. Selleriestange, Lorbeerblatt und Thymianzweig aus der kalten Marinade entfernen und diese über die Sardinen gießen. Die Sardinenröllchen vor dem Servieren zugedeckt einige Tage in den Kühlschrank stellen.

Für 6 Personen

PROVENCE

Soupe aux Moules
Muschelsuppe

Für dieses Rezept werden die Muscheln in einem aromatischen Wein-Kräuter-Sud gedämpft, damit sie sich öffnen.

4 EL Olivenöl
1 kg Miesmuscheln, in Weißwein mit Kräutern gedämpft, ausgelöst
    und in etwas Sud eingelegt
1 milde Zwiebel, feingehackt
1 Porreestange (mit den zarten grünen Spitzen), in feine Scheiben
    geschnitten
3 Tomaten, enthäutet, entkernt und grobgehackt
1 g Safranfäden oder 1 Msp. gemahlener Safran
2–3 kurze Stengel wildes Fenchelkraut oder 1 TL Fenchelsamen,
    im Mörser fein zerstoßen
Durchgeseihter Muschelsud, mit Wasser auf 1 l ergänzt
4 Eigelb
Salz und frisch gemahlener Pfeffer
4 Scheiben altbackenes Brot, mit einer Knoblauchzehe eingerieben

In einem schweren Topf auf kleiner Stufe 2 Eßlöffel Öl erhitzen. Zwiebeln und Porree hinzufügen und langsam weich dünsten, aber nicht bräunen. Tomaten, Safran und Fenchel dazugeben. Die Hitze hochschalten und das Gemüse einige Minuten unter Rühren garen, dann den Liter Flüssigkeit angießen. Das Ganze etwa 20 Minuten leise köcheln lassen, bis sich der volle Geschmack entfaltet hat. Mit Salz abschmecken und den Topf vom Herd nehmen.

In einer kleinen Schüssel die Eigelb mit dem restlichen Öl verquirlen und mit Pfeffer würzen. Den Sud von den ausgelösten Muscheln abgießen und an die Eigelb geben. Die Eimischung mit einem Holzlöffel in die Suppe rühren. Den Topf wieder auf den Herd stellen und bei schwacher Hitze einige Minuten rühren, bis sich der Holzlöffel mit einem feinen Film überzieht. Dabei darf die Suppe nicht aufkochen. Das Fenchelkraut entfernen und die Muscheln einrühren.

Suppenteller mit je einer Scheibe Knoblauchbrot auslegen und die Suppe in die Teller schöpfen.

Für 4 Personen

BOUCHES-DU-RHÔNE

Paupiettes de Sardines en Marinade
Marinierte Sardinenröllchen

In der Provence locken die Fischhändler ihre Kunden mit dem Schild »sardines de l'aube«. »Aube« bedeutet Morgendämmerung, und so verheißt die Mitteilung absolut fangfrische Sardinen. Man erkennt fangfrische Sardinen an dem stahlblauen Schimmer ihres Körpers und an den klaren Augen.

1 kg frische Sardinen
Salz

FÜR DIE MARINADE:

1 Karotte, in dünne Scheiben geschnitten
1 Zwiebel, in dünne Scheiben geschnitten
2 Knoblauchzehen, zerdrückt
1 kleine Stange Sellerie mit Blättern
1 Lorbeerblatt

Aïgo Bouïdo
Knoblauchsuppe

»Aïgo bouïdo« (oder »boulido«) bedeutet gekochtes Wasser. »L'aïgo bouïdo sauvo la vido« (»Aïgo bouïdo rettet das Leben«), sagt der Volksmund. Besonders empfehlenswert ist diese Suppe nach ausgiebigen kulinarischen oder alkoholischen Genüssen. Zuweilen wird die durchgeseihte Brühe mit pochierten Eiern angereichert; oder man rührt verquirltes Eigelb und geriebenen Käse hinein. Anstelle des Salbeis kann man einen Zweig Fenchelgrün verwenden, und manche Köche fügen einen Streifen getrocknete Orangenschale hinzu.

1,5 l Wasser
Salz
2 Lorbeerblätter
1 kleiner Salbeizweig
10–12 Knoblauchzehen
4–5 EL Olivenöl
8 dünne Scheiben altbackenes Brot
100 g frisch geriebener Gruyère oder Parmesan

Wasser, Salz, Lorbeerblätter, Knoblauch und 2 Eßlöffel Olivenöl in einen Topf geben und bei hoher Temperatur aufkochen. Wenn das Wasser sprudelnd kocht, die Hitze herunterschalten und das Ganze mit fast geschlossenem Deckel 15 Minuten köcheln lassen. Die Kräuter entfernen, die Flüssigkeit und den Knoblauch durchpassieren.

Die Brotscheiben auf vier Suppenteller verteilen. Mit dem restlichen Olivenöl beträufeln und mit dem Käse bestreuen. Die Suppe erneut erhitzen und über das Brot schöpfen.

Für 4 Personen

Soupe de Vermicelle aux Tomates
Tomatensuppe mit Fadennudeln

In Frankreich heißen Fadennudeln »vermicelles«. Ersatzweise können Sie auch andere feine Suppennudeln verwenden. Wenn Sie die Suppe pürieren, bevor Sie die Nudeln hineingeben, müssen die Tomaten nicht enthäutet werden. Anstelle der Nudeln eignen sich als Einlage auch Brotscheiben, die in die Teller gelegt, mit Olivenöl beträufelt und mit geriebenem Käse bestreut werden; in Toulon garniert man diese Suppe mit kleinen Bratwürsten.

3 EL Olivenöl
1 Zwiebel, feingehackt
500 g Tomaten, enthäutet und grobgehackt
1 Knoblauchzehe, zerdrückt
1 Lorbeerblatt
Salz
1 l kochendes Wasser oder Gemüsebrühe (etwa von Kichererbsen, Linsen, weißen Bohnen, Porree oder Kartoffeln)
100 g Fadennudeln
Frisch gemahlener Pfeffer

Das Olivenöl in einer hitzebeständigen Tonkasserolle oder einem schweren Topf auf kleiner Stufe erwärmen. Die Zwiebeln hinzufügen und langsam sautieren, bis sie goldgelb sind. Tomaten, Knoblauch sowie das Lorbeerblatt dazugeben und salzen (falls Sie Brühe verwenden, das Salz sparsam dosieren). Die Temperatur hochschalten und die Tomaten unter Rühren einige Minuten kochen. Das kochendheiße Wasser oder die Brühe dazugießen und die Suppe 4–5 Minuten leise kochen lassen. Die Nudeln in die Suppe geben und einige Minuten garen. Mit Pfeffer abschmecken und servieren.

Für 4 Personen

Soupe de Poissons
Provenzalische Fischsuppe

Eine gute provenzalische Fischsuppe schmeckt unverwechselbar nach Meer. An der Küste gehören junge Felsenfische von etwa 3–7 cm Länge ebenso hinein wie kleine Exemplare aller Arten, die traditionell in der »bouillabaisse« (Rezept S. 108–109) verarbeitet werden.

FÜR DEN NUDELTEIG:
200 g Instant-Mehl
Salz
¼ TL Safranpulver
1 großes Ei
1 EL Olivenöl

FÜR DIE SUPPE:
60 ml Olivenöl
250 g Zwiebeln, gehackt
250 g Porree, in feine Scheiben geschnitten
5–6 Knoblauchzehen, zerdrückt
1,5 kg Kochfisch aus dem Mittelmeer oder kleine ausgenommene Felsenfische, dazu Köpfe und Gräten von weißfleischigem Fisch wie Kabeljau oder Wittling
1 dicke Scheibe Meeraal (etwa 250 g), in kleine Stücke geschnitten
1 Seeteufel-Kopf, gehackt, oder 1 dicke Seeteufel-Scheibe mit Mittelgräte, in kleine Stücke geschnitten
Grobes Meersalz
1–2 Chilischoten
2 große Stengel frischer Thymian
2 Lorbeerblätter
3–4 Stengel Fenchelkraut (jeweils etwa 15 cm lang) oder 1 TL Fenchelsamen
500 g vollreife Tomaten, grobgehackt, oder 1 Dose (400 g) Tomaten, abgetropft und grobgehackt
500 ml trockener Weißwein
2 l kochendes Wasser
500 g kleine lebende Schwimm- oder Strandkrabben
1 g Safranfäden

Zunächst den Nudelteig vorbereiten. Während er ruht, die Suppe aufsetzen und, während sie kocht, den Teig ausrollen und schneiden.

Für den Nudelteig die Hälfte des Mehls, das Salz und den Safran in einer Rührschüssel mit einer Gabel vermischen. Anschließend in die Mitte eine Mulde drücken und das Ei mit dem Öl hineingeben. Mit der Gabel von der Mitte nach außen arbeitend das Mehl mit dem Ei und dem Öl vermischen. Dann das Ganze vermengen, bis ein weicher, geschmeidiger Teig entsteht, dabei nach Bedarf etwas zusätzliches Mehl aufstreuen. Nun den Teig kneten. Falls er klebt, mit weiterem Mehl bestäuben, bis die Masse glatt und fest wird. Den Teig zu einer Kugel rollen, mit einem Küchentuch abdecken und etwa 1 Stunde ruhen lassen.

Bei Verwendung einer handbetriebenen Nudelmaschine den Teig in zwei Portionen teilen und eine Hälfte auf der eingemehlten Arbeitsfläche möglichst flach drücken. Das Stück wenden und auch von der anderen Seite flachdrücken, danach bei maximalem Walzenabstand langsam durch die Nudelmaschine treiben. Das Stück auf beiden Seiten einmehlen. Die Enden zur Mitte hin umschlagen, so daß die Ränder zusammentreffen, und das Stück nochmals zusammenfalten, so daß vier Lagen entstehen. Erneut mit dem Handballen flachdrücken und wieder bei maximalem Walzenabstand durch die Nudelmaschine treiben. Zur Hälfte zusammenlegen und nochmals durch die Nudelmaschine treiben, falls erforderlich (je weniger häufig dieser Arbeitsgang erfolgt, desto besser bleiben die kernige Konsistenz des Teigs und der Geschmack von frischem Ei erhalten). Den Teig, ohne ihn zu falten, noch zwei- bis dreimal durch die Maschine treiben, dabei jedesmal den Walzenabstand verringern und den letzten Durchgang mit der zweitkleinsten Einstellung durchführen. Das Teigblatt etwa 30 Minuten über einen auf zwei Stuhllehnen ruhenden

Tomatensuppe mit Fadennudeln (links) *und Knoblauchsuppe* (rechts)

gesäuberten Besenstiel hängen, bis der Teig sich trocken, aber noch geschmeidig anfühlt.

Mit der zweiten Teighälfte genauso verfahren. Die Teigblätter quer in 5 cm lange Stücke schneiden und diese durch die für *tagliatelle* eingestellte Nudelmaschine laufen lassen. Die fertigen Nudeln mit Mehl bestäuben und mit den Fingern behutsam auflockern, damit sie bis zur Verarbeitung nicht zusammenkleben.

Wenn die Nudeln mit der Hand hergestellt werden, den Teig auf der bemehlten Arbeitsfläche mit dem Handballen flachdrücken. Danach mit Mehl bestäuben und mit dem Nudelholz möglichst dünn ausrollen. Gelegentlich wenden und nach Bedarf mit Mehl bestäuben, damit der Teig nicht klebt. Das Teigblatt über einem Besenstiel 30 Minuten trocknen lassen. Wieder auf die eingemehlte Arbeitsfläche legen, mit Mehl bestäuben und von beiden Seiten zur Mitte hin locker aufrollen.

Die Teigrollen mit einem scharfen Messer quer in 0,5 cm breite Streifen schneiden. Mit einem Messer unter die Teigstreifen fahren und sie anheben, so daß sie sich aufrollen. Die Teigstreifen vom Messer heben, längs ausbreiten und in etwa 5 cm lange Stücke schneiden. Damit sie nicht aneinanderkleben, mit Mehl bestäuben und mit den Fingern auflockern.

Für die Suppe das Olivenöl in einem schweren 10-Liter-Topf bei mittlerer Temperatur erhitzen. Zwiebeln, Porree und Knoblauch 4–5 Minuten unter Rühren weich dünsten, jedoch nicht anbräunen.

Alle Fische und Fischabschnitte hinzufügen und mit Salz, Chillies und den Kräutern würzen. Das Ganze etwa 10 Minuten braten, dabei rühren und den Topfinhalt mit einem Holzlöffel zerdrücken. Die Tomaten dazugeben und etwa 5 Minuten weiter rühren, bis die Tomaten zerfallen und zu kochen beginnen. Den Wein angießen, die Tem-

peratur hochschalten und das Ganze unter Rühren aufkochen lassen. Das kochendheiße Wasser hinzufügen und gründlich umrühren.

Die Suppe wieder zum Kochen bringen und die Krebse (einzeln und mit den Köpfen voran, damit sie schnell getötet werden) in die sprudelnd kochende Suppe geben und bei nicht ganz geschlossenem Deckel einige Minuten leise köchelnd garen, dafür die Temperatur entsprechend regulieren. Den Topf vom Herd nehmen.

Jeweils drei bis vier Krebse in den Mörser geben und mit einem Holzstößel zu einem groben Püree zermahlen. Zurück in den Topf geben und die übrigen Krebse ebenso bearbeiten. Anschließend den Mörser mit etwas Brühe ausspülen und diese in den Topf zurückgießen. Den Topf wieder auf den Herd stellen und die Suppe noch etwa 40 Minuten leise köcheln lassen.

Den Topf auf die Arbeitsfläche stellen. Zwei bis drei Schöpfkellen Suppe über einer großen Schüssel durch ein Sieb streichen, die Rückstände im Sieb ausdrücken. Die Rückstände aus dem Sieb entfernen und die nächste Portion Suppe passieren. Die Kräuter entfernen.

Den Topf, wenn er leer ist, säubern, ebenso das Sieb. Darauf achten, daß keine winzigen Gräten zwischen den Maschen hängenbleiben. Das Sieb in den Topf hängen und die Suppe durchseihen. Dabei das Sieb vorsichtig schütteln, den Inhalt jedoch nicht umrühren. Die feinen Rückstände im Sieb entfernen. Die Suppe mit dem Safran würzen und erneut aufwärmen.

Währenddessen Wasser in einen Topf füllen, nach Geschmack salzen und zum Kochen bringen. Die Nudeln garen, bis sie *al dente* sind, danach abgießen und in die Suppe geben. Die Suppe in vorgewärmte Teller füllen und servieren.

Für 6–8 Personen   *Abbildung S. 40–41*

43

Krebssuppe

SOUPE DE FAVOUILLES
Krebssuppe

»Favouille« ist der provenzalische Name für die im Mittelmeer ge-
fischte Gemeine Krabbe mit ihrem nur etwa 5–7 cm breitem Panzer.
Die gleiche Krebsart wird auch in Venedig gezüchtet, wo sie – wie die
Blaukrabbe in Amerika – zur Zeit der Häutung aus dem Wasser genommen wird und als »softshell crab« auf den Markt kommt. Der cha-

rakteristische, leicht pfeffrige Geschmack der »favouille« darf in keiner
»soupe de poissons« (Rezept Seite 42) oder »bouillabaisse« (Rezept
Seite 108–109) fehlen.

3 EL Olivenöl
1 große, milde weiße Zwiebel, in Scheiben geschnitten
250 g Porree (mit den grünen Spitzen), in Scheiben geschnitten
5–6 Knoblauchzehen, leicht zerdrückt
Etwa 2 Dutzend kleine lebende Krebse, zum Beispiel Schwimm-
    oder Gemeine Krabbe
2–3 EL Marc de Provence (siehe Glossar) oder Cognac

125 ml trockener Weißwein
500 g Tomaten, grobgehackt
Großes *bouquet garni* mit einem Stengel Fenchelkraut
    (siehe Glossar)
Salz
Cayennepfeffer
1,5 l kochendes Wasser
1 g Safranfäden
2–3 Scheiben altbackenes Brot, leicht geröstet, beidseitig mit
    Knoblauch eingerieben und gewürfelt

In einer großen, schweren Schmorpfanne das Olivenöl bei mittlerer Temperatur erhitzen. Zwiebeln, Porree und Knoblauch 4–5 Minuten unter Rühren glasig werden lassen, jedoch nicht bräunen. Die Tomaten hinzufügen. In dem sprudelnd kochenden Wasser die Krebse töten, mit dem Schaumlöffel herausnehmen, abtropfen lassen und in die Pfanne geben. Das Wasser beiseite stellen.

Die Krebse unter Rühren braten. Mit dem Marc ablöschen. Nach 1 Minute den Wein angießen und rasch zum Kochen bringen, dabei ständig rühren. Das Ganze mit dem *bouquet garni*, Salz und Cayennepfeffer würzen und 4–5 Minuten unter Rühren schmoren, bis die Tomaten allmählich zerfallen und die Krebse gar sind. Die Pfanne vom Herd nehmen. Jeweils drei bis vier Krebse in den Mörser geben und mit einem hölzernen Stößel bearbeiten, bis ein grobes Püree entstanden ist. Anschließend zurück in die Pfanne geben.

Den Pfanneninhalt in einen Topf umfüllen (damit er nicht weiter einkocht). Das Wasser wieder zum Kochen bringen und hinzufügen, aufkochen lassen und den Deckel so auflegen, daß er nicht ganz schließt. Die Suppe etwa 15 Minuten leise köcheln lassen. Vom Herd nehmen und das *bouquet garni* entfernen.

Zwei bis drei Schöpfkellen Suppe über einer großen Schüssel durch ein feines Sieb streichen, dabei die Rückstände mit dem Stößel leicht pressen, damit das ganze Aroma extrahiert wird. Die Rückstände aus dem Sieb entfernen, und die restliche Suppe ebenfalls portionsweise passieren. Die Suppe wieder in den Topf füllen, mit dem Safran würzen, erneut erwärmen und servieren. Dazu mit Knoblauch gewürzte *croûtons* reichen.

Für 4 Personen

PROVENCE

POT-AU-FEU À LA PROVENÇALE
Provenzalischer Pot-au-feu

Ein provenzalischer »pot-au-feu« enthält Rindfleisch und eine Lamm-keule, die dem Gericht einen volleren Geschmack und der Brühe ein feines Aroma verleiht. Austin de Croze schrieb 1928, zu einem pro-venzalischen »pot-au-feu« gehöre unbedingt ein warmer Kichererb-sensalat. Er wird oft zitiert, aber selten beim Wort genommen.

1 Schweinsfuß
1,5 kg Beinscheibe vom Rind (ohne Knochen)
750 g Querrippe vom Rind
1 Lammkeule, etwa 800 g, mit Knochen
4 große Rindermarkknochen (etwa 750 g), in Musselin eingewickelt
125 ml trockener Weißwein
Grobes Meersalz
1 große Zwiebel, mit 2 Gewürznelken gespickt
1 Knoblauchknolle
Großes *bouquet garni* (siehe Glossar)
500 g junge, zarte Karotten, geschält
500 g kleine weiße Rüben, geschält
1 kg Porree
6 Scheiben altbackenes Brot
Grobes Meersalz, Kapern und, falls erhältlich, unraffinierte
    schwarze Oliven zum Garnieren

Den Schweinsfuß in einen Topf geben, mit kaltem Wasser bedecken und das Wasser kurz aufkochen lassen. Abgießen, den Schweinsfuß unter kaltem Wasser abspülen, abtropfen lassen und beiseite legen.

Beinscheibe mit Küchenzwirn fest zusammenbinden. In einen tra-ditionellen *pot-au-feu* aus Ton oder einen schweren Topf mit einem Fassungsvermögen von 10 Litern alle Fleischstücke so hineinlegen, daß kein Platz vergeudet wird, sie aber gleichzeitig nicht zu dicht ge-packt sind. Das Ganze etwa 5 cm hoch mit kaltem Wasser bedecken. Bei kleiner bis mittlerer Hitze langsam zum Kochen bringen, was annähernd 1 Stunde dauern sollte. (Gegen zu starke Hitzeeinwirkung beim Gasherd die Flamme mit einem Hitzeverteiler abdecken.) Den Schaum immer wieder abschöpfen. Wenn das Wasser aufwallt, den Wein angießen. Weiter abschäumen.

Das Salz, die gespickte Zwiebel, die Knoblauchknolle und das *bou-quet garni* dazugeben. Weiter wiederholt abschäumen. Nach dem er-neuten Aufsprudeln die Hitze reduzieren und einen Deckel so aufle-gen, daß er nicht ganz schließt. Die Temperatur – falls nötig auch mehrmals – so regulieren, daß das Wasser stets nur leise köchelt. 2 Stunden simmern lassen und dabei gelegentlich in den Topf schau-en. Die Flüssigkeit soll auf keinen Fall kochen.

Nach 2 Stunden die Karotten und die weißen Rüben dazugeben und 30 Minuten mitgaren. Vom Porree die dunkelgrünen Spitzen ent-fernen; die Stangen aufschlitzen, sorgfältig waschen und zusammen-binden. Den Porree nach Ablauf der 30 Minuten ebenfalls in den Topf geben. Das Ganze noch 30 Minuten leise köcheln lassen.

Der *pot-au-feu* ist etwa 3 Stunden nach dem ersten Aufkochen fer-tig. Mit einer Spicknadel oder einem dünnen Spieß prüfen, ob die Beinscheibe gar ist (sie hat die längste Garzeit).

Das Fett von der Brühe abschöpfen. Zwiebel, Knoblauch und *bou-quet garni* entfernen. Den Schweinsfuß herausnehmen und beiseite legen – er wird in den nächsten Tagen zu einem Salat verarbeitet. Die Markknochen auswickeln. Das Mark auf einen Teller drücken, auf die Brotscheiben streichen und diese auf die Suppenteller verteilen.

Während des Anrichtens Fleisch und Gemüse in der Brühe warm halten. Den Küchenzwirn ablösen und das Fleisch tranchieren, je-doch nur so viel aufschneiden, wie voraussichtlich gegessen wird. (Der Rest läßt sich für ein *bœf mironton* [siehe S. 152] leichter in dün-ne Scheiben schneiden, nachdem er ausgekühlt ist.) Das Fleisch auf einer vorgewärmten Platte anrichten und mit dem Gemüse umlegen, vom Porree zuvor die Schnur entfernen. Separat in einer kleineren Schüssel etwas Brühe bereitstellen, von der jeder sich nach Belieben nimmt. Nach dem Essen das übrige Fleisch aus der Brühe nehmen, gut verpacken und in den Kühlschrank legen.

Für 6 Personen

Provenzalischer Pot-au-feu

HOURTÊTE
Gemüsesuppe

Das Rezept für »hourtête« (kleiner Garten) ist wohl so alt wie die Provence selbst. Erstmals veröffentlicht wurde das Rezept für diese Gemüsesuppe in »Le cuisinier Durand«, dem ältesten und noch heute einem der besten aller provenzalischen Kochbücher. Sein Verfasser, Charles Durand, wurde im Jahr 1766 geboren. Nîmes und Marseille waren die Hauptstationen seines beruflichen Lebens, das die Epochen des Ancien régime, Napoleons I., Ludwigs XVIII., Karls X. und Ludwig Philipps umspannte.

1,5 l Wasser oder Fleischbrühe
Salz (falls Wasser verwendet wird)
150 g Spinat, geputzt und in feine Streifen geschnitten
150 g Mangold, geputzt und in feine Streifen geschnitten
150 g Sauerampfer, geputzt und in feine Streifen geschnitten
2 EL Sellerieblätter, gehackt
2 EL frischer Kerbel, gehackt
1 Knoblauchzehe
1 milde weiße Zwiebel, in dünne Scheiben geschnitten
4 Eigelb
Altbackenes Baguette, in dünne Scheiben geschnitten
3–4 EL Olivenöl
Frisch gemahlener Pfeffer

Das Wasser mit Salz nach Geschmack (oder die Fleischbrühe) in einem Topf aufkochen. Spinat, Mangold, Sauerampfer, Sellerieblätter, Kerbel, Knoblauch und Zwiebel hineingeben und das Ganze etwa 15 Minuten leise kochen lassen.

In einer kleinen Schüssel die Eigelb mit einer Gabel verquirlen und mit frisch gemahlenem Pfeffer würzen. Eine kleine Schöpfkelle Suppe etwas abkühlen lassen und mit den Eigelb verrühren. Den Topf vom Herd nehmen und die Suppe einige Minuten ruhen lassen. Mit dem Holzlöffel die verquirlten Eigelb einrühren. Den Topf wieder auf den Herd setzen und bei niedriger Temperatur rühren, bis die Suppe den Löffel mit einem feinen Film überzieht. Sie darf dabei nicht aufkochen.

Die Baguettescheiben in eine Suppenschüssel oder einzelne Suppenteller legen und mit Olivenöl beträufeln. Die Suppe darüberschöpfen und sofort servieren.

Für 4 Personen

VAUCLUSE

OMELETTE AUX TOMATES
Tomaten-Omelett

Etwa 5 EL Olivenöl
1 milde weiße Zwiebel, halbiert und in dünne Scheiben geschnitten
125 g längliche Paprikaschoten, längs halbiert, von Samen und
    weißen Häuten befreit und quer in feine Streifen geschnitten
2 Tomaten, gehäutet, entkernt und grobgehackt
2 Knoblauchzehen, zerdrückt
Salz
Cayennepfeffer
5 Eier
Frisch gemahlener schwarzer Pfeffer

In einer großen, schweren Bratpfanne 2 Eßlöffel Olivenöl langsam erhitzen. Zwiebeln und Paprikaschoten hinzufügen und unter gelegentlichem Rühren mit dem Holzlöffel langsam dünsten, bis sie weich, aber noch nicht gebräunt sind.

Die Temperatur hochschalten und die Tomaten mit dem Knoblauch, einer Prise Salz und ein wenig Cayennepfeffer dazugeben. Etwa 5 Minuten garen und mehrmals umrühren, bis die Tomaten leicht

zerfallen und zu köcheln beginnen. Die Hitze wieder reduzieren und die Tomaten etwa 15 Minuten garen, dabei gelegentlich rühren. Zum Schluß das Ganze bei größter Hitze noch einmal durchrühren, bis der gesamte Saft verkocht ist. Die Tomaten auf einen Teller geben und völlig abkühlen lassen.

Die Eier in eine Rührschüssel schlagen. Mit einer Prise Salz und etwas frisch gemahlenem Pfeffer würzen und mit einer Gabel nur so verquirlen, daß Eigelb und Eiweiß gerade vermischt sind. Die abgekühlten Tomaten unterziehen.

Verwenden Sie eine Omelettpfanne, die oben einen Durchmesser von 28 cm und unten von 20 cm aufweist. Falls das Omelett zum Abschluß unter dem Grill gebräunt werden soll, muß auch der Pfannenstiel hitzebeständig sein.

Drei Eßlöffel Olivenöl in der Pfanne erhitzen und das Öl durch Schwenken der Pfanne bis zum Rand hinauf verteilen. Die Eier-Tomaten-Mischung hineingeben und mit dem Gabelrücken rühren, ohne den Boden oder Rand der Pfanne zu berühren. Langsam einmal ringsherum rühren. Dabei den Omelettrand mit der Gabel anheben und jedesmal die Pfanne neigen, damit das noch flüssige Ei nach unten laufen kann.

Wenn die Eimasse zu stocken beginnt, die Pfanne rütteln, um das Omelett zu lösen. Das Omelett auf einen Deckel stürzen. Einen weiteren Eßlöffel Öl in die Pfanne geben und das Omelett mit der gebräunten Seite nach oben wieder hineingleiten lassen. Die Hitze für etwa 20 Sekunden hochschalten, bis das Omelett auch auf der Unterseite gebräunt ist.

Falls das Omelett nicht gewendet werden soll, die Pfanne unter den heißen Grill schieben, bis die Eimasse in der Mitte nicht mehr flüssig, aber auch noch nicht ganz trocken ist. Das Omelett auf eine Servierplatte gleiten lassen, wie eine Torte aufschneiden und heiß oder laulauwarm servieren.

Für 4 Personen

PROVENCE

ŒUFS À LA TRIPE
Eier in Zwiebelsauce

2 EL Butter
500 g milde weiße Zwiebeln, in dünne Scheiben geschnitten
Salz
1 EL Mehl
250 ml Milch
Frisch gemahlener Pfeffer
Frisch geriebene Muskatnuß
1 Msp. Safranpulver, in 1 EL heißem Wasser aufgelöst
6 hartgekochte Eier, geschält und geviertelt
Gehackte Petersilie zum Garnieren

Die Butter in einem schweren Topf oder einer Schmorpfanne bei geringer Hitze langsam zerlassen. Die Zwiebeln hinzufügen, nach Geschmack salzen und zugedeckt mindestens 30 Minuten dünsten, bis sie sehr weich, aber keinesfalls gebräunt sind. Dabei häufig mit dem Holzlöffel rühren.

Die Zwiebeln mit dem Mehl bestäuben, umrühren und langsam unter ständigem Rühren die Milch angießen. Weiter rühren, bis die Sauce aufkocht. Weitere 30 Minuten leise köcheln lassen und dabei häufig rühren.

Die Sauce mit etwas frisch gemahlenem Pfeffer, einem Hauch frisch geriebener Muskatnuß und dem Safran würzen. Die Eier in die Sauce geben, vorsichtig rühren, damit sie nicht zerfallen, und durchwärmen.

Die Eier mit der Sauce in einer vorgewärmten Schüssel anrichten und mit der Petersilie bestreuen.

Für 4 Personen

Rechte Seite: *Gemüsesuppe* (hinten), *Eier in Zwiebelsauce* (links) *und Tomaten-Omelett* (rechts)

BOUCHES-DU-RHÔNE

SOUPE TÔT FAITE
Suppe von Kartoffeln und Porree

*Diese Suppe – auch »soupo vite facho« genannt – ist eine frische Vari-
ante der normalerweise lange gegarten Porree-Kartoffel-Suppe. Hierfür werden die Gemüse fein zerkleinert und nur kurz gegart.*

1,5 l Wasser
Salz
750 g Kartoffeln
500 g Porree, in dünne Ringe geschnitten
4 Scheiben altbackenes Brot

2–3 EL Olivenöl
Frisch gemahlener Pfeffer

Die Kartoffeln schälen, längs halbieren und dann jede Hälfte längs in
Scheiben schneiden. Dann die Scheiben quer in dünne Streifen
schneiden.

Kartoffeln und Porree mit dem Wasser in einem Topf aufsetzen
und nach Geschmack salzen. Bei mittlerer Temperatur kochen, bis
sich die Kartoffelstreifen mit einem Holzlöffel leicht am Topfrand
zerdrücken lassen.

In jeden Suppenteller eine Brotscheibe legen, mit Olivenöl nach
Geschmack beträufeln und Pfeffer darübermahlen. Die Suppe über
das Brot schöpfen und sofort servieren.

Für 4 Personen

Suppe von Kartoffeln und Porree

Zwiebelpizza mit Sardellen

ALPES-MARITIMES

PISSALADIÈRE
Zwiebelpizza mit Sardellen

Der Name »pissaladière« leitet sich von »pissalat« ab, einer Zubereitung, die in der Gegend von Nizza eine lange Tradition hat. Dafür werden kleine Fische eingesalzen, eine Woche unter einem schweren Gewicht gepreßt und schließlich durch ein Sieb gestrichen. »Pissalat« – im Departement Bouches-du-Rhône heißt dieses Püree »melet« – dient als Würze, wobei heute statt dessen meistens jedoch eingesalzene Sardellen verwendet werden. In der Provence besorgt man sich für die »pissaladière« häufig fertigen Brotteig beim Bäcker und arbeitet mitunter vor dem Ausrollen noch etwas Olivenöl ein. Manche Köche ziehen hingegen einen einfachen Mürbeteig oder einen provenzalischen Auslegeteig mit Olivenöl vor. Am besten eignen sich für eine »pissaladière« dicke, erntefrische milde weiße Zwiebeln, die sich durch einen hohen Wasseranteil auszeichnen.

FÜR DEN PROVENZALISCHEN AUSLEGETEIG:
250 g Mehl
Salz
1 Ei
60 ml Olivenöl
60 ml lauwarmes Wasser
Mehl zum Ausrollen

FÜR DEN BELAG:
5 EL Olivenöl
1,5 kg milde weiße Zwiebeln, in feine Scheiben geschnitten
3–4 Knoblauchzehen
Salz
1 Lorbeerblatt
1 frischer Thymianzweig

8 Sardellen in Salz, abgespült, filetiert und zerdrückt (siehe Glossar)
125 g schwarze Oliven
Frisch gemahlener Pfeffer

Für den Teig das Mehl mit dem Salz in eine Schüssel geben und mit einer Gabel vermischen. Ei, Olivenöl und Wasser hinzufügen. Alles zunächst mit der Gabel vermischen und dann kneten, bis sich ein geschmeidiger, aber fester Teig ergibt. Den Teig in der Schüssel zu einer Kugel formen und mit einem Küchentuch abdecken. Vor dem Ausrollen in der warmen Küche mindestens 1 Stunde ruhen lassen.

In einer hitzebeständigen Tonkasserolle oder einer schweren Pfanne drei Eßlöffel Olivenöl auf niedrigster Stufe erhitzen. Die Zwiebeln, den Knoblauch, Salz nach Geschmack und die Kräuter hineingeben. Zugedeckt bei sehr milder Hitze etwa 1 Stunde dünsten, dabei gelegentlich mit dem Holzlöffel umrühren. Die Zwiebeln dürfen keine Farbe annehmen. Im richtigen Kochgeschirr und bei entsprechend niedriger Temperatur sind sie nach einer Stunde ganz weich, aber völlig ungebräunt. Die Zwiebeln vom Herd nehmen. Lorbeerblatt und Thymianzweig entfernen, die Sardellen hinzufügen und umrühren.

Den Backofen auf 180 °C (Gasherd Stufe 2–3) vorheizen. Ein Backblech oder eine große, runde Backform dünn mit Öl bestreichen. Die Arbeitsfläche einmehlen und den Teig darauflegen. Mit den Händen flachdrücken und mit Mehl bestäuben. Den Teig dünn in der ungefähren Größe und Form der Backform ausrollen, um das Nudelholz wickeln und in die Form legen. Den Teig behutsam an Boden und Rand der Form drücken. Am Rand umlegen, so daß ein Wulst entsteht. In diesen mit dem Daumen, der zwischendurch immer wieder eingemehlt wird, ringsum Riefen drücken. Den Teigboden hier und da mit der Gabel einstechen. Die Zwiebeln darauf verteilen und die Oliven einzeln in gleichmäßigem Abstand halb in den Belag hineindrücken. Den Teigrand mit Öl dünn bestreichen, den Rest des Öls über die Zwiebeln träufeln. Den Zwiebelkuchen im vorgeheizten Ofen etwa 30 Minuten backen, bis der Rand goldbraun und knusprig ist. Mit Pfeffer würzen und servieren.

Für 6 Personen

49

Frühlingssuppe (oben), *Auberginen-Sardellen-Paste* (unten) *und Linsensuppe mit Mangold* (Mitte)

PROVENCE

CAVIAR D'AUBERGINE
Auberginen-Sardellen-Paste

Diese Paste schmeckt am besten warm serviert als »hors-d'œuvre«.

3 längliche Auberginen (insgesamt etwa 750 g)
2 Knoblauchzehen
Grobes Meersalz
2 Sardellen in Salz, abgespült und filetiert (siehe Glossar)
Frisch gemahlener Pfeffer
Tafelsalz
4–5 EL Olivenöl

Den Backofen auf 180 °C (Gasherd Stufe 2–3) vorheizen.

Die Auberginen mehrmals einstechen, in eine flache ofenfeste Form legen und etwa 45 Minuten garen, bis sie sich mit einer Messerspitze leicht einstechen lassen. Die Form aus dem Ofen nehmen und die Auberginen etwas abkühlen lassen, dann längs halbieren. Das Fleisch mit einem Löffel herausschaben und mit einer Gabel grob zerdrücken.

In einem großen Mörser die Knoblauchzehen mit etwas grobem Salz zu einer Paste verarbeiten. Die Sardellenfilets dazugeben, pfeffern und alles fein zerreiben. Das Auberginenfleisch in den Mörser füllen. Die Mischung mit dem Stößel bearbeiten, dabei langsam das Olivenöl zugeben, bis eine Paste entstanden ist. Mit Tafelsalz abschmecken.

Für 4 Personen

50

3 EL Olivenöl
1 Zwiebel, in dünne Scheiben geschnitten
1 Porreestange, in dünne Scheiben geschnitten
1 Karotte, geschält und gewürfelt
2 Knoblauchzehen
250 g geputzter Mangold, in feine Streifen geschnitten
Salz
Frisch gemahlener Pfeffer

Die Linsen in einer Schüssel mit kaltem Wasser bedecken und 2–3 Stunden einweichen.

Anschließend die Linsen abgießen und in eine hitzebeständige Tonkasserolle oder einen Emailtopf füllen. Mit Wasser bedecken, aufwallen lassen und 5 Minuten kochen. Die Linsen wieder abgießen, zurück in den Topf geben und das kochende Wasser hinzufügen.

Das *bouquet garni* dazugeben und die Linsen zugedeckt leise köcheln lassen. Währenddessen die übrigen Gemüse vorbereiten.

Das Olivenöl in einem Topf bei schwacher Hitze erwärmen. Zwiebeln, Porree und Karotten in das Öl geben und etwa 15 Minuten dünsten, bis das Gemüse weich ist. Knoblauch und Mangold hinzufügen, salzen. Die Hitze hochschalten und den Mangold etwa 5 Minuten garen, bis er weich wird und die Flüssigkeit verdampft ist. Den Topfinhalt zu den Linsen geben. Die Suppe etwa 1 Stunde leise köcheln lassen, bis die Linsen gar sind. Mit Salz und frisch gemahlenem Pfeffer abschmecken und servieren.

Für 6 Personen

ALPES-MARITIMES

Potage Printanier
Frühlingssuppe

Im Gegensatz zu den zarten dicken Bohnen, die man in der Provence gern roh ißt, werden in Suppen reifere, etwa daumennagelgroße Exemplare verarbeitet. Sie sollten innen hellgrün und noch nicht mehlig sein. In diesem Reifestadium ist die äußere Haut hart und bitter und wird daher abgezogen, darunter kommt der zarte, weiche Kern zum Vorschein. Als Ersatz oder Ergänzung passen kleine grüne Erbsen.

2 l Wasser
3 junge, zarte Artischocken, geputzt, halbiert, falls nötig, vom Heu befreit und in dünne Scheiben geschnitten
300 g neue Kartoffeln, geschält und gewürfelt
250 g geputzter Mangold, in feine Streifen geschnitten
150 g junge grüne Schalotten oder Frühlingszwiebeln, in Scheiben geschnitten oder gehackt
2–3 Stengel Winterbohnenkraut, zusammengebunden
Salz
1 kg junge dicke Bohnen, enthülst und abgezogen
2 Eier
2 EL Olivenöl
Frisch gemahlener Pfeffer

ZUM SERVIEREN:
Parmesan mit Reibe

Das Wasser in einem großen Topf zum Kochen bringen. Artischocken, Kartoffeln, Mangold, Schalotten oder Frühlingszwiebeln und Winterbohnenkraut hinzufügen. Den Deckel so auflegen, daß er nicht ganz schließt, und die Suppe etwa 15 Minuten leise köcheln lassen. Die Bohnen dazugeben und etwa 10 Minuten mitkochen, bis sie weich sind, aber noch nicht zerfallen.

Das Kräuterbündel entfernen. Die Eier mit dem Olivenöl in eine kleine Schüssel geben. Nach Geschmack pfeffern und alles mit einer Gabel gründlich verquirlen. Eine kleine Schöpfkelle der Brühe einrühren. Den Suppentopf vom Herd nehmen und die Eimischung einrühren. Die Suppe sofort servieren. Dazu den Parmesan mit einer Reibe auf den Tisch stellen.

Für 6 Personen

ALPES-MARITIMES

Soupe de Lentilles à la Niçoise
Linsensuppe mit Mangold

Am besten eignen sich für dieses Rezept die dunkelgrünen, marmorierten Linsen (»Verte du Puy«). Da man immer wieder vereinzelte Steinchen unter den Linsen findet, werden sie vor der Zubereitung sorgfältig verlesen. Man gibt die Linsen in kleinen Portionen auf einen Teller und füllt die durchgesehenen Linsen in eine Schüssel.

200 g Linsen
2 l kochendes Wasser
Bouquet garni

VAUCLUSE

GAYETTES À LA VAUCLUSIENNE
Crepinettes mit Leber-Spinat-Füllung

Der provenzalische Name dieser Zubereitung leitet sich vermutlich aus dem Wort »gaio« (Schweinsbries) ab. Ursprünglich wurde Schweinsbries zusammen mit Herz, Milz und Lunge vom Schwein in den »gayettes« verarbeitet. Diese Würste mit Leber-Spinat-Füllung serviert man in der Provence zimmerwarm.

Je 125 g Schweineleber, Geflügellebern und gepökelter Speck, feingehackt oder durch den mittelfeinen Einsatz des Fleischwolfs getrieben
250 g Wurstbrät (siehe Glossar)
500 g Spinat, blanchiert, ausgedrückt und gehackt (siehe Glossar)
1 Zwiebel, feingehackt und in 1 EL Olivenöl weich gedünstet, aber nicht gebräunt
Persillade mit 2 Knoblauchzehen (siehe Glossar)
1 TL getrocknete provenzalische Kräuter (siehe Glossar)
Salz, frisch gemahlener Pfeffer und gemahlener Piment
2 Eier
Schweinenetz, falls eingesalzen oder tiefgefroren, einige Minuten in lauwarmem Wasser eingeweicht und abgetropft
Frische Salbeiblätter oder kleine Salbeizweige
125 ml Wasser

Sämtliche Zutaten außer Schweinenetz, Salbei und Wasser in eine große Schüssel geben. Mit Salz, Pfeffer und Piment nach Geschmack würzen und das Ganze gründlich mit den Fingern vermengen.

Den Backofen auf 200 °C (Gasherd Stufe 3–4) vorheizen. Das Schweinenetz auf der Arbeitsfläche ausbreiten und in Quadrate von 13 cm Kantenlänge schneiden. Die Hände in Wasser tauchen und aus dem Fleischteig dicke Würste formen. Jede Wurst in ein Stück Schweinenetz wickeln und anschließend zwischen den Händen leicht flachdrücken. Auf die Oberseite ein Salbeiblatt oder -zweiglein legen und andrücken.

In eine flache ofenfeste Form das Wasser gießen. Die Form muß so groß sein, daß die Würste nebeneinander hineinpassen, ohne gequetscht zu werden. Die Würste im vorgeheizten Ofen etwa 30 Minuten garen, bis sie eine appetitliche Farbe annehmen und die Umhüllung sich als goldbraunes Netz abzeichnet. Das Gericht zimmerwarm servieren.

Für 4 Personen

PROVENCE

BEIGNETS
Gemüse und Tintenfische im Bierteig

Abwechslungsreicher wird das Gericht, wenn Sie verschiedene »beignets« servieren. Neben den nachstehend aufgelisteten Gemüsesorten eignen sich zum Beispiel auch zarte Frühlingszwiebeln, dünne Zucchini- und Auberginenscheiben, Zucchini- oder andere Kürbisblüten, blanchierte grüne Bohnen oder Blumenkohlröschen sowie vorgekochte Schwarzwurzeln. Sehr lecker sind auch Miesmuscheln, im letzten Augenblick roh ausgelöst, und geschälte Garnelen.

FÜR DEN AUSBACKTEIG:
125 g Mehl
Salz und frisch gemahlener Pfeffer
2 Eier, getrennt
1 EL Olivenöl
180 ml lauwarmes Bier

2–3 kleine Kalmare, geputzt (siehe Glossar)
100 g frische Champignons, größere Exemplare halbiert oder geviertelt

Crepinettes mit Leber-Spinat-Füllung (links) *und Gemüse und Tintenfische im Bierteig* (rechts)

6 kleine oder 4 mittelgroße junge Artischocken, geputzt, kleinere Exemplare geviertelt, mittelgroße geachtelt und, falls nötig, vom Heu befreit (siehe Glossar)
1 EL feingewiegte gemischte frische Kräuter wie Petersilie, Schnittlauch und Estragon, Ysop oder Majoran
Saft von 1/2 Zitrone
1 EL Olivenöl
Salz und frisch gemahlener Pfeffer
2 l Maiskeim- oder Erdnußöl
8 junge, zarte Sauerampferblätter, die Stiele dicht am Blatt abgeschnitten
Handvoll Petersilienzweige
500 ml Tomatensauce, erhitzt (siehe Glossar)

Das Mehl, Salz und Pfeffer nach Geschmack, die Eigelb, das Öl und das Bier in eine Rührschüssel geben. Mit dem Schneebesen alles von der Mitte nach außen nur so lange verrühren, bis sich ein glatter Backteig ergibt. Abdecken und 2 Stunden bei Zimmertemperatur ruhen lassen.

Unmittelbar vor der Verwendung des Backteigs das Eiweiß in einer separaten Schüssel zu steifem Schnee schlagen und vorsichtig unter den Backteig heben.

Von den ausgenommenen Kalmaren die seitlichen Flossen abschneiden. Die Körper in etwa 1 cm breite Ringe schneiden und die Körperspitzen längs halbieren. Die Kalmarstücke einschließlich der Fangarme mit Küchenkrepp sorgfältig trockentupfen und zusammen mit den Pilzen und den Artischocken in eine Schüssel geben. Die Kräuter darüberstreuen, Zitronensaft und Olivenöl darüberträufeln, salzen und pfeffern. Das Ganze durchmischen und bei Zimmertemperatur etwa 30 Minuten zum Marinieren stehen lassen. Dabei zwei- bis dreimal umrühren.

Nach der Anleitung zum Ausbacken im Glossar das Öl in einer Friteuse erhitzen. Einige Kalmar-, Champignon- und Artischockenstücke in den Teig tunken und wenden, bis sie gleichmäßig überzogen sind. Die Stücke mit einer Gabel aus dem Teig nehmen, einige Sekunden über der Schüssel abtropfen lassen – sie sollte neben der Friteuse stehen – und in das heiße Öl geben. Immer nur so viele Stücke gleichzeitig verarbeiten, daß sie in der Friteuse ausreichend Platz haben.

Die Stücke, wenn sie sich nach einigen Minuten an den Kanten goldgelb färben, mit einem Löffel oder einem anderen geeigneten Hilfsmittel im Öl wenden. Wenn Sie keine Friteuse mit eingebautem Thermostat verwenden, müssen Sie die Temperatur eventuell von Zeit zu Zeit nachregulieren. Die *beignets* nach 3–4 Minuten, wenn sie auf beiden Seiten goldgelb gebräunt sind, aus dem Öl nehmen und nach Anleitung abtropfen lassen.

Nachdem die marinierten Zutaten verarbeitet sind, die Sauerampferblätter einzeln am Stielende fassen, in den Backteig tauchen und dann im heißen Öl goldgelb ausbacken. Genauso wie die anderen Krapfen abtropfen lassen.

Zuletzt vorsichtig die Petersilienzweige in das Öl gleiten lassen und sofort einen Schritt zurücktreten. Wenn nach 1–2 Sekunden das Knistern aufhört, die Petersilienzweige vorsichtig aus dem Öl nehmen und auf Küchenkrepp abtropfen lassen.

Die Krapfen mit der Petersilie bestreuen und servieren. Die Tomatensauce separat dazu reichen.

Für 4 Personen

PROVENCE

OMELETTE BAVEUSE AUX ASPERGES
Spargel-Omelett

In der Provence füllt man gerollte Omeletts mit Delikatessen wie wilden Spargelspitzen, Trüffeln, Seeigelrogen, Muscheln oder Seeanemonen, die im saftigen Inneren einer »omelette baveuse« besonders exquisit schmecken. Im Prinzip kann man Omeletts in jeder Größe backen, ein perfekt gerolltes Omelett jedoch, das außen schön gebräunt, aber innen noch feucht ist, läßt sich mit mehr als 4–5 Eiern kaum herstellen. Für mehr als zwei Gäste bereitet man daher besser entsprechend viele einzelne Omeletts. Pro Stück kalkuliert man etwa 1 Minute ab dem Zeitpunkt, zu dem die Eier in die Pfanne gegeben werden, bis zum Aufrollen des Omeletts. Hier nun eine Anleitung für ein köstliches Omelett mit wildem Spargel. Zuchtspargel läßt sich, auf die gleiche Weise vorbereitet, gut in Rührei verarbeiten.

250 g wilder Spargel
4–5 EL Olivenöl
4 Eier
1 EL Butter, gekühlt und gewürfelt
Salz und frisch gemahlener Pfeffer

Die Spargelstangen waschen und die holzigen Enden abschneiden. Die Stangen schräg in Scheiben schneiden, die im zarten oberen Bereich etwa 0,5 cm und zum unteren Ende hin nur noch etwa 0,3 cm dick sind.

Spargel-Omelett

In einem Topf reichlich Salzwasser zum Kochen bringen. Die Spargelstückchen hineingeben und, sobald das Wasser erneut aufsprudelt, abgießen.

In einer Pfanne 1 Eßlöffel Olivenöl bei mittlerer Temperatur erhitzen. Den Spargel hineingeben und einige Sekunden sautieren. Die Pfanne vom Herd nehmen.

Eier, Butter, Salz und Pfeffer nach Geschmack in eine Rührschüssel geben. Das Ganze mit der Gabel verquirlen, bis Eigelb und Eiweiß gerade vermischt sind.

Den sautierten Spargel hinzufügen und sofort mit der Gabel rühren, um die Wärme gleichmäßig zu verteilen.

Für die Zubereitung benötigen Sie eine Omelettpfanne, die oben einen Durchmesser von 28 cm und unten von 20 cm aufweist. In der Pfanne 2 Eßlöffel Öl bei hoher Temperatur erhitzen und die Pfanne schwenken, um auch den Rand einzufetten. Die Eier hineingeben und mit dem Gabelrücken rühren, ohne den Pfannenboden oder -rand zu berühren. Langsam ringsum einmal durchrühren, dabei den Omelettrand mit der Gabel anheben und die Pfanne dabei jedesmal schräg halten, so daß das oben noch flüssige Ei nach unten läuft.

Wenn die Eimasse schließlich zu stocken beginnt, das Omelett vom Pfannengriff aus aufrollen. Dafür die Pfanne etwas kippen und oben den Rand des Omeletts mit der Gabel etwas anheben. Dann mit der Faust kurz und kräftig auf den Pfannengriff schlagen, damit das Omelett zum unteren Pfannenrand hin umklappt.

Einen vorgewärmten Teller bereitstellen und das Omelett vorsichtig so aus der Pfanne auf den Teller gleiten lassen (die Pfanne dabei senkrecht halten), daß das Omelett sich dabei aufrollt und mit der offenen Seite nach unten auf den Teller rutscht. Sofort servieren.

Für 2 Personen

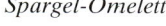

Rühreier mit Tomaten und Basilikum

PROVENCE

BROUILLADE AUX TOMATES
Rühreier mit Tomaten und Basilikum

2 EL Olivenöl
1 Knoblauchzehe, feingehackt
750 g Tomaten, enthäutet, entkernt und grobgehackt
Salz
1 Lorbeerblatt
10 Eier
60 g Butter, gekühlt und gewürfelt
Frisch gemahlener Pfeffer
Handvoll frische Basilikumblätter, erst kurz vor der Verwendung
    zerpflückt

Das Olivenöl in einer feuerfesten Tonkasserolle oder einer Pfanne
auf kleiner Stufe erhitzen. Den Knoblauch glasig schwitzen, jedoch

nicht bräunen. Die Tomaten, Salz nach Geschmack und das Lorbeerblatt dazugeben. Die Hitze etwas erhöhen, bis die Tomaten durchgewärmt sind und leise brodeln. Danach die Hitze wieder reduzieren.
Die Tomaten ohne Deckel und unter gelegentlichem Rühren mit dem
Holzlöffel etwa 10–15 Minuten dünsten, bis der Saft verdampft ist.
Die Pfanne vom Herd nehmen, das Lorbeerblatt entfernen und wegwerfen.

Die Eier mit der Butter, einer Prise Salz und frisch gemahlenem
Pfeffer nach Geschmack in eine Schüssel geben. Mit einer Gabel verquirlen, bis Eiweiß und Eigelb gerade vermischt sind. Die Pfanne mit
den Tomaten bei mittlerer Hitze wieder auf den Herd stellen und die
Eier hineingeben. Ständig mit einem Holzspatel rühren und dabei die
Eimasse immer wieder von Rand und Boden der Pfanne lösen, bis sie
zu einer dicken Creme stockt.

Die Pfanne vom Herd nehmen, das Basilikum dazugeben und weiterhin rühren, da die Rühreier durch die Pfannenhitze noch weiter garen. Die Rühreier in der Pfanne servieren.

Für 4 Personen

Provenzalischer Gemüsetopf

PROVENCE

RATATOUILLE
Provenzalischer Gemüsetopf

»Ratatouille« läßt sich in größeren Mengen besonders gut im Sommer zubereiten, wenn knackig frisches Gemüse in großer Auswahl auf dem Markt ist. Aufgewärmt ist »ratatouille« eine ideale Beilage zu gegrilltem oder gebratenem Lamm, Schwein, Kalb oder Geflügel.

Etwa 250 ml Olivenöl und grobes Meersalz

1 kg Zwiebeln, grob zerkleinert

1 kg feste, längliche Auberginen, gewürfelt

1 kg rote, gelbe und grüne Paprikaschoten, längs halbiert, von Samen und weißen Häutchen befreit und in Quadrate geschnitten

1 kg Tomaten, enthäutet, entkernt und grobgehackt

1 Knoblauchknolle, die einzelnen Zehen geschält

Großes *bouquet garni* (siehe Glossar)

1 kg kleine, feste Zucchini, längs geviertelt und quer in dicke Scheiben geschnitten

Frisch gemahlener Pfeffer
Frische Basilikumblätter

In einem Suppentopf mit 8 bis 10 Litern Fassungsvermögen die Hälfte des Olivenöls auf kleiner Stufe erhitzen. Die Zwiebeln hineingeben und langsam dünsten, bis sie glasig werden; sie dürfen jedoch nicht bräunen.

Gelegentlich mit einem Holzlöffel umrühren und nach und nach die übrigen Gemüse mit Ausnahme der Zucchini in den Topf geben. Salzen und das Gemüse immer wieder mit dem Holzlöffel vorsichtig vom Topfboden lösen, bis allmählich der Saft austritt. Auf mittlerer Stufe das Ganze langsam zum Kochen bringen. Von dem Zeitpunkt, zu dem die Zwiebeln in das Öl kommen, bis zum ersten Aufkochen sollten 45 Minuten bis 1 Stunde vergehen.

Das *bouquet garni* hinzufügen und die Temperatur so weit herunterschalten, daß das Gemüse im nicht ganz geschlossenen Topf leise vor sich hin köchelt. Nach etwa 30 Minuten die Zucchini dazugeben und mit dem Holzlöffel in die Mischung drücken. Das Ganze weitere 45–60 Minuten leise köchelnd garen, bis das Gemüse so weich ist, daß es auf der Zunge zergeht.

Nun wird der Saft abgegossen und eingekocht. Am besten stellt man dafür einen großen Durchschlag mit Füßen in einen entsprechend großen, schweren Schmortopf. Den Topfinhalt langsam und vorsichtig, so daß es möglichst nicht spritzt, in den Durchschlag gleiten lassen. Das Gemüse einige Minuten abtropfen lassen, dann den Durchschlag in den leeren Suppentopf stellen, wo das Gemüse weiter abtropfen kann, während der Saft reduziert wird.

Den Saft bei hoher Temperatur zum Kochen bringen und dann auf kleinerer Stufe leise köcheln lassen. Gelegentlich den Durchschlag auf einen bereitgestellten Teller setzen und den inzwischen abgetropften Saft aus dem Suppentopf zu der übrigen Flüssigkeit geben. Der Saft wird eingekocht, bis er sirupartig eindickt und eine braunrote Farbe annimmt. Gegen Ende des Reduktionsvorgangs häufig rühren. Den Topf nicht mehr aus den Augen lassen und vom Herd nehmen, wenn die Sauce beginnt, dicke Blasen zu werfen. Das Gemüse zurück in den Suppentopf füllen, das *bouquet garni* entfernen und den eingekochten Saft hinzufügen (den Topf gründlich leeren, damit nichts von dem Saft verlorengeht). Nun das Gemüse vorsichtig umrühren, bis der Saft gleichmäßig verteilt ist. Die *ratatouille* anschließend in eine große, flache Schüssel füllen und erkalten lassen.

Die abgekühlte *ratatouille* mit frisch gemahlenem Pfeffer würzen und mehrere Eßlöffel des restlichen Olivenöls einrühren. Die jeweils benötigte Menge in eine kleinere Servierschüssel füllen und ein paar Tropfen Olivenöl darüberträufeln. Vor dem Servieren mit zerpflückten Basilikumblättern bestreuen. Die restliche Ratatoille gut abdecken und in den Kühlschrank stellen.

Für 10–12 Personen

VAUCLUSE

BROUILLADE AUX TRUFFES
Rühreier mit Trüffeln

Der nördlichste Abschnitt des Vaucluse bildet eine kleine Exklave im Département Drôme. Hier liegen die Ortschaften Valréas und Richerenches, beide sind bedeutende Trüffelzentren. Die Saison der schwarzen Trüffeln beginnt um den ersten Dezember, erreicht ihren Höhepunkt im Januar und Februar und ist dann Ende Februar schlagartig vorüber. Rühreier bringen das betörende Aroma der »Diamanten der Küche« am besten zur Geltung. Sie werden im Wasserbad zubereitet. Dafür stellt man einen schweren Topf auf einen niedrigen Dreifuß in einen größeren Topf, der etwa bis zur Höhe der Eier im kleineren Topf mit Wasser gefüllt ist.

1 Knoblauchzehe, halbiert
100 g schwarze Trüffeln, abgebürstet und in Scheiben geschnitten
100 g Butter, gekühlt und gewürfelt
10 Eier
Salz
Frisch gemahlener Pfeffer

Eine Rührschüssel mit einer halben Knoblauchzehe ausreiben. Die Trüffeln mit der Hälfte der Butter hineingeben. Die Eier in die Schüssel schlagen und das Ganze, mit einem Deckel abgedeckt, 30 Minuten ruhen lassen, damit sich die Aromen voll entfalten und vermischen können.

Das Wasserbad vorbereiten: Um die benötigte Wassermenge zu bemessen, setzt man vor der Zubereitung den kleinen Topf auf den Dreifuß im größeren Topf (siehe Rezepteinleitung), füllt diesen bis zur erforderlichen Höhe mit Wasser und nimmt den kleineren Topf wieder heraus. Das Wasser im größeren Topf zum Kochen bringen, anschließend die Temperatur reduzieren, so daß es nur noch leise sprudelt.

Einen Holzlöffel mit der zweiten Knoblauchhälfte einreiben. Die Eier mit Salz und Pfeffer nach Geschmack würzen und nur kurz mit einer Gabel verquirlen.

Die Eimischung in den kleineren Topf geben und diesen auf den Dreifuß ins sprudelnde Wasser setzen. Mit dem mit Knoblauch eingeriebenen Holzlöffel rühren und, falls nötig, die Hitze reduzieren, damit das Wasser nicht aufkocht.

Zunächst scheint sich im Topf nichts zu tun. Wenn aber schließlich die Eier stocken, geschieht dies sehr plötzlich. Jetzt schneller rühren und eventuell, falls Sie befürchten, die Eier könnten zu rasch stocken, den Topf für einen Augenblick aus dem Wasserbad nehmen. Wenn die Eier zu einer dicken Creme geworden sind, den Topf aus dem Wasserbad nehmen. Die restliche Butter hinzufügen und noch einige Minuten rühren.

Die Rühreier auf einer vorgewärmten, aber nicht zu heißen Platte anrichten und sofort servieren.

Für 4 Personen

Rühreier mit Trüffeln

ALPES-MARITIMES

Raïola
Ravioli mit Fleisch-Mangold-Füllung

In der Provence füllt man Ravioli traditionsgemäß mit geschmortem Rindfleisch (»daube«). Das Geheimnis ihrer Ravioli-Saucen wird von alten Provenzalinnen sorgsam gehütet. Benoit Mascarelli, Autor von »La Table en Provence« (1946), schreibt: »Allein bei der Erwähnung des entzückenden Namens ›Raïola‹ hat man in Nizza alte Männer weinen sehen!« Dort enthält die Ravioli-Füllung üblicherweise Mangold, und oft erhält sie durch Lammhirn, in Brühe gargezogen und püriert, eine besondere Zartheit.

FÜR DEN NUDELTEIG:

Doppelte Menge der Teigzutaten für die Provenzalische Fischsuppe
    (Rezept Seite 42–43), jedoch ohne Safran

FÜR DIE FÜLLUNG:

1 EL Olivenöl
1 Zwiebel, feingehackt
125 g geputzter Mangold oder Spinat, blanchiert, ausgedrückt und
    feingehackt (siehe Glossar)
30 g frische Semmelbrösel
2–3 EL Schmorfond von der *daube à la provençale* (Rezept
    S. 122), im Kühlschrank zu Gelee erstarrt
250 g geschmortes Rindfleisch von der *daube à la provençale,*
    gekühlt und feingehackt
30 g frisch geriebener Parmesan
1 Ei
Frisch gemahlener Pfeffer
Frisch geriebene Muskatnuß
Salz

Schmorfond von der *daube à la provençale*
Einige Tropfen Olivenöl
60 g frisch geriebener Parmesan

Die Ravioli werden mehrere Stunden im voraus zubereitet, damit man sie kurz vor dem Essen nur noch kochen und den Schmorfond erhitzen muß. Zunächst den Nudelteig herstellen und etwa 1 Stunde ruhen lassen.

    Für die Füllung das Olivenöl in einer feuerfesten Tonkasserolle oder einer schweren Schmorpfanne bei niedriger Temperatur erhitzen. Die Zwiebeln langsam dünsten, bis sie glasig sind. Mangold oder

Spinatklößchen (oben) *und Ravioli* (unten)

Spinat hinzufügen und einige Minuten dünsten. Die Semmelbrösel und den Schmorfond dazugeben. Das Ganze unter Rühren leise köcheln lassen, bis die Flüssigkeit verdampft ist. Die Kasserolle vom Herd nehmen und das gehackte Fleisch unterziehen. Den Parmesan und das Ei dazugeben, mit Pfeffer und Muskatnuß würzen. Alles gründlich vermischen und zuletzt mit Salz abschmecken. (Früher wurde diese Masse anschließend im Mörser zu Püree verarbeitet und durch ein Sieb gestrichen. Wenn Sie diese Konsistenz vorziehen, geben Sie die Füllung kurz in den Mixer.)

    Den Nudelteig in zwei gleiche Portionen teilen und auf der bemehlten Arbeitsfläche zu zwei dünnen Rechtecken gleicher Größe ausrollen. Auf dem einen Teigstück die Füllung teelöffelweise mit einem Abstand von 2 cm verteilen. Einen Backpinsel in Wasser tauchen und die Linien zwischen den Häufchen befeuchten. Das zweite Teigstück darüberbreiten. Mit den Handkanten zwischen den Häufchen entlangfahren und so die beiden Teigblätter aneinanderdrücken. Mit einem Teigrädchen oder scharfen Messer die Ravioli ausschneiden. Die Ravioli bis zur Zubereitung nebeneinander – sie dürfen nicht verkleben – auf eingemehlte Küchentücher legen.

    Den Schmorfond in einem Topf erhitzen und leise köcheln lassen. In einem großen Topf reichlich Salzwasser zum Kochen bringen und einen Schuß Olivenöl hineingeben. Die Ravioli in das sprudelnde Wasser gleiten lassen und 6–7 Minuten garen. Eine Schöpfkelle heißen Schmorfond in eine vorgewärmte Schüssel oder ofenfeste Form geben. Die Ravioli mit der Schaumkelle portionsweise aus dem Topf nehmen und die Schaumkelle kurz auf einem zusammengefalteten Küchentuch trockentupfen, dann die Ravioli in die Schüssel geben. Jede Lage mit Schmorfond überziehen und mit etwas geriebenem Parmesan bestreuen. Die Ravioli zugedeckt an einem warmen Platz 3–4 Minuten ruhen lassen und dann in tiefen Tellern anrichten.

Für 4 Personen

ALPES-DE-HAUTE-PROVENCE

Caillettes Gavottes
Spinatklößchen

250 g *brousse* (siehe Glossar) oder Ricotta
500 g Spinat, blanchiert, ausgedrückt und gehackt
Salz und frisch gemahlener Pfeffer
2 Eier
Persillade mit 1 Knoblauchzehe (siehe Glossar)
250 g Mehl
500 ml Tomatensauce, erwärmt (siehe Glossar)
50 g frisch geriebener Parmesan
50 g Butter

In einer Rührschüssel *brousse* oder Ricotta, Spinat, *persillade,* Eier, Salz und Pfeffer nach Geschmack mit einer Gabel vermengen. Langsam die Hälfte des Mehls einarbeiten, dabei anfangs rühren und dann mit den Händen kneten, bis sich ein fester, aber geschmeidiger Teig ergibt. Mit einem Tuch abdecken und 1 Stunde ruhen lassen.

    Den Teig portionsweise auf einer dick eingemehlten Arbeitsfläche mit der Handfläche zu Würsten von 2,5 cm Durchmesser rollen. Die Rollen in 6 cm lange Stücke schneiden. Die Stücke im Mehl wälzen und dabei auch die Schnittflächen einmehlen.

    Den Backofen auf 230 °C (Gasherd Stufe 5) vorheizen. In einem großen Topf reichlich Wasser zum Kochen bringen. Die Klößchen hineingleiten lassen. Sobald das Wasser wieder aufsprudelt, die Temperatur so einstellen, daß es nur noch leise sprudelt. Die Spinatklößchen 15–20 Minuten garen. Anschließend mit einem Schaumlöffel aus dem Wasser heben und auf eine Platte legen. Die Hälfte der Klößchen in eine ofenfeste Form füllen, in die sie gerade nebeneinander hineinpassen. Mit der Hälfte der Tomatensauce bedecken, die Hälfte des Parmesans darüberstreuen und Butterflöckchen darauf verteilen. Eine zweite Lage einfüllen und ebenso abschließen.

    Das Gericht im Ofen backen, bis die Sauce leise Blasen wirft und der Käse zerläuft.

Für 4 Personen

Gemüse-Bouillabaisse mit verlorenen Eiern

BOUCHES-DU-RHÔNE

BOUILLABAISSE BORGNE
Gemüse-Bouillabaisse mit verlorenen Eiern

*Für eine »bouillabaisse d'épinards« oder »épinards à la marseillaise«
lassen Sie die Tomaten und die getrocknete Orangenschale weg. Geben
Sie zusammen mit der Zwiebel und dem Porree 1 kg Spinat, blanchiert,
ausgedrückt und gehackt (siehe Glossar), in den Topf, und befolgen Sie
ansonsten die nachstehende Kochanleitung. Für eine »bouillabaisse de
petits pois« fügt man anstelle der Tomaten und der getrockneten Orangenschale zarte Erbsen zusammen mit den Kartoffeln hinzu.*

4–5 EL Olivenöl
250 g Porree (einschließlich der zarten grünen Spitzen), in feine
    Scheiben geschnitten
1 milde weiße Zwiebel, in feine Scheiben geschnitten
4 Knoblauchzehen
2–3 Tomaten, enthäutet, entkernt und grobgehackt
Salz und Cayennepfeffer
1 g Safranfäden
Großes *bouquet garni* sowie 1 Stengel Fenchelgrün und 1 Streifen
    getrocknete Orangenschale (siehe Glossar)
1,5 l kochendes Wasser

500 g Kartoffeln, geschält, in 0,5 cm dicke Scheiben geschnitten
    und abgespült
4 Eier
4 dünne Scheiben altbackenes Brot, mit einer Knoblauchzehe
    eingerieben

In einer feuerfesten Tonkasserolle oder einem schweren Topf
3 Eßlöffel Olivenöl langsam erhitzen. Den Porree mit der Zwiebel
10–15 Minuten unter gelegentlichem Rühren weich dünsten, jedoch
nicht bräunen. Knoblauch, Tomaten, Salz nach Geschmack, eine
Messerspitze Cayennepfeffer und die Safranfäden hinzufügen. Die
Temperatur erhöhen und das Ganze weitere 5 Minuten garen. Dabei
öfter umrühren und den Topf rütteln.

    Bouquet garni, das kochende Wasser und die Kartoffeln dazuge-
ben. Aufkochen lassen und anschließend die Temperatur so regulieren, daß die Suppe leise köchelt. Wenn sich die Kartoffeln nach 10–15
Minuten am Topfrand leicht zerdrücken lassen, den Topf vom Herd
nehmen.

    Die Eier einzeln in eine Untertasse schlagen und so vorsichtig in die
Suppe gleiten lassen, daß sie an der Oberfläche bleiben. Im geschlossenen Topf 2–3 Minuten pochieren, bis das Eiweiß nicht mehr trans-
parent ist. Vier Suppenteller mit dem Knoblauchbrot auslegen und
dieses mit Olivenöl beträufeln. Die pochierten Eier mit dem
Schaumlöffel aus dem Topf nehmen und auf die Brotscheiben legen.
Das Gemüse und die Brühe in die Teller schöpfen. Sofort servieren.

Für 4 Personen

Kichererbsensalat (hinten) *und Nizza-Salat* (vorn)

PROVENCE

SALADE DE POIS CHICHES
Kichererbsensalat

Kichererbsen reagieren empfindlich auf hartes, also sehr kalkhaltiges Wasser. Auf dem Land kann man in ausreichender Entfernung von Bäumen und Dachkanten Regenwasser in Eimern sammeln. In der Stadt dagegen verwendet man am besten ein stilles Mineralwasser, zum Beispiel das in der Provence sehr gängige Volvic. Je nach ihrem Alter und der Beschaffenheit des Wassers benötigen Kichererbsen eine Kochzeit von 1½ bis 3 Stunden und mehr. Üblicherweise kocht man mehr, als für den Salat benötigt wird, um später aus dem Rest eine Suppe zu bereiten.

750 g getrocknete Kichererbsen
4 l stilles Mineralwasser
1 große Karotte, geschält
1 Zwiebel, geschält und mit 2 Gewürznelken gespickt
1 frischer Thymianzweig
1 Lorbeerblatt
Salz

ZUM SERVIEREN:

1 milde weiße Zwiebel, feingehackt, ersatzweise einige junge grüne
   Schalotten oder Frühlingszwiebeln, in feine Scheiben geschnitten
3–4 Knoblauchzehen, feingehackt
Bund glatte Petersilie, feingehackt

Olivenöl und Essig in Karaffen
Salzstreuer und Pfeffermühle

Die Kichererbsen in einer Schüssel mit einer Flasche leicht angewärmtem Mineralwasser übergießen. Über Nacht einweichen.

Die Kichererbsen abgießen, in eine feuerfeste Tonkasserolle oder einen Emailtopf füllen und mit einer Flasche kaltem Mineralwasser übergießen. Zum Kochen bringen und zugedeckt etwa 30 Minuten leise köcheln lassen. Die Kichererbsen abgießen und zurück in den Topf geben. Karotte, Zwiebel, Kräuter und Salz nach Geschmack hinzufügen. Die Kichererbsen etwa 4 cm hoch mit kochendem Mineralwasser bedecken. Erneut aufkochen lassen und die Hitze so regulieren, daß das Wasser nur ganz leise sprudelt. Die Kichererbsen zugedeckt garen, bis sie sich leicht zerdrücken lassen, aber sie sollen noch nicht zerfallen. Nach Bedarf kochendes Wasser nachfüllen. Sollten die Kichererbsen früher gar sein als erwartet, den Topf vom Herd nehmen und die Kichererbsen kurz vor dem Servieren noch einmal erhitzen.

Karotte, Zwiebel und Kräuter entfernen. Die Kichererbsen heiß direkt aus dem Topf servieren. Sie werden mit einem Schaumlöffel in die Teller gefüllt. Die würzenden Zutaten – gehackte Zwiebeln, Knoblauch und Petersilie – werden entweder auf einem großen Teller separat serviert oder in einzelnen Schalen bereitgestellt. Jeder Gast schmeckt seinen Kichererbsensalat mit diesen Zutaten sowie Öl und Essig, Salz und Pfeffer selbst ab. Wenn das Olivenöl mit den heißen Kichererbsen in Berührung kommt, entfaltet es ein unvergleichliches Aroma. Je besser das Ölivenöl, desto betörender das Dufterlebnis.

Für 4 Personen

SALADE NIÇOISE
Nizza-Salat

»Salade niçoise« enthält kein gekochtes Gemüse. Eventuell kann man eine Handvoll ausgehülste junge dicke Bohnen oder geputzte und in dünne Scheiben geschnittene Baby-Artischocken, in Zitronensaft geschwenkt und abgetropft, hinzufügen. Für »pan-bagnat« wird »salade niçoise« zwischen zwei mit Olivenöl beträufelte Brötchenhälften gegeben. In diesem Fall sollten Tomaten, Eier und Sardellenfilets gehackt und die Oliven entsteint werden, und vor dem Verzehr sollte man das Sandwich eine Weile ruhen lassen.

1 kleine Salatgurke, geschält
Salz
1 Knoblauchzehe, längs halbiert
3 Tomaten, noch leicht grün, entkernt und in Schnitze geteilt
2 grüne Paprikaschoten, geputzt und quer in feine Streifen
   geschnitten
3–4 frische grüne Schalotten oder Frühlingszwiebeln, einschließlich
   der zarten grünen Spitzen in feine Ringe geschnitten
2 hartgekochte Eier, geschält und längs geviertelt
4–5 Sardellen in Salz, abgespült und filetiert (siehe Glossar)
2 EL schwarze Oliven
2 EL frische Basilikumblätter
Frisch gemahlener Pfeffer
5–6 EL Olivenöl

Die Gurke längs halbieren, die Samen herauskratzen. Die Gurkenhälften in dünne Scheiben schneiden und lagenweise in eine Schüssel füllen, dabei jede Lage mit etwas Salz bestreuen. 30 Minuten ziehen lassen, die Scheiben ausdrücken und trockentupfen.

In einer weiten, flachen Schüssel wirkt dieser Salat besonders ansprechend. Die Schüssel mit den Knoblauchhälften ausreiben. Gurken, Tomaten, Paprika, Eier, Sardellenfilets und Oliven in einer bunten, dekorativen Mischung in die Schüssel füllen. Die Basilikumblätter zerpflücken und über den Salat streuen. Den Salat auftragen. Bei Tisch salzen und pfeffern und das Olivenöl über den Salat träufeln. Durchmischen und servieren.

Für 4 Personen

RISSOLES
Fritierte Teigtaschen

Diese fritierten Teigtaschen bieten eine ausgezeichnete Möglichkeit der Resteverwertung, denn der Art der Füllung sind beinahe keine Grenzen gesetzt. Sie lassen sich aus jedem Teig herstellen. Man schneidet entweder quadratische Ravioli aus oder auch Kreise, die, nachdem die Füllung darauf verteilt wurde, an den Rändern angefeuchtet und zu Halbmonden zusammengelegt werden.

2 EL Olivenöl
1 Zwiebel, feingehackt
125 g frische Champignons, feingehackt
Salz und frisch gemahlener Pfeffer
Frisch geriebene Muskatnuß
Getrocknete Kräuter der Provence (siehe Glossar)
Persillade mit 1 Knoblauchzehe (siehe Glossar)
Etwa 1 TL Zitronensaft
250 g Brathuhnreste, von den Knochen gelöst, gehäutet und
   feingehackt
3 EL *tapenade* (Rezept Seite 34)
3 Eigelb
Doppelte Menge der Teigzutaten für die Provenzalische Fischsuppe
   (Rezept Seite 42–43)

Maiskeimöl oder Erdnußöl zum Fritieren
500 ml Tomatensauce, erhitzt (siehe Glossar)

Das Olivenöl in einer schweren Bratpfanne auf kleiner Stufe erhitzen. Die Zwiebel hineingeben und in etwa 10 Minuten langsam weich dünsten, jedoch nicht bräunen. Die Champignons hinzufügen. Mit Salz, Pfeffer und einem Hauch Muskatnuß würzen und die Kräuter der Provence darüberstreuen. Die Pilze auf höchster Stufe scharf anbraten, bis der austretende Saft völlig verdampft ist, dabei die Pfanne häufig rütteln oder mit dem Holzlöffel rühren. Die *persillade* dazugeben und rühren, bis der typische Duft von gebratenem Knoblauch und Petersilie aufsteigt. Einige Tropfen Zitronensaft darüberträufeln, umrühren und die Pfanne vom Herd nehmen.

In einer Rührschüssel die Pilze mit dem Hühnerfleisch vermengen und die Mischung etwas abkühlen lassen. Die *tapenade* und die Eigelb dazugeben und mit dem Holzlöffel gründlich unterrühren. Die Füllung zugedeckt kalt stellen, damit sie sich etwas verfestigt.

Währenddessen den Nudelteig nach der Anleitung auf Seite 42 herstellen und etwa 1 Stunde ruhen lassen.

Anschließend den Teig in zwei gleich große Portionen teilen und auf der eingemehlten Arbeitsfläche zu zwei möglichst dünnen Rechtecken etwa gleicher Größe ausrollen. Auf das eine Teigstück in Abständen von 2 cm jeweils 2 Teelöffel der abgekühlten Füllung setzen. Mit einem in Wasser getauchten Backpinsel die Bereiche zwischen den Füllungen anfeuchten. Das zweite Teigstück darüberbreiten und beide Teigblätter mit der Handkante entlang den Linien zwischen den Füllungen fest zusammendrücken. Mit dem Teigrädchen oder einem scharfen Messer entlang den Linien 5 cm große Quadrate ausschneiden. Diese entweder zunächst nebeneinander auf eingemehlte Küchentücher legen oder gleich ausbacken.

Zum Ausbacken (Anleitung siehe Glossar) das Öl in einer Friteuse oder einem schweren Topf erhitzen und einige Teigtaschen hineingeben. Immer nur so viele gleichzeitig verarbeiten, daß sie ausreichend Platz haben. Die Teigtaschen in dem Fritieröl wenden und etwa 5 Minuten ausbacken, bis sie ringsum goldgelb und knusprig sind. Nach der Anleitung abtropfen lassen und warm stellen, bis alle Teigtaschen verarbeitet sind.

Die *rissoles* heiß servieren und dazu die Tomatensauce reichen.

Für 4 Personen

Fritierte Teigtaschen

Anchoïade
Sardellenpaste

Früher war die »anchoïade« oder »anchoyade« – oder »quichet«, wie sie in Marseille heißt – fast schon ein gesellschaftliches Ritual. Der große Marseiller Koch Caillat bezeichnete sie im vergangenen Jahrhundert als »hors-d'œuvre de rigueur« für jedes Mittagessen auf dem Land (»déjeuner champêtre«). Dabei wurden für jeden Gast Scheiben altbackenen Brots und dazu kleine frische Brotstücke bereitgestellt. Man tunkte die Sardellenfilets in einen Teller mit Olivenöl und legte sie dann auf das trockene Brot. Die frischen Brotstücke dippte man in das Öl, drückte sie aus, rieb sie über die Sardellenfilets und führte den Bissen dann genüßlich zum Munde. Wenn die trockenen Brotscheiben schließlich von Olivenöl und aufgelösten Sardellenfilets durchtränkt waren, wurden sie über der offenen Glut gegrillt und ebenfalls verzehrt. In Nizza bezeichnet der Name »anchoïade« die »sauce provençale froide« oder Sardellen-»aïoli«.

125 ml Olivenöl
1 TL Weinessig mit Kräutern der Provence
10–12 Sardellen in Salz, abgespült und filetiert (siehe Glossar)
Frisch gemahlener Pfeffer
Baguette vom Vortag, quer geviertelt, dann längs halbiert und mit der Schnittfläche nach oben in der Sonne oder im Ofen auf niedrigster Stufe getrocknet
3–4 Knoblauchzehen

Olivenöl, Essig und Sardellenfilets in einer feuerfesten Tonkasserolle oder einem schweren Topf auf kleinster Stufe erhitzen. Das Ganze darf nicht aufkochen, sondern die Sardellen sollen durch die Hitzeeinwirkung zerfallen. Pfeffer darübermahlen und das Ganze verrühren. Die getrockneten Brotschnittflächen mit den Knoblauchzehen einreiben und mit der Öl-Sardellen-Paste bestreichen. Etwa 1 Stunde ziehen lassen, bis das Brot völlig durchtränkt ist.

Inzwischen im Holzkohlengrill ein Feuer entfachen. Die Brotstücke auf einem Rost über der verglimmenden Glut erst von der Rinden-, dann von der Oberseite grillen. Heiß servieren.

Für 4 Personen

Bagna Cauda
Rohkost mit heißer Sardellensauce

»Crudités« (rohe Gemüse) leiten in der Provence häufig Frühlings- und Sommeressen ein. Oft werden dazu einfach Essig- und Ölkaraffe sowie Salz und Pfeffermühle bereitgestellt. Manchmal bekommt man aber auch »aïoli« (siehe Glossar), »pistou« (Rezept S. 36) oder »tapenade« (Rezept S. 34). »Bagna cauda« stammt ursprünglich aus dem Piemont und ist heute in der gesamten Provence bekannt. Sie enthält hier allerdings reichlich Butter und häufig auch gehackte oder in Scheiben geschnittene weiße Trüffeln.

GEEIGNETE GEMÜSE:
Paprikaschoten, längs geviertelt
Chicorée, längs geviertelt
Sellerieherzen, längs geviertelt
Fenchelherzen, längs geviertelt
Radicchio, in Streifen geschnitten
Kleine Blätter vom Römischen Salat
Junge grüne Schalotten oder Frühlingszwiebeln
Radieschen mit ihrem Grün
Blumenkohlröschen
Junge, knackige Salatgurken mit noch nicht entwickelten Kernen, geschält und längs geviertelt
Karotten, geschält und längs geviertelt

Zarte, junge Artischocken, die Außenblätter entfernt
4 Knoblauchzehen
Grobes Salz
200 ml Olivenöl
2 EL Butter
12 Sardellen in Salz, abgespült, filetiert und gehackt (siehe Glossar)
Baguette

Eine Auswahl der oben aufgelisteten Gemüse auf dekorativen Tellern anrichten.

In einem Mörser Knoblauch und Salz mit dem Stößel zu einer Paste zerreiben. Diese in einen kleinen feuerfesten Tontopf oder einen Emailtopf füllen und auf den Herd stellen. Bei sehr milder Hitze Olivenöl, Butter und Sardellen hinzufügen und mit dem Holzlöffel rühren, bis eine glatte Sauce entstanden ist.

Den Topf in die Tischmitte auf einen Rechaud oder eine Warmhalteplatte stellen (die Wärmezufuhr auf die kleinste Stufe einstellen) und darum herum die Teller mit dem Gemüse arrangieren. Mit jedem Gemüsestück, das die Gäste in die Sauce tunken, sollten sie diese gleichzeitig umrühren. Außerdem sollten sie in der anderen Hand ein Stück Brot bereithalten, um eventuelle Tropfen aufzufangen, während sie das Gemüse zum Mund führen.

Für 4 Personen

Petits Farcis
Gefüllte Tomaten und Zucchini

Noch vor 25 Jahren konnte man in der Provence am Sonntagmorgen auf den Dorfstraßen Kinder sehen, die große Bleche mit gefüllten Tomaten und Zucchini zum Bäcker brachten, der sie, nachdem die letzten Brote gebacken waren, in der Resthitze des Ofens garte. Dieser Brauch gehört inzwischen der Vergangenheit an.

4 Tomaten (je etwa 150 g)
Salz
4 Zucchini (je etwa 150 g)
6 EL Olivenöl
1 Zwiebel, feingehackt
125 g Wurstbrät
125 g mageres Lammfleisch (ohne Knochen), feingehackt
Frisch gemahlener Pfeffer
Getrocknete Kräuter der Provence (siehe Glossar)
Persillade mit 1 Knoblauchzehe (siehe Glossar)
50 g frisch geriebene Semmelbrösel
30 g frisch geriebener Parmesan
1–2 Eier
Semmelbrösel

Den Backofen auf 180 °C (Gasherd Stufe 2–3) vorheizen.

Von den Tomaten oben jeweils einen »Deckel« abschneiden. Die Tomaten mit einem Teelöffel aushöhlen, das Fruchtfleisch ohne Kerne und Saft beiseite stellen. Die Tomaten innen salzen und zum Abtropfen mit der Öffnung nach unten auf ein Drahtgitter setzen.

Von den Zucchini an beiden Enden eine schmale Scheibe abschneiden. Die Zucchini längs halbieren und mit einem Melonenausstecher aushöhlen, dabei knapp 1 cm dickes Fruchtfleisch stehenlassen. Das Zucchinifleisch aufbewahren. Einen Topf mit Wasser füllen und zum Kochen bringen. Die Zucchinihälften in das sprudelnde Wasser geben und 6–7 Minuten kochen, bis sie nicht mehr ganz fest, aber auch nicht gar sind. Vorsichtig mit der Schaumkelle aus dem Wasser heben und zum Abtropfen mit der Schnittfläche nach unten auf ein Küchentuch legen.

Das Tomaten- und das Zucchinifleisch hacken. Zwei Eßlöffel Olivenöl in einer Pfanne auf kleiner Stufe erhitzen. Die Zwiebeln langsam weich dünsten, aber nicht bräunen. Das gehackte Fruchtfleisch hinzufügen, salzen und etwa 15 Minuten unter Rühren dünsten. Es muß musig einkochen, darf aber nicht braun werden.

Rohkost mit heißer Sardellensauce (hinten) *und Sardellenpaste* (vorn)

Den Pfanneninhalt in eine Rührschüssel füllen. Das Fleisch, Pfeffer nach Geschmack, die Kräuter, die *persillade,* die Semmelbrösel und den Parmesan dazugeben. Alles gründlich vermengen. Ein Ei hineinschlagen. 1 bis 2 Eßlöffel Olivenöl hinzufügen und das Ganze mit den Händen kneten. Falls die Mischung zu trocken ist, ein weiteres Ei untermengen. Die Füllung mit Salz abschmecken.

Die Tomaten- und die Zucchinihälften in eine flache ofenfeste Form setzen, in die sie gerade hineinpassen, ohne sich zu berühren. (Man kann sie auch separat in zwei Formen geben.) Jede Hälfte mit etwas Salz bestreuen und mit ein wenig Öl beträufeln. Die Füllung mit einem Teelöffel gleichmäßig auf die Hälften verteilen und mit dem Löffelrücken vorsichtig hineindrücken. Mit getrockneten Semmelbröseln bestreuen und gleichmäßig mit Öl beträufeln. Etwas Wasser in die Form gießen. Die gefüllten Tomaten und Zucchini im Ofen backen, bis die Füllung goldbraun ist und die Hüllen leicht schrumpelig aussehen. Heiß, warm oder lauwarm servieren.

Für 4 Personen   *Abbildung S. 28–29*

ALPES-MARITIMES

BALLOTTES À LA NIÇOISE
Fritierte Fleisch-Kartoffel-Bällchen

Reste – ob von gebratenem oder geschmortem Fleisch oder auch Geflügel – lassen sich mit diesem Gericht der gutbürgerlichen Küche hervorragend verwerten. Man kann die Kroketten aber auch mit Wurstbrät (siehe Glossar) oder Hackfleisch von Lamm oder Rind (oder auch beidem gemischt) füllen. Semmelbrösel von altbackenem Brot, in Milch eingeweicht und ausgedrückt, ersetzen oft die Kartoffeln. Die Bällchen müssen vor dem Fritieren nicht unbedingt paniert, sondern können auch einfach eingemehlt werden. Man kann sie auch pochieren, abgetropft in eine ofenfeste Form füllen, mit geriebenem Käse bestreuen, mit Tomatensauce überziehen und 10 Minuten im vorgeheizten Ofen überbacken. Oder man brät sie in Öl, wobei man die Pfanne immer wieder rüttelt, um die Bällchen gleichmäßig zu wenden.

2 mehligkochende Kartoffeln (etwa 200 g), geschält und gewürfelt
250 g Reste vom *pot-au-feu* (Rezept Seite 45), feingehackt
Persillade mit 1 Knoblauchzehe (siehe Glossar)
3–4 junge Schalotten oder Frühlingszwiebeln, feingehackt
Salz und frisch gemahlener Pfeffer

Fritierte Fleisch-Kartoffel-Bällchen

3–4 Eier
Mehl
Semmelbrösel
Pflanzenöl zum Fritieren
500 ml Tomatensauce, erhitzt (siehe Glossar)

Die Kartoffeln in einem Topf mit Salzwasser garen. Abgießen, in eine Schüssel geben und noch heiß mit einer Gabel zerdrücken. Fleisch, *persillade*, Schalotten, Salz und Pfeffer nach Geschmack sowie ein Ei dazugeben. Das Ganze mit den Händen gründlich vermengen. Falls die Mischung zu fest ist, ein weiteres Ei hinzufügen.

Ein Tablett oder einen großen Teller mit Mehl bestreuen. In einem tiefen Teller zwei Eier verquirlen. Die Arbeitsfläche dick mit Semmelbröseln bestreuen. Mit feuchten Händen aus dem Kartoffel-Fleisch-Teig gut walnußgroße Bällchen formen und diese nebeneinander auf das bemehlte Tablett legen. Mit weiterem Mehl bestreuen und durch Schütteln oder Drehen des Tabletts ringsum einmehlen. Die Bällchen portionsweise in das verquirlte Ei geben und wälzen, bis sie ringsum damit überzogen sind. Jetzt die Bällchen einzeln mit einem kleinen Löffel aus dem Ei nehmen und auf die Semmelbrösel legen. Mit weiteren Semmelbröseln bestreuen und herumwälzen, bis sie ringsum paniert sind. Erneut mit Semmelbröseln bestreuen und etwa 1 Stunde trocknen lassen. Nach der Anleitung im Glossar das Öl in einer Friteuse oder einem schweren Topf erhitzen. Die Bällchen, bevor sie ins Öl gegeben werden, mehrmals von einer Hand in die andere fallen lassen, um lose Semmelbrösel abzuschütteln. Sie werden portionsweise fritiert und dabei mehrmals im heißen Öl gewendet, bis sie nach etwa 4–5 Minuten ringsum goldbraun und knusprig sind. Abtropfen lassen und warm stellen, bis alle Bällchen verarbeitet sind.

Die Bällchen heiß servieren und die Tomatensauce dazu reichen.

Für 4 Personen

PROVENCE

TERRINE DE GIBIER À PLUME
Federwild-Terrine

Wildente, Fasan, Rebhuhn und Waldschnepfe eignen sich ausgezeichnet für Wild-Terrinen; es können aber auch Wildkaninchen verwendet werden. Mit Stockenten aus Zuchtbeständen können sie ebenfalls vorzüglich gelingen. Verwenden Sie, was gerade auf dem Markt ist, und nach Bedarf zusätzlich Hausente oder -kaninchen. Trüffeln verleihen einer Terrine stets ein besonderes Aroma.

2 Stück Federwild mit den Innereien (siehe Rezepteinleitung), von
    kleinen Exemplaren auch mehr, in Stücke zerlegt

FÜR DIE BRÜHE:
1 Zwiebel, grobgehackt
1 Karotte, in Scheiben geschnitten
1 Lorbeerblatt
1 frischer Thymianzweig
Geflügelkarkassen, zerkleinert
Salz

150 g Geflügellebern
500 g Wurstbrät (siehe Glossar)
125 g Rückenspeck, gekühlt und in 0,5 cm große Würfel geschnitten
125 g luftgetrockneter Schinken von der unteren Keule, feingehackt
1 Zwiebel, feingehackt und in 1 EL Olivenöl weichgedünstet, aber
    nicht gebräunt
2 Knoblauchzehen
Grobes Meersalz
60 g frische Semmelbrösel
1 TL getrocknete Kräuter der Provence (siehe Glossar)
60 ml Marc de Provence (siehe Glossar) oder Cognac
3 Eier
Salz, frisch gemahlener Pfeffer und gemahlener Piment
Frischer Rückenspeck, in dünne Scheiben geschnitten
Kochendes Wasser nach Bedarf

Federwild-Terrine

Das Geflügelfleisch von den Knochen lösen und die Haut entfernen. Sperrige Karkassenteile zerkleinern.

Für die Brühe Zwiebeln und Karotten in einen Topf geben. Die zerkleinerten Karkassen darauflegen, mit reichlich kaltem Wasser bedecken und zum Kochen bringen. Den aufsteigenden Schaum abschöpfen und die Brühe nach Geschmack salzen. Die Temperatur so regulieren, daß die Brühe nur ganz leise sprudelt. Einen Deckel so auflegen, daß er nicht ganz schließt, und die Brühe zwei Stunden köcheln lassen.

Durchseihen, zurück in den Topf gießen und leise köchelnd auf 125 ml Flüssigkeit reduzieren, dabei das Fett abschöpfen. Die Brühe beiseite stellen.

Die Geflügelbrüste in 0,5 cm große Würfel schneiden. Das übrige Fleisch grob hacken und in die Küchenmaschine geben. Die Herzen, die fleischigen Lappen der Kaumägen und die Lebern des Federwilds sowie die 150 g extra Geflügellebern hinzufügen. Alles zu einem glatten Püree verarbeiten.

Das gesamte Fleisch und die gedünsteten Zwiebeln in eine große Schüssel geben. In einem Mörser den Knoblauch mit einer Prise groben Salz zu einer Paste zerreiben. Die Semmelbrösel hinzufügen und untermengen, dann die eingekochte Brühe dazugießen und alles zu einer Paste verrühren. Den Mörserinhalt zusammen mit den Kräutern, dem Marc oder Cognac, den Eiern, Salz, Pfeffer und Piment ebenfalls in die Schüssel geben. Das Ganze mit den Händen gründlich vermengen.

Den Backofen auf 165 °C (Gasherd Stufe 1–2) vorheizen. Eine große Terrinenform – eventuell auch mehrere kleinere – mit Speck-scheiben auskleiden und diese fest gegen Boden und Seiten der Form drücken. Die vorbereitete Füllung eßlöffelweise in die Form geben und fest zusammendrücken, so daß keine Hohlräume bleiben. Die Füllung mit Speckscheiben zudecken und die Form mit einem passenden Deckel oder Alufolie verschließen.

Die Form in einem Bräter oder einem anderen großen, flachen Topf in den Backofen stellen und bis zur halben Höhe der Form kochendes Wasser in den Bräter gießen. Kleine Terrinen garen in etwa 1 Stunde, größere benötigen bis zu 2 Stunden Garzeit. Sie sind gar, wenn klarer Saft austritt oder eine tief hineingestochene Spicknadel sich beim Herausziehen relativ heiß anfühlt.

Damit die Terrine fest wird und sich später gut aufschneiden läßt, wird sie während des Erkaltens mit einem Gewicht von 750 g bis 1 kg beschwert.

Dazu die Terrine auf ein Tablett stellen, falls Saft herausläuft. Den Deckel abnehmen und ein Stück Folie über die Terrine breiten, auf das ein Stück fester Karton mit den exakten Innenmaßen der Form gelegt wird. Das Gewicht beziehungsweise die Gewichte daraufsetzen – ideal sind zum Beispiel Konserven. Die ausgekühlte Terrine abgedeckt in den Kühlschrank stellen. Erst nach 2–3 Tagen hat sich dann der volle Geschmack entfaltet. Soll die Terrine länger unangebrochen aufbewahrt werden, wird sie mit zerlassenem Schmalz übergossen und so versiegelt. Angeschnittene Terrinen schützt man mit einem Stück Folie, das gegen die Schnittfläche gelegt wird, vor dem Austrocknen.

Für 10 Personen

ALPES-DE-HAUTE-PROVENCE

ALPES-DE-HAUTE-PROVENCE

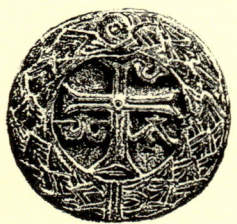

Die Bewohner der Alpes-de-Haute-Provence leben an einem Knotenpunkt. Weitab vom Mittelmeer gelegen, ist dieser Teil der Provence ein ausgedehntes Areal, das sich von der Grenze zu Italien bis zur Montagne de Lure und dem Plateau de Vaucluse erstreckt und das den Parc National du Mercantour und das Flußtal des Verdon umfaßt. Er liegt genau zwischen zwei Seen, dem Lac de Serre Ponçon und dem Lac de Sainte Croix, und wird von der Durance durchquert, einem ehemals starken, reißenden Fluß, dessen Lauf Invasoren wie auch Viehherden auf der Suche nach neuen Weidegründen folgten. Von Hügeln und Tälern durchzogen, präsentiert sich dieses Département als das am wenigsten gezähmte und einsamste der Region. Und wie wir später sehen werden, muten auch seine Küchentraditionen etwas unzivilisierter an als die der anderen Gebiete der Provence.

Alle Geschichten aus den Tälern der Ubaye, der Bléone, des Jabron und der Durance, alle Legenden von den Hochebenen von Valensole, Forcalquier und Albion führen uns immer wieder hin zu denselben Geheimnissen. Als erster erschloß sie sich Jean Giono, der Schriftsteller, der die Natur liebte und das Leben der Hirten und Bauern beschrieb, der Mann aus Manosque und Herr von »La Grange« im Weiler Le Contadour, nördlich von Banon gelegen. Hierher, nach Le Contadour, führte er in den dreißiger Jahren einmal jährlich seine Anhänger, die begeistert waren von der Vorstellung eines naturnahen Lebens in einer weiträumigen Umgebung. Der Autor der »Trilogie des Pan« (mit den Bänden »Der Hügel«, »Der Berg der Stummen« und »Ernte«) beschrieb ein-

Vorhergehende Seiten: Noch heute findet man in den Alpes-de-Haute-Provence abgeschiedene, friedliche Täler wie sonst nirgends in der Provence. Im Sommer sind sie von der leuchtenden Blütenpracht des Lavendels erfüllt. Links: Die Verdonschlucht, eines der Naturwunder Frankreichs, ist 21 Kilometer lang und bis 1500 Meter tief.

An einem schattigen Plätzchen tauschen die Bewohner von Entrevaux die Neuigkeiten des Tages aus.

dringlich wie niemand sonst die harten, verschlossenen, gepeinigten Bewohner dieser abweisenden Gegend.

Nach wie vor spiegelt das Leben der Menschen hier die Provence Gionos. Und sie unterscheidet sich kaum von jener, die Pierre Magnan, ebenfalls in Manosque geboren, schilderte. Die Hauptperson seiner in dieser Gegend angesiedelten Kriminalromane hört auf den reizenden Namen Kommissarin Laviolette. Sie verkörpert ein Land des Lichts, das Astronomen und all jene, die die Sterne suchen, in großer Zahl anzieht. Zweifellos ist damit, zumindest teilweise, die Frage beantwortet, warum die Winterabende, die man mit Freunden vor dem Kamin verbringt, hier länger scheinen als anderenorts.

Der Faden, der aus dem Labyrinth dieser so besonderen Landschaft herausführt, ist die Durance. Auf seine Weise führt der Fluß (die Einheimischen sprechen lieber von *la rivière* als von *le fleuve,* um den weiblichen Charakter zu betonen) die kulinarischen Gebräuche der Gegend zusammen, denn von der Dauphine bis zum Rhône-Gebiet haben sich die Menschen stets an seinen Ufern entlangbewegt. Ein weiterer großer Schriftsteller des Südens, der in Avignon geborene Henri Bosco, erinnert an die guten Eigenschaften des Wassers der Durance: »...Wasser, das Kichererbsen, Tomaten, Sellerie, Spargel, Auberginen und Bohnen gedeihen läßt wie ehedem im Garten Eden; Wasser, das Euch einen Porree in zehn Minuten kocht; das man nicht einfach trinkt, sondern Schluck für Schluck genießt; Wasser, ohne welches all diese Obst- und Gemüsegärten, all die Gärten voller Aprikosen, Pfirsiche, Kirschen und Pflaumen nur eine Wüstenei aus Steinen und Hagebutten wären.«

schlachtet Schweine, backt Lammkeulen mit Kartoffeln im Ofen, und in der Gegend von Barcelonnette bereitet man eine Suppe mit *crouzets,* Nudeln, die ohne Ei hergestellt werden und wie Muschelschalen geformt sind. Einst kam Fisch, der noch immer zum Zauber der Durance beiträgt, sogar – in Booten natürlich – den Fluß hinauf: Sardellen, Sardinen und Kabeljau, die in würzigen Tomatensaucen zubereitet wurden.

Trotz alledem aber befinden wir uns hier, in den Alpes-de-Haute-Provence, vor allem im Land der Wildkräuter, aus denen man himmlische Suppen kocht, der kleinen Buschvögel und des Dinkels, des Getreides, das im Mittelalter so geschätzt war und heute auf den feinsten Tafeln ein Comeback feiert. Zwar wird der Reisende mit vielen solcher Wiederentdeckungen nicht in Berührung kommen, zweifellos aber wird er den Käse aus Banon in Erinnerung behalten, der, in ein branntweingetränktes Kastanienblatt eingewickelt, ausreift oder in getrocknete Bohnenkrautblätter gewickelt und in Marc eingelegt wird. Unvergeßlich werden ihm auch die Rühreier mit Trüffeln bleiben, obgleich sie in den Restaurants des Südens nicht immer mit dem gebührenden Respekt zubereitet werden. Und nicht zu vergessen natürlich das Lamm, sofern es sich um das unvergleichliche aus der Gegend um Sisteron handelt, das zu Ostern ganz wunderbar schmeckt und als *gigot d'agneau aux olives* (gebratene Lammkeule mit Oliven) oder *côtelettes d'agneau grillées à la braise* (Lammkoteletts vom Holzkohlengrill) auf den Tisch kommt.

Die Farbe schließlich steuert der Lavendel bei, das sogenannte »violette Gold«. Das Kraut gedeiht üppigst im Sommer auf den Hochebenen zwischen Albion, der Montagne de Lure und Valensole und überzieht die Hügel von Grasse in den Alpes-Maritimes und die Ockerfelsen des Massif des Maures im Var.

Jahr für Jahr feiert man in Digne-les-Bains ein Fest zu Ehren des Lavendels. Doch ist dieser Pflanze inzwischen ein Unglück widerfahren: Seit den dreißiger Jahren macht eine Hybride namens *lavandin* ihr die Herrschaft streitig, und inzwischen sind beide durch die rentableren synthetischen Öle und Essenzen ernsthaft bedroht.

Das Violett der Hochebenen ist Sinnbild für das Paradies im Inneren der Alpes-de-Haute-Provence, ein Paradies, das man, zwischen Gipfeln und Gärten unterwegs, unbedingt besuchen muß, eine azurblaue Landschaft, in der die Legenden, den Speisen gleich, die bedächtig in den Töpfen schmoren, langsam, sehr langsam zwischen den steinernen Bauernhäusern Gestalt annehmen.

Ein Großteil der Lavendelblüten, die Jahr für Jahr auf über 8000 Hektar Land geerntet werden, wird in Parfums und Kosmetika verarbeitet, der Rest wird getrocknet und in Duftsäckchen gefüllt.

Schließlich müssen wir den Schriftstellern unser Gehör schenken, die ihr Leben lang ihrer Heimat treu verbunden blieben. So Paul Arène, geboren in Sisteron und damit auch er ein Mann der Durance; er nannte sich selbst Jean des Figues, denn er schwor, am Fuße eines Feigenbaumes das Licht der Welt erblickt zu haben, und taufte seine Heimatstadt in Canteperdrix um, weil diese Gegend damals – im 19. Jahrhundert – eine der letzten Domänen jenes köstlichen Rebhuhns war, das im Französischen *perdrix* heißt.

Es sind jeweils andere Eßgewohnheiten, die in den Bergen und den Tiefebenen vorherrschen. Im Norden und in höheren Lagen wird bevorzugt Walnußöl verwendet, in früheren Zeiten kochte man mit Schweineschmalz und Speck. Hier wird das goldgelbe *crespèu* gebacken (süße Eierkuchen). Man

FISCH UND MEERESFRÜCHTE

Die Restaurants an der Côte d'Azur locken mit fangfrischen Fischen und Meeresfrüchten.

FISCH UND MEERESFRÜCHTE

Wenn die provenzalischen Fischhändler in aller Frühe ihre Waren ausbreiten, die in der Morgendämmerung von den Fischerbooten in die kleinen Häfen gebracht werden, gerät man angesichts der Schönheit und Frische des Angebots ins Schwelgen. Vielleicht sind die edelsten Sorten lediglich durch ein einziges – oder zumindest nur vereinzelte – Exemplare vertreten: *loup de mer* (Wolfsbarsch), *daurade royale* (Dorade oder Goldbrasse), *sar* (Große Geißbrasse), *denté* (ebenfalls eine Brassenart), *pageot* (Rotbrasse), *pagre* (Sackbrasse) und *chapon de mer* oder *rascasse* (Großer Drachenkopf) sind häufig dabei. Letzterer ist mit seinem festen Fleisch, dem großen, gedrungenen Rumpf und dem dicken Kopf geradezu wie geschaffen, um gefüllt und im Ofen gegart zu werden. Er muß nicht zugenäht werden, sondern wird einfach auf den Bauch gesetzt und wirkt, so serviert, äußerst imposant. Weiterhin umfaßt das Angebot vielleicht *motelle* (weitere Bezeichnungen lauten *mustèle* und *loche de mer*), die Seequappe, deren seidig-zartes Fleisch vermutlich bei keinem anderen Fisch außerhalb des Mittelmeeres zu finden ist, ebenso *murène* (Mittelmeer-Muräne) sowie kleine Streifenbarben, von denen man pro Portion drei bis vier benötigt, häufig aber nur ein oder höchstens zwei Dutzend zu bekommen sind. Meist wird auch *bouillabaisse* angeboten, ein buntes Durcheinander von Fischen, das jedoch höchstens für zwei bis drei Käufer reicht. Neben immer wieder wechselnden Bestandtei-

len umfaßt diese Mischung grundsätzlich rote und braune *rascasses* (Drachenköpfe) mit beeindruckenden stacheligen Panzern, buntgestreifte, -getupfte und -gesprenkelte *rouquiers* und *lucrèces* (beides Lippfische) sowie *vives* (Petermännchen) und oft auch *rascasses blanches* (Himmelsgucker). *Grondin* (Knurrhahn), *St.-Pierre* (Petersfisch), *congre* (Meeraal),

Frischen Fisch, der täglich von der Küste geliefert wird, bietet dieses Fischgeschäft in den Alpes-de-Haute-Provence.

Vorhergehende Seiten: *Krebse auf provenzalische Art* (links; Rezept S. 99), *Gefüllte Kalmare* (rechts; Rezept S. 88–89) *und Garnelen aus der Pfanne* (unten; Rezept S. 88)

Fischhändler bieten bereits zusammengestellte Mischungen der Fische für die »bouillabaisse« an.

ne Gewürz kommen Langusten aus. (Pro Person rechnet man ein 500 g schweres Tier, die Grillzeit beträgt etwa 15 Minuten.) Bevor man sie auf den Rost legt, müssen sie in sprudelnd kochendem Wasser getötet werden. Dazu gibt man die Tiere einzeln nacheinander mit dem Kopf voran in das sprudelnd kochende Wasser. Bevor man das nächste Tier hinzufügt, muß das Wasser zunächst wieder bei starker Hitze aufkochen. Vor dem Servieren werden die Langusten der Länge nach halbiert.

Bei den Fischbezeichnungen herrscht einige Verwirrung. So kann ein Fisch in verschiedenen Regionen unter mehreren Namen bekannt sein, und umgekehrt tragen vielleicht unterschiedliche Fische den gleichen Namen. Doch ist dies eher dem Wissenschaftler ein Dorn im Auge als dem Koch, da die betreffenden Fische auf die gleiche Weise zubereitet werden können. Einen gleichwertigen Ersatz für den *loup de mer* gibt es nicht; notfalls kann man Zackenbarsch verwenden, falls man einen bekommt. Lotte, Steinbutt, Seezunge und andere festfleischige Fische lassen sich genauso wie Brassen grillen oder im Ofen garen. Vorzüglich schmecken sie auch in den berühmten provenzalischen Fischeintöpfen. Für die *bouillabaisse* und andere Fischeintöpfe empfehlen sich Großer Rotbarsch, Felsenfische, Rotbarben sowie andere festfleischige Fische.

An den Quais des Belges im alten Hafen von Marseille ist der Fischmarkt ein täglich stattfindendes Ereignis.

baudroie oder *lotte* (Seeteufel) und die behenden Gemeinen Krabben *(crabe vert* oder *crabe enragé)* werden separat als Zutat zur *bouillabaisse* verkauft.

Manchmal bringt ein Fischer einen frisch gefangenen, kapitalen *loup de mer* (Wolfsbarsch), der jedoch kaum länger als ein paar Minuten auf einen begierigen – und zahlungswilligen! – Käufer warten muß. (Am unteren Ende der Preisskala warten hingegen fangfrische, verführerisch glitzernde und festfleischige Sardinen, die auch noch in größeren Mengen erschwinglich sind.) Der *loup* verkörpert, unzerteilt und nicht geschuppt über einem verglimmenden Holzfeuer gegrillt, die ganze Poesie und Schönheit der Provence, ja überhaupt des Mittelmeerraumes. Während des Grillvorgangs – ein Exemplar von 3 kg, das für sechs Personen reicht, hat eine Garzeit von etwa 40 Minuten – verschmelzen Schuppen und Haut zu einem verkohlten schützenden Mantel, einem fast schwarzen Panzer, in dem der Fisch auch aufgetragen wird. Man schneidet ihn entlang der Rückenlinie dicht neben der Flosse, am Bauch, am Schwanz und am Kopf auf und hebt die Kruste dann wie einen Deckel einfach ab. Darunter kommt das wunderbar weiße, im eigenen Saft gegarte Fleisch zum Vorschein. Seine beste Würze ist das Meeresaroma – Salz und Pfeffer können es nicht mehr verbessern, und Zitrone verfälscht nur den zarten, reinen Geschmack.

Auch andere große Fische werden unzerteilt pochiert, gegrillt oder im Ofen gebacken und in ihrer ganzen Stattlichkeit den Gästen präsentiert. Am häufigsten serviert man in der Provence auf diese Art neben Wolfsbarsch die verschiedenen Brassen sowie Meeräsche und Rotbarbe.

Ohne jedes Gewürz und weder geschuppt noch ausgenommen (die Schuppen werden bei Tisch abgestreift, die Leber und die anderen Innereien bilden die Sauce) genießt man auch die kleinen *rougets de roche* (Streifenbarben), die man lediglich einige Minuten von beiden Seiten grillt. Ebenfalls oh-

75

BOUCHES-DU-RHÔNE

THON AUX ARTICHAUTS À LA MARSEILLAISE
Thunfisch mit Artischocken

Mitunter reicht man hierzu »aïoli« (siehe Glossar) oder »rouille« (siehe »bouillabaisse«, Rezept Seite 108–109).

750 g Thunfischsteak, enthäutet

FÜR DIE MARINADE:
Frisch gemahlener Pfeffer
1 Msp. Safranpulver
1 Lorbeerblatt
2–3 Thymianzweige
3 Knoblauchzehen
3 EL Olivenöl

5 EL Olivenöl
3 junge, zarte Artischocken, geputzt, halbiert, erforderlichenfalls
    vom Heu befreit und in Scheiben geschnitten (siehe Glossar)
1 große Zwiebel, feingehackt
2 große Tomaten, enthäutet, entkernt und grobgehackt
100 g Sauerampfer, entstielt und gehackt
750 ml kochendes Wasser und Salz
8 Baguettescheiben, im warmen Ofen leicht getrocknet und
    anschließend mit einer Knoblauchzehe eingerieben

Den Thunfisch vierteln, Grätenreste entfernen und jedes Viertel halbieren. Die Thunfischstücke in eine große Schüssel geben. Etwas Pfeffer darübermahlen und das Lorbeerblatt, die Thymianzweige, die Knoblauchzehen, 3 Eßlöffel Olivenöl sowie den Safran hinzufügen. Alles mit den Händen vermischen, bis die Fischstücke ringsum mit Öl überzogen und durch den Safran gleichmäßig gelb gefärbt sind. Bei Zimmertemperatur 1 Stunde zum Marinieren stehenlassen.

In einer großen Schmorpfanne 2 Eßlöffel Olivenöl erhitzen. Die Artischocken hineingeben und bei starker Hitze etwa 5 Minuten unter Rühren braten, bis sie etwas Farbe annehmen. Die Pfanne beiseite stellen.

Die restlichen 3 Eßlöffel Olivenöl in einem großen Topf erhitzen. Die Zwiebeln langsam weich dünsten, ohne sie zu bräunen. Die Hitze hochschalten, Tomaten und Sauerampfer hinzufügen und salzen. Mit dem Holzlöffel immer wieder rühren, bis die Tomaten nach etwa 10 Minuten zerfallen. Jetzt die Artischocken und den Thunfisch mit der Marinade dazugeben. Alles 1 Minute durchmischen, dann das kochende Wasser angießen. Den Fisch in etwa 15 Minuten leise köchelnd garen. Die Thunfisch- und die Artischockenstücke (und ruhig auch einen Teil der übrigen Zutaten) mit einem großen Schaumlöffel aus dem Topf nehmen und auf einer vorgewärmten Platte anrichten.

Vier Suppenteller mit jeweils 1–2 Scheiben Knoblauchbrot auslegen und mit etwas Brühe auffüllen. Thunfisch und Artischocken gleich dazu genießen oder aber, nachdem die Brühe ausgelöffelt ist, mit weiterer Brühe servieren.

Für 4 Personen

Thunfisch mit Artischocken

Krebse in Court-bouillon

PROVENCE

ECREVISSES À LA NAGE
Krebse in Court-bouillon

Dieses Gericht schmeckt mit den Fingern gegessen am besten.

FÜR DIE COURT-BOUILLON:

500 ml Wasser
500 ml trockener Weißwein
1 Karotte, geschält und in feine Scheiben geschnitten
1 Zwiebel, in feine Scheiben geschnitten
3 Knoblauchzehen, zerdrückt
1 Lorbeerblatt

Frische Thymianzweige
1 Bund glatte Petersilie
Salz
20 mittelgroße Flußkrebse (ca. 2 kg)

Sämtliche Zutaten für die *court-bouillon* in einen großen Topf geben. Einen Deckel schräg auflegen und die Flüssigkeit zum Kochen bringen, anschließend 20 Minuten leise simmern lassen. Die Temperatur hochschalten, bis die Flüssigkeit sprudelnd kocht, dann die Krebse einzeln und mit dem Kopf voran in die *court-bouillon* geben (darauf achten, daß die Flüssigkeit immer sprudelnd kocht und die Krebse vollkommen untergetaucht sind). Den Deckel auflegen und die Krebse 2–5 Minuten garen. Die Krebse in dem Topf auftragen oder mit der *court-bouillon* in einer großen Schüssel anrichten.

Für 4 Personen

ALPES-MARITIMES

ESTOCAFICADA
Stockfisch-Eintopf mit Tomaten und Oliven

»Estocaficada« ist den Bewohnern von Nizza so heilig wie die »bouillabaisse« den Marseillern. Stockfisch ist getrockneter Seefisch (zum Beispiel Kabeljau oder Schellfisch). Durch diese Art der Konservierung wird das Fleisch hart wie ein Brett, so daß es in Stücke gesägt und vor dem Kochen mindestens 4–5 Tage in Wasser eingeweicht werden muß. Falls Sie keine Fischdärme bekommen können, ist dies kein Unglück: Zwar fehlt dann eine typische Geschmackskomponente ein wenig, doch gelingt das Gericht auch ohne sie vorzüglich.

125 ml Olivenöl
1 große Zwiebel, feingehackt
250 g Porree, das Weiße und die zarten grünen Abschnitte in feine Scheiben geschnitten
2 große rote Paprikaschoten, von Samen und weißen Häutchen befreit und in lange, schmale Streifen geschnitten
4 Knoblauchzehen, gehackt
1 kg Stockfisch, eingeweicht (siehe Rezepteinleitung), gehäutet, entgrätet und grob zerpflückt oder in Stücke geschnitten
100 g Stockfischdärme, über Nacht eingeweicht und gehackt
125 ml Marc de Provence (siehe Glossar) oder Cognac
2 kg Tomaten, enthäutet, entkernt und grobgehackt
Großes *bouquet garni* (siehe Glossar)
1 kg neue Kartoffeln, geschält und geviertelt
150 g schwarze Oliven
Persillade mit 1 Knoblauchzehe (siehe Glossar)
3 Sardellen in Salz, abgespült, filetiert und zu Püree zerdrückt (siehe Glossar)
Olivenöl zum Servieren

In einer großen, schweren Schmorpfanne 125 ml Olivenöl bei niedriger bis mittlerer Temperatur erhitzen. Zwiebeln, Porree und Paprika hineingeben und etwa 20 Minuten dünsten, bis sie weich sind und zu bräunen beginnen. Knoblauch, Stockfisch und Därme dazugeben und 1 Minute mit dem Holzlöffel durchmischen. Mit dem Marc oder Cognac ablöschen und erneut rühren. Den Pfanneninhalt in eine große hitzebeständige Tonkasserolle oder einen emaillierten gußeisernen Topf umfüllen.

Die Tomaten in die Schmorpfanne geben und bei starker Hitze unter Rühren zum Kochen bringen. Die Tomaten ebenfalls in die Kasserolle geben, gründlich umrühren und das *bouquet garni* hinzufügen. Alles langsam aufkochen, dann einen Deckel schräg auflegen und das Ganze 2 Stunden leise köcheln lassen.

Die Kartoffeln in einem Topf mit Wasser bedecken und salzen. Etwa 20 Minuten kochen, bis sie gerade gar sind. Die Kartoffeln abgießen und zusammen mit den Oliven in die Kasserolle geben. Nach 20 Minuten die *persillade* und die Sardellen einrühren. Das Gericht weitere 5 Minuten simmern lassen. Heiß servieren und dazu Olivenöl reichen.

Für 6 Personen

VAUCLUSE

TIAN DE CARPENTRAS
Gratin von Klippfisch und Blattgemüse

Für den provenzalischen Dichter Frédéric Mistral war dieses Gericht »das einzig wahre Gratin«. Blanchierter und gehackter Portulak und in feine Streifen geschnittene Sauerampferblätter verleihen ihm eine interessante Note.

Stockfisch-Eintopf mit Tomaten und Oliven (oben) *und Gratin von Klippfisch und Blattgemüse* (unten)

3 Eier
60 g frisch geriebener Parmesan
125 ml plus 3 EL Olivenöl
500 ml Milch
Salz, frisch gemahlener Pfeffer und frisch geriebene Muskatnuß
250 g Spinat, blanchiert, ausgedrückt und gehackt (siehe Glossar)
250 g Mangoldblätter, blanchiert, ausgedrückt und gehackt
Persillade mit 3–4 Knoblauchzehen (siehe Glossar)
500 g Klippfisch ohne Haut und Gräten, pochiert und zerpflückt (siehe Glossar)

4 hartgekochte Eier, geschält und längs halbiert
8 Sardellen in Salz, abgespült und filetiert (siehe Glossar)
Grobe getrocknete Semmelbrösel

Den Backofen auf 180 °C (Gasherd Stufe 2–3) vorheizen. In einer Rührschüssel die Eier leicht verquirlen. Dann den Käse, die 125 ml Olivenöl, die Milch sowie Salz, Pfeffer und Muskatnuß mit dem Schneebesen einrühren. Die gehackten Gemüse, die *persillade* und den Fisch hinzufügen und alles mit einem Holzlöffel gründlich vermengen.

Eine Gratinform mit Olivenöl einfetten. Die vorbereitete Masse hineingeben und glattstreichen. Die Eihälften in die Masse drücken. Auf jede Eihälfte kreuzweise 2 Sardellenfilets legen und andrücken. Das Ganze großzügig mit Semmelbröseln bestreuen und 3 Eßlöffel Öl gleichmäßig darüberträufeln.

Das Gericht im vorgeheizten Ofen etwa 35–40 Minuten backen, bis es auch in der Mitte leicht aufgewölbt und die Kruste appetitlich gebräunt ist.

Für 4 Personen

Klippfisch in Kapernsauce (hinten) *und Makrelen in heißer Marinade* (vorn) *; fotografiert im Hafen von Cassis*

PROVENCE

MAQUEREAUX À LA MARINADE CHAUDE
Makrelen in heißer Marinade

Man serviert diese Makrelen häufig als Vorspeise. Mit einem einfachen Salat vorneweg und Käse zum Abschluß ergeben sie jedoch ein

komplettes Mittagessen. Als Getränk paßt ein junger Rotwein, etwa ein Bandol, den man gekühlt serviert.

1 kg kleine Makrelen, ausgenommen und die Köpfe entfernt
Salz und frisch gemahlener Pfeffer
6 EL Olivenöl
2 getrocknete Chilischoten und 2 Lorbeerblätter
6 Knoblauchzehen, ungeschält zerdrückt
3 EL Essig mit Kräutern der Provence (siehe Glossar)

80

tur erhitzen. Sobald der Knoblauch leise knistert und goldgelb anläuft, den Essig hinzufügen. Den Topf vom Herd nehmen und die Marinade über die heißen Makrelen geben.

Für 6 Personen

CAPILOTADE À LA FAÇON DE SIGNES
Klippfisch in Kapernsauce

Wie beim Klippfisch in Rotweinsauce (Rezept Seite 82) wird auch bei der »capilotade« der Klippfisch zunächst angebraten und dann in einer Sauce kurz gegart. Gerichte, die die Bezeichnung »à la provençale, à la niçoise« oder »à la camarguaise« tragen, sind oft in Tomatensauce geschmort, die mit schwarzen Oliven, gehackten Sardellenfilets oder »persillade« angereichert sein kann. In Signes, einem Dorf im Hinterland von Toulon und Bandol, aromatisiert man die »capilotade« zusätzlich mit »vin cuit«.

FÜR DIE SAUCE:
3 EL Olivenöl
1 Zwiebel, feingehackt
1 Porreestange, das Weiße und die zarten grünen Abschnitte in
　dünne Scheiben geschnitten
60 ml Essig mit Kräutern der Provence
3 EL Mehl
750 ml Wasser
Persillade mit 2 Knoblauchzehen (siehe Glossar)
Bouquet garni (siehe Glossar)
100 g Kapern, abgespült und abgetropft
125 ml *vin cuit* (siehe Glossar) oder Portwein

750 g Klippfisch ohne Haut und Gräten, gewässert und in 4 gleich
　große Stücke geschnitten (siehe Glossar)
Mehl
60 ml Olivenöl
Frisch gemahlener Pfeffer

Für die Sauce das Olivenöl in einem schweren Topf bei milder Temperatur erhitzen.

Zwiebeln und Lauch hinzugeben und zugedeckt dünsten, bis sie nach etwa 10 Minuten weich sind und der austretende Saft leise köchelt.

Den Deckel abnehmen und die Hitze reduzieren. Mit einem Holzlöffel etwa 2 Minuten rühren, bis die Flüssigkeit verdampft ist und Zwiebeln und Lauch Farbe annehmen und leicht ansetzen.

Den Essig dazugeben und 1–2 Minuten unter Rühren völlig verkochen lassen. Das Ganze gleichmäßig mit dem Mehl bestäuben und noch 1 Minute rühren. Das Wasser anfangs langsam, dann zügiger angießen, dabei ständig rühren. Die *persillade* und das *bouquet garni* hinzufügen und alles zum Kochen bringen. Die Temperatur so weit reduzieren, daß das Ganze nur leise köchelt, und etwa 40 Minuten garen. Gelegentlich umrühren.

Die Kapern und den *vin cuit* hinzufügen. Die Sauce noch 10–15 Minuten leise simmern lassen, bis sie die richtige Konsistenz aufweist und der Alkohol sich verflüchtigt hat.

Die Fischstücke einmehlen und überschüssiges Mehl wieder abschütteln.

Das Olivenöl in einer Pfanne bei mittlerer bis hoher Temperatur erhitzen. Die Fischstücke hineingeben und von beiden Seiten einige Minuten hellgelb braten, dabei nur einmal wenden. Die Fischstücke zum Abtropfen auf Küchenkrepp legen.

Die Fischstücke in eine hitzebeständige Servierschüssel legen und leicht pfeffern. Die Sauce darübergeben und alles bei mittlerer Hitze noch 10 Minuten leise köchelnd garen. Heiß servieren.

Für 4 Personen

Den Backofen auf 230 °C (Gasherd Stufe 5) vorheizen. Makrelen, die kürzer als 15 cm sind, unzerteilt lassen, größere Exemplare in 5 cm lange Stücke schneiden. Die Makrelen in eine Schüssel geben. Salzen, leicht pfeffern und mit 1 Eßlöffel Olivenöl beträufeln. Mit den Händen durchmischen, bis die Makrelen gleichmäßig mit dem würzigen Öl überzogen sind. Die Makrelen in eine Backform legen und für 10 Minuten in den vorgeheizten Ofen schieben.

Währenddessen das restliche Öl mit den Chilischoten, Lorbeerblättern und Knoblauchzehen in einem Topf bei hoher Tempera-

BOUCHES-DU-RHÔNE / VAR

Morue en Rayte
Klippfisch in Rotweinsauce

»Morue en rayte« wird im Var traditionsgemäß am Weihnachtsabend serviert. Der Legende nach gelangte die Sauce durch die Seeleute aus Phokäa, die um 600 v. Chr. Marseille gründeten, in die Provence.

FÜR DIE SAUCE:

3 EL Olivenöl
2 große Zwiebeln, grobgehackt
3 EL Mehl
750 ml junger, gerbsäurehaltiger Rotwein
500 ml Wasser
500 g Tomaten, grobgehackt
Fenchelsamen
Großes *bouquet garni* (siehe Glossar)
Salz
125 g schwarze Oliven
2 EL Kapern, abgespült

750 g Klippfisch ohne Haut und Gräten, gewässert und in 4 gleich
    große Stücke geschnitten (siehe Glossar)
Mehl
60 ml Olivenöl
1 EL frisch gehackte glatte Petersilie

Für die Sauce das Olivenöl in einem schweren Topf bei niedriger Temperatur erhitzen. Die Zwiebeln darin etwa 10 Minuten dün-

Klippfisch in Rotweinsauce

sten, ohne sie zu bräunen. Mit dem Mehl bestäuben und mit einem Holzlöffel durchmischen. Die Temperatur erhöhen und den Wein anfangs langsam, dann zügiger angießen, dabei ständig rühren. Das Wasser, die Tomaten, die Fenchelsamen und das *bouquet garni* hinzufügen. Leicht salzen und alles unter Rühren aufkochen lassen. Die Hitze so regulieren, daß das Ganze nur sehr leise köchelt, und ohne Deckel einige Stunden garen, bis die Sauce um etwa zwei Drittel eingekocht ist.

Das *bouquet garni* entfernen. Die Sauce über einer Schüssel durch ein Sieb streichen. Die festen Bestandteile im Sieb mit einem Holzstößel ausdrücken. Die Sauce wieder in den Topf geben. Oliven und Kapern hinzufügen, salzen. Die Sauce simmern lassen und währenddessen den Fisch vorbereiten.

Die Fischstücke einmehlen und überschüssiges Mehl wieder abschütteln. Das Olivenöl in einer Pfanne bei mittlerer bis hoher Temperatur erhitzen. Die Fischstücke hineingeben und auf beiden Seiten jeweils einige Minuten braten, bis sie etwas Farbe annehmen, dabei die Fischstücke nur einmal wenden.

Die Fischstücke zum Abtropfen auf Küchenkrepp legen.

Etwas Sauce in eine hitzebeständige Tonkasserolle geben. Den gebratenen Fisch darauflegen und mit der restlichen Sauce überziehen. Das Gericht bei mittlerer Temperatur erhitzen, bis die Sauce leise brodelt, und weitere 10 Minuten schmoren. Mit Petersilie bestreuen und servieren.

Für 4 Personen

BOUCHES-DU-RHÔNE

Brandade de Morue à la Bénédictine
Klippfischpüree mit Kartoffeln

Die Mönche eines Benediktiner-Klosters bei Marseille, so erzählt eine historische Anekdote, bekamen unerwartet Besuch von den Mönchen eines benachbarten Klosters. Da nur wenig »brandade« vorrätig war, ließ sich der Koch schnell etwas einfallen: Er kochte eine größere Menge Kartoffeln und mischte sie unter die »brandade«. Die Gäste waren begeistert und ließen sich das Rezept geben, das seither als »brandade de morue à la bénédictine« bekannt ist.

500 g Kartoffeln, geschält
750 g Klippfisch, gewässert (siehe Glossar)
Persillade mit 2 Knoblauchzehen (siehe Glossar)
Frisch gemahlener Pfeffer
250 ml Milch, erhitzt
125 ml Olivenöl plus weiteres Olivenöl zum Beträufeln
Getrocknete Semmelbrösel

Die Kartoffeln in einem Topf mit Wasser bedecken, aufkochen lassen und etwa 30 Minuten garen.

Inzwischen den Klippfisch zerpflücken und dabei eventuell vorhandene kleine Gräten entfernen. Den Fisch in der Küchenmaschine mit dem Hackmesser pürieren oder im Mörser zerreiben.

Den Backofen auf 200 °C (Gasherd Stufe 3–4) vorheizen. Die Kartoffeln abgießen, in eine Schüssel geben und zerstampfen. Den pürierten Klippfisch und die *persillade* hinzufügen. Etwas Pfeffer darübermahlen. Die heiße Milch und das Olivenöl abwechselnd in kleinen Mengen dazugießen. Dabei mit dem Holzlöffel zunächst rühren und später, wenn die Mischung geschmeidiger ist, schlagen. Nachdem die gesamte Flüssigkeit eingerührt ist, sollte die Masse nicht zu fest, aber auch nicht so flüssig sein, daß sie sich gießen läßt.

Eine Gratinform mit Olivenöl einfetten. Die Masse hineingeben und glattstreichen. Mit den Semmelbröseln bestreuen und mit Olivenöl beträufeln. Die Form in den Ofen schieben und das Gericht in 10–15 Minuten goldbraun überbacken.

Für 4 Personen

Klippfischpüree mit Kartoffeln (oben) *und Klippfisch mit Porree* (unten)

LA QUINQUEBINE CAMARGUAISE
Klippfisch mit Porree

Dieses Gericht kann nach Belieben auch mit Semmelbröseln bestreut, mit etwas Olivenöl beträufelt und gratiniert werden.

3 EL Olivenöl

1 kg Porree, in dünne Scheiben geschnitten

125 ml kochendheißes Wasser

Salz

2 EL Mehl

500 ml Milch

Persillade mit 2 Knoblauchzehen (siehe Glossar)

2 Sardellen in Salz, abgespült, filetiert und gehackt
   (siehe Glossar)

750 g Klippfisch ohne Haut und Gräten, pochiert und zerpflückt
   (siehe Glossar)

Frisch gemahlener Pfeffer

Frisch geriebene Muskatnuß

100 g frisch geriebener Gruyère oder Parmesan

Das Olivenöl in einer schweren Schmorpfanne bei niedriger bis mittlerer Temperatur erhitzen. Den Porree dazugeben und etwa 20 Minuten dünsten, bis er weich ist und etwas Farbe annimmt. Das Wasser und ein wenig Salz hinzufügen. Das Ganze etwa 8–10 Minuten leise köcheln lassen, bis das Wasser völlig verdampft ist und der Porree leicht ansetzt. Den Porree gleichmäßig mit Mehl bestäuben. Gründlich umrühren und langsam unter ständigem Rühren die Milch angießen. Die *persillade* einrühren und alles noch 15 Minuten simmern lassen.

Die Sardellen und den zerpflückten Klippfisch einrühren und 10 Minuten mitgaren. Das Ganze mit etwas Pfeffer und frisch geriebener Muskatnuß abschmecken. Den geriebenen Käse untermengen und das Gericht mit Salz abschmecken. Noch einige Minuten simmern lassen und dann in der Pfanne servieren.

Für 4 Personen

83

Gegrillte Seezunge mit Senfsauce (links), *Thunfisch mit Sauerampfer* (rechts) *und Rochen auf provenzalische Art* (vorn)

PROVENCE

RAIE À LA PROVENÇALE
Rochen auf provenzalische Art

Schon zwei kleine Rochenflügel füllen eine große Bratpfanne völlig aus. Daher bereitet man den Fisch entweder in zwei Portionen zu, oder man arbeitet mit zwei Pfannen gleichzeitig.

4 kleine filetierte Rochenflügel (à etwa 200 g) oder ein größeres
   Stück, in Portionen geteilt
Salz und frisch gemahlener Pfeffer
Mehl
60 ml Olivenöl

FÜR DIE SAUCE:
Grobes Salz
Frisch gemahlener Pfeffer
1 Knoblauchzehe
3 Sardellen in Salz, abgespült und filetiert (siehe Glossar)

1 EL gehackte glatte Petersilie
500 ml Tomatensauce (siehe Glossar)

Den Backofen auf 230 °C (Gasherd Stufe 5) vorheizen. Die Rochenflügel salzen und pfeffern, einmehlen und überschüssiges Mehl wieder abschütteln.

In einer Bratpfanne das Olivenöl bei mittlerer bis hoher Temperatur erhitzen. Die Rochenflügel in das heiße Öl geben und etwa 4 Minuten von beiden Seiten goldgelb braten, dabei die Temperatur nach Bedarf regulieren. Das Fleisch ist gar, wenn ein spitzer Spieß oder eine Spicknadel an der dicksten Stelle mit geringem Widerstand eindringt. Die Rochenflügel in eine Backform legen, in die sie nebeneinander hineinpassen.

In einem Mörser eine Prise Salz, Pfeffer nach Geschmack, Knoblauch, Sardellen und Petersilie zu einer Paste zerreiben. Die Tomatensauce in einem Topf aufkochen und die vorbereitete Paste einrühren. Die Sauce über die Rochenflügel verteilen.

Die Form 8–10 Minuten in den heißen Ofen schieben, bis die Sauce leise brodelt.

Für 4 Personen

Kräuter der Provence (siehe Glossar)
150 g Sauerampferblätter, entstielt, fest zusammengerollt und in
  feine Streifen geschnitten
Salz
2 Zitronen, geschält, in dünne Scheiben geschnitten und entkernt
125 ml Weißwein

Den Thunfisch an den vier Stellen zwischen den Fleischringen mit einem spitzen Schälmesser einstechen. In jeden Einschnitt ein Sardellenfilet schieben.

Den Backofen auf 165 °C (Gasherd Stufe 2) vorheizen. Den Boden einer Kasserolle, die nur etwas größer als das Thunfischsteak ist, mit Öl bestreichen. Die Kasserolle mit der Hälfte der Salatblätter auslegen und die Hälfte der Tomatenscheiben darauf verteilen. Die Hälfte der Karotten- und der Zwiebelscheiben, 1 Lorbeerblatt und eine kleine Prise der Kräuter der Provence darüber verteilen. Die Hälfte des Sauerampfers darüber ausbreiten und zusammendrücken, mit Salz bestreuen und mit 1 Eßlöffel Olivenöl beträufeln. Zuletzt die Hälfte der Zitronenscheiben auf das aromatische Bett legen. Das Thunfischsteak daraufgeben und mit den restlichen Zitronenscheiben und dann den übrigen Tomaten, Karotten und Zwiebeln bedecken. Eine weitere Prise Kräuter der Provence, das zweite Lorbeerblatt und den verbliebenen Sauerampfer daraufgeben, der zusammengedrückt wird. Das Ganze mit Salz bestreuen und mit dem restlichen Öl beträufeln. Mit dem Weißwein übergießen und mit den übrigen Salatblättern abdecken.

Die Kasserolle mit einem Deckel verschließen und den Thunfisch im vorgeheizten Ofen etwa 1 Stunde und 10 Minuten garen. Vor dem Servieren die oberen Salatblätter entfernen.

Für 4 Personen

BOUCHES-DU-RHÔNE

SOLE À LA MARINIÈRE AVEC MOUTARDE DES PÊCHEURS
Gegrillte Seezunge mit Senfsauce

FÜR DIE SAUCE:
Grobes Salz
Frisch gemahlener Pfeffer
2 Knoblauchzehen
2 hartgekochte Eigelb
1 EL Estragonsenf
125 ml Olivenöl

Salz
2 Seezungen (à 250–300 g), enthäutet und ausgenommen
1 EL Olivenöl
Grobe getrocknete Semmelbrösel

Zuerst im Holzkohlengrill ein Feuer entfachen. Anschließend die Sauce zubereiten: In einem Mörser eine Prise Salz, Pfeffer nach Geschmack und den Knoblauch zu einer Paste zerreiben. Die Eigelb hinzufügen und in die Paste einarbeiten. Den Senf dazugeben und alles mit dem Stößel zu einer glatten Creme verrühren. Langsam und in feinem Strahl das Olivenöl seitlich in den Mörser gießen, dabei ständig mit dem Stößel rühren.

Die Seezungen nach Geschmack salzen und mit dem Olivenöl einreiben. Auf beiden Seiten mit den Semmelbröseln bestreuen und diese gut andrücken. Den Grillrost über die glimmenden Holzkohlen legen und die Seezungen von beiden Seiten 7–8 Minuten grillen. Die Seezungen auf einer vorgewärmten Platte servieren und die Sauce separat dazu reichen.

Für 2 Personen

BOUCHES-DU-RHÔNE

THON À LA CHARTREUSE
Thunfisch mit Sauerampfer

Dieses Rezept stammt angeblich von Mönchen des Kartäuserordens, die auch für ihren Likör berühmt sind. Manche Kochbuchautoren verwenden den Likör anstelle des Weißweins.

1 Thunfischsteak (etwa 750 g schwer und 3 cm dick), enthäutet
4 Sardellen in Salz, abgespült und filetiert (siehe Glossar)
3 EL Olivenöl
1 Kopf Blattsalat
2 große Tomaten, enthäutet, entkernt und in Scheiben
  geschnitten
2 Karotten (insgesamt etwa 150 g), geschält und in dünne
  Scheiben geschnitten
1 große Zwiebel, in feine Scheiben geschnitten
2 Lorbeerblätter

COQUILLES SAINT-JACQUES À LA PROVENÇALE
Jakobsmuscheln auf provenzalische Art

2 EL Olivenöl
12 Jakobsmuscheln
Salz und frisch gemahlener Pfeffer
1 EL Butter
Persillade mit 1 Knoblauchzehe (siehe Glossar)
^{1}/$_2$ Zitrone

Das weiße Muskelfleisch und den orangefarbenen Rogen abspülen und trockentupfen. Das Muskelfleisch quer zur Faser halbieren.

Das Olivenöl in einer Pfanne bei hoher Temperatur erhitzen. Die Jakobsmuscheln und den Rogen nach Geschmack salzen und pfeffern und in das heiße Öl geben. Von beiden Seiten knapp 1 Minute sautieren. Die Butter hinzugeben und, wenn sie aufschäumt, die *persillade* hinzufügen: Das Ganze noch einige Sekunden durchmischen, mit etwas Zitronensaft beträufeln und servieren.

Für 4 Personen

Jakobsmuscheln auf provenzalische Art

THON À LA RÉMOULADE
Gegrillter Thunfisch mit Remouladensauce

Heutzutage versteht man unter »sauce rémoulade« gewöhnlich eine Mayonnaise, die mit Senf, gehackten Gewürzgurken, Kapern und »fines herbes« aromatisiert wurde. Traditionsgemäß aber kamen bei ihrer Zubereitung hartgekochte Eigelb zur Verwendung. »Le Cuisinier Méridional«, von einem anonymen Autor verfaßt und 1855 erschienen, enthält zwei Varianten namens »sauce rémoulade provençale« und »sauce languedocienne«. Nur letztere wird mit Senf abgeschmeckt.

1 Thunfischsteak (etwa 750 g schwer und 2,5 cm dick), enthäutet

FÜR DIE MARINADE:
Kräuter der Provence (siehe Glossar)
1 EL Weißwein
^{1}/$_2$ Zitrone
1 TL Olivenöl

FÜR DIE REMOULADENSAUCE:
Grobes Salz
Frisch gemahlener Pfeffer

Gegrillter Thunfisch mit Remouladensauce

1 Knoblauchzehe
1 EL gehackte Schalotten
1 EL gehackte glatte Petersilie
1 EL Kapern, abgespült und ausgedrückt
1 Sardelle in Salz, abgespült und filetiert (siehe Glossar)
3 hartgekochte Eigelb
1 rohes Eigelb
125 ml Olivenöl
1 TL frisch gepreßter Zitronensaft
2 TL Olivenöl
Salz und frisch gemahlener Pfeffer

Das Thunfischsteak in eine flache Schüssel legen. Die Kräuter, den Wein, einen Spritzer Zitronensaft und das Olivenöl hinzufügen. Den Thunfisch etwa 1 Stunde in der Marinade ziehen lassen, dabei zwei- bis dreimal wenden.

Für die Remouladensauce in einem Mörser eine Prise Salz, Pfeffer, Knoblauch, Schalotten und Petersilie zu einer Paste zerreiben. Die Kapern und die Sardelle hinzufügen und ebenfalls fein zerreiben. Die hartgekochten Eigelb dazugeben und mit dem Stößel reiben, bis sich eine glatte, geschmeidige Paste ergibt. Das rohe Eigelb mit dem Stößel kurz einrühren. Das Öl in feinem Strahl seitlich in den Mörser gießen. Dabei energisch mit dem Stößel rühren. Zuletzt den Zitronensaft einrühren. Die Sauce beiseite stellen.

Im Holzkohlengrill ein Feuer entfachen. Das Thunfischsteak abtropfen lassen und mit Küchenkrepp trockentupfen. Auf beiden Seiten salzen und pfeffern und ringsum mit dem restlichen Öl einreiben. Das Thunfischsteak auf den gut eingeölten Rost über die heiße Glut legen. Von beiden Seiten je 6–7 Minuten grillen, bis es gar ist, dabei einmal wenden.

Für 4 Personen

87

CREVETTES GRISES À LA PERSILLADE
Garnelen aus der Pfanne

Bei den »crevettes grises« handelt es sich um die Nordseegarnelen, die unter der Bezeichnung »Nordseekrabben« im Handel sind. Sie messen vom Kopf bis zum Schwanz 5–7 cm, sind gräulich-durchscheinend und von einem feinen, pergamentartigen Panzer umgeben. Sie werden sofort nach dem Fang an Bord gekocht.

3 EL Olivenöl
500 g Nordseekrabben (in der Schale), ersatzweise kleinere
   Garnelenschwänze in der Schale
Salz und frisch gemahlener Pfeffer
Persillade mit 1 Knoblauchzehe (siehe Glossar)
1 Zitrone

Das Olivenöl in einer Schwenkpfanne mit schrägem Rand bei hoher Temperatur erhitzen. Die Garnelen hineingeben, salzen und pfeffern. 1 Minute braten und dabei die Pfanne immer wieder rütteln. (Garnelenschwänze werden 2 Minuten sautiert.) Die *persillade* hinzufügen und erneut die Pfanne rütteln. Einige Tropfen Zitronensaft darüberträufeln und das Gericht sofort servieren. *Crevettes grises* ißt man, wie fritierte Fischchen, im ganzen, Garnelenschwänze werden bei Tisch ausgebrochen.

Für 4 Personen   *Abbildung S. 72–73*

RAIE AVEC SAUCE AUX CAPRES
Rochen mit Kapernsauce

Das wohlschmeckende Fleisch von Rochenflügeln ist eine begehrte Delikatesse. Bei Tisch löst man das Fleisch ohne Mühe aus, indem man mit den Zinken der nach außen gedrehten Gabel einfach an den Gräten entlangfährt.

750 g Rochenflügel, enthäutet und größere Stücke
   in Portionen à 100–125 g geteilt
1 l Wasser
125 ml Weißweinessig
Salz

FÜR DIE SAUCE:
2 Eigelb
1 EL sowie 500 ml Wasser
1 EL frisch gepreßter Zitronensaft
1 EL Olivenöl
Frisch gemahlener Pfeffer
3 EL Butter
2 EL Mehl
Salz
3–4 EL Kapern, abgespült und abgetropft

Die Rochenstücke so in eine große, schwere Schmorpfanne legen, daß die dünnen Ränder sich überlappen. In einem Topf Wasser, Essig und Salz zum Kochen bringen. Das kochende Essigwasser über die Rochenstücke gießen. Die Schmorpfanne auf den Herd stellen und die Flüssigkeit erneut zum Kochen bringen. Einen gut schließenden Deckel auflegen und die Pfanne vom Herd nehmen.

Für die Sauce die Eigelb mit 1 Eßlöffel Wasser, dem Zitronensaft, dem Olivenöl und Pfeffer nach Geschmack in eine Schüssel geben und alles mit einer Gabel verquirlen. Beiseite stellen. In einem Topf die Butter langsam zerlassen. Das Mehl hinzufügen und

mit einem Holzlöffel einige Minuten rühren, bis die Mehlschwitze leise Blasen wirft. Langsam 500 ml Wasser angießen und dabei mit dem Schneebesen rühren. Das Ganze mit Salz abschmecken, die Hitze hochschalten und weiter mit dem Schneebesen rühren, bis die Sauce aufkocht. Vom Herd nehmen und etwas abkühlen lassen. Die Eigelbmischung einrühren und die Sauce wieder auf den Herd stellen. Bei schwacher Hitze mit dem Schneebesen oder Holzlöffel 3–4 Minuten rühren, bis die Sauce leicht eindickt – sie darf dabei nicht aufkochen. Zuletzt die Kapern einrühren.

Mit einer Schaumkelle die Fischstücke aus der Pfanne nehmen, gut abtropfen lassen und auf eine vorgewärmte Servierplatte legen. Mit einer Schöpfkelle etwas Sauce über den Fisch geben. Die restliche Sauce in eine vorgewärmte Sauciere füllen.

Für 4 Personen

ENCORNETS FARCIS
Gefüllte Kalmare

Nachstehend drei Rezepte für ganz unterschiedliche Füllungen. Da die Tintenfische während des Garens schrumpfen, darf die Farce nicht zu fest hineingedrückt werden.

FÜR DIE SARDELLEN-TOMATEN-FÜLLUNG:
1 EL Olivenöl
1 Zwiebel, feingehackt
Arme und Flossen der Kalmare, gehackt
Salz
2 mittelgroße Tomaten, enthäutet, entkernt und gehackt
100 g frische Semmelbrösel
Persillade mit 2 Knoblauchzehen (siehe Glossar)
2 Sardellen in Salz, abgespült, filetiert und gehackt
   (siehe Glossar)
Frisch gemahlener schwarzer Pfeffer und Cayennepfeffer
2 Eier

Das Olivenöl in einer Schmorpfanne bei niedriger Temperatur erhitzen. Die Zwiebeln etwa 5 Minuten glasig dünsten, ohne sie jedoch zu bräunen. Die Hitze hochschalten. Die gehackten Tintenfischarme und -flossen dazugeben und nach Geschmack salzen. 2–3 Minuten unter Rühren rasch braten, bis der austretende Saft verdampft ist. Den Pfanneninhalt in eine Schüssel geben. Tomaten, Semmelbrösel, *persillade* und Sardellen hinzufügen. Mit schwarzem Pfeffer und Cayennepfeffer würzen und etwas nachsalzen. Alles leicht vermischen. Die Eier dazugeben und das Ganze mit den Händen gründlich vermengen.

FÜR DIE REIS-FÜLLUNG:
125 g Langkornreis
1 EL Olivenöl
1 Zwiebel, feingehackt
Arme und Flossen der Kalmare, gehackt
Salz und frisch gemahlener Pfeffer
1 TL feingehackte Majoranblättchen und -blütenknospen
1 TL gehackte glatte Petersilie

Den Reis in sprudelndes Wasser geben und 15 Minuten vorkochen. In ein Sieb geben und mit kaltem Wasser spülen. Abtropfen lassen und 15 Minuten ruhen lassen.

Das Olivenöl in einer Schmorpfanne erwärmen. Die Zwiebeln langsam glasig dünsten, ohne sie jedoch zu bräunen. Die Hitze hochschalten. Die gehackten Fangarme und Flossen hinzufügen und den austretenden Saft etwa 2–3 Minuten unter Rühren verdampfen lassen. Den Pfanneninhalt mit den restlichen Zutaten in eine Rührschüssel geben. Alles mit einer Gabel gründlich, aber so behutsam vermischen, daß die Reiskörner dabei ganz bleiben.

Rochen mit Kapernsauce

FÜR DIE SPINAT-MUSCHEL-FÜLLUNG:

4 EL Olivenöl
1 Zwiebel, feingehackt
Arme und Flossen der Kalmare, gehackt
500 g Miesmuscheln, in Weißwein gedämpft und aus der Schale
   genommen (siehe Glossar)
185 ml Muschelsud
2 Knoblauchzehen, feingehackt
500 g Spinat, blanchiert, ausgedrückt und gehackt (siehe Glossar)
30 g frische Semmelbrösel
Frisch gemahlener Pfeffer
Frisch geriebene Muskatnuß
2 Eier
Salz

In einer Schmorpfanne 1 Eßlöffel Olivenöl bei milder Hitze langsam erwärmen. Die Zwiebeln hinzufügen und dünsten, bis sie
weich, aber nicht gebräunt sind. Die Hitze hochschalten und die
gehackten Fangarme und Flossen 1 Minute unter Rühren mitbraten. Den Muschelsud angießen und leise köchelnd auf etwa ein
Drittel reduzieren. Die Pfanne beiseite stellen.

   Die restlichen 3 Eßlöffel Olivenöl in einer Schmorpfanne bei
mittlerer Temperatur erhitzen. Den Knoblauch und, sobald er leise zu knistern beginnt, den Spinat hinzufügen und unter Rühren
kurz braten. Etwa 60 ml Muschelsud angießen und einige Minuten
rühren, bis er verkocht ist. Zuletzt die Semmelbrösel einstreuen.
Die Pfanne vom Herd nehmen und die Spinatmasse etwas abkühlen lassen.

   Den Inhalt der beiden Pfannen zusammen mit den Muscheln in
eine Schüssel geben. Mit etwas Pfeffer und Muskatnuß würzen.

Die Eier hinzufügen und alles mit den Händen gründlich vermengen. Die Füllung mit Salz abschmecken.

FÜR DIE KALMARE:

4 Kalmare (à 250 g), gesäubert (siehe Glossar)
3 EL Olivenöl
1 Zwiebel, feingehackt
Salz
4 EL Marc de Provence (siehe Glossar) oder Cognac
Persillade mit 2 Knoblauchzehen (siehe Glossar)
3 Sardellen in Salz, abgespült, filetiert und gehackt
   (siehe Glossar)
2 EL Kapern, abgespült, ausgedrückt und gehackt
125 ml trockener Weißwein

Die Tintenfische füllen und mit Küchengarn verschließen.

   In einer schweren Schmorpfanne das Olivenöl bei niedriger
Temperatur erhitzen. Die Zwiebeln langsam in dem Öl glasig dünsten, dann die Hitze hochschalten. Die gefüllten Tintenfische in die
Pfanne legen und salzen. Durch wiederholtes Rütteln der Pfanne
die Tintenfische immer wieder wenden, bis das Fleisch rundherum
seinen glasigen Schimmer verloren und sich fest um die Füllung gelegt hat. Den Marc angießen und mit einem langen Streichholz an-
zünden. Die *persillade,* die Sardellen und die Kapern hinzufügen.
Den Wein angießen. Einen fest schließenden Deckel auflegen und
die Tintenfische bei minimaler Hitze 1 Stunde schmoren, dabei die
Pfanne gelegentlich rütteln.

   Die Tintenfische direkt aus der Pfanne servieren und über jede
Portion etwas Schmorfond geben.

Für 4 Personen   *Abbildung S. 72–73*

89

VAR

DAURADE AU FOUR
Dorade aus dem Ofen

1 große Zwiebel, halbiert und in dünne Scheiben geschnitten
4–5 Knoblauchzehen, in dünne Scheiben geschnitten
4–5 EL Olivenöl
1 Dorade (Goldbrasse)
Salz und frisch gemahlener Pfeffer
Kräuter der Provence (siehe Glossar)
500 g Tomaten, enthäutet, entkernt und geachtelt
2 grüne Paprikaschoten, die Samen und weißen Scheidewände
    entfernt und in lange, schmale Streifen geschnitten
100 g schwarze Oliven
125 ml trockener Weißwein

Den Backofen auf 200 °C (Gasherd Stufe 3–4) vorheizen.

Die Zwiebel- und die Knoblauchscheiben vermischen. Den Boden einer großen ofenfesten Form mit Olivenöl einfetten und die Hälfte der Zwiebel-Knoblauch-Mischung daraufstreuen. Den Fisch innen und außen mit Salz, Pfeffer und den Kräutern der Provence würzen. In die Form legen, innen und außen mit Olivenöl einreiben und dabei wenden. Die restlichen Zwiebel- und Knoblauchscheiben über den Fisch streuen und die Tomaten so darüber verteilen, daß der Fisch völlig bedeckt ist. Die Oliven und die Paprikastreifen darauf und um den Fisch herum verteilen. Das Ganze mit Salz bestreuen und gleichmäßig mit dem Olivenöl beträufeln. Den Wein seitlich in die Form gießen. Falls das Schwanzende etwas aus der Form ragt, wird es mit Alufolie umwickelt, damit es nicht verbrennt.

Den Fisch in den Ofen schieben und etwa 40 Minuten garen. Nach der Hälfte der Garzeit mehrmals mit dem Fond beträufeln. Zur Garprobe eine Spicknadel oder einen dünnen Spieß in das Fleisch stechen. Den Fisch in der Form auftragen. Vor dem Tranchieren (siehe hierzu das folgende Rezept für *daurade grillée*) das Gemüse auf einer Seite zusammenschieben. Jede Portion mit etwas Gemüse und Fond anrichten.

Für 4 Personen   *Abbildung S. 92–93*

PROVENCE

DAURADE GRILLÉE
Gegrillte Dorade

Bei einem großen Fisch läßt sich die Garzeit anhand der Rumpfstärke an der dicksten Stelle errechnen (man kalkuliert 10 Minuten pro 2,5 cm). Wenn ein an der dicksten Stelle hineingestochener Spieß beinahe mühelos in das Fleisch dringt oder der erste Stachel der Rückenflosse sich mit dem Grätenfortsatz leicht herausziehen läßt, ist der Fisch gar. Gegrillter Fisch kommt ohne Sauce aus, doch sind Olivenöl und Zitronenspalten, Grüne Sauce (Rezept Seite 105), »pistou« (Rezept Seite 36) oder »tapenade« (Rezept Seite 34) stets als Beigabe willkommen. Sind weder frischer wilder Fenchel noch getrocknetes Fenchelkraut im Haus, verwenden Sie ersatzweise eine Prise gemahlene Fenchelsamen.

1 Dorade (1,5–2 kg), gesäubert
Frische wilde Fenchelstengel, dazu eine Handvoll Fenchelgrün,
    gehackt, oder ersatzweise Abschnitte von getrockneten
    Fenchelstengeln
Frisch gemahlener Pfeffer
60 ml Olivenöl
1 EL Pastis, vorzugsweise Pernod oder Ricard

Linke Seite: *Dorade aus dem Ofen* (oben) *und Gegrillte Dorade* (unten)

¹/₂ Zitrone
Salz
1 Bund Thymian

Zunächst den Fisch ziselieren, das heißt, auf beiden Seiten zwei- bis dreimal mit einem scharfen Messer kreuzweise leicht einschneiden. Ein Bündel Fenchelstengel, auf die richtige Länge gekürzt, in die Bauchhöhle geben. Den Fisch auf eine ausreichend große Platte legen. Das gehackte Fenchelgrün über den Fisch streuen, etwas auch in die Einschnitte hineindrücken.

Den Fisch leicht mit frisch gemahlenem Pfeffer würzen, anschließend innen und außen erst mit Olivenöl und dann mit Pastis beträufeln. Ein wenig Zitronensaft darüber verteilen und die würzenden Zutaten mit den Händen ringsum vorsichtig einreiben.

Während der Fisch in der Marinade ruht, das Feuer entfachen. Die Holzkohle darf nicht zu sparsam eingefüllt werden und muß, wenn der Fisch auf den Rost gelegt wird, so weit heruntergebrannt sein, daß sie nur noch glimmt und von einer weißen Ascheschicht überzogen ist. Bis dahin den Fisch mehrmals in der Marinade wenden und mit ihr beträufeln. Den Grillkorb öffnen und 2–3 Fenchelstengel hineingeben. Den Fisch salzen, in den Korb legen, weitere Fenchelstengel daraufgeben und den Korb verschließen.

Den Fisch auf den Grill legen und alle 4–5 Minuten wenden. Nach jedem Wenden befeuchten. Dafür das Thymianbündel in die Marinade tauchen und den Fisch damit bepinseln. Die Garzeit beträgt etwa 25–30 Minuten (siehe Rezepteinleitung).

Den Grillkorb öffnen, die Fenchelstengel entfernen und den Fisch auf eine Servierplatte gleiten lassen. Bei Tisch den Fisch entlang der Seitenlinie bis auf die Mittelgräte einschneiden. Die Haut neben den Flossen sowie an Rücken und Bauch bis zum Schwanz einritzen. Die Filets quer in Portionsstücke teilen und diese mit Hilfe einer Palette auf die Teller legen.

Für 4 Personen   *Abbildung S. 90*

PROVENCE

BAUDROIE À LA PROVENÇALE
Seeteufelmedaillons in Tomatensauce mit Oliven

Seeteufel wird in der Regel ausgenommen und enthäutet verkauft. An der dicksten Stelle des Rumpfes sind die Filets beinahe rund und lassen sich in kleine, feste Medaillons schneiden.

750 g Seeteufel, filetiert, die Filets in 2 cm dicke Medaillons
    geschnitten
Salz und frisch gemahlener Pfeffer
Mehl
60 ml Olivenöl
125 g schwarze Oliven
500 ml Tomatensauce, erhitzt (siehe Glossar)

Den Backofen auf 180 °C (Gasherd Stufe 2–3) vorheizen. Die Seeteufelmedaillons nach Geschmack salzen und pfeffern. Großzügig mit Mehl bestäuben und überschüssiges Mehl zwischen den gewölbten Handflächen oder in einem Sieb wieder abschütteln. Das Olivenöl in einer großen Schmor- oder Bratpfanne bei mittlerer Temperatur erhitzen. Die Medaillons hineingeben und auf jeder Seite etwa 3 Minuten goldgelb braten, dabei nur einmal wenden. Mit dem Bratenwender aus der Pfanne nehmen und kurz zum Abtropfen auf Küchenkrepp legen, dann in eine ofenfeste Form geben. Die Oliven darüber verteilen und eventuelle Lücken mit ihnen ausfüllen. Die Medaillons gleichmäßig mit der Tomatensauce überziehen. Die Form für etwa 15 Minuten in den Ofen schieben. Das Gericht heiß servieren.

Für 4 Personen   *Abbildung S. 92–93*

91

BOUCHES-DU-RHÔNE

BAUDROIE BOURGEOIS
Seeteufel »Durand«

Im frühen 19. Jahrhundert veröffentlichte der berühmte Koch Charles Durand ein Rezept namens »Bouil-Abaïsse à la Nismoise«, das viele verschiedene Fischsorten enthielt wie Streifenbarben, halb gegarte Aale, Seezungen, Rot- und Goldbrassen, Doraden sowie Langustenschwänze. Hier folgt nun eine einfachere Variante dieses Rezeptes.

FÜR DEN FISCHFOND:

1 Zwiebel, in dicke Scheiben geschnitten
1 Karotte, geschält und in dünne Scheiben geschnitten
1 Lorbeerblatt
1 Thymianzweig
Petersilienwurzel oder -stengel
Kopf und Mittelgräte vom Seeteufel, zerkleinert
Salz
250 ml trockener Weißwein

125 ml Olivenöl
2 Porreestangen (etwa 150 g), die weißen und zarten grünen Abschnitte in dünne Scheiben geschnitten
1 kg Seeteufelfilet, in etwa 8 gleich große Stücke geschnitten
Persillade mit 1 Knoblauchzehe (siehe Glossar)
1 Seeteufelleber (höchstens 125 g)
3 Eigelb
Frisch gemahlener Pfeffer
Große Handvoll *croûtons,* in Olivenöl knusprig goldbraun gebraten

Für den Fond die Gemüse und die Kräuter in einen Topf geben. Die Fischabfälle darauf verteilen und nach Geschmack salzen. Alles mit Wasser bedecken, aufkochen lassen und abschäumen. Einen Deckel so auflegen, daß er nicht ganz schließt, und den Fond 15 Minuten leise köcheln lassen. Den Wein angießen, das Ganze aufwallen lassen und 15 Minuten simmern lassen. Den Fond durch ein feinmaschiges Sieb seihen und beiseite stellen.

Der Fisch wird in einer schweren Schmorpfanne oder einem Topf zubereitet, in den die Filets nebeneinander gerade hineinpassen. In der Pfanne 3 Eßlöffel Olivenöl bei niedriger Temperatur erhitzen. Den Porree hinzufügen und unter gelegentlichem Rühren in etwa 10 Minuten langsam weich dünsten, jedoch nicht bräunen. Die Fischstücke darauflegen und mit der *persillade* bestreuen. Mit dem Fond bedecken, aufkochen lassen und dann die Leber dazugeben. Das Ganze nur leise köcheln lassen. Nach 5 Minuten die Leber herausnehmen. Sie muß sich fest anfühlen, innen aber noch rosa sein. Die Filets insgesamt 15 Minuten garen.

Inzwischen im Mörser die Leber zu einer Paste zerreiben. Die Eigelb hinzufügen, pfeffern und alles mit dem Stößel zu einer glatten Creme verrühren. Das restliche Olivenöl in feinem Strahl seitlich in den Mörser gießen, dabei ständig mit dem Stößel rühren. Die Sauce sollte die Konsistenz einer Mayonnaise haben.

Wenn der Fisch gar ist, die Pfanne vom Herd ziehen. Die Filetstücke mit einem Schaumlöffel herausnehmen und auf einer vorgewärmten Servierplatte anrichten. Eine Schöpfkelle Fond in den Mörser gießen und verrühren. Dann den Mörserinhalt zum Fond in die Pfanne geben und mit einem Holzlöffel rühren. Die Pfanne wieder auf den Herd stellen und bei niedriger Hitze rühren, bis die Sauce nach etwa 8–10 Minuten leicht eindickt und den Holzlöffel mit einem feinen Film überzieht. Sie darf auf keinen Fall aufkochen.

Die Sauce durch ein Sieb gleichmäßig über die Fischfilets verteilen. Dabei im Sieb rühren, damit die Sauce hindurchfließt. Das Gericht mit den *croûtons* bestreuen und servieren.

Für 4 Personen

BOUCHES-DU-RHÔNE

SARDINES FARCIES AUX ÉPINARDS
Gefüllte Sardinen auf Spinat

Die gefüllten Sardinen, aufgerollt und die Schwanzflosse in die Höhe reckend, sehen mit ihrer golden gratinierten Kruste besonders dekorativ aus.

18 frische Sardinen
6 EL Olivenöl
1 Zwiebel, feingehackt
Persillade mit 1 Knoblauchzehe (siehe Glossar)
1 kg Spinat, blanchiert, ausgedrückt und gehackt (siehe Glossar)
Salz, frisch gemahlener Pfeffer und frisch geriebene Muskatnuß

Im Uhrzeigersinn von oben: *Seeteufel »Durand«, Gefüllte Dorade mit Krebssauce, Gefüllte Sardinen auf Spinat und Seeteufelmedaillons in Tomatensauce*

2 hartgekochte Eier, gehackt
Getrocknete Semmelbrösel

Die Sardinen einzeln unter fließendem Wasser behutsam abreiben, um die Schuppen zu entfernen. Den Kopf abtrennen, den Bauch bis zum Schwanzansatz aufschneiden und die Fische ausnehmen. Bauchgräten und Mittelgräte behutsam mit den Fingern und der Spitze eines Messers lösen. Die Mittelgräte nahe der Schwanzflosse durchtrennen. Die Sardinen aufklappen – die Filets müssen an Rücken und Schwanzende noch zusammenhängen.

Den Backofen auf 220 °C (Gasherd Stufe 4–5) vorheizen. Drei Eßlöffel Olivenöl in einer Pfanne langsam erhitzen. Die Zwiebeln hineingeben und in etwa 5 Minuten bei milder Hitze glasig dünsten, jedoch nicht bräunen. Die Hitze hochschalten und die *persillade* mit dem Holzlöffel einrühren. Den Spinat dazugeben und bei hoher Temperatur etwa 1 Minute unter Rühren braten. Das Ganze

mit Salz, frisch gemahlenem Pfeffer und frisch geriebener Muskatnuß würzen. Alles gründlich vermischen und die Pfanne vom Herd nehmen.

Die Hälfte des Pfanneninhalts in eine ofenfeste Form geben und verstreichen. In die verbleibende Hälfte die Eier einrühren. Die Sardinen mit der Haut nach unten auf der Arbeitsfläche ausbreiten. Auf das vordere Ende einer Sardine etwas von der Spinatfüllung geben. Die Sardine aufrollen und so in das Spinatbett setzen, daß der Schwanz nach oben ragt. Nacheinander alle Sardinen füllen und dicht an dicht in die Form setzen, so daß sie sich nicht wieder aufrollen können. Großzügig mit Semmelbröseln bestreuen und gleichmäßig mit den restlichen 3 Eßlöffeln Olivenöl beträufeln.

Die Sardinen im vorgeheizten Ofen 20–25 Minuten backen, bis sie goldbraun überkrustet sind.

Für 6 Personen

VAR

DAURADE FARCIE À LA SANARYENNE
Gefüllte Dorade mit Krebssauce

Dieses Rezept ist eine Variante des 1928 von Austin de Croze in seinem Buch »Les Plats Régionaux de France« veröffentlichten Rezeptes, das unterschrieben ist mit »Mme. Natte, 1886, Sanary«. Sanary ist ein kleiner Fischerhafen zwischen Bandol und Toulon und vielleicht der malerischste der gesamten Region.

FÜR DIE FÜLLUNG:
1 EL Olivenöl
1 kleine Zwiebel, feingehackt
125 g frische Champignons, feingehackt
Salz, frisch gemahlener Pfeffer und frisch geriebene Muskatnuß
2 EL gehackte glatte Petersilie
500 g Miesmuscheln, in Weißwein gedämpft und aus den Schalen genommen (siehe Glossar)
2 hartgekochte Eier, gehackt

FÜR DIE SAUCE:
Muschelsud
80 ml trockener Weißwein
500 g kleine lebende Strand- oder Blaukrabben
2–3 EL Tomatensauce (siehe Glossar)

1 Dorade (etwa 2 kg), ausgenommen, die Kiemen entfernt und geschuppt
Salz und frisch gemahlener Pfeffer
60 ml Olivenöl
125 ml trockener Weißwein
Zarte Stengel und Grün von wildem Fenchel

Für die Füllung das Olivenöl in einer Pfanne bei niedriger Temperatur erhitzen. Die Zwiebeln darin glasig dünsten, jedoch nicht bräunen. Die Hitze hochschalten und die Champignons hinzufügen. Mit Salz, Pfeffer und einem Hauch Muskatnuß würzen. Die Pilze etwa 5 Minuten braten, dabei rühren und die Pfanne rütteln, bis der austretende Saft verdampft ist. Die Petersilie dazugeben und einige Sekunden mitbraten, bis der charakteristische Duft aufsteigt. Den Pfanneninhalt in eine Schüssel geben. Die Muscheln und die Eier einrühren und die Füllung beiseite stellen.

Nun die Sauce zubereiten: Muschelsud und Weißwein in einem Topf erhitzen, bis die Flüssigkeit sprudelnd kocht. Die Krebse nacheinander – mit dem Kopf voran – hineingeben, darauf achten, daß das Wasser immer sprudelnd kocht. Zugedeckt 6–7 Minuten kochen, dabei gelegentlich rühren. Den Sud durch ein Sieb in einen anderen Topf gießen. Jeweils 2–3 Krebse aus dem Sieb nehmen und im Mörser zerstoßen. Den Mixer mit dem Hackmesser bestücken. Die Krebse mit 2–3 Eßlöffeln des Suds hineingeben und grob pürieren. Das Püree portionsweise mit dem Holzstößel durch ein feines Sieb streichen. Nach jeder Portion die Rückstände aus dem Sieb entfernen. Das Krebspüree und die Tomatensauce zu dem Sud in den Topf geben und alles verrühren. Die Sauce beiseite stellen.

Den Ofen auf 190 °C (Gasherd Stufe 3) vorheizen. Den Fisch mit der vorbereiteten Farce füllen und mit Spießchen und Küchengarn verschließen. Den Fisch von beiden Seiten salzen und pfeffern. In eine mit Olivenöl eingefettete ofenfeste Form legen und mit dem Olivenöl beträufeln. Den Wein in die Form gießen.

Den Fisch im vorgeheizten Ofen 45–50 Minuten backen, dabei nach 15 Minuten häufig mit dem Fond beträufeln. Nach 40 Minuten mit einer Spicknadel oder einem dünnen Spieß die erste Garprobe machen.

Linke Seite: *Dorade mit Kräuterfüllung*

Während der Fisch gart, die Sauce leise köchelnd reduzieren, wobei sie jedoch nicht zu stark eindicken darf. Den Fisch auf einer vorgewärmten Platte anrichten (Mme. Natte schlägt vor, ihn auf ein Bett aus frischem Fenchel zu legen), Spießchen und Küchengarn entfernen. Den Fond aus der Form zu der Sauce geben, die aufgekocht und, falls nötig, reduziert wird. Die Sauce in eine vorgewärmte Sauciere füllen. Den Fisch tranchieren und etwas Sauce über Fisch und Füllung verteilen.

Für 4 Personen   *Abbildung S. 92–93*

VAR

CHAPON FARCI AUX HERBES
Drachenkopf mit Kräuterfüllung

FÜR DIE FÜLLUNG:
Leber vom Drachenkopf oder vom Seeteufel
1 TL Olivenöl
60 g frische Semmelbrösel
250 g Spinat, blanchiert, ausgedrückt und gehackt (siehe Glossar)
250 g Mangoldblätter, blanchiert, ausgedrückt und gehackt (siehe Glossar)
Handvoll Sauerampferblätter, entstielt und feinstreifig geschnitten
Persillade mit 1 Knoblauchzehe (siehe Glossar)
2–3 Frühlingszwiebeln, gehackt oder in feine Scheiben geschnitten
Salz und frisch gemahlener Pfeffer
2 Eier

1 Drachenkopf (etwa 2 kg) oder Dorade, ausgenommen und die Kiemen entfernt
60 ml Olivenöl
1 Zwiebel, in dünne Scheiben geschnitten
2 Knoblauchzehen, in dünne Scheiben geschnitten
Frische Thymianzweige und Abschnitte von Fenchelstengeln
2 Zitronen, in dünne Scheiben geschnitten
125 ml trockener Weißwein

Für die Füllung das Olivenöl in einer kleinen Pfanne bei niedriger Temperatur erhitzen. Die Leber etwa 1 Minute braten, bis sie fest wird, anschließend grob hacken, in den Mörser geben und zu einer Paste zerreiben. Die Semmelbrösel hinzufügen und gut untermischen. Den Mörserinhalt in eine Rührschüssel füllen. Spinat, Mangold, Sauerampfer, *persillade* und Frühlingszwiebeln dazugeben; salzen und pfeffern. Alles miteinander vermischen. Die Eier hinzufügen und das Ganze mit den Händen gründlich vermengen, eventuell nachwürzen.

Den Backofen auf 190 °C (Gasherd Stufe 3) vorheizen. Den Fisch mit der vorbereiteten Farce füllen und diese fest in die Höhlung von Kopf und Bauch hineindrücken. Die Öffnung mit kleinen Spießen (ideal sind Bambusspießchen) und Küchengarn verschließen.

Den Boden einer großen Backform mit Olivenöl einfetten. Zwiebeln, Knoblauch, Thymianzweige und Fenchelabschnitte darauf verteilen. Den vorbereiteten Fisch nach Geschmack salzen und pfeffern und in die Form legen. Falls der Schwanz herausragt, wird er mit Alufolie umwickelt, damit er nicht verbrennt. Den Fisch gleichmäßig mit dem Olivenöl beträufeln. Die Zitronenscheiben dachziegelartig in einer Reihe über dem Fisch vom Kopf bis zum Schwanz verteilen. Den Weißwein in die Form gießen.

Den Fisch in den Ofen schieben und 45–50 Minuten backen, nach 15 Minuten häufig mit dem Fond begießen. Nach 40 Minuten mit einem dünnen Spieß oder einer Spicknadel die erste Garprobe machen. Die Form aus dem Ofen nehmen, Spießchen und Küchengarn entfernen, den Drachenkopf tranchieren und servieren. Über jede Portion einen Löffel Fond träufeln.

Für 6 Personen

PROVENCE

GRENOUILLES À LA PROVENÇALE
Froschschenkel auf provenzalische Art

24 Paar kleine Froschschenkel
6 EL Olivenöl
Saft von 1/2 Zitrone
60 g Mehl
Salz und frisch gemahlener Pfeffer
Persillade mit 2 Knoblauchzehen (siehe Glossar)

Die Froschschenkel in einigen Teelöffeln Olivenöl und Zitronensaft bei Zimmertemperatur 1 Stunde marinieren.

Die Froschschenkel zum Abtropfen auf Küchenkrepp legen. Das Mehl in eine Tüte füllen und die Froschschenkel ebenfalls hineingeben. Die Tüte verschließen und schütteln. Die Froschschenkel in ein Sieb geben und überschüssiges Mehl abschütteln.

Das restliche Olivenöl in einer großen Pfanne bei hoher Temperatur erhitzen. Die Froschschenkel in 8–10 Minuten goldbraun braten. Salzen und pfeffern und auf einer vorgewärmten Platte anrichten. Die *persillade* zu dem verbliebenen Öl in die Pfanne geben und einige Sekunden erwärmen. Das mit der *persillade* aromatisierte Öl über die Froschschenkel träufeln. Das Gericht sofort servieren.

Für 4 Personen

PROVENCE

PETITE FRITURE
Fritierte Fischchen

In der Provence besteht die »petite friture« hauptsächlich aus kleinen Sardinen und Sardellen (»poutine«), gräulich-durchscheinenden Fischen von 3–6 cm Länge. In den nördlichen Gewässern dagegen werden in dieser Größenordnung in erster Linie Heringe und Sprotten gefischt. Doch sehen die kleinen Fische alle gleich aus, *schmecken genauso und werden auch auf die gleiche Weise verarbeitet. Für viele ist »petite friture« ein typisches Ferienessen, das man auf der Terrasse eines Strandrestaurants genießt.*

100 g Mehl
Salz, frisch gemahlener schwarzer Pfeffer und Cayennepfeffer
500 g kleine Fische
2 l Maiskeimöl oder Erdnußöl
Handvoll kleine Petersilienzweige
2 Zitronen, in Spalten geschnitten

Die Fische werden in 3–4 Portionen fritiert. Den Backofen auf kleinster Stufe vorheizen. Zum Abtropfen der fritierten Fische mehrere Lagen Zeitungspapier ausbreiten und mit Küchenkrepp abdecken. Eine Servierplatte mit einer mehrfach gefalteten Serviette auslegen, auf der die abgetropften Fische angerichtet werden. Mehl, Salz, schwarzen Pfeffer und Cayennepfeffer nach Geschmack in eine große Plastiktüte geben. Die Tüte verschließen und schütteln, bis Mehl und Gewürze vermischt sind.

In einem großen Topf oder einer Friteuse das Öl auf 190 °C erhitzen. Zur Probe einen eingemehlten Fisch hineingeben. Wenn das Öl zischt, ist es heiß genug. Während das Öl erhitzt wird, eine Handvoll Fische in die Tüte geben, diese verschließen und kräftig schütteln. Die Fische in ein großes Sieb geben und dieses über Küchenkrepp rütteln, um überschüssiges Mehl abzuschütteln.

Wenn das Öl die erforderliche Temperatur erreicht hat, den Siebinhalt vorsichtig in den Topf geben und mit einer Gabel rühren. Die Fische nach 1 Minute, wenn sie leicht gebräunt und knusprig sind, aus dem Öl heben und zum Abtropfen auf den Küchenkrepp legen. Nun die nächste Handvoll Fische in die Tüte, dann in das Sieb und schließlich in das heiße Öl geben. Die abgetropften Fische auf der Platte mit der Serviette anrichten und diese in den Ofen stellen, die zweite fritierte Portion auf dem Küchenkrepp abtropfen lassen. Auf diese Weise alle Fische verarbeiten.

Zuletzt die Petersilienzweige in das heiße Öl geben und herausnehmen, sobald sie knusprig sind. Kurz abtropfen lassen und dann auf den Fischen verteilen. Die fritierten Fischchen mit den Zitronenhälften umlegen und das Gericht servieren.

Für 4 Personen

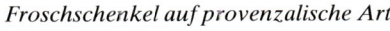

Froschschenkel auf provenzalische Art

Merlanfilets nach Art von Toulon (oben) *und Fritierte Fischchen* (unten)

MERLAN À LA TOULONNAISE
Merlanfilets nach Art von Toulon

Toulon ist berühmt für seine Muscheln. Folglich ist beinahe jedes Fischgericht »à la toulonnaise« mit Muscheln angereichert.

500 g Miesmuscheln, in Weißwein gedämpft und aus der Schale genommen (siehe Glossar)
500 ml ungesalzene Tomatensauce (siehe Glossar)
Salz und frisch gemahlener Pfeffer
4 Merlanfilets (insgesamt etwa 500 g)
Mehl
60 ml Olivenöl

Den durchgeseihten Muschelsud bei starker Hitze auf etwa 100 ml reduzieren und kosten. Falls er zu salzig ist, nur so viel davon an die Tomatensauce geben, daß sie richtig gesalzen ist. Die Tomatensauce aufkochen, die Hitze reduzieren und simmern lassen. Währenddessen die Fischfilets zubereiten.

Die Fischfilets salzen und pfeffern, einmehlen und überschüssiges Mehl wieder abschütteln. Das Olivenöl in einer großen Bratpfanne bei mittlerer bis hoher Temperatur erhitzen.

Die Filets hineingeben und auf jeder Seite 3–4 Minuten goldgelb braten. Dabei nur einmal wenden, damit die Filets nicht zerfallen. Zum Aufsaugen von überschüssigem Fett auf Küchenkrepp legen und anschließend auf einer vorgewärmten Platte anrichten.

Die Muscheln in die leise brodelnde Tomatensauce geben und diese über die Merlanfilets verteilen.

Für 4 Personen

PROVENCE

ENCORNETS À LA PROVENÇALE
Kalmar auf provenzalische Art

Diese Spezialität der Provence trägt in Anlehnung an ein ähnliches Gericht mit Hummer namens »homard à l'américaine« oft auch ebendiesen Zusatz. Allerdings paßt die Zubereitungsart besser zu Tintenfisch als zu Hummer. Wenn Oktopus auf diese Weise (jedoch länger) gegart und zuletzt mit schwarzen Oliven abgerundet wird, nennt sich das Gericht »poulpe à la niçoise«.

3 EL Olivenöl
1 Zwiebel, feingehackt
1 kg Kalmare, gesäubert und die Körper in 2,5 cm breite Ringe
    geschnitten (siehe Glossar)
Salz, frisch gemahlener schwarzer Pfeffer und Cayennepfeffer
60 ml Marc de Provence (siehe Glossar) oder Cognac
125 ml trockener Weißwein
500 g Tomaten, enthäutet, entkernt und grobgehackt
2 Knoblauchzehen, feingehackt
Bouquet garni (siehe Glossar)

In einer schweren Schmorpfanne das Olivenöl bei milder Hitze erwärmen. Die Zwiebeln hineingeben und weich dünsten, sie dürfen nicht bräunen. Die Hitze hochschalten. Die Kalmare hinzufügen und unter Rühren mit dem Holzlöffel braten, bis der austretende Saft verdampft ist. Mit Salz, schwarzem Pfeffer und Cayennepfeffer würzen. Mit dem Marc ablöschen und diesen entzünden. Nachdem die Flammen verloschen sind, den Wein angießen und in etwa 10 Minuten ungefähr um die Hälfte reduzieren.

Tomaten, Knoblauch und *bouquet garni* dazugeben. Alles zum Kochen bringen und anschließend die Hitze so reduzieren, daß die Sauce nur noch leise simmert. Einen Deckel schräg auflegen. Falls die Sauce nach 30 Minuten noch zu flüssig ist, den Deckel abnehmen, die Temperatur etwas erhöhen und das Ganze weiter leise köcheln lassen. Nach insgesamt 45–50 Minuten sind die Kalmare gar. Ist die Sauce noch immer zu flüssig, die Kalmare herausnehmen und auf eine vorgewärmte Platte geben. Die Sauce bei hoher Temperatur unter ständigem Rühren einkochen lassen. Die Kalmare zurück in die Sauce geben und das Gericht servieren.

Für 4 Personen

BOUCHES-DU-RHÔNE

CATIGOT À LA CAMARGUAISE
Aal in Rotwein

Aale werden meist lebend verkauft. Man tötet sie, indem man ein scharfes Messer durch das Gehirn stößt. Am besten bitten Sie den Fischhändler, dies für Sie zu erledigen. Zum Häuten schneidet man die Haut gleich hinter dem Kopf ein, umfaßt den Kopf fest mit einem Tuch und zieht die Haut mit Hilfe einer Zange herunter. Danach den Kopf abtrennen und den Aal ausnehmen.

3 EL Olivenöl
1 Zwiebel, gehackt
1 große Tomate, enthäutet, entkernt und grobgehackt
1 Aal (etwa 1 kg), enthäutet, ausgenommen und in 7,5 cm lange
    Stücke geschnitten (siehe Rezepteinleitung)
Salz
Bouquet garni mit 1 Streifen getrockneter Orangenschale und
    1 getrockneten Chilischote (siehe Glossar)
8–10 Knoblauchzehen
250 ml Rotwein
Kochendes Wasser nach Bedarf

Aal in Rotwein (oben) *und Kalmar auf provenzalische Art* (unten)

Frisch gemahlener Pfeffer
1 EL gehackte glatte Petersilie

Das Olivenöl in einer großen schweren Pfanne bei mittlerer Temperatur erhitzen. Die Zwiebeln hineingeben und, sobald sie nach einigen Minuten etwas Farbe annehmen, die Tomaten hinzufügen. Umrühren und die Hitze hochschalten. Die Aalstücke, Salz nach Geschmack, das *bouquet garni* und die Knoblauchzehen dazugeben. In einem kleinen Topf den Wein zum Kochen bringen. Den heißen Wein über den Aal gießen und das Ganze mit kochendem Wasser bedecken. Den Aal ohne Deckel in etwa 20 Minuten gar kochen, dabei gelegentlich wenden. Etwas Pfeffer darübermahlen und die Pfanne vom Herd nehmen. Das *bouquet garni* entfernen, das Gericht mit der Petersilie bestreuen und auf vorgewärmten Tellern servieren.

Für 4 Personen

PROVENCE

ÉCREVISSES À LA PROVENÇALE
Krebse auf provenzalische Art

60 ml Olivenöl
1 Karotte, feingewürfelt
1 Zwiebel, feingehackt
1 kleines Sellerieherz, feingewürfelt
Kräuter der Provence (siehe Glossar)
1 Lorbeerblatt, zerbröselt
Salz und frisch gemahlener schwarzer Pfeffer
24 Flußkrebse, in sprudelnd kochendem Wasser getötet
60 ml Marc de Provence (siehe Glossar) oder Cognac
125 ml trockener Weißwein
3 EL Tomatensauce (siehe Glossar)

Cayennepfeffer
Persillade mit 2 Knoblauchzehen (siehe Glossar)

In einer großen, schweren Schmorpfanne das Olivenöl bei niedriger Temperatur erhitzen. Die Karotten, die Zwiebeln und den Sellerie hinzufügen. Mit einer großen Prise Kräuter der Provence, Salz und Pfeffer würzen und mit dem Holzlöffel umrühren. Einen Deckel auflegen und das Gemüse bei minimaler Hitze etwa 15 Minuten dünsten, dabei gelegentlich umrühren. Die Temperatur auf die höchste Stufe einstellen. Die Krebse in die Pfanne geben und unter energischem Rühren braten. Den Marc angießen und entzünden. Rühren, bis die Flammen verlöschen. Den Wein, die Tomatensauce und eine kräftige Prise Cayennepfeffer dazugeben. Den Deckel auflegen und die Krebse 8–10 Minuten bei mittlerer Hitze schmoren, dabei die Pfanne regelmäßig rütteln. Die Krebse mit der *persillade* bestreuen und servieren.

Für 4 Personen   *Abbildung S. 72–73*

Muschelspieße vom Grill (oben), Gratin von Venusmuscheln und Spinat (Mitte) und Schneckenragout (unten)

VAUCLUSE

TIAN DE PALOURDES AUX ÉPINARDS

Gratin von Venusmuscheln und Spinat

In der Provence bereitet man dieses Gratin mit Venusmuscheln (»palourdes«) zu, häufig aber auch mit Miesmuscheln.

1 kg Venusmuscheln, in Weißwein gedämpft (siehe Glossar unter »Miesmuscheln«)
4 EL Olivenöl

1 Knoblauchzehe, feingehackt
1 kg Spinat, blanchiert, ausgedrückt und gehackt (siehe Glossar)
2 EL Mehl
Etwa 250 ml Milch
Frisch gemahlener Pfeffer
Frisch geriebene Muskatnuß
Salz
Getrocknete oder angetrocknete Semmelbrösel

Die Muscheln nach Anleitung dämpfen, bis sie sich öffnen. Die Muscheln abgießen, den Sud auffangen und durchseihen. Beides beiseite stellen. Den Backofen auf 190 °C (Gasherd Stufe 3) vorheizen.

100

Drei Eßlöffel Olivenöl in einer Schmorpfanne bei mittlerer Temperatur erhitzen. Den Knoblauch hineingeben, mit dem Holzlöffel verteilen und, sobald der Knoblauch zu knistern beginnt, den Spinat hinzufügen. Unter ständigem Rühren dünsten, bis der Spinat leicht ansetzt. Mit dem Mehl bestäuben und noch 1 Minute rühren. Langsam und unter ständigem Rühren den Muschelsud angießen. Nun je nach Menge und Salzgehalt des Suds etwa 125–250 ml Milch hinzufügen, dabei weiter rühren. Aufkochen lassen und anschließend die Hitze so regulieren, daß es nur noch leise köchelt. Das Ganze ohne Deckel und unter gelegentlichem Rühren etwa 15 Minuten simmern lassen, bis es leicht eindickt. Mit etwas Pfeffer und Muskatnuß würzen und eventuell nachsalzen (was wahrscheinlich nicht nötig ist). Die Muscheln untermengen. Die Mischung in eine ofenfeste Form geben und glattstreichen. Mit Semmelbröseln bestreuen und mit 1 Eßlöffel Olivenöl beträufeln.

Das Gericht in den Ofen schieben und etwa 20 Minuten gratinieren, bis es goldgelb überkrustet ist und die Sauce leise brodelt.

Für 4 Personen

BOUCHES-DU-RHÔNE

PETITS-GRIS EN MATELOTE
Schneckenragout

Die etwas kleinere Gesprenkelte Weinbergschnecke (»Helix aspersa«) – ihr französischer Name lautet »petit gris« – genießt in der Provence höchste Wertschätzung. Vor der eigentlichen Zubereitung läßt man die Schnecken etwa eine Woche an einem kühlen, dunklen Platz in einem Eimer, der mit Maschendraht oder einem umgedrehten Maurersieb abgedeckt ist, fasten. Anschließend werden sie gereinigt: Mit einer großen Handvoll Salz und etwa einer halben Flasche Essig 30 Minuten in einer Schüssel regelmäßig durchmischen. Danach werden die Schnecken gründlich abgespült, 5 Minuten in kochendes Wasser gegeben, abgeseiht, kalt abgebraust und mit einer kleinen zweizinkigen Gabel aus dem Gehäuse gezogen. Mit durchgeseihter »court-bouillon« (siehe »Krebse in Court-bouillon«, Rezept S. 77) übergießen und mit schräg aufgelegtem Deckel 2 Stunden leise köchelnd garen. Nun kann man die Schnecken nach Rezept weiterverarbeiten, wobei sie häufig einfach nur wie beschrieben gereinigt, im Gehäuse gekocht und dann mit »aïoli« (siehe Glossar) serviert werden.

250 g Perlzwiebeln, geschält
3 EL Butter
Salz
Zucker
250 g kleine Champignons, ersatzweise auch größere Exemplare, geviertelt
Saft von 1 Zitrone
60 ml Wasser
Etwa 70 kleine Weinbergschnecken, in der *court-bouillon* abgekühlt (siehe Rezepteinleitung)
2 EL Mehl
500 ml Schneckensud
3 Eigelb
Frisch gemahlener Pfeffer
Frisch geriebene Muskatnuß
1 EL gehackte glatte Petersilie
Handvoll *croûtons,* in Olivenöl knusprig goldbraun geröstet

Die Perlzwiebeln in einen Topf geben, in den sie gerade nebeneinander hineinpassen. ½ Eßlöffel Butter, je eine Prise Salz und Zucker und so viel Wasser hinzufügen, daß die Zwiebeln knapp bedeckt sind. Alles zum Kochen bringen und einen Deckel schräg auflegen. Die Zwiebeln etwa 10 Minuten leise köchelnd garen, dabei den Topf gelegentlich rütteln. Falls das Wasser bis dahin

nicht völlig verkocht ist, den Deckel abnehmen und die Temperatur erhöhen. Den Topf schwenken und die Zwiebeln weiter dünsten, bis sie in der Butter braten. Den Topf beiseite stellen.

Die Champignons, ½ Eßlöffel Butter, Salz nach Geschmack, die Hälfte des Zitronensafts und das Wasser in einen zweiten Topf geben. Das Ganze zugedeckt bei hoher Temperatur aufkochen lassen, die Pilze kurz garen und den Topf vom Herd nehmen.

Von den Schnecken die *court-bouillon* abgießen und auffangen. Die Schnecken beiseite stellen.

Die restlichen 2 Eßlöffel Butter in einem schweren Topf langsam zerlassen. Das Mehl einstreuen und etwa 1 Minute unter Rühren dünsten. 500 ml Schneckensud angießen und gleichzeitig energisch mit dem Schneebesen rühren. Die Hitze hochschalten und weiter rühren, bis die Sauce aufwallt. Die Temperatur reduzieren und die Sauce 15 Minuten köcheln lassen.

Die Garflüssigkeit der Pilze durch ein Sieb in eine kleine Schüssel gießen. Die abgetropften Champignons, die Zwiebeln und die Schnecken in die köchelnde Sauce einrühren. Den Topf vom Herd nehmen. Den restlichen Zitronensaft und die Eigelb in die Schüssel mit dem Pilzsud geben. Mit Pfeffer und Muskatnuß würzen und alles mit einer Gabel verquirlen. Die Eimischung in den Topf zu den Schnecken geben und sofort mit dem Holzlöffel rühren. Bei schwacher Hitze noch einige Minuten rühren, bis die Sauce leicht eindickt, wobei sie keinesfalls aufkochen darf.

Die Schnecken mit der Sauce in einer Schüssel anrichten, mit der Petersilie und den *croûtons* bestreuen und servieren.

Für 6 Personen

VAR

BROCHETTES DE MOULES À LA TOULONNAISE
Muschelspieße vom Grill

Dünne Bambusspieße von etwa 30 cm Länge sind für diese Zubereitung ideal. Der Muschelsud kann für eine Sauce oder eine Suppe verwendet werden.

1 Scheibe magerer gepökelter Bauchspeck, ohne Schwarte (etwa 125 g schwer und 2 cm dick)
1 kg Miesmuscheln, in Weißwein gedämpft (siehe Glossar) und aus den Schalen genommen
Frisch gemahlener Pfeffer
Getrockneter Oregano
1 EL Olivenöl
Getrocknete Semmelbrösel

Im Holzkohlengrill ein Feuer entfachen (oder den Elektrogrill vorheizen).

Den Speck quer in 0,5 cm dicke Streifen schneiden. Einen Topf zur Hälfte mit kaltem Wasser aufsetzen und die Speckstreifen hineingeben. Einmal aufwallen lassen, dann die Speckstreifen abgießen, kalt abbrausen und mit Küchenkrepp trockentupfen.

Die Speckstreifen mit den Muscheln in eine Schüssel geben. Mit etwas Pfeffer und Oregano würzen und mit dem Olivenöl beträufeln. Muscheln und Speckstreifen mit den Händen vermengen, bis sie gleichmäßig mit dem würzigen Öl überzogen sind.

Muscheln und Speck abwechselnd auf Spieße ziehen. Es sollen keine Lücken zwischen ihnen bleiben, doch dürfen sie auch nicht zu dicht gepackt sein. Einen großen flachen Teller dick mit Semmelbröseln ausstreuen. Die Spieße darin wälzen, bis sie gleichmäßig paniert sind. Die Muschelspieße auf den Rost über die heiße Glut legen (oder unter den Elektrogrill schieben) und von jeder Seite 2 Minuten grillen.

Für 4 Personen

VAR / BOUCHES-DU-RHÔNE

POULPE EN DAUBE
Geschmorte Kraken

Ein großer Krake (»poulpe« oder »pieuvre«) muß bis zu 4 Stunden gekocht werden, bis er weich und zart ist, und wird gewöhnlich, um den Garvorgang zu beschleunigen, zuvor weich geklopft.

3 EL Olivenöl
1 große Zwiebel, gehackt
1 kg kleine Kraken, gesäubert, Körper und Tentakel in 2,5 cm
    große Quadrate oder Stücke geschnitten
Salz
60 ml Marc de Provence (siehe Glossar) oder Cognac
2 Tomaten, enthäutet, entkernt und grobgehackt
8–10 Knoblauchzehen
Bouquet garni mit frischen Fenchelstengeln und 1 getrockneten
    Chilischote (siehe Glossar)
250 ml trockener Rotwein
Kochendes Wasser nach Bedarf

Das Olivenöl in einer hitzebeständigen Tonkasserolle oder einem großen, schweren Schmortopf bei niedriger Temperatur erhitzen. Die Zwiebeln etwa 10 Minuten glasig dünsten, aber nicht bräunen. Die Kraken hinzufügen und nach Geschmack salzen. Bei mittlerer Temperatur braten, bis der austretende Saft verdampft ist. Den Marc dazugießen und mit einem langen Streichholz entzünden. Mit dem Holzlöffel rühren, bis die Flammen verlöschen. Die Tomaten, den Knoblauch und das *bouquet garni* hinzufügen und alles unter Rühren etwa 10 Minuten garen, bis die Tomaten allmählich zerfallen und zu brodeln beginnen.

    Den Rotwein in einem Topf zum Kochen bringen und über die Kraken gießen. Das Ganze mit kochendem Wasser bedecken. Einen Deckel so auflegen, daß er nicht ganz schließt, und die Kraken 1 Stunde schmoren. Falls zu viel Flüssigkeit im Topf ist, den Deckel abnehmen und die Hitze leicht erhöhen, so daß das Gericht leise brodelt. Unter gelegentlichem Rühren weiter garen, bis die Kraken weich sind. Bei kleingeschnittenen Kraken dauert dies insgesamt etwa 2 Stunden. Der Schmorfond sollte dabei so weit einkochen, daß er die Fleischstücke zuletzt nur noch umhüllt.

Für 6 Personen

BOUCHES-DU-RHÔNE

LE GRAND AÏOLI
Klippfisch und Meeresfrüchte mit Gemüsen und Aïoli

»Aïoli« – wörtlich übersetzt »Knoblauchöl« – ist die berühmte Knoblauchmayonnaise der Provenzalen.

»Le grand aïoli« heißt ein provenzalisches Festessen, bei dem pochierter Klippfisch, verschiedene gekochte Gemüse, hartgekochte Eier sowie Land-, Meer- und Süßwasserschnecken, Muscheln, Kraken und andere Meeresfrüchte aufgetischt werden. Da es unmöglich ist, alles gleichzeitig heiß zu Tisch zu bringen, wird es nur warm serviert. Hier folgt das Rezept für eine Variante mit pochiertem Klippfisch, Miesmuscheln und geschmorten Kraken.

Aïoli (siehe Glossar)
500 g Klippfisch ohne Haut und Gräten, gewässert und pochiert
    (siehe Glossar)
Geschmorte Kraken (Rezept siehe oben)
2 kg Miesmuscheln, in Weißwein gedämpft (siehe Glossar)
6 rote Beten, einzeln in Alufolie gewickelt und bei 180 °C
    (Gasherd Stufe 2–3) 45 Minuten gebacken, bis sie weich sind

Klippfisch und Meeresfrüchte mit Gemüsen und Aïoli (oben) *und Geschmorte Kraken* (unten)

6 Bataten, bei 180 °C (Gasherd Stufe 2–3) etwa 45 Minuten
    gebacken, bis sie weich sind
6 neue Kartoffeln, etwa 30 Minuten in Salzwasser bißfest gegart
500 g kleine Karotten, 10–15 Minuten in Salzwasser bißfest
    gegart
500 g grüne Bohnen, 5–10 Minuten in Salzwasser blanchiert

6 junge, zarte Artischocken, geputzt (siehe Glossar) und etwa
  20 Minuten in Salzwasser gargekocht
2 kleine Blumenkohlköpfe, in Röschen geteilt und 2–3 Minuten
  in Salzwasser blanchiert
12 Eiertomaten, enthäutet
6 hartgekochte Eier, geschält

Die *aïoli* nach Anleitung (siehe Glossar) im Mörser zubereiten.
  Gemüse, Fisch und Meeresfrüchte dekorativ auf Platten anrichten und diese um den Mörser verteilen. Die Kraken heiß direkt aus dem Topf servieren. Ihre Sauce paßt vorzüglich zu der *aïoli*.

Für 6 Personen

Fischeintopf mit Aïoli (oben) *und Wolfsbarsch mit grüner Sauce* (unten)

BOUCHES-DU-RHÔNE

BOURRIDE
Fischeintopf mit Aïoli

Eine »bourride« enthält gewöhnlich Seeteufel sowie eine oder zwei weitere der für die »bouillabaisse« (siehe S. 108–109) empfohlenen Fischsorten. Bitten Sie den Fischhändler, die Fische zu säubern, und lassen Sie sich die Köpfe (ohne Kiemen) sowie die zerkleinerten Karkassen einpacken.

FÜR DEN FISCHFOND:

1 Porreestange, in feine Scheiben geschnitten
1 Zwiebel, in feine Scheiben geschnitten
1 kleine Stange Bleichsellerie, in feine Scheiben
   geschnitten
3 Knoblauchzehen, zerdrückt
1 Lorbeerblatt
1 frischer Thymianzweig
Petersilienwurzel oder -stengel
Streifen getrockneter Orangenschale

3–4 kurze Stengel Fenchelkraut oder eine kräftige Prise
  Fenchelsamen
Zerkleinerte Fischköpfe und -karkassen
Salz
500 ml trockener Weißwein

1,5 kg weißfleischige Fische (siehe Rezepteinleitung), in
  Scheiben oder Filetstreifen von etwa 2,5 cm Breite geschnitten
Aïoli (siehe Glossar)
4 Eigelb
Baguettescheiben, in der Sonne oder im mäßig warmen Ofen
  leicht getrocknet

Für den Fond Porree, Zwiebeln, Sellerie, Knoblauch, Lorbeerblatt, Thymian, Petersilienwurzel oder -stengel und Orangenschale in einen Topf geben. Die Fischköpfe und -karkassen auf diesem
aromatischen Bett verteilen und mit Wasser bedecken. Das Ganze
nach Geschmack salzen und aufkochen lassen, abschäumen. Die
Hitze reduzieren, einen Deckel schräg auflegen und die Brühe
15 Minuten simmern lassen. Den Wein angießen und alles aufkochen lassen. Anschließend die Hitze wieder herunterschalten und
den Fond weitere 15 Minuten leise simmern lassen. Den Topf vom
Herd nehmen und den Fond durch ein feinmaschiges Sieb gießen.

Die Fischstücke nebeneinander in einen großen Schmortopf legen. Mit Fond bedecken und das Ganze zum Kochen bringen. Die
Temperatur so regulieren, daß die Suppe nur ganz leise sprudelt,
einen Deckel schräg auflegen und alles 5 Minuten leise köcheln
lassen. Den Deckel ganz auflegen, den Herd abschalten und das
Ganze noch 5 Minuten ziehen lassen. Anschließend die Fischstücke mit der Schaumkelle aus der Brühe nehmen und auf einer
vorgewärmten Platte anrichten.

Die Hälfte der *aïoli* in eine Rührschüssel geben. Mit dem
Schneebesen die Eigelb gründlich einrühren. Langsam den Fisch-
fond angießen und dabei ständig mit dem Schneebesen rühren.
Die Mischung in einen Topf umfüllen und auf den Herd stellen.
Bei mittlerer Hitze etwa 8–10 Minuten ununterbrochen mit dem
Holzlöffel rühren, bis die Suppe cremig wird und den Holzlöffel
mit einem feinen Film überzieht. Sie darf auf keinen Fall aufko-
chen, da sie sonst ausflockt.

Vier Suppenteller mit jeweils 1 oder 2 Brotscheiben auslegen.
Etwas Suppe direkt auf den Brotscheiben verteilen. Die Fischstücke daraufleegen und mit Suppe beschöpfen. Die restliche *aïoli*
separat dazu reichen.

Für 4 Personen

PROVENCE

LOUP DE MER POCHÉ AVEC SAUCE AUX HERBES
Wolfsbarsch mit grüner Sauce

*Einen Fisch ohne die richtige Ausstattung pochieren zu wollen, ist
ein hoffnungsloses Unterfangen. Selbst wenn man ihn sorgfältig in
ein Musselintuch einschlägt, wird er noch bei vorsichtigster Be-
handlung den Garprozeß in einem normalen Topf kaum unbeschadet überstehen. Ohne einen richtigen Fischkessel mit durchlöcher-
tem Einsatz, auf dem der Fisch während des Garziehens ruht, geht
es nicht. Praktisch, wenngleich nicht unerläßlich, ist ein Thermometer, das am Topfinnenrand angebracht ist. Denn beim Pochieren
darf der Sud niemals aufkochen: Die optimale Gartemperatur beträgt etwa 85 °C.*

FÜR DIE SAUCE:
1 Knoblauchzehe
Grobes Salz
Frisch gemahlener Pfeffer

1 EL Kapern, abgespült und abgetropft
3 Sardellen in Salz, abgespült, filetiert und gehackt
  (siehe Glossar)
1 Bund glatte Petersilie, gehackt
250 g Spinat, blanchiert, ausgedrückt und gehackt (siehe Glossar)
Frische Semmelbrösel
2 hartgekochte Eigelb
1 rohes Eigelb
1 EL Essig mit Kräutern der Provence
Etwa 6 EL Olivenöl

1 Wolfsbarsch (etwa 2 kg), ausgenommen, jedoch unzerteilt und
  nicht geschuppt
Grobes Meersalz

Für die Sauce im Mörser den Knoblauch, eine große Prise grobes
Salz und Pfeffer nach Geschmack zu einer Paste zerreiben. Die
Kapern und die Sardellen hinzufügen und ebenfalls zerreiben.
Langsam alle übrigen Saucenzutaten mit Ausnahme des Olivenöls
einarbeiten. Alles zerreiben und verrühren, bis eine glatte, geschmeidige Creme entstanden ist. Das Olivenöl in feinem Strahl
seitlich in den Mörser gießen und mit dem Stößel in die Creme
rühren. Die fertige Sauce beiseite stellen.

Den Fisch auf den Einsatz legen und diesen in den Fischkessel
setzen. Den Fisch 3 cm hoch mit Wasser bedecken und salzen. Den
Topf auf den Herd stellen (über 2 Platten) und bei mittlerer Temperatur erhitzen, bis das Wasser kurz vor dem Sieden steht bzw.
das Thermometer 85 °C anzeigt. Jetzt die Temperatur auf die kleinste Stufe zurückschalten und den Deckel schräg auflegen. Die
Temperatur immer wieder kontrollieren – das Wasser darf auf keinen Fall kochen. Den Fisch 20 Minuten pochieren, danach vom
Herd nehmen und im geschlossenen Topf weitere 20 Minuten ziehen lassen. Den Einsatz aus dem Wasser nehmen, schräg auf den
Topf setzen und den Fisch 1–2 Minuten abtropfen lassen. Danach
den Fisch vorsichtig auf eine Servierplatte gleiten lassen.

Vor dem Servieren den Fisch auf der Oberseite häuten: Mit einem scharfen, spitzen Messer die Haut vom oberen Kopf bis zu den
Kiemen und entlang der Rücken- und der Bauchlinie einritzen.
Die Haut beidseitig dicht neben den Rückenflossen einschneiden
und die Flossen zusammen mit den anhaftenden feinen Gräten
herauslösen. Die Haut am Schwanzansatz einritzen und sorgfältig
vom Fleisch lösen, dabei auch die Bauch- und Seitenflossen samt
Gräten entfernen. Versuchen Sie nicht, den Fisch zu wenden und
auch unterseits zu häuten – die Haut bleibt nach dem Tranchieren
auf der Platte zurück. Den Rand der Platte mit Küchenkrepp oder
einem Geschirrtuch abwischen, ohne den Fisch zu verschieben.

Zum Tranchieren verwenden Sie ein Fischfiliermesser, ersatzweise auch ein anderes biegsames, zugespitztes Messer, und eine
Palette oder ein zweites Messer mit breiter, vorn abgerundeter
Klinge. Stellen Sie einen Teller bereit, auf den Sie nach dem Auslösen der oberen Filets die Gräten legen. Mit der Messerspitze das
Fleisch entlang der Seitenlinie von der oberen Kiemenöffnung bis
zur Schwanzmitte so tief einschneiden, daß das Messer auf die Mittelgräte stößt. Der Schnitt folgt der Mittelgräte, verläuft also leicht
geschwungen. Die beiden Filets quer in portionsgerechte Stücke
schneiden. Die Messerklinge in den Längsschnitt einführen und
schräg unter das auszulösende Portionsstück schieben. Das Stück
mit Hilfe der Palette auf einen Teller legen (das Bauchviertel läßt
sich nicht so sauber auslösen wie die restlichen Stücke). Wenn die
oberen Filets verteilt sind, die Messerspitze nahe dem Schwanzansatz unter die Mittelgräte schieben und den Schwanz vorsichtig
anheben, um die Gräten von den unteren Filets zu lösen. Kopf und
Karkasse entfernen, dabei die Filets mit der Messerklinge herun-
terdrücken. Die Abfälle auf den leeren Teller legen (nicht vergessen, die Bäckchen herauszulösen und dem Ehrengast zu servieren). Die restlichen Filets wie zuvor auslösen. Die grüne Sauce separat dazu reichen.

Für 6 Personen

PROVENCE

FILETS DE MULET AUX FINES HERBES
Meeräschenfilet mit Kräutern

FÜR DEN FISCHFOND:

1 Zwiebel, gehackt
2 Knoblauchzehen, zerdrückt
Fenchelsamen
Einige Zweige glatte Petersilie
1 Lorbeerblatt
1 Thymianzweig
Köpfe und Karkassen der Meeräschen, die Kiemen entfernt
    und in kleine Stücke gehackt
Salz
250 ml trockener Weißwein

2 EL Olivenöl
3–4 Schalotten, feingehackt
1 EL feingehackte glatte Petersilie, mit feingehacktem frischem
    Grün von wildem Fenchel gemischt (falls verfügbar)
2 kleine Meeräschen (à etwa 750 g), ausgenommen und filetiert
Salz
125 ml trockener Weißwein
3 Eigelb
Saft von ½ Zitrone
Frisch gemahlener Pfeffer und frisch geriebene Muskatnuß

Gratinierte Miesmuscheln

Für den Fond die Zwiebeln, den Knoblauch und die Kräuter in einen Topf geben. Die Fischköpfe und die Karkassen darauflegen, etwas Salz hinzufügen und alles knapp mit Wasser bedecken. Zum Kochen bringen und abschäumen. Einen Deckel schräg auflegen und das Ganze 15 Minuten leise köcheln lassen. Den Weißwein angießen, alles erneut aufkochen lassen und weitere 15 Minuten simmern lassen. Den Fond durchseihen, zurück in den Topf geben und bei starker Hitze auf die Hälfte einkochen, dann beiseite stellen.

Den Boden einer Schmorpfanne mit 1 Eßlöffel Olivenöl bestreichen. Schalotten und Petersilie gleichmäßig in der Pfanne verteilen und die Fischfilets darauflegen. Salzen und mit dem Wein übergießen. Falls der Fisch nicht völlig mit Flüssigkeit bedeckt ist, etwas Fond dazugießen. Das Ganze aufkochen, einen gut schließenden Deckel auflegen und den Fisch bei geringer Hitze 5 Minuten garen. Vom Herd nehmen und die Fischfilets in der noch immer verschlossenen Pfanne weitere 3–4 Minuten garziehen lassen.

Die Fischfilets auf einer vorgewärmten Servierplatte anrichten. Die Garflüssigkeit zu dem Fischfond geben. Die Eigelb, den Zitronensaft und 1 Eßlöffel Olivenöl in eine Schüssel geben. Mit etwas frisch gemahlenem Pfeffer und frisch geriebener Muskatnuß würzen. Alles kurz mit dem Schneebesen verquirlen, dann eine Schöpfkelle Fischfond einrühren. Den Schüsselinhalt mit einem Holzlöffel in den Fond rühren. Das Ganze bei niedriger bis mittlerer Temperatur unter ständigem Rühren etwa 5 Minuten erhitzen, bis die Sauce den Holzlöffel mit einem dünnen Film überzieht. Sie darf dabei keinesfalls aufkochen.

Die Meeräschenfilets mit der Sauce überziehen und servieren.

Für 4 Personen

BOUCHES-DU-RHÔNE

MOULES À LA MARSEILLAISE
Gratinierte Miesmuscheln

1 kg Miesmuscheln, in Weißwein gedämpft (siehe Glossar)
4 EL Olivenöl
1 Zwiebel, feingehackt
2 große Tomaten, enthäutet, entkernt und grobgehackt
Persillade mit 2 Knoblauchzehen (siehe Glossar)
Salz und frisch gemahlener Pfeffer
Getrocknete Semmelbrösel

Die Muscheln nach Anleitung vorbereiten und dämpfen, bis sie sich öffnen. Aus dem Sud nehmen, die oberen Schalen ablösen und wegwerfen. Die Muscheln von den unteren Schalen lösen und dann in den Schalen in eine Backform setzen. Sie werden in zwei Lagen versetzt angeordnet, so daß die oberen Schalen auf den Rändern der unteren Schalen ruhen. Auf diese Weise bekommen später alle Muscheln etwas von der Sauce ab. Den Muschelsud durchseihen und beiseite stellen.

Den Backofen auf 230 °C (Gasherd Stufe 5) vorheizen. In einer großen Pfanne 3 Eßlöffel Olivenöl bei niedriger Temperatur erhitzen. Die Zwiebeln in etwa 10 Minuten weich dünsten, sie dürfen jedoch keine Farbe annehmen. Die Hitze hochschalten. Die Tomaten mit der *persillade* hinzufügen und etwa 7 Minuten garen, bis die Tomaten zerfallen und aufkochen. Den Muschelsud angießen. Das Ganze etwa 10 Minuten leise köchelnd reduzieren, bis es die Konsistenz einer Sauce besitzt. Die Tomatensauce mit Salz abschmecken und leicht pfeffern.

Die Sauce mit einem Löffel über die Muscheln geben. Das Ganze mit Semmelbröseln bestreuen und mit 1 Eßlöffel Olivenöl beträufeln. Die Muscheln im vorgeheizten Ofen 8–10 Minuten überbacken, bis die Sauce leise brodelt und die Semmelbrösel appetitlich gebräunt sind.

Für 4 Personen

Gebackener Zackenbarsch (links), *Sardinenröllchen in Zucchiniblüten* (oben) *und Meeräschenfilets mit Kräutern* (rechts)

MÉROU À LA PROVENÇALE
Gebackener Zackenbarsch

Auch Seeteufel und jeder andere große Fisch mit festem, relativ grätenarmem Fleisch, der portionsweise verkauft wird, läßt sich nach diesem Rezept zubereiten.

Salz
4 große Tomaten, enthäutet, entkernt und in 1 cm dicke Scheiben
 geschnitten
60 ml Olivenöl
800 g Zackenbarsch, enthäutet und in 4 Scheiben à 2,5 cm
 geschnitten
Frisch gemahlener Pfeffer
60 ml *tapenade* (Rezept S. 34)
Persillade mit 2 Knoblauchzehen (siehe Glossar)
Getrocknete Semmelbrösel

Die Tomatenscheiben auf beiden Seiten salzen, 30 Minuten auf einem Drahtgitter abtropfen lassen und trockentupfen.
 Den Backofen auf 190 °C (Gasherd Stufe 3) vorheizen. Eine Backform, in die die Fischscheiben nebeneinander gerade hineinpassen, mit Olivenöl bestreichen und mit den Tomatenscheiben auslegen. Die Fischscheiben von beiden Seiten salzen und pfeffern und auf die Tomaten legen. Die Stücke mit der *tapenade* bestreichen und mit der *persillade* bestreuen. Die restlichen Tomatenscheiben darauflegen und andrücken. Salzen, mit den Semmelbröseln bestreuen und gleichmäßig mit dem Olivenöl beträufeln.
 Die Form in den Ofen schieben und das Gericht etwa 25 Minuten backen, bis es goldgelb überkrustet ist.

Für 4 Personen

PAUPIETTES DE SARDINES À LA NIÇOISE
Sardinenröllchen in Zucchiniblüten

4 EL Olivenöl
1 große milde weiße Zwiebel, halbiert und in feine Scheiben
 geschnitten
4 Knoblauchzehen, in feine Scheiben geschnitten
Salz und frisch gemahlener Pfeffer
8 frische Sardinen, gesäubert und filetiert
16 Sauerampferblätter, entstielt
16 frisch gepflückte Zucchiniblüten, die Stiele an der Basis
 abgeschnitten
6 EL trockener Weißwein

Den Backofen auf 200 °C (Gasherd Stufe 3–4) vorheizen. Eine Backform mit 1 Eßlöffel Olivenöl einfetten. Die Zwiebel- und die Knoblauchscheiben vermischen und die Hälfte davon in die Form streuen. Die Sardinenfilets salzen und pfeffern. Jeweils ein Filet zusammen mit einem Sauerampferblatt aufrollen. Die Röllchen jeweils in eine Zucchiniblüte stecken, deren Blütenblätter so übereinandergelegt werden, daß die Sardinenröllchen umschlossen sind.
 Die gefüllten Zucchiniblüten nebeneinander in eine Backform legen. Mit den übrigen Zwiebel- und Knoblauchscheiben bestreuen und mit dem restlichen Olivenöl beträufeln. Den Wein darüber verteilen und die Form lose mit Alufolie abdecken.
 Das Gericht im vorgeheizten Ofen etwa 10 Minuten garen. Den Herd abschalten und das Gericht noch 15 Minuten im auskühlenden Backofen oder an einem anderen warmen Platz ruhen lassen. Danach servieren.

Für 4 Personen

Marseiller Fischeintopf

BOUCHES-DU-RHÔNE / VAR

BOUILLABAISSE
Marseiller Fischeintopf

Bei folgendem Rezept können Sie das Wasser durch einen aromatischen Fischfond, zubereitet von Köpfen und Karkassen, ersetzen. An der Mittelmeerküste verwenden viele als Grundlage für die »bouillabaisse« auch gern eine Fischsuppe ohne Safran (Rezept S. 42). In Martigues gibt man kleine Tintenfische in die Suppe, deren Tinte ausläuft und die »bouillabaisse« schwarz färbt. In dem Fall trägt sie den Zusatz »noire«.

Benötigt werden vier oder fünf verschiedene Fische mit festem, weißem Fleisch, darunter Seeteufel und eine Auswahl der im Einleitungstext zu diesem Kapitel genannten Arten. Falls Sie diese nicht bekommen, verwenden Sie ersatzweise Heilbutt, Seehecht und Kabeljau. Große Fische werden filetiert und in Portionsstücke geteilt, kleinere Arten werden gesäubert, bleiben jedoch unzerteilt. Eventuell leidet das Aussehen der Fische ein wenig durch das starke Kochen, doch ist dieses unerläßlich, damit Olivenöl und Fond sich geschmacklich verbinden. Denn erst dadurch erhält die »bouillabaisse« ihr unvergleichliches Aroma.

3 kg gemischte Fische (siehe Rezepteinleitung)
750 g Kartoffeln, geschält und geviertelt

ZUM MARINIEREN:
¼ TL Safranpulver
¼ TL gemahlene Fenchelsamen
60 ml Olivenöl
60 ml Pastis, vorzugsweise Pernod oder Ricard

FÜR DIE ROUILLE:
2 getrocknete Chilischoten
3 Knoblauchzehen
Grobes Salz
Frische Semmelbrösel
¼ TL Safranpulver, in 1 EL heißem Wasser aufgelöst
1 Eigelb, zimmerwarm
250 ml Olivenöl, zimmerwarm

60 ml Olivenöl
1 große Zwiebel, feingehackt
2 Porreestangen (mit den grünen Abschnitten), in feine Scheiben geschnitten
3 Knoblauchzehen
750 g Tomaten, enthäutet, entkernt und grobgehackt

Großes *bouquet garni* mit einem Streifen getrockneter
Orangenschale (siehe Glossar)
1 g Safranfäden, in 1 EL heißem Wasser eingeweicht
Salz
Kochendes Wasser nach Bedarf
500 g kleine lebende Blau- oder Schwimmkrabben
Baguettescheiben, in der Sonne oder im mäßig warmen Ofen
leicht getrocknet

Die Fische und die Kartoffeln in eine große, flache Schüssel geben.
Mit Safran- und Fenchelpulver bestreuen, mit dem Olivenöl beträufeln und durchmischen, bis alles gleichmäßig mit Öl überzogen
und gelb gefärbt ist. Den Pastis darüberträufeln und erneut durchmischen. Das Ganze, mit einem Teller oder Folie abgedeckt, etwa
1 Stunde ziehen lassen.

Für die *rouille* die Chilischoten im Mörser zu Pulver zermahlen.
Den Knoblauch mit dem groben Salz hinzufügen und zu einer
Paste zerreiben. Das Eigelb mit dem Stößel gleichmäßig unterziehen. Nun langsam das Olivenöl seitlich in den Mörser gießen und
rühren, wie im Glossar für die *aïoli* beschrieben. Die *rouille* beiseite stellen.

In einem großen, schweren Topf 60 ml Olivenöl langsam erhitzen. Zwiebeln und Porree hinzufügen und bei milder Hitze in etwa 15 Minuten weich dünsten, jedoch nicht bräunen. Knoblauch,
Tomaten, *bouquet garni,* Safranfäden und Salz dazugeben. Die
Hitze hochschalten und das Ganze unter ständigem Rühren mit
dem Holzlöffel etwa 10 Minuten garen, bis die Tomaten zerfallen
und aufkochen.

Die Kartoffeln in den Topf geben, die Fische daraufplegen und
die Marinade darüberträufeln. Das Ganze mit kochendem Wasser
bedecken und bei starker Hitze zum Kochen bringen. Ohne
Deckel sprudelnd kochen lassen, dann die Krebse – einzeln und
mit dem Kopf voran – in die immer wieder zum Kochen gebrachte
Suppe geben. Eventuell die Fischstücke zur Seite schieben, denn
die Krebse müssen völlig in die heiße Brühe eintauchen. Die
bouillabaisse weitere 10 Minuten kochen.

Die *rouille* mit 2–3 Eßlöffeln der kochendheißen Brühe verdün-
nen. Das *bouquet garni* aus der Brühe nehmen, Fische, Kartoffeln
und Krebse auf einer vorgewärmten Servierplatte anrichten. Einzelne Suppenteller mit 1 oder 2 Brotscheiben auslegen und etwas
rouille daraufgeben. Die Brühe in die Teller füllen. Jeweils etwas
von den Fischen, Krebsen und Kartoffeln dazugeben und mit ein
wenig Brühe übergießen.

Die restliche *rouille* separat dazu reichen.

Für 8 Personen

BOUCHES-DU-RHÔNE

Petits-Gris à l'Aixoise
Gefüllte Schnecken nach Art von Aix

*Als äußerst nützlich erweisen sich für solche Schneckengerichte
Spezialteller, die aus Metall oder einem anderen ofenfesten Material bestehen und mit Mulden versehen sind. Praktisch sind auch
Schneckenzangen, mit denen man die Gehäuse bei Tisch aufnimmt,
sowie kleine zweizinkige Gabeln zum Herausziehen der Schnecken.
Die geschmolzene Füllung, die beim Hervorziehen der Schnecken
austritt und aus dem anschließend umgedrehten leeren Gehäuse
tropft, fängt man mit einem Stück Brot auf. Man führt die Schnecke
zum Mund und beißt dann sogleich von dem aromatisierten Brot ab.*

6 Dutzend kleine Weinbergschnecken

FÜR DIE FÜLLUNG:

Fenchelsamen
Grobes Salz
Frisch gemahlener Pfeffer
Frisch geriebene Muskatnuß

3 Knoblauchzehen
2–3 Schalotten, gehackt
3 Sardellen in Salz, abgespült und filetiert (siehe Glossar)
220 g rohes Rindermark, gehackt
5 EL Olivenöl
Saft von ½ Zitrone

Die Schnecken in *court-bouillon* garen, wie für *petits-gris en
matelote* (Rezept S. 101) beschrieben. Die Schnecken abgießen,
aus dem Gehäuse ziehen und beiseite stellen. Die Gehäuse trocknen lassen und ebenfalls beiseite stellen.

Den Backofen auf 260 °C (Gasherd Stufe 6–7) vorheizen. Für
die Füllung eine Prise Fenchelsamen im Mörser zu Pulver zerstoßen. Eine große Prise Salz, etwas Pfeffer, ein wenig Muskatnuß,
den Knoblauch und die Schalotten hinzufügen. Alles zu einer Paste zerreiben. Die Sardellen dazugeben und ebenfalls zerreiben.
Zuletzt das Rindermark gründlich einarbeiten. Olivenöl und Zitronensaft zufügen und das Ganze mit dem Stößel zu einer glatten
Masse verarbeiten. Sie können auch den Mörserinhalt mit dem
Rindermark in der Küchenmaschine glattrühren und zuletzt das
Öl und den Zitronensaft untermischen.

In jedes Gehäuse eine spiralförmig gedrehte Schnecke schieben.
Die Gehäuse mit der vorbereiteten Füllung verschließen und die-
se glattstreichen. Die Schnecken mit der Füllung nach oben auf
Spezialteller – oder nebeneinander in eine oder mehrere flache
Backformen – setzen. Einige Minuten im Ofen backen, bis die Fül-
lung Blasen wirft.

Die Schnecken heiß genießen. Falls Sie kein Spezialgeschirr besitzen, plazieren Sie die Schnecken in der Tischmitte. Die Gäste
nehmen sich jeweils eine Schnecke mit Hilfe eines kleinen Löffels
und ziehen sie mit einer Cocktailgabel aus dem Gehäuse.

Für 6 Personen

Gefüllte Schnecken nach Art von Aix

VAUCLUSE

VAUCLUSE

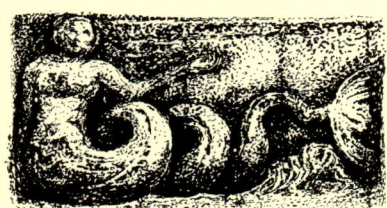

Während die Bouches-du-Rhône durch ihren melodiösen Akzent geprägt sind, die Alpes-de-Haute-Provence sich als die einsamste Gegend darstellen, der Var sich seine Zurückhaltung zu bewahren und die Alpes-Maritimes ihre Andersartigkeit zu kultivieren wissen, ist der Vaucluse unbestritten die eleganteste Region der Provence.

Hier begegnen wir Dörfern, die im Rampenlicht der touristischen Neugierde stehen – Gordes, Roussillon, Ménerbes, Bonnieux –, während andere wie Lourmarin und Mirabeau Schatten und Verschwiegenheit suchen. Wir finden Opern- und Theaterstädte wie Avignon und Orange, deren Leben wie ein nicht enden wollendes Fest anmutet, und andere, etwa Apt oder Cavaillon, die sich intellektuell oder fleißig geben und still ihrer Arbeit nachgehen. Überall in dieser Region aber, in der Tomaten den reizenden Namen »Liebesäpfel« tragen und die Bürger jeder Gemeinde ihren Spitznamen besitzen (etwa »Schneckenesser«, »Kürbisesser«, »Heringesser«, »Kuchenschlemmer«), in der Kräuter, Weinstock und Olivenbaum gedeihen, in der die Trüffeln ihre Geheimnisse enthüllen und das Gemüse in den schönsten Farben lockt, überall erkennt man hier eine enorme kulinarische Begabung.

Wie alle Provenzalen können auch die Menschen im Vaucluse kochen und mit nur sehr wenig auskommen. Sie wissen die Dinge zu nutzen, die früher den Bauern auf den sonnendurchglühten *restanques*, den terrassierten Feldern, Kraft gaben, den Tag zu überstehen, oder ihnen bei der Heimkehr Appetit machten: Sardellen, Tomaten, eine Handvoll Oliven, Zwiebeln, Knoblauch und, natürlich, ein wenig Brot. Früher, schon lange bevor die Bäcker der großen Restaurants ihre ei-

Vorhergehende Seiten: Die Architektur der Provence ist so vielgestaltig wie ihre Landschaft. Solche Bauernhäuser – hier heißen sie »mas« – sind charakteristisch für die Gegend um Gordes. Links: Die im 12. Jahrhundert erbaute Zisterzienserabtei Sénanque ist heute Veranstaltungsort für Ausstellungen und Seminare sowie Sommerkonzerte, die nicht zuletzt wegen der exzellenten Akustik zahlreiche Besucher anziehen.

genen Brotkreationen schufen, ließen die Bauern beim Backen der Phantasie freien Lauf: Zwiebeln, Thymian, Oliven, Walnüsse, Roquefort, Knoblauch und Pfeffer – in der Gegend von Apt und Cavaillon wurde all dies in den Brotteig gemengt, und so verwundert es nicht, daß in Bonnieux, im Herzen des Lubéron, ein Bäckereimuseum eröffnet wurde.

So wie es mehrere Provences gibt, ist auch im Falle des Vaucluse der Plural angebracht. So gibt es den Vaucluse der Ebenen und den der Berge. Ersterer ist eine Region mit geschichtlich bedeutsamen Stätten: Orange, das römische Tor zur Provence und die Stadt, in der Honig, Trüffeln und Oliven ihr Lied anstimmen; Avignon, die Stadt der Päpste, mit ihrem festungsartigen Papstpalast und einer nur teilweise erhaltenen Brücke über die Rhône, die der Legende nach von einem Hirtenjungen gebaut wurde; Cavaillon, »Hauptstadt der Melone« und seit undenklichen Zeiten Handelszentrum; Carpentras mit seinen Trüffeln und Karamellen; Vaison-la-Romaine, Isle-sur-Sorgue, die Geburtsstadt von René Char, einem der bedeutendsten französischen Lyriker, und schließlich Châteauneuf-du-Pape, das berühmte Weinbaugebiet im unteren Rhônetal. Dreizehn Rebsorten werden auf dem Kiesboden angebaut, und man zog kräftige Weinstöcke heran, denen der Mistral nichts anhaben kann. Hier feiert der Wein seine Vermählung mit der Sonne (dessenungeachtet wurde die Weinuniversität nicht hier, sondern etwas weiter nördlich in Suze-la-Rousse in der Drôme angesiedelt).

Inbegriff des Vaucluse der Berge ist der Lubéron, eine Gegend, die, sobald der Sommer naht, zum Streitobjekt für Pariser, Fremde, Maler, Schriftsteller, Filmstars und Politiker wird. *Tout Paris* strömt herbei in die schicke Provence der Zweitdomizile. Noch vor dreißig Jahren zählte man in Gordes, einem der berühmtesten Dörfer des Lubéron, nicht einmal zehn Telefone. Heute kommt, wer auf sich hält, mit dem Hubschrauber und gibt sich in restaurierten Bauernhäusern, die gern in den Hochglanzmagazinen abgelichtet werden, der Muße hin.

Ob Oppède-de-Vieux, Ménerbes, Lacoste mit dem Schloß des Marquis de Sade, Bonnieux, Gordes, Senanques mit der Zisterzienserabtei oder Roussillon mit seinen Ockerfelsen –

In Carpentras spürt man kaum noch den römischen Ursprung der Stadt.

jede Ortschaft hat hier ihre besondere Sehenswürdigkeit. In Lourmarin starb 1960 der Schriftsteller und Nobelpreisträger Albert Camus. In einem Häuschen gleich in der Nähe lebte Henri Bosco, der größte Schriftsteller aus dem Lubéron (allerdings aus Avignon gebürtig). Er schrieb: »In dieser verlassenen Natur fragt man sich, wer das Land bestellt. Man kann den ganzen Tag hindurch umherstreifen, ohne einer Menschenseele zu begegnen… Die kahlen freien Felder zwischen den bebauten Tälern und die mageren Weideflächen des Lubéron hüten streng die Geheimnisse dieser Menschen, die von ihnen nicht mehr verlangen als ein wenig kümmerliches Getreide und einen Schluck sauren Wein.«

Noch immer scheinen diese Geheimnisse im Land der *bories,* der traditionellen, ohne Mörtel erbauten Steinhäuser des Südens, zu schlummern. Die soliden Mauern und Gewölbe ohne Fenster und Kamine entstanden einst als Schutz gegen den wütenden Wind, als Unterstand für Tiere oder auch einfach durch Auftürmen von Steinen, die man beim Urbarmachen der Felder aufgelesen hatte. *Bories* sind ein Teil der Geschichte und der Legenden dieser Gegend und werden von Einheimischen und Künstlern gleichermaßen genutzt: Der Maler Vasarely hatte sich in Gordes ein solches Steinhaus als Atelier und Meditationsraum eingerichtet.

Doch ist der Lubéron mehr als nur eine Quelle der Inspiration und des Lichts. Er hat nichts von seinen Farben und Aromen eingebüßt, und selbst wenn er keine Küche im eigentlichen Sinne des Wortes zu bieten hat, weiß man auch hier die Magie der Kräuter und des Olivenöls zu gebrauchen, die Gemüse vorzubereiten, die so herrliche Gratins ergeben, und Suppen zu kochen, die eines Festes würdig sind. Die deftigste und beliebteste von allen, die auch in den vornehmsten Küchen zubereitet wird, ist die Dinkelsuppe.

Noch im 18. Jahrhundert maß man im unteren Lubéron zwischen Cavaillon und Pays d'Aigues (dem Durance-Land von Merindol bis Mirabeau) Wohlstand nicht in Landsitzen und Wochenendhäusern, sondern in *banastes,* großen, mit Bohnen gefüllten Weidenkörben. Pertius war damals die unangefochtene Hauptstadt der Bohnen, deren Einfluß von Paul Arène, einem provenzalischen Schriftsteller des 19. Jahrhunderts, folgendermaßen beschrieben wurde: »Pertius säte seine Bohnen aus. In der Stadt saßen die Bürger draußen in der frischen Luft und bemerkten, während sie die roten und weißen Punkte sich bewegen sahen, wohlwollend: ›Wenn die Regenschauer rechtzeitig kommen, wird es Frankreich dieses Jahr nicht an Bohnen mangeln.‹« Das benachbarte Cavaillon steuerte seine *faiou*-Bohnen zu diesem Reichtum bei, während Cadenet in der jüngeren Vergangenheit rote *coco*-Bohnen beitrug.

Zu guter Letzt steht der Vaucluse auch für die süße Seite des Lebens. Da wären die Konfitüren und eingelegten Früchte aus Apt zu nennen, die schon den alten Römern wohlbekannt waren, aber erst von den in Avignon residierenden Päpsten wirklich lanciert wurden (1343 ernannte Clemens VI. einen persönlichen Junker für Naschwerk). Um 1860 hatte ein Süßwarenhersteller aus Carpentras die Idee, der Mischung aus weißem und braunem Zucker für seine Karamellen den Sirup eingelegter Früchte und einen Hauch Minze hinzuzufügen, und erlebte einen geschäftlichen Erfolg, der bis nach England reichte. Ein goldenes Zeitalter brach an, das bis in die fünfziger Jahre unseres Jahrhunderts andauern sollte.

Erwähnung verdienen auch die *papelines* aus Avignon, ein Konfekt aus Zucker und feiner Schokolade. Nicht zu vergessen natürlich die süßen Melonen aus Cavaillon, die zu Beginn dieses Jahrhunderts weithin hoch im Kurs standen. Da gibt es rot- oder weißfleischige Sorten, bis zu 15 Kilogramm schwere Exemplare, kleinere, sogenannte »Amerikaner«, und andere, die ausschließlich zu den berühmten eingelegten Früchten von

Überall im Vaucluse sieht man zahlreiche dieser kleinen Dörfer, die sich an die Hügel schmiegen und sich ihre einzigartigen Merkmale, Traditionen und Feste bis heute bewahrt haben.

Apt verarbeitet werden. Des weiteren findet man hier köstlichen Honig. Die ihn sammeln, heißen in dieser Gegend nicht Imker, sondern *bergers des abeilles,* zu deutsch »Bienenhirten«, da sie mit ihren Völkern auf der Suche nach Lavendel-, Thymian- oder Rosmarinweiden umherziehen, so wie es die Schäfer mit ihren Herden tun.

Schließlich gibt es hier die Trüffeln, für die Carpentras zwischen Herbst und Frühjahr noch immer der Hauptumschlagplatz in der Provence ist. Nach wie vor werden jeden Freitag auf dem Cours des Platanes die *rabasses,* wie die Trüffeln hier heißen, peinlich genau ausgewogen. Dem ganzen Geschehen haftet etwas äußerst Geheimnisvolles an, insbesondere dem Austausch von Gut und Geld zwischen dem *rabassaire,* dem Trüffelsammler, und dem Händler, der stumm die wunderbare Ware erwirbt, der man aphrodisische Eigenschaften nachsagt. Die als Pretiosen gehandelten Pilze werden in Omeletts oder Rühreiern, der provenzalischen *brouillade,* verarbeitet, sie vervollkommnen, in Streifchen geschnitten, Suppen oder Salate oder werden auch einfach im Ganzen in der Asche gegart. So kostbar ist die braune oder schwarze Trüffel (nicht zu verwechseln mit der im Sommer erhältlichen weißen Saint-Jean-Trüffel), die aus den Flanken des Lubéron, des Ventoux oder des Lure-Gebirges ausgegraben wird, daß sich zahllose Legenden um sie ranken.

FLEISCH UND GEFLÜGEL

Jede noch so kleine »charcuterie« bietet Würste in großer Vielfalt.

FLEISCH UND GEFLÜGEL

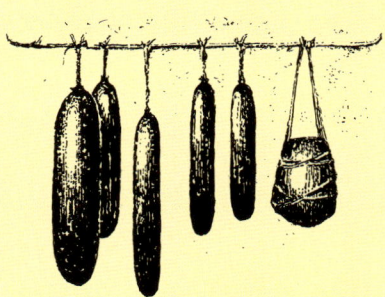

Das wichtigste Fleischerzeugnis der Provence ist Lamm *(agneau)* aus den Alpes-de-Haute-Provence mit dem Hauptproduktionszentrum bei Sisteron am Rand der Montagne de Lure. Aber auch in den anderen Regionen der Provence werden in kleinerem Maßstab Lämmer gezüchtet. So bekommt man in vielen Ortschaften *agneau de pays* – Fleisch von Lämmern, die nicht importiert wurden oder aus großen Viehzuchtbetrieben stammen, sondern die aus der Gegend kommen, in der man das Fleisch kauft. Während in Deutschland auch einjährige Tiere noch als Lämmer verkauft werden, sind die französischen in der Regel 5–6 Monate und *agenaus de lait* (Milchlämmer) höchstens 2–3 Monate alt. Das Fleisch ist natürlich entsprechend zart. Lamm wird im allgemeinen folgendermaßen zubereitet: Keule und Rücken ißt man rosa, Koteletts aus dem Rücken halb durchgebraten und die Schulter zerteilt und in Rotwein geschmort.

Obgleich in der Provence keine Rinder- und Kälberzucht betrieben wird, ißt man hier doch verhältnismäßig viel Rindfleisch. Kalbfleisch spielt nur eine untergeordnete Rolle, es sei denn, es handelt sich um eine Kalbsbrust, deren Füllung all die köstlichen Düfte der Provence verströmt. Schweinefleisch *(porc)* wird in zahllosen Wurstvarianten bei nahezu jeder Mahlzeit aufgetischt und auch zu köstlichen Pasteten verarbeitet. Besonders geschätzt bei der Zubereitung der verschiedensten Gemüsegerichte ist Speck *(lard),* der in der Provence vor allem gepökelt verwendet wird.

Vorhergehende Seiten: *Kaninchen in würziger Sauce* (links; Rezept S. 133) *und Kaninchen in Weißwein* (rechts; Rezept S. 144)

Ein provenzalischer Metzger verwendet auf die Präsentation seiner Waren sehr viel Sorgfalt; hier ein kunstgeschmiedetes Zunftemblem.

Ein besonders reichhaltiges Angebot an Wild findet man in der Provence, wo die Jagd geradezu ein Volkssport ist.

legt. Nach einer Viertelstunde sind die Blutwürste gar und hängen alsbald, noch dampfend, vor den Geschäften. Man ißt sie leicht gegrillt und meist mit Kartoffelpüree als Beilage. Eine provenzalische Wurstspezialität ganz besonderer Art sind *andouillettes tirées à la ficelle* – übersetzt etwa »mit Schnur eingezogene« Würste aus Innereien: Abschnitte marinierter und gewürzter Schweinsdärme und lange, schmale Streifen von Rückenspeck werden in *persillade* gewälzt und mit einer Schnur in weite Wursthüllen gezogen, deren Enden zusammengeschlagen werden. Die *andouillettes* werden stundenlang in köchelnder Brühe oder *court-bouillon* gegart. Man genießt sie gegrillt mit Kartoffelpüree oder Bratkartoffeln und Dijon-Senf.

Überall in Entrevaux wird die lokale Spezialität angepriesen: »secca de bœuf«, getrocknetes und gepökeltes Rindfleisch, das man einfach mit Olivenöl und Zitronensaft genießt.

Perlhuhn *(pintade)* ist eine weitere Spezialität der Region. Häufig sind es Bauern aus der Umgebung, die kleine Zuchtbetriebe unterhalten und das Geflügel auf den lokalen Märkten zum Verkauf anbieten. Kaninchen – meist aus privater Haltung – bereitet man gern als *gibelotte* (Rezept S. 144) zu. Mit einer Sauce aus Tomaten, Champignons, Schalotten und Weißwein angerichtet, heißt das Gericht *chasseur.* Wird es schließlich anstatt mit Thymian mit Winterbohnenkraut gewürzt, ändert sich der Name in *lapin au pebre d'aï.* Kaninchen werden auch gern *en civet* serviert. Das Rezept erinnert an das für *gibelotte,* wobei der Weißwein jedoch durch Rotwein ersetzt und die Sauce im letzten Augenblick mit dem Blut gebunden wird. Genau wie eine mit Eigelb gebundene Sauce darf sie, nachdem das Blut eingerührt wurde, nicht mehr aufkochen, da sie sonst ausflockt. Ein reifer Châteaunef-du-Pape bildet unbestritten den idealen Begleiter zu diesen Gerichten.

In den Dörfern fungieren die Metzger zugleich als *cuisiniers,* und so halten sie tagtäglich eine heiße Spezialität zum Mitnehmen bereit. An erster Stelle stehen hierbei in den Bouches-du-Rhône und im Var *pieds et paquets.* Dieses Gericht stammt aus Marseille, wo es von jeher mit der *bouillabaisse* um den höchsten Rang in der Beliebtheitsskala ringt. *Pieds et paquets* sind Lammfüße und Päckchen von Lammagen, gefüllt mit gehackten magerem und ungeräuchertem Bauchspeck, Lammkutteln und *persillade.* Sie werden genauso zubereitet wie *tripe à la marseillaise* (Rezept S. 134). Man bekommt sie auch fertig gefüllt, aber noch roh, so daß man sie zu Hause nur noch garen muß. Der Dienstag ist für viele Metzger *boudin*-Tag: Lange schmale Wursthäute werden mit einer *soupe* aus Blut und geschmorten Zwiebeln gefüllt, in regelmäßigen Abständen verdreht und abgebunden und die ganzen Ringe dann in einen Kessel mit kochendem Wasser ge-

PROVENCE

BLANQUETTE D'AGNEAU
Lammragout mit glasierten Zwiebeln und Champignons

»Blanquette« vom Milchlamm oder Zicklein ist ein traditionelles Osteressen, aber die Provenzalen schätzen es auch sonst sehr. Für diese »blanquette« wird ein einjähriges Lamm verwendet.

1 Lammschulter mit Knochen (etwa 1,5 kg), in 8 gleich große
    Stücke zerlegt
2 Karotten
1 Zwiebel, mit 2 Gewürznelken gespickt
Großes *bouquet garni* (siehe Glossar)
Salz, 1 TL Zucker
250 g Perlzwiebeln
1½ EL Butter
150 g frische Champignons, große Exemplare geviertelt
Saft von 1 Zitrone
4 Eigelb
Frisch gemahlener Pfeffer
Frisch geriebene Muskatnuß

Die Fleischstücke mit den Karotten, der gespickten Zwiebel und dem *bouquet garni* möglichst platzsparend in einen großen Topf schichten, so daß ein Minimum an Flüssigkeit genügt, um sie zu bedecken. Sie dürfen jedoch nicht zu dicht gepackt werden. Das Ganze mit Wasser bedecken, salzen und langsam zum Kochen bringen. Mehrmals abschäumen. Die Hitze so regulieren, daß die Flüssigkeit leise köchelt. Einen Deckel schräg auflegen und das Fleisch 1½ Stunden garen.

Die Perlzwiebeln in einen Topf geben, in den sie in einer Lage hineinpassen. Die Hälfte der Butter, den Zucker, eine Prise Salz und so

Gespickte Lammkeule mit Tomaten und Oliven (oben) und Lammragout mit glasierten Zwiebeln und Champignons (unten)

viel Wasser hinzufügen, daß sie beinahe bedeckt sind. Einmal aufkochen lassen und dann bei niedriger Hitze zugedeckt etwa 8 Minuten leise köchelnd garen. Den Deckel abnehmen und die Hitze hochschalten. Die Zwiebeln noch etwa 5 Minuten weiter kochen und dabei den Topf immer wieder rütteln, bis die Zwiebeln gleichmäßig von goldgelbem Karamel überzogen sind. Den Topf beiseite stellen.

In einen zweiten kleinen Topf die Champignons, ½ Eßlöffel Butter, die Hälfte des Zitronensafts, eine Prise Salz und etwa 3 Eßlöffel Wasser geben. Alles aufkochen lassen und zugedeckt knapp 1 Minute kochen. Den Topf beiseite stellen.

Den Topf mit dem Fleisch vom Herd nehmen. Karotten, Zwiebel und *bouquet garni* entfernen. Die glasierten Zwiebeln hinzufügen. Die Champignons in einem Sieb über einer Schüssel abtropfen lassen und ebenfalls an das Fleisch geben. Restlichen Zitronensaft, Eigelb, Pfeffer und Muskatnuß an den Pilzfond geben. Alles verquirlen, in den Topf mit dem Fleisch geben und mit einem Holzlöffel einrühren. Bei niedriger Temperatur langsam und kontinuierlich rühren, bis die Sauce nach etwa 10 Minuten den Holzlöffel mit einem dünnen Film überzieht. Sie darf dabei nicht aufkochen. Das Fleisch mit der Sauce auf einer vorgewärmten Platte anrichten und servieren.

Für 4 Personen

VAUCLUSE

GIGOT À LA CAVAILLONNAISE
Gespickte Lammkeule mit Tomaten und Oliven

Gespickte Lammkeule ist ein Klassiker der provenzalischen Küche, der heute jedoch selten zubereitet wird.

FÜR DIE SPECKSTREIFEN:
Grobes Salz
Frisch gemahlener Pfeffer
Kräuter der Provence (siehe Glossar)
1 Knoblauchzehe
1 EL gehackte glatte Petersilie
100 g fetter Speck, in 1 cm breite Streifen geschnitten

1 Lammkeule (etwa 3 kg), Hüftknochen entfernt, Beinknochen
    gekürzt und Fett entfernt
8 Sardellen in Salz, abgespült und filetiert (siehe Glossar)
1 EL Olivenöl
1 Lorbeerblatt
24 Knoblauchzehen, ungeschält
125 ml trockener Weißwein
3 Tomaten, enthäutet, entkernt und grobgehackt
150 g schwarze Oliven

Den Backofen auf 200 °C (Gasherd Stufe 3–4) vorheizen.

Für die Speckstreifen im Mörser eine Prise grobes Salz, etwas Pfeffer, die Kräuter und die Knoblauchzehe zu einer Paste zerreiben. Die Petersilie untermengen. Die Speckstreifen in der Paste wenden, bis sie gleichmäßig damit überzogen sind. Mit einem kleinen, spitzen Messer die Lammkeule in Faserrichtung rundum mehrmals einstechen. In die Einschnitte abwechselnd einen Speckstreifen und eine Sardelle tief hineinschieben.

Die Lammkeule mit dem Olivenöl einreiben und in einen ovalen Bräter legen. Den Bräter ohne Deckel für 30 Minuten in den Backofen schieben. Die Temperatur auf 150 °C (Gasherd Stufe 1) herunterschalten. Das Lorbeerblatt, die Knoblauchzehen, den Wein und die Tomaten an das Fleisch geben. Den Deckel auflegen und die Lammkeule 2 Stunden schmoren, dabei mehrmals wenden. Die Oliven hinzufügen und die Lammkeule weitere 15 Minuten garen.

Die Sauce mit Salz abschmecken. Die Lammkeule auf eine vorgewärmte Servierplatte geben. Mit dem Knoblauch und den Oliven umlegen und etwas Sauce ringsum verteilen. Die restliche Sauce in einer vorgewärmten Schüssel separat dazu reichen.

Für 8 Personen

Lammragout mit Artischocken

ALPES-MARITIMES

RAGOÛT D'AGNEAU AUX ARTICHAUTS
Lammragout mit Artischocken

Als Beilage passen gut Reispilaw oder frische Nudeln, ebenso Kartoffeln. Kleine neue Kartoffeln können einfach in der Schale gekocht und 10 Minuten vor dem Servieren gepellt an das Fleisch gegeben werden.

3 EL Olivenöl
1 Scheibe magerer gepökelter Bauchspeck (etwa 100 g), in 1 cm breite Streifen geschnitten
1 Lammschulter mit der Hachse (etwa 1,5 kg), vom Knochen gelöst, vom Fett befreit und in 4–5 cm große Würfel geschnitten
Salz
1 große Tomate, enthäutet, entkernt und grobgehackt
4 Knoblauchzehen, zerdrückt
250 ml Weißwein
Bouquet garni (siehe Glossar)

4 junge, zarte Artischocken, geputzt, geviertelt und, falls erforderlich, vom Heu befreit (siehe Glossar)
250 g Perlzwiebeln

In einem schweren Schmortopf 2 Eßlöffel Olivenöl bei mittlerer Temperatur erhitzen. Die Speckstreifen etwa 10 Minuten darin braten, bis sie gleichmäßig gebräunt sind, danach auf einen Teller geben. Die Fleischwürfel in den Topf legen, salzen und etwa 20 Minuten braten, bis sie rundum gebräunt sind.

Das Fett abgießen. Die Tomate, die Knoblauchzehen und den Weißwein hinzufügen. Die Hitze hochschalten und den Bratensatz unter Rühren mit dem Holzlöffel vom Topfboden lösen. Das *bouquet garni* dazugeben und das Fleisch bei niedriger Temperatur zugedeckt 1 Stunde schmoren. Gleichzeitig in einer großen hitzebeständigen Kasserolle aus Ton oder emailliertem Gußeisen 1 Eßlöffel Olivenöl bei milder Temperatur erhitzen. Die Artischocken mit den Zwiebeln dazugeben und leicht salzen. Das Gemüse zugedeckt bei sehr schwacher Hitze 20 Minuten dünsten, dabei gelegentlich den Topf rütteln. Die gebratenen Speckstreifen sowie den Inhalt des Schmortopfes an das Gemüse geben. Das Ragout zugedeckt bei sehr milder Hitze noch 20–30 Minuten garen, bis Fleisch und Gemüse weich und zart sind.

Für 4 Personen

121

DAUBE À LA PROVENÇALE
Provenzalischer Rindfleischtopf

Über eines herrscht in der Provence völlige Einigkeit: Eine »daube«, der beliebte Klassiker der provenzalischen Küche, sollte streng nach dem traditionellen Rezept zubereitet werden. Dieses aber variiert von Dorf zu Dorf, ja sogar von Familie zu Familie.

FÜR DIE SPECKSTREIFEN:
Grobes Salz
2 Knoblauchzehen
Kräuter der Provence (siehe Glossar)
2 EL gehackte glatte Petersilie
125 g fetter Speck, in 1 cm breite Streifen geschnitten

2 kg Rindfleisch (Hesse) ohne Knochen, in Portionen zu je 100 g
    zerteilt
2 EL Olivenöl
750 ml trockener Rotwein
1 Schweinefuß (etwa 500 g), längs halbiert
125 g Schweineschwarte
1 Scheibe magerer gepökelter Bauchspeck (etwa 150 g),
    quer in 1 cm breite Streifen geschnitten
2 Karotten, gehackt
2 Zwiebeln, gehackt
3 Knoblauchzehen, gehackt
30 g getrocknete Steinpilze, mit kaltem Wasser bedeckt und
    30 Minuten eingeweicht, abgetropft, von den Stielenden befreit
    und feingehackt
500 g Tomaten, enthäutet, entkernt und grobgehackt
100 g schwarze Oliven, entsteint
Salz
Großes *bouquet garni* mit einem Streifen getrockneter
    Orangenschale (siehe Glossar)
125 ml Marc de Provence (siehe Glossar) oder Cognac
Fleischbrühe oder Wasser, dazu, falls vorhanden, Bratensaftreste
500 g Makkaroni

Für die Speckstreifen Salz, Knoblauch und Kräuter im Mörser zu einer Paste zerreiben. Die Petersilie untermengen und die Speckstreifen dazugeben. Durchmischen, bis sie mit der Knoblauchpaste gleichmäßig überzogen sind. Die einzelnen Fleischstücke mit einem kleinen, spitzen Messer zwei- bis dreimal in Faserrichtung einschneiden. In jeden Einschnitt einen Speckstreifen schieben. Die restlichen Speckstreifen und die Würzpaste beiseite stellen.

Die Fleischstücke in eine Schüssel geben, mit dem Olivenöl und dem Rotwein übergießen. Das Fleisch etwa 4 Stunden bei Zimmertemperatur marinieren und währenddessen mehrmals wenden.

Schweinefuß, Schwarte und Bauchspeck in einen Topf geben und mit Wasser bedecken. Einmal aufkochen lassen, abgießen und gründlich abspülen. Die Schwarte in 2,5 cm große Quadrate schneiden.

In einer großen Schüssel Schwarte, Bauchspeck, Karotten, Zwiebeln, Knoblauchzehen, Steinpilze, Tomaten und Oliven vermengen. Einen schweren Topf mit einem Teil der vorbereiteten Mischung auslegen. Die Schweinefußhälften darauflegen und darüber einige gespickte Fleischstücke verteilen. Salzen und weiter abwechselnd die Mischung und die Fleischstücke einfüllen, dabei mitten hinein das *bouquet garni* legen. Das Ganze mit der restlichen Mischung abdecken. Die Rotweinmarinade, den Marc oder Cognac und so viel Brühe oder Wasser angießen, daß alles beinahe bedeckt ist.

Das Gericht zugedeckt bei kleiner Hitze zum Kochen bringen, was etwa 1 Stunde dauert. Bei einem Gasherd den Topfboden durch einen Flammenverteiler vor übermäßiger Hitzeeinwirkung schützen. Nach dem ersten Aufwallen die Hitze so weit reduzieren, daß die Brühe nur an der Oberfläche ganz leise sprudelt. Das Gericht noch etwa 6 Stunden garen. Das Fett abschöpfen. (Wenn Sie gegen Ende auch Brühe mit abschöpfen, leeren Sie die Kelle in eine Schüssel, die Sie anschließend in den Kühlschrank stellen. Das erstarrte Fett kann später abgenommen werden.)

Den Backofen auf 200 °C (Gasherd Stufe 3–4) vorheizen.

In einem Topf Salzwasser zum Kochen bringen. Die Makkaroni nach Packungsanleitung kochen, abgießen und in eine Gratinform füllen. Etwas Brühe über die Nudeln träufeln und die Form für einige Minuten in den Ofen schieben, bis die Sauce leise sprudelt.

Die *daube* im Topf servieren, die Nudeln separat dazu reichen.

Für 8 Personen

POULET SAUTÉ À LA BARTHELASSE
Brathähnchen in Weißwein mit Persillade

1 Poularde (etwa 1,2 kg), in Servierportionen zerlegt
Salz und frisch gemahlener Pfeffer
60 ml Olivenöl
60 ml trockener Weißwein
Persillade mit 2 Knoblauchzehen (siehe Glossar)

Die Poulardenstücke nach Geschmack salzen und pfeffern. Das Olivenöl in einer Schmorpfanne bei mittlerer bis hoher Temperatur erhitzen. Alle Poulardenteile mit Ausnahme der Brüstchen in die Pfanne geben und 15 Minuten ringsum anbraten. Die Brüstchen hinzufügen und etwa 10 Minuten mitbraten. Den Wein angießen und den Bratensatz unter Rühren mit einem Holzlöffel vom Topfboden lösen.

Die *persillade* hinzufügen und alles vermischen. Sobald der typische Duft von Knoblauch und Petersilie aufsteigt, den Topf vom Herd nehmen und das Gericht sofort servieren.

Für 4 Personen   *Abbildung S. 4*

AILLADE DE VEAU
Kalbfleisch mit Knoblauch, Tomaten und frischen Nudeln

750 g Kalbfleisch zum Schmoren, in 4 cm große Stücke geschnitten
Salz und frisch gemahlener Pfeffer
3 EL Olivenöl
2 EL getrocknete Semmelbrösel
125 ml Weißwein
500 g Tomaten, enthäutet, entkernt und gehackt
16 Knoblauchzehen
Doppelte Menge der Teigzutaten für die *soupe de poissons*
    (Rezept S. 42), jedoch ohne Safran, wie beschrieben verarbeitet

Die Fleischstücke nach Geschmack salzen und pfeffern. In dem Olivenöl etwa 30 Minuten rundum anbräunen. Anschließend auf einen Teller geben.

Die Semmelbrösel in die Pfanne streuen und gründlich rühren. Den Wein angießen und unter Rühren mit dem Holzlöffel den angerösteten Bratensatz lösen. Die Tomaten, die Knoblauchzehen und eine Prise Salz hinzufügen und alles 10 Minuten kochen. Das Fleisch mit dem ausgetretenen Saft zu den Tomaten geben. Auf kleinster Stufe zugedeckt etwa 45 Minuten schmoren, bis es gar ist.

In einem Topf Salzwasser zum Kochen bringen. Die Nudeln hineingeben, 2 Minuten kochen, anschließend abgießen. Die Nudeln an die Sauce geben, einige Minuten garen und das Gericht servieren.

Für 4 Personen

Rechte Seite: *Provenzalischer Rindfleischtopf (vorn) und Kalbfleisch mit Knoblauch, Tomaten und frischen Nudeln (hinten)*

Kalbsbrustspitzen mit Tomaten und Oliven (rechts), *Lammschulter auf dem Kartoffelbett* (vorn) *und Lammtopf aus der Camargue* (links)

ÉPAULE D'AGNEAU À LA BOULANGÈRE
Lammschulter auf dem Kartoffelbett

Früher brachten die Hausfrauen dieses Gericht fertig vorbereitet zum Bäcker, der es, nachdem er die letzte morgendliche Fuhre Brot gebacken hatte, für sie in der Resthitze des Ofens garte.

1 EL Butter
1 kg Kartoffeln, geschält und in dünne Scheiben geschnitten, aber nicht abgespült
2 große Zwiebeln, in dünne Scheiben geschnitten

Etwa 250 ml Fleischbrühe oder Salzwasser
1 Lammschulter mit der Hachse (etwa 1,5 kg)
Kräuter der Provence (siehe Glossar)
Salz und frisch gemahlener Pfeffer
1 EL Olivenöl

Den Backofen auf 190 °C (Gasherd Stufe 3) vorheizen.

Einen großen Bräter mit Butter einfetten. Die Brühe oder das Wasser zum Kochen bringen und Kartoffeln und Zwiebeln hineingeben. Aufkochen lassen und dabei mit einem Holzlöffel rühren, damit die Kartoffeln nicht ansetzen. Die Kartoffeln und die Zwiebeln in den Bräter geben, gleichmäßig verteilen und 20 Minuten im Ofen backen.

Die Lammschulter vom äußeren Fett befreien. Mit den Kräutern, Salz und Pfeffer bestreuen und ringsum mit dem Olivenöl einreiben. Die Lammschulter auf das Kartoffelbett legen. 30 Minuten im Ofen

124

backen und dabei zwei- bis dreimal mit dem Fond begießen. Den Ofen abschalten und das Gericht noch 20 Minuten in der Resthitze fertig garen.

Die Lammschulter in der Küche tranchieren. Die Fleischscheiben auf den Kartoffeln und den Zwiebeln anrichten und mit dem Fond übergießen.

Für 4 Personen

PROVENCE

CÔTELETTES D'AGNEAU AU GRIL
Lammkarrees vom Grill

Gegrilltes Lammkarree muß durch und durch rosa, also weder blutig noch ganz durchgebraten sein, wobei dicke Scheiben am besten schmecken. Der Grill sollte mit einer dicken Lage Holzkohle gefüllt sein und das Fleisch durch eine weiße Ascheschicht über der Glut gegen zu starke Strahlungshitze geschützt werden.

4 Lammkarrees (jeweils 3 Rippen; mit Zimmertemperatur)
2 Knoblauchzehen
Kräuter der Provence (siehe Glossar)
Frisch gemahlener Pfeffer
1 EL Olivenöl
Salz

Im Holzkohlengrill ein Feuer entfachen.

Mit einem scharfen Messer alles sichtbare Fett einschließlich der Fettschicht auf der Rückenseite von den Lammkarrees entfernen, dabei jedoch nicht die anhängenden Bauchlappenstreifen abschneiden. Die Knoblauchzehen mehrmals über die Knochenenden reiben und die dabei entstehende Paste auf dem Fleisch verstreichen. Das Fleisch ringsum mit Kräutern der Provence bestreuen und leicht pfeffern. Die Bauchlappenstreifen um die Lammkarrees wickeln und mit einem zugespitzten Rosmarinzweig oder einem 10 cm langen Bambusspieß feststecken. Das Fleisch von allen Seiten mit dem Olivenöl einreiben, salzen und auf den Rost legen. Auf beiden Seiten 3–4 Minuten bräunen und anschließend die Lammkarrees mit dem Knochenende nach unten etwa 20 Minuten garen.

Für 4 Personen

BOUCHES-DU-RHÔNE

TENDRONS DE VEAU À LA GARDIANE
Kalbsbrustspitzen mit Tomaten und Oliven

Wie »bœuf à la gardiane« auch, ist dieses Ragout ein klassisches Gericht der »gardians«, der berittenen Rinderhirten der Camargue.

3 EL Olivenöl
1 kg Kalbsbrustspitzen
Salz
250 g Perlzwiebeln
3 Knoblauchzehen, zerdrückt
125 g frische Champignons, feinblättrig geschnitten
Kräuter der Provence (siehe Glossar)
1 EL Mehl
250 ml trockener Weißwein
500 g Tomaten, enthäutet, entkernt und grobgehackt
100 g schwarze Oliven
100 g grüne Oliven, einige Sekunden blanchiert und abgetropft

Das Olivenöl in einem großen Schmortopf bei mittlerer Temperatur erhitzen. Das Fleisch salzen und etwa 15 Minuten von allen Seiten

kräftig anbräunen, anschließend herausnehmen und auf einem Teller beiseite stellen. Die Zwiebeln, den Knoblauch und die Pilze in das Fett geben, mit den Kräutern und Salz nach Geschmack würzen und die Hitze hochschalten. Das Gemüse braten, bis die Flüssigkeit verdampft ist, dabei mit dem Holzlöffel rühren und den Topf rütteln. Das Gemüse mit dem Mehl bestäuben und bei verringerter Hitze 1–2 Minuten unter Rühren weiterbraten.

Mit dem Weißwein ablöschen und unter Rühren mit einem Holzlöffel den Bratensatz lösen. Die Tomaten hinzufügen und aufkochen lassen. Das Fleisch mit dem ausgetretenen Saft in die Sauce geben. Bei milder Hitze zugedeckt 1¼ Stunden schmoren. Die Oliven hinzufügen und mitgaren, bis das Fleisch nach etwa 15 Minuten zart ist.

Für 6 Personen

BOUCHES-DU-RHÔNE

GARDIANE D'AGNEAU
Lammtopf aus der Camargue

Dieses deftige Eintopfgericht ist die provenzalische Antwort auf den Irish Stew.

2 EL Olivenöl
600 g Lammkoteletts aus dem Nacken, äußeres Fett entfernt
4 Knoblauchzehen, zerdrückt
500 g rotschalige Kartoffeln, geschält und in dünne Scheiben geschnitten
1 Lorbeerblatt
Salz
Kochendes Wasser nach Bedarf

Das Olivenöl in einem Schmortopf bei mittlerer Temperatur erhitzen. Die Koteletts hineingeben und etwa 10 Minuten von beiden Seiten anbraten, dabei einmal wenden.

Den Knoblauch, die Kartoffeln und das Lorbeerblatt hinzufügen. Nach Geschmack salzen und alles knapp mit kochendem Wasser bedecken. Zugedeckt bei sehr milder Hitze etwa 1 Stunde schmoren, bis die Kartoffeln allmählich zerfallen und sich eine sämige Sauce bildet.

Für 4 Personen

Lammkarrees vom Grill, serviert mit Kartoffel-Gratin

PROVENCE

Gigot Rôti à la Provençale
Gebratene Lammkeule mit Knoblauch

Das Ritual des Tranchierens sollte man den Gästen in diesem Fall nicht vorenthalten und daher erst bei Tisch vornehmen. Man umfaßt das schmale Ende und hebt die Keule an, so daß sie mit der Nuß auf der Servierplatte ruht. Nun schneidet man schräg und beinahe parallel zum Knochen dünne Scheiben herunter, wobei man die Schnitte vom Körper weg führt. Zunächst wird der runde, fleischige Teil, dann das magerere Muskelfleisch der anderen Seite und zuletzt das Beinfleisch aufgeschnitten. Da alle drei unterschiedlich schmecken, legt man jedem Gast eine Scheibe von jedem vor.

Grobes Salz
Frisch gemahlener Pfeffer
Kräuter der Provence (siehe Glossar)
41 feste Knoblauchzehen
Salz
1 EL trockener Weißwein
1 Lammkeule (etwa 3 kg), Hüftknochen ausgelöst
1 EL Olivenöl
Mirepoix (siehe Glossar)
750 ml trockener Rotwein

Im Mörser eine Prise grobes Salz mit Pfeffer nach Geschmack, den Kräutern und 1 Knoblauchzehe zu einer Paste zerreiben. Den Weißwein einrühren.

Die Lammkeule vom äußeren Fett befreien. Das Fleisch mit einem kleinen, spitzen Messer mehrmals rundum in Faserrichtung tief einschneiden. Die Einschnitte mit den Fingern spreizen und mit einem kleinen Löffel jeweils etwas von der Knoblauchpaste hineingeben. Mit der restlichen Paste das Fleisch einreiben. Die Lammkeule rundum mit dem Olivenöl einreiben, in Plastikfolie wickeln und etwa 1 Stunde bei Raumtemperatur ruhen lassen.

Währenddessen das *mirepoix* zubereiten und in einem kleinen Topf mit dem Wein verrühren. Aufkochen lassen und ohne Deckel leise sprudelnd auf $^1/_3$ (etwa 250 ml) einkochen. Den Wein durch ein Sieb seihen und das Gemüse mit einem Holzstößel gut ausdrücken, damit keine Geschmacksstoffe verlorengehen.

Gebratene Lammkeule mit Knoblauch

Den Backofen auf 200 °C (Gasherd Stufe 3–4) vorheizen. Die Lammkeule in einen Bräter legen. In den Ofen schieben und 10 Minuten braten. Dann die Hitze auf 180 °C (Gasherd Stufe 2–3) und nach 20 Minuten auf 160 °C (Gasherd Stufe 1–2) reduzieren. Nach insgesamt 45 Minuten Garzeit den Ofen abschalten und die Lammkeule noch 20 Minuten in der Resthitze weitergaren. (Bei einem sehr gut schließenden Ofen die Tür für einige Minuten etwas öffnen.)

Inzwischen die restlichen 40 Knoblauchzehen mit einer Prise Salz in einen kleinen Topf geben und mit Wasser bedecken. Aufkochen lassen und 15 Minuten leise köchelnd garen. Abgießen und dabei das Kochwasser auffangen. Die Knoblauchzehen mit dem eingekochten Rotwein in einem kleinen Topf langsam erwärmen.

Die Lammkeule auf eine gut vorgewärmte Servierplatte legen. Den Bräter auf den Herd stellen und den Bratensatz bei starker Hitze mit dem Knoblauchwasser – je nach Menge wird ein Teil oder alles benötigt – ablösen und unter Rühren mit einem Holzlöffel vom Topfboden lösen. Den Rotwein hinzufügen und aufkochen lassen.

Die Sauce in eine vorgewärmte Sauciere füllen. Bei Tisch nach dem Tranchieren den Fleischsaft mit der Sauce mischen. Über jede Portion etwas Sauce und Knoblauch geben.

Für 8 Personen

PROVENCE

Grillade de Bœuf à la Provençale
Gegrilltes Rindfleisch mit Sardellensauce

Von einem Steak aus der Pfanne hält man in der Provence überhaupt nichts. Hier werden Steaks über der heißen Glut gegrillt, und eine Sardellensauce macht die Sache überhaupt erst komplett. Bevorzugt verwendet man für das Feuer Holz von Weinstöcken, Obstgehölzen und Ginster; und Olivenholz ergibt eine herrliche Glut. Bauchlappen vom Rind – auf französisch »l'onglet« oder »le morceau du boucher« – ist in der Provence sehr beliebt. Dieser Teil vom Rind besteht aus einem einzigen Muskel, der die Flanken verbindet. Von Fett und Sehnen befreit, ergibt er zwei länglich-ovale, 6–7 cm dicke Streifen, die sich durch ihre Saftigkeit und einen exzellenten Geschmack unter allen zum Grillen geeigneten Stücken besonders auszeichnen.

Frisch gemahlener Pfeffer
1 Bauchlappen vom Rind (etwa 750 g), küchenfertig vorbereitet (siehe Rezept-Einleitung)
2 TL Olivenöl

FÜR DIE SAUCE:
Grobes Salz
2 Knoblauchzehen
2 Sardellen in Salz, abgespült und filetiert (siehe Glossar)
3 EL Olivenöl
1 EL gehackte glatte Petersilie

Das Fleisch pfeffern, mit Olivenöl einreiben und 2 Stunden bei Zimmertemperatur ruhen lassen. Für die Sauce im Mörser eine Prise Salz mit dem Knoblauch zu einer Paste zerreiben. Die Sardellen hinzufügen und in die Paste einarbeiten. Mit dem Stößel das Olivenöl unterziehen, anschließend mit einem Löffel die Petersilie einrühren. Die Sauce beiseite stellen.

Im Grill ein Feuer entfachen. Nachdem die Flammen erloschen sind, das Fleisch auf den Rost über die Glut legen und 8–10 Minuten grillen, dabei drei- bis viermal wenden.

Das Fleisch auf einem Tranchierbrett schräg in dünne Scheiben schneiden, anschließend in seiner ursprünglichen Form auf einer vorgewärmten Platte anrichten. Mit dem beim Aufschneiden ausgetretenen Saft beträufeln und mit der Sauce überziehen.

Für 4 Personen

Rechte Seite: *Gegrilltes Rindfleisch mit Sardellensauce*

Von oben nach unten: Schweinswürste auf Safranreis, Schweinebraten mit Oliven und Sardellen und Schweinekoteletts vom Grill mit pikanter Sauce

BOUCHES-DU-RHÔNE

SAUCISSES À LA MÉNAGÈRE
Schweinswürste auf Safranreis

8 frische Schweinswürste
1 Porreestange, das Weiße und das zarte Grün feingehackt
250 g Langkornreis

Salz und Cayennepfeffer
1 g Safranfäden, eingeweicht
750 ml kochendes Wasser

Die Würste jeweils mehrmals mit einer Spicknadel oder einem Spieß einstechen. In einen Schmortopf so viel Wasser gießen, daß der Boden eben benetzt ist. Die Würste hineingeben und bei milder Hitze garen, dabei den Topf mehrmals rütteln und die Würste wiederholt wenden. Die Würste nach etwa 10 Minuten, wenn das Wasser ver-

128

dampft ist und sie ringsum leicht gebräunt sind, herausnehmen und auf einen Teller legen.

Den Lauch in den Topf mit dem Bratfett von den Würsten geben und bei milder Hitze etwa 10 Minuten unter Rühren weich dünsten. Den Reis hinzufügen, mit Salz, Cayennepfeffer und dem Safran würzen. Mit einem Holzlöffel bei milder Hitze etwa 5 Minuten ständig rühren, bis der Reis leicht glasig wird. Das kochende Wasser angießen, einmal umrühren und einen fest schließenden Deckel auflegen. Den Reis bei sehr milder Hitze 10 Minuten garen. Die Würste auf den Reis legen und diesen im zugedeckten Topf in weiteren 12 Minuten fertig garen.

Für 4 Personen

VAR

RÔTI DE PORC À LA TOULONNAISE
Schweinebraten mit Oliven und Sardellen

In der Provence verwendet man Salbei besonders gern zum Würzen von Schweinefleisch. Er muß jedoch frisch sein, denn getrocknet hat das Kraut einen leicht muffigen Geschmack.

Etwa 1,5 kg Schweinerücken (ohne Knochen; mit anhängendem Filet)
Salz und frisch gemahlener Pfeffer
Persillade mit 1 Knoblauchzehe (siehe Glossar)
8 Sardellen in Salz, abgespült und filetiert (siehe Glossar)
100 g schwarze Oliven, entsteint und gehackt
Einige frische Salbeistengel
125 ml trockener Weißwein

Den Backofen auf 230 °C (Gasherd Stufe 5) vorheizen. Das Fleischstück mit der Fettseite nach unten auf die Arbeitsfläche legen. Salzen und pfeffern und mit der *persillade* bestreuen. Die Sardellenfilets und die gehackten Oliven beiderseits des Filets verteilen. Das Fleisch längs zusammenrollen und mit Küchenzwirn umwickeln. Die Fettseite in regelmäßigen Abständen mit der Spitze eines scharfen Messers einstechen und in die Öffnungen jeweils ein Salbeizweiglein oder ein größeres Salbeiblatt stecken. Den Braten salzen und in einen Bräter setzen.

In den vorgeheizten Ofen schieben und nach 10 Minuten die Hitze auf 160 °C (Gasherd Stufe 1–2) herunterschalten. Das Fleisch nach 30 Minuten regelmäßig begießen. Nach 45 Minuten das Fett weitgehend abschöpfen und einige Eßlöffel Weißwein angießen. Den Braten weiterhin häufig begießen und, falls die Flüssigkeit im Topf nicht mehr ausreicht, etwas mehr Wein hinzufügen. Nach etwa 1¼ Stunden ist das Fleisch von einer knusprigen Kruste umhüllt.

Den Braten auf ein Tranchierbrett legen und die Fäden entfernen. Das Fleisch in etwa 1 cm dicke Scheiben schneiden und auf einer vorgewärmten Servierplatte anrichten. Den beim Aufschneiden ausgelaufenen Saft und den Bratenfond über das Fleisch geben.

Für 6 Personen

VAR

BÉQUETS AU FOUR
Im Ofen gebackene Lammhachsen

Durch das lange Garen zerkochen die Knoblauchzehen zu einem Mus, das man bei Tisch herausdrückt und auf Brot streicht.

4 Lammhachsen, jede etwa 500 g
Salz
Kräuter der Provence (siehe Glossar)
1 EL Olivenöl
16 Knoblauchzehen, ungeschält

2 Karotten, in 2,5 cm große Stücke geschnitten
2 Zwiebeln, grobgehackt
125 ml trockener Weißwein

Den Backofen auf 200 °C (Gasherd Stufe 3–4) vorheizen.

Die Lammhachsen mit Salz und Kräutern der Provence bestreuen und mit Olivenöl bestreichen. In einen Bratentopf legen und 30 Minuten im Ofen braten.

Die Hachsen aus dem Ofen nehmen und die Hitze auf 150 °C (Gasherd Stufe 1) herunterschalten. Die Hachsen in eine ofenfeste Kasserolle mit Deckel legen. Knoblauch, Karotten und Zwiebeln hinzufügen und leicht salzen. Das Fett aus dem Bratentopf abgießen. Den Wein in den Topf geben und bei hoher Temperatur den Bratensatz mit einem Holzlöffel unter Rühren vom Boden lösen. Den Bratensatz über die Hachsen geben und den Deckel auflegen.

Die Kasserolle in den Ofen schieben und die Hachsen etwa 30 Minuten garen. Auf einer vorgewärmten Servierplatte anrichten.

Für 4 Personen   *Abbildung S. 130–131*

PROVENCE

CÔTES DE PORC AVEC SAUCE HACHÉE
Schweinekoteletts vom Grill mit pikanter Sauce

Leider heißt die »sauce hachée« – wörtlich übersetzt »gehackte Sauce« – heute »sauce piquante«, womit ein sehr bildhafter Name verlorenging. Erhalten geblieben ist jedoch die Art der Zubereitung.

FÜR DIE SAUCE:
1 EL Olivenöl
1 Zwiebel, feingehackt
Salz und Cayennepfeffer
1 EL Mehl
250 ml Fleischbrühe oder Wasser
Persillade mit 1 Knoblauchzehe (siehe Glossar)
2–3 Schalotten, feingehackt
2–3 frische Champignons, feingehackt
6 EL Rotweinessig
1 EL Kapern, abgespült und gehackt
2 Sardellen in Salz, abgespült, filetiert und zerdrückt (siehe Glossar)
4 eingelegte Gurken, feingehackt
4 Schweinekoteletts (je etwa 2,5 cm dick)
2 TL Olivenöl
24 Salbeiblätter
Salz und frisch gemahlener Pfeffer

Im Holzkohlengrill ein Feuer entfachen. Für die Sauce das Olivenöl in einem Topf bei niedriger Temperatur erhitzen. Die Zwiebeln etwa 10 Minuten darin dünsten, bis sie weich und leicht gebräunt sind. Mit Salz und Cayennepfeffer würzen. Mit dem Mehl bestäuben und gründlich umrühren. Nun bei mittlerer bis hoher Hitze langsam die Brühe oder das Wasser angießen und dabei ständig mit dem Schneebesen rühren, bis die Sauce schließlich aufkocht. Dann die Hitze so weit reduzieren, daß die Sauce nur noch leise sprudelt.

In einem kleinen Topf die *persillade,* die Schalotten, die Champignons und den Essig bei starker Hitze miteinander verrühren. Die Mischung zum Kochen bringen und anschließend einige Minuten simmern lassen, bis sie beinahe trocken ist. Die Pilzmischung in den Topf zu der Zwiebelsauce geben. Kapern, Sardellen und Gurken hinzufügen. Alles verrühren und bei geringer Hitze leise köcheln lassen.

Die Koteletts mit dem Olivenöl bestreichen. Auf beide Kotelettseiten jeweils 3 Salbeiblätter legen und fest andrücken. Die Koteletts salzen und leicht pfeffern. Auf den Rost über die verglimmende Glut legen und etwa 5 Minuten von beiden Seiten grillen.

Die Sauce, falls nötig, erneut erhitzen und zu den Koteletts reichen.

Für 4 Personen

VAUCLUSE

GRILLADE DES MARINIERS
Geschmortes Rindfleisch mit Kapern, Gurken und Sardellen

Bei diesem Gericht handelt es sich um eine einstige Spezialität der Bistros an der Rhône, in denen die Binnenschiffer einkehrten.

1,5 kg Beinfleisch vom Rind, ausgelöst und in 1 cm dicke Scheiben geschnitten
Kräuter der Provence (siehe Glossar)
2 Lorbeerblätter
6 EL Olivenöl
4 Knoblauchzehen, feingehackt
500 g milde weiße Zwiebeln, grobgehackt
125 ml trockener Weißwein
60 ml Essig mit Kräutern der Provence (siehe Glossar)
60 ml Marc de Provence (siehe Glossar) oder Cognac
Salz und frisch gemahlener Pfeffer
3 EL Kapern, abgespült, ausgedrückt und gehackt
6 saure Gurken, gehackt
3 Sardellen in Salz, abgespült, filetiert und zerdrückt (siehe Glossar)

In einer großen, flachen Schüssel die Fleischscheiben mit den Kräutern der Provence bestreuen, die Lorbeerblätter hinzufügen und alles mit dem Olivenöl beträufeln. Durchmischen und bei Zimmertemperatur 3–4 Stunden zum Marinieren stehenlassen.

Knoblauch und Zwiebeln in einer Schüssel vermischen. In einer weiteren Schüssel Wein, Essig und Marc oder Cognac verrühren. Einen schweren Topf mit einem Teil der Zwiebel-Knoblauch-Mischung auslegen. Darauf eine Lage Fleischscheiben und wieder etwas von der Zwiebel-Knoblauch-Mischung geben. 2–3 Eßlöffel der Weinmischung darüberträufeln, salzen und pfeffern. Auf dieselbe Weise die restlichen Zutaten in den Topf füllen, dabei die Lorbeerblätter etwa in die Mitte geben und alles mit einer Lage der Zwiebel-Knoblauch-Mischung abdecken. Die Marinade und den eventuellen Rest der Weinmischung darüberträufeln. Den Topf fest verschließen und das Fleisch bei sehr milder Hitze 2 Stunden garen. Die Kapern und die Gurken hinzufügen und alles weitere 2 Stunden garen. Die Sardellen dazugeben und das Gericht noch einige Minuten leise köcheln lassen. Mit den restlichen 3 Eßlöffeln Olivenöl beträufeln und direkt aus dem Topf servieren.

Für 8 Personen

VAUCLUSE

ÉPAULE D'AGNEAU À LA VENAISSINE
Gefüllte Lammschulter

Eine entbeinte Lammschulter besitzt, flach ausgebreitet, eine asymmetrische viereckige Form, die an die Landkarte Frankreichs erinnert. Nachdem man die Farce auf dem Fleisch verteilt hat, faßt man die jeweils gegenüberliegenden Ecken zusammen und fixiert sie mit Küchenzwirn. Nun umwickelt man das Ganze einmal waagrecht und dann mit einem ausreichend langen Stück Küchengarn mindestens viermal in senkrechter Richtung.

1 ganze Lammschulter mit der Hachse (etwa 1,5 kg), ausgelöst und das Fett entfernt
Kräuter der Provence (siehe Glossar)
2 EL Olivenöl
250 ml trockener Weißwein
60 g frische Semmelbrösel
Persillade mit 1 Knoblauchzehe (siehe Glossar)
60 g magerer gepökelter Bauchspeck, gehackt

Von links nach rechts: *Gefüllte Lammschulter, Geschmortes Rindfleisch mit Kapern, Gurken und Sardellen und Im Ofen gebackene Lammhachsen*

1 Ei
Salz und frisch gemahlener Pfeffer
Mirepoix (siehe Glossar)

Die Lammschulter auf beiden Seiten leicht mit den Kräutern der Provence bestreuen und anschließend ausgebreitet in eine flache Schüssel legen. Mit 125 ml Weißwein und etwa 2 Teelöffeln Olivenöl beträufeln. Die Lammschulter 2–3 Stunden bei Zimmertemperatur zum Marinieren stehenlassen und dabei mehrmals wenden.

Den Backofen auf 200 °C (Gasherd Stufe 3–4) vorheizen. Die Semmelbrösel mit der *persillade*, dem Speck, dem Ei und 1 Eßlöffel Olivenöl in eine Schüssel geben. Das Ganze leicht salzen und pfeffern und gründlich vermengen.

Die Lammschulter abtropfen lassen und mit Küchenkrepp trockentupfen. Die Marinade beiseite stellen. Die vorbereitete Farce auf der Lammschulter verteilen und fest andrücken. Das Fleisch binden, wie in der Rezepteinleitung beschrieben. Den Braten mit Olivenöl bestreichen, salzen und in eine ofenfeste Bratpfanne setzen.

Das Fleisch in den vorgeheizten Ofen schieben und 40 Minuten braten. Inzwischen in einem schweren Bratentopf, in den die Lammschulter gerade hineinpaßt, das *mirepoix* zubereiten. Die Lammschulter daraufsetzen. Das Fett aus der Pfanne gießen. Den Bratensatz bei hoher Temperatur mit der Marinade und den restlichen 125 ml Wein ablöschen, unter Rühren vom Pfannenboden lösen und über die Lammschulter geben. Ein Stück Pergamentpapier im Durchmesser des Topfes zuschneiden. Auf einer Seite dünn mit Olivenöl einstreichen und mit der eingeölten Seite nach unten über das Fleisch breiten. Einen gut

schließenden Deckel auflegen und das Fleisch bei sehr milder Hitze etwa 1 Stunde garen. Mit einer Spicknadel die Garprobe machen.

Den Backofen erneut auf 200 °C (Gasherd Stufe 3–4) vorheizen. Die Lammschulter vorsichtig von den Fäden befreien und wieder in die Bratpfanne geben. Den Schmorfond durch ein Sieb gießen und das Gemüse mit einem Holzstößel ausdrücken, um die gesamte Flüssigkeit zu gewinnen. Fett abschöpfen und den Fond über das Fleisch geben. Erneut für 10–15 Minuten in den Ofen schieben und dabei alle 2–3 Minuten begießen, bis die Kruste appetitlich glänzt.

Die Lammschulter mit einer breiten Palette auf eine vorgewärmte Servierplatte heben und wie eine Torte aufschneiden. Den Fond in einer vorgewärmten Sauciere separat dazu reichen.

Für 4–6 Personen

Gratiniertes Rindfleischhaschee (links), *Gefüllte Schweinekoteletts* (rechts)

HACHIS AU GRATIN
Gratiniertes Rindfleischhaschee

Rindfleischreste vom »pot-au-feu« (Rezept S. 45) sollten aus der Brühe genommen und nach dem Auskühlen in eine Schüssel gelegt und in den Kühlschrank gestellt werden.

3 EL Olivenöl

1 Zwiebel, feingehackt

500 g Rindfleisch vom *pot-au-feu* (Rezept S. 45), gekühlt, zuerst in dünne Scheiben, dann in schmale Streifen geschnitten und zuletzt gehackt

Persillade mit 2 Knoblauchzehen (siehe Glossar)

Salz

250 ml Tomatensauce (siehe Glossar)

Frisch gemahlener Pfeffer

Frisch geriebene Muskatnuß
1 kg rotschalige Kartoffeln, geschält und geviertelt
60 g Butter, gekühlt und gewürfelt
Handvoll getrocknete Semmelbrösel
2 EL frisch geriebener Parmesan

In einem schweren Topf 2 Eßlöffel Olivenöl bei niedriger Temperatur erhitzen. Die Zwiebeln hinzufügen und in etwa 5 Minuten glasig schwitzen, jedoch nicht bräunen. Das gehackte Fleisch dazugeben und bei höherer Temperatur einige Minuten braten, dabei mit dem Holzlöffel rühren. Die *persillade* und die Tomatensauce hinzufügen, umrühren und einmal aufkochen lassen. Die Hitze reduzieren und das Ganze 10 Minuten leise köcheln lassen. Mit Pfeffer und Muskatnuß abschmecken.

Gleichzeitig die Kartoffeln in einem Topf mit leicht gesalzenem Wasser gerade bedecken. Aufkochen lassen und zugedeckt garen. Die Kartoffeln in ein Sieb geben und das Kochwasser dabei auffangen. Mit einem Holzstößel die Kartoffeln über ihrem Topf durch das Sieb drücken, ohne den Stößel dabei zu drehen. Die Butter, etwas von dem Kochwasser und ein wenig Pfeffer an das Püree geben. Mit einem Holzlöffel rühren, jedoch nicht schlagen, und weiter Kochwasser hinzufügen, bis die Masse so flüssig ist, daß sie sich beinahe gießen läßt. Eventuell wird das gesamte Kochwasser benötigt.

Den Backofen auf 180 °C (Gasherd Stufe 2–3) vorheizen. In eine ofenfeste Form mit einem Fassungsvermögen von 1,5 l die Fleischmasse geben und glattstreichen. Das Kartoffelpüree daraufgeben und ebenfalls glattstreichen. Mit den Zinken einer Gabel in die Oberfläche ein Muster ritzen. In einer kleinen Schale die Semmelbrösel und den Parmesan vermengen und die Mischung gleichmäßig über das Kartoffelpüree verteilen. Das Ganze gleichmäßig mit 1 Eßlöffel Olivenöl beträufeln. Das Gratin etwa 20 Minuten backen, bis es goldbraun überkrustet ist.

Für 4 Personen

PROVENCE

CÔTES DE PORC FARCIES À LA PROVENÇALE
Gefüllte Schweinekoteletts

Anstelle von Zuchtchampignons können Sie für dieses Rezept auch Wildpilze verwenden; ganz ausgezeichnet passen Steinpilze.

FÜR DIE FÜLLUNG:
1 EL Olivenöl
1 Zwiebel, feingehackt
60 g frische Champignons, feingehackt
Kräuter der Provence (siehe Glossar)
Persillade mit 1 Knoblauchzehe (siehe Glossar)
Einige Tropfen Zitronensaft
Salz, frisch gemahlener Pfeffer und frisch geriebene Muskatnuß
Handvoll frische Semmelbrösel
1 Ei

4 Schweinekoteletts mit je 2 Rippen, alles Fett mit Ausnahme der
  dünnen Fettschicht auf der Rückenseite entfernt
Salz und frisch gemahlener Pfeffer
2 EL Olivenöl
2–3 EL trockener Weißwein

Für die Füllung das Olivenöl in einer Pfanne bei niedriger Temperatur erhitzen. Die Zwiebeln etwa 10 Minuten dünsten, bis sie glasig, aber noch nicht gebräunt sind. Die Pilze hinzufügen und bei starker Hitze etwa 5 Minuten unter Rühren braten, bis der austretende Saft fast völlig verdampft ist. Die Kräuter, die *persillade* und den Zitronensaft dazugeben. Die Mischung mit Salz, Pfeffer und Muskatnuß würzen. In eine Schüssel füllen und einige Minuten abkühlen lassen. Die Semmelbrösel und das Ei hinzufügen und alles mit den Händen gründlich vermengen.

Die Koteletts mit einem kleinen, scharfen Messer bis 2 cm vor dem Rückgrat und 2 cm vor der Spitze tief einschneiden. Die vorbereitete Farce in vier gleiche Portionen teilen und in die Fleischtaschen füllen, die jeweils mit zwei Zahnstochern über Kreuz verschlossen werden. Die Koteletts salzen und pfeffern.

Das Olivenöl in einer schweren Schmorpfanne bei mittlerer Temperatur erhitzen. Die Koteletts hineingeben und von beiden Seiten 7–8 Minuten bräunen, dabei nur einmal wenden. Die Hitze reduzieren, einen Deckel auflegen und die Koteletts bei sehr schwacher Hitze noch etwa 45 Minuten garen. Dabei die Koteletts mehrmals im Bratfett wenden. Mit etwas Wein ablöschen und unter Rühren mit dem Kochlöffel den Bratensatz lösen.

Die Koteletts mit dem Bratfond beträufeln und servieren.

Für 4 Personen

PROVENCE

SAUPIQUET DE LAPIN
Kaninchen in würziger Sauce

Daß etwa die Hälfte aller Provenzalen, die auf dem Land leben, Kaninchen hält, ist nicht übertrieben. »Gibelotte« und »saupiquet« gehören zu den beliebtesten Kaninchengerichten. In Kochbüchern, die nicht für Provenzalen verfaßt wurden, werden diese Rezepte häufig auch mit Huhn zubereitet, doch gelingen sie mit Kaninchen besser.

1 Kaninchen (etwa 1,7 kg), mit der Leber
Kräuter der Provence (siehe Glossar)
2 Lorbeerblätter
4 Knoblauchzehen (davon 3 ungeschält)
Frisch gemahlener Pfeffer
125 ml Olivenöl
Salz
125 ml trockener Weißwein
Grobes Salz
4 Sardellen in Salz, abgespült und filetiert (siehe Glossar)
2 EL Kapern, abgespült und ausgedrückt
1 EL gehackte glatte Petersilie
100 g schwarze Oliven, entsteint und grobgehackt

Das Kaninchen in 8 Teile zerlegen: Vorder- und Hinterläufe, den zerteilten Rücken mit anhängenden Nieren und den halbierten Brustkorb.

Die Kaninchenstücke in eine Schüssel legen und mit den Kräutern der Provence bestreuen. Die Lorbeerblätter, die ungeschälten Knoblauchzehen, Pfeffer nach Geschmack und 3 Eßlöffel Olivenöl hinzufügen. Durchmischen, die Schüssel abdecken und das Fleisch mehrere Stunden oder über Nacht zum Marinieren in den Kühlschrank stellen.

Den Backofen auf 180 °C (Gasherd Stufe 2–3) vorheizen. Die Kaninchenstücke mit der Marinade in einen flachen Bräter geben. Im vorgeheizten Ofen etwa 45 Minuten braten, bis das Fleisch gar ist. Dabei die Stücke regelmäßig wenden und nach 20 Minuten gelegentlich mit 2–3 Eßlöffeln Wein begießen. Es muß stets etwas Flüssigkeit im Topf sein.

Unterdessen die Leber in einer kleinen Bratpfanne in einigen Tropfen Olivenöl rasch braten, bis sie fest, aber innen noch blutig bis rosa ist. Die Pfanne vom Herd nehmen und beiseite stellen.

Im Mörser eine Prise grobes Salz, Pfeffer nach Geschmack und die geschälte Knoblauchzehe zu einer Paste zerreiben. Die Sardellen mit den Kapern hinzufügen und ebenfalls zerreiben. Nun die Leber hinzufügen und zerreiben. Das restliche Olivenöl (etwa 5 Eßlöffel) langsam dazugießen und mit dem Stößel einrühren. Zuletzt die Petersilie und die Oliven untermischen. Die Mischung in eine kleine hitzebeständige Kasserolle geben und bei sehr niedriger Temperatur erwärmen (sie darf nicht aufkochen).

Die Kaninchenteile auf einer vorgewärmten Platte anrichten. Die Lorbeerblätter und die Knoblauchzehen entfernen. Den Bratensatz in die erwärmte Sardellen-Kapern-Sauce einrühren und das Fleisch mit der Sauce überziehen.

Für 4 Personen   *Abbildung S. 116–117*

GRAS-DOUBLE À LA MARSEILLAISE
Kaldaunen und Schweinefuß mit Tomaten

Dieses Gericht bildet einen der kulinarischen Höhepunkte der provenzalischen Küche. Am besten gehen Sie zu einem Metzger auf dem Land und kaufen möglichst eine Mischung aus allen vier Mägen: Pansen, Netzmagen, Blättermagen und Labmagen. Besonders delikat schmeckt Blättermagen. Kartoffeln runden das Gericht gelungen ab.

1 Schweinefuß, längs halbiert
2 Porreestangen, das Weiße und das zarte Grün in feine Scheiben geschnitten
2 Zwiebeln, grobgehackt
300 g Karotten, in dünne Scheiben geschnitten
750 g Tomaten, enthäutet, entkernt und grobgehackt
3 Knoblauchzehen
Kräuter der Provence (siehe Glossar)
1,25 kg Kaldaunen, in 2 × 10 cm große Stücke geschnitten
Salz
Bouquet garni mit einem Streifen getrockneter Orangenschale (siehe Glossar)
80 ml Marc de Provence (siehe Glossar) oder Cognac
Etwa 500 ml trockener Weißwein

Die Schweinefußhälften in einen Topf legen und mit Wasser bedecken. Einmal aufkochen lassen, abgießen und unter fließendem kaltem Wasser abspülen. Abtropfen lassen und beiseite legen.

Das gesamte Gemüse, die Knoblauchzehen und die Kräuter der Provence vermischen. Eine Handvoll dieser Mischung in einer großen Tonkasserolle oder einem anderen großen schweren Topf verteilen. Die Schweinefußhälften und eine Handvoll Kaldaunen darauflegen. Salzen. Die restlichen Zutaten einfüllen, dabei das *bouquet garni* mitten hinein geben und mit einer Lage Gemüse abschließen. Den Marc und so viel Wein angießen, daß alles beinahe bedeckt ist.

Den Eintopf zugedeckt langsam zum Kochen bringen, was etwa 1 Stunde dauern sollte. Bei einem Gasherd den Topfboden durch einen Flammenverteiler gegen zu starke Hitzeeinwirkung schützen. Anschließend das Gericht bei niedrigster Hitze mindestens 7–8 Stunden leise köchelnd garen. Noch besser schmeckt der Eintopf, wenn Sie ihn am nächsten Tag erneut etwa 1 Stunde lang aufwärmen.

Für 4 Personen

Kaldaunen und Schweinefuß mit Tomaten

Rindfleisch in Gelee fotografiert in der Allee von Château Ansois

PROVENCE

DAUBE EN GELÉE
Rindfleisch in Gelee

Als Sülze serviert, bietet ein Provenzalischer Rindfleischtopf ein noch größeres Geschmackserlebnis, als wenn man ihn heiß genießt. Daher bereitet man in der Provence häufig bewußt die doppelte Menge zu, damit auch bestimmt genügend übrigbleibt.

Reste von der *daube* (Rezept S. 122)
1 Bund glatte Petersilie, schwarze Oliven und Tomatenachtel

Von der noch warmen *daube* die gesamte Brühe abgießen. Einen Löffel der Flüssigkeit auf einen kleinen Metallteller geben und an den kältesten Platz im Kühlschrank – jedoch nicht in das Gefrierfach – stellen. Erstarrt die Brühe nicht zu einem festen Gelee, die Brühe in einen Topf gießen und bei starker Hitze auf die richtige Konsistenz reduzieren (machen Sie erneut die Kühlschrankprobe).

Das *bouquet garni* herausnehmen und zwischen zwei Löffeln ausdrücken, um alle Geschmacksstoffe zu extrahieren. Den Schweinefuß auslösen und in kleine Stücke schneiden. Die verwendete Schüssel sollte möglichst aus Metall sein – dadurch läßt sich die Sülze später leichter stürzen – und so groß sein, daß Fleisch und Brühe gerade hineinpassen. Rindfleisch, Schweinefuß, Schwarte und Bauchspeck gleichmäßig in der Schüssel verteilen und mit der Brühe übergießen. Das Ganze abkühlen lassen und zugedeckt bis zum folgenden Tag in den Kühlschrank stellen.

Vor dem Stürzen mit der Spitze eines schmalen Messers am Schüsselrand entlangfahren. Anschließend die Schüssel kurz bis fast zum oberen Rand in heißes Wasser tauchen. Die Sülze auf eine runde Servierplatte stürzen. Die Schüssel abnehmen. Die Sülze mit Petersilienzweigen, Oliven und Tomatenachteln umlegen. Erst bei Tisch aufschneiden und die Portionen mit einer Palette auf die Teller heben.

Für 4 Personen

135

POITRINE DE VEAU FARCIE
Gefüllte Kalbsbrust

Für dieses Gericht wird die gefüllte Kalbsbrust langsam im Ofen gegart und mit dem Schmorfond serviert.

1,5 kg Kalbsbrust, nach Belieben gefüllt (Rezeptvorschläge S. 152)
1 EL Olivenöl
Salz
Mirepoix (siehe Glossar)
1 Lorbeerblatt
125 ml trockener Weißwein
500 ml heiße Fleischbrühe

Den Backofen auf 200 °C (Gasherd Stufe 3–4) vorheizen.

Das Fleisch von außen mit Olivenöl einreiben und salzen. In einen Bräter setzen und 30 Minuten braten, dabei nach 15 Minuten regelmäßig mit dem Bratensaft begießen. Den Braten aus dem Ofen nehmen. Die Temperatur auf 160 °C (Gasherd Stufe 1–2) reduzieren.

Gleichzeitig das *mirepoix* zubereiten und in einer ovalen ofenfesten Kasserolle verteilen, in die der Braten gerade hineinpaßt. Das Lorbeerblatt hinzufügen und den Braten in die Kasserolle legen. Aus dem Bräter das Fett abgießen. Den Bratensatz bei mittlerer bis hoher Hitze mit dem Wein ablöschen und unter Rühren mit einem Holzlöffel vom Topfboden lösen. Den Bratensatz und die kochendheiße Brühe über den Braten gießen. Ein Stück Pergamentpapier auf die Größe der Kasserolle zuschneiden, auf einer Seite leicht mit Olivenöl einfetten und mit der eingeölten Seite nach unten über das Fleisch breiten. Die Kasserolle mit einem Deckel verschließen und für 1¹/₂ Stunden in den Ofen schieben. Nach Ablauf dieser Zeit herausnehmen und die Temperatur auf 200 °C (Gasherd Stufe 3–4) erhöhen.

Den Braten wieder in den Bräter geben. Den Schmorfond durch ein Sieb gießen und die festen Bestandteile kräftig ausdrücken, jedoch nicht passieren. Den Schmorfond in einen kleinen Topf geben und zum Kochen bringen. Den Topf halb von der Kochstelle ziehen und die Hitze so regulieren, daß der Fond nur in der einen Topfhälfte leise köchelt. Auf der nicht kochenden Hälfte bildet sich eine Haut, unter der sich das Fett sammelt. Etwas fettlosen Fond aus der köchelnden Hälfte über den Braten gießen und diesen in den Ofen schieben. Eine Schale und einen großen Löffel neben dem Topf mit dem Fond bereithalten, um von Zeit zu Zeit die Haut zu entfernen, die sich immer wieder bildet. Die Kalbsbrust häufig mit dem Bratensatz oder mit dem entfetteten Schmorfond begießen. Wenn sich auf der nicht kochenden Seite kein Fett mehr auf dem Schmorfond sammelt, den Topf vom Herd nehmen.

Wenn der Braten nach etwa 20 Minuten von einer appetitlich glänzenden Kruste überzogen ist, wird er auf einer vorgewärmten Platte angerichtet und von den Fäden befreit. Die restliche Bratensauce in einer ebenfalls vorgewärmten Sauciere reichen. Den Braten erst bei Tisch aufschneiden.

Für 6 Personen

BŒUF À LA PROVENÇALE
Rindfleischragout

Für dieses Rezept lassen sich Reste von durchgebratenem Fleisch verwerten. Nicht geeignet ist indes blutig bis rosa gebratenes Fleisch, das bei dieser Art der Zubereitung zäh würde.

3 EL Olivenöl
750 g Tomaten, enthäutet, entkernt und grobgehackt
Persillade mit 1 Knoblauchzehe (siehe Glossar)
Salz
500 g Rindfleisch vom *pot-au-feu* (Rezept S. 45), gekühlt und in
  2 cm große Würfel geschnitten

100 g schwarze Oliven
Einige frische Basilikumstengel mit Blütenknospen
Frisch gemahlener Pfeffer

Das Olivenöl in einer Schmorpfanne bei hoher Temperatur erhitzen. Die Tomaten mit der *persillade* hinzufügen und salzen. Alles bei hoher Temperatur braten, so daß der Saft möglichst rasch verdampft.

Die Fleischwürfel in die Pfanne geben. Die Temperatur auf die kleinste Stufe herunterschalten, einen Deckel auflegen und das Fleisch 10 Minuten in der leise köchelnden Sauce garen. Die Oliven hinzufügen und 3–4 Minuten in der zugedeckten Pfanne mitgaren, bis sie erwärmt sind und ihren vollen Geschmack entfaltet haben.

Unmittelbar vor dem Servieren die Basilikumblätter zerpflücken und die Blüten zerreiben. Beides an das Fleisch geben. Pfeffern, die Sauce umrühren und das Ragout servieren.

Für 4 Personen

PAUPIETTES DE BŒUF À LA PROVENÇALE
Rinderrouladen auf provenzalische Art

Anstelle der hier vorgeschlagenen Füllung können Sie auch Charles Durands Universalfüllung verwenden (siehe S. 152).

1 kg Rinderhüfte

FÜR DIE FÜLLUNG:

250 g magerer Bauchspeck, gehackt
Fleischreste, die beim Zuschneiden der Fleischscheiben anfallen
Persillade mit 3 Knoblauchzehen (siehe Glossar)
Salz und frisch gemahlener Pfeffer

60 ml Olivenöl
1 Zwiebel, feingehackt
125 ml Weißwein
2 Tomaten, enthäutet, entkernt und gehackt
Salz
Bouquet garni (siehe Glossar)
250 ml Fleischbrühe oder Wasser
100 g schwarze Oliven

Das Fleisch in 12 Scheiben von etwa 0,5 cm Dicke und 8 × 10 cm Größe schneiden. Die Reststücke hacken und beiseite stellen. Die Fleischscheiben mit dem Fleischklopfer leicht flachklopfen.

Alle Zutaten für die Füllung einschließlich Salz und Pfeffer gründlich vermengen. Die Masse in 12 gleiche Portionen teilen. Von der Küchengarnrolle 12 Fäden à 30 cm abschneiden. Auf einer Fleischscheibe eine Portion der Füllung verteilen und die Scheibe zusammenrollen. Ein Stück Garn erst quer und dann längs um die Roulade wickeln und die Enden zweifach verknoten. Die restlichen Rouladen ebenso vorbereiten.

In einem schweren Schmortopf das Olivenöl bei mittlerer Temperatur erhitzen. Die Rouladen hineingeben und in etwa 15 Minuten ringsum leicht anbräunen. Die Zwiebeln hinzufügen und etwa 5 Minuten hellgelb anschwitzen, dabei die Rouladen immer wieder wenden. Den Weißwein angießen und mit einem Holzlöffel den Bratensatz vom Topfboden lösen. Die Tomaten, das Salz, das *bouquet garni* und so viel Fleischbrühe hinzufügen, daß die Rouladen beinahe bedeckt sind. Das Ganze einmal aufkochen lassen. Anschließend bei niedriger Hitze zugedeckt etwa 1 Stunde leise köcheln lassen, dabei die Rouladen regelmäßig in der Sauce wenden. Die Oliven dazugeben und noch etwa ¹/₂ Stunde mitschmoren, bis die Rouladen gar und von der stark reduzierten Sauce appetitlich überglänzt sind.

Die Rouladen von den Fäden befreien, auf einer vorgewärmten Platte anrichten und servieren.

Für 6 Personen

Im Uhrzeigersinn von oben nach unten: *Gefüllte Kalbsbrust, Rinderrouladen auf provenzalische Art, Rindfleisch-Kartoffel-Eintopf und Rindfleischragout*

BŒUF À LA GARDIANE
Rindfleisch-Kartoffel-Eintopf

Dies ist das traditionelle Rindfleischgericht der »gardians«, der Rinderhirten der Camargue.

2 EL Olivenöl
1 kg Rindfleisch zum Schmoren (Hals oder Beinfleisch), in 4 cm
　große Würfel geschnitten
Salz
1 Scheibe magerer gepökelter Bauchspeck (etwa 125 g), quer in
　fingerdicke Streifen geschnitten
1 große Zwiebel, gehackt
3 Knoblauchzehen, zerdrückt
Kochendes Wasser nach Bedarf
Bouquet garni mit einem Streifen getrockneter Orangenschale
　(siehe Glossar)
500 g rotschalige Kartoffeln, geschält und in Scheiben geschnitten

100 g schwarze Oliven
Frisch gemahlener Pfeffer

Das Olivenöl in einem schweren Schmortopf bei mittlerer Temperatur erhitzen. Die Fleischwürfel etwa 15 Minuten braten und dabei mit dem Holzlöffel rühren, bis sie von allen Seiten gebräunt sind. Salzen, die Speckstreifen hinzufügen und unter gelegentlichem Rühren Farbe annehmen lassen. Die Hitze reduzieren.

Die Zwiebeln an das Fleisch geben und etwa 5 Minuten leicht anbräunen, dabei häufig rühren. Den Knoblauch hinzufügen und 250 ml kochendes Wasser angießen. Den Bratensatz unter Rühren mit dem Holzlöffel vom Topfboden lösen. Das *bouquet garni* und die Kartoffeln hinzufügen und salzen.

So viel kochendes Wasser angießen, daß die Kartoffeln beinahe bedeckt sind. Einen fest schließenden Deckel auflegen und das Gericht bei niedrigster Hitze 2$\frac{1}{2}$–3 Stunden schmoren, bis das Fleisch gar ist und die Kartoffeln allmählich zerfallen.

Einige Minuten vor dem Servieren die Oliven einrühren und etwas Pfeffer darübermahlen.

Für 4 Personen

ALPES-MARITIMES

ESTOUFFADE À LA NIÇOISE
Rinderragout mit Champignons und Oliven

Unverkennbar südlichen Ursprungs ist dieses Ragout: Die Tomaten und die schwarzen Oliven verraten es. Doch ist dieses Gericht überall in Frankreich unter immer wieder anderen Namen bekannt. Verwendet man zum Beispiel anstelle des Weißweins einen Rotwein, läßt die Tomatensauce weg und ersetzt die Oliven durch kleine Zwiebeln, so erhält man ein »bœuf bourguignon«.

1 Scheibe magerer ungeräucherter Bauchspeck (150 g), in feine
    Streifen geschnitten
4 EL Olivenöl
500 g Zwiebeln, grobgehackt
1 kg Rindfleisch zum Schmoren, in Portionen à 100 g geteilt
Salz
2 EL Mehl
500 ml trockener Weißwein
125 ml Tomatensauce (siehe Glossar)
Bouquet garni (siehe Glossar)
Fleischbrühe oder Wasser nach Bedarf
150 g frische Champignons, geviertelt
100 g schwarze Oliven
Frisch gemahlener Pfeffer

Die Speckstreifen in einem Topf mit Wasser bedecken und einmal aufkochen lassen. Sofort abgießen, unter kaltem Wasser abspülen und abtropfen lassen.

In einem großen Schmortopf bei mittlerer bis niedriger Temperatur 2 Eßlöffel Olivenöl erhitzen. Die Speckstreifen hineingeben und in etwa 7 Minuten von allen Seiten ganz leicht anbräunen. Die Speckstreifen auf einem Teller beiseite legen. Die Zwiebeln in das Fett geben und bei mittlerer bis niedriger Temperatur etwa 10 Minuten dünsten, bis sie weich sind und etwas Farbe annehmen. In einem Sieb über einer Schüssel abtropfen lassen. Das abgetropfte Fett mit 1 Eßlöffel Olivenöl wieder in den Schmortopf geben. Das Fleisch hinzufügen und bei mittlerer Hitze etwa 15 Minuten von allen Seiten anbräunen. Gelegentlich durchmischen und salzen. Das Fleisch mit dem Mehl bestäuben und weiter rühren, bis das Mehl leicht gebräunt ist. Die Zwiebeln an das Fleisch geben und gründlich untermischen. Den Wein angießen und den Bratensatz mit einem Holzlöffel lösen. Die Tomatensauce, das *bouquet garni* und so viel Fleischbrühe oder Wasser hinzufügen, daß das Ganze gerade bedeckt ist. Alles aufkochen lassen und anschließend zugedeckt bei schwacher Hitze simmern lassen, bis das Fleisch nach 2¹/₂–3 Stunden weich und zart ist.

Währenddessen 1 Eßlöffel Olivenöl in einer Pfanne bei hoher Temperatur erhitzen. Die Pilze hineingeben, salzen und unter Rühren braten, bis sie leicht bräunen und der austretende Saft verdampft ist. Beiseite stellen.

Das Fleisch aus dem Topf nehmen. Den restlichen Topfinhalt über einer Schüssel in ein Sieb leeren. Das Fleisch zurück in den Topf geben. Speckstreifen, Champignons und Oliven hinzufügen. Etwas Pfeffer darübermahlen und einen Deckel auflegen, damit das Fleisch nicht auskühlt.

Das *bouquet garni* ausdrücken und wegwerfen, die Sauce durch das Sieb streichen. Die passierte Sauce in einen Topf geben, den sie möglichst ganz ausfüllt. Einmal aufkochen lassen, dann den Topf halb von der Kochstelle ziehen. Die Sauce soll nur in der einen Hälfte leise köcheln. Von der nicht kochenden Hälfte mehrfach mit einem Löffel das Fett abnehmen, bis sich keines mehr sammelt. Die Sauce in den Topf mit dem Ragout gießen. Alles zusammen einmal aufkochen und noch 10 Minuten simmern lassen. Heiß servieren.

Für 6 Personen

Rinderragout mit Champignons und Oliven

PROVENCE

PAIN DE VEAU À LA PROVENÇALE
Provenzalischer Kalbshackbraten

Wenn die vorhandenen Kalbfleischreste nicht ausreichen, können Sie andere gehackte Fleischreste oder frisches Hackfleisch hinzufügen. Die Sauerampferblätter schmelzen in der Hitze und hinterlassen auf dem Braten ein zartes Netzmuster.

500 g gebratenes oder geschmortes Kalbfleisch, feingehackt
150 g frische Semmelbrösel, mit etwas heißer Milch angefeuchtet
Persillade mit 1 Knoblauchzehe (siehe Glossar)
Kräuter der Provence (siehe Glossar)
3 Eier
Salz, frisch gemahlener Pfeffer und frisch geriebene Muskatnuß
1 EL weiche Butter
8–10 große Sauerampferblätter, entstielt
Kochendes Wasser nach Bedarf
500 ml Tomatensauce, erwärmt (siehe Glossar)

Den Backofen auf 180 °C (Gasherd Stufe 2–3) vorheizen.
Das feingehackte Fleisch, die angefeuchteten Semmelbrösel, *persillade,* Kräuter der Provence, Eier, Salz, Pfeffer und Muskatnuß nach Geschmack in eine Schüssel geben. Alles mit den Händen gründlich vermengen.
Eine Charlottenform mit einem Fassungsvermögen von 1,5 l mit der Butter einfetten. Mit den Sauerampferblättern auskleiden und diese fest an Boden und Wand der Form andrücken. Den Fleischteig vorsichtig einfüllen, damit die Blätter nicht verschoben werden. (Sie halten besser, wenn man die Form zuvor in den Kühlschrank stellt, so daß die Butter erstarrt.) Den Fleischteig oben glattstreichen und die Form mehrmals auf eine feste Fläche schlagen, damit sich die Masse setzt. Die Charlottenform in eine große ofenfeste Form mit hohem Rand setzen. Diese bis auf halbe Höhe der Charlottenform mit kochendem Wasser füllen. Den Hackbraten 45 Minuten im Backofen garen. Den Hackbraten mit dem Wasserbad herausnehmen und im Wasser noch 10 Minuten ruhen lassen.
Zum Stürzen eine runde Servierplatte umgedreht auf die Form legen. Mit einem Küchentuch den Plattenrand und die Griffe der Form fest umfassen und beides zusammen umdrehen. Die Form abnehmen. Den Braten mit etwas Tomatensauce umgießen. Die restliche Sauce in einer Schüssel dazu reichen.

Für 4 Personen

PROVENCE

ROUELLE DE VEAU À L'ANCHOIS
Mit Sardellen gespickte Kalbshachse

Frische Eiernudeln, al dente gekocht und in Butter geschwenkt, runden das herzhafte Gericht ab.

1 kg Kalbshachse, ausgelöst
4 Sardellen in Salz, abgespült, filetiert und quer halbiert
   (siehe Glossar)
3 EL Weinessig
3 EL Olivenöl
Salz
Etwa 125 ml trockener Weißwein
Persillade mit 1 Knoblauchzehe (siehe Glossar)
1 TL abgeriebene Orangenschale

Die Kalbshachse mit einem kleinen, spitzen Messer auf beiden Seiten in regelmäßigen Abständen in Faserrichtung einschneiden. In jeden Einschnitt ein halbes Sardellenfilet schieben. Das Fleisch in eine große Schüssel legen. Mit dem Essig und 1 Teelöffel Olivenöl be-

Mit Sardellen gespickte Kalbshachse (oben) *und Provenzalischer Kalbshackbraten* (unten)

träufeln. Vier Stunden bei Zimmertemperatur zum Marinieren stehenlassen, währenddessen zwei- bis dreimal wenden.
Das Fleisch abtropfen lassen und mit Küchenkrepp trockentupfen. In einem schweren Topf, in den die Kalbshachse gerade hineinpaßt, das restliche Olivenöl erhitzen. Die Kalbshachse hineinlegen und leicht salzen. Zugedeckt bei sehr milder Hitze garen und dabei regelmäßig umdrehen. Der Garvorgang muß aufmerksam beobachtet wer-

140

den. Nachdem der anfangs austretende Fleischsaft köchelnd verdampft ist, nimmt die Hachse im Öl langsam Farbe an. Das Garen
darf nicht zu rasch geschehen, und jedesmal, wenn der Bratensaft ein-
trocknet, gießt man einige Eßlöffel Wein an. Nach etwa 2 Stunden ist
das Fleisch gar. Die Hachse warm stellen.

Den Bratensaft bei mittlerer Hitze einkochen, bis am Topfboden
nur noch der feste Bratensatz zurückbleibt. Das Fett abgießen. Den

Bratensatz mit einigen Eßlöffeln Wein ablöschen und mit einem
Holzlöffel vom Topfboden lösen. Die Hachse aufschneiden und auf
einer vorgewärmten Servierplatte anrichten. Den Bratenfond darübergeben. *Persillade* und Orangenschale vermischen und den Braten damit bestreuen.

Für 4 Personen

Gefüllte Ente mit Oliven

CANARD FARCI AUX OLIVES
Gefüllte Ente mit Oliven

FÜR DIE FÜLLUNG:

100 g *brousse* (siehe Glossar) oder Ricotta
1 Ei
1 EL Olivenöl
1 Zwiebel, feingehackt
Herz, Leber und das dunkelrote Fleisch des Magens der Ente, in kleine Stücke geschnitten
Grobes Salz
1 Knoblauchzehe
30 g frische Semmelbrösel
500 g Mangoldblätter, blanchiert, ausgedrückt und gehackt (siehe Glossar)
Getrocknete Oreganoblüten, Salz, frisch gemahlener Pfeffer und frisch geriebene Muskatnuß

1 Ente, etwa 2 kg
1 TL Olivenöl
Salz
Mirepoix (siehe Glossar)
60 ml trockener Weißwein
500 ml heiße Fleischbrühe
100 g grüne Oliven in Salzlake, 1 Minute blanchiert und abgetropft
1/2 Zitrone

Für die Füllung den Käse mit dem Ei in eine Rührschüssel geben und mit einer Gabel vermischen. Das Olivenöl in einer kleinen Pfanne bei niedriger Temperatur erhitzen. Die Zwiebeln hineingeben und glasig dünsten, sie dürfen keine Farbe annehmen. Die kleingeschnittenen Innereien hinzufügen und einige Minuten unter Rühren braten, bis sie sich verfärben. Die Pfanne vom Herd nehmen.

Im Mörser eine Prise grobes Salz mit dem Knoblauch zu einer Paste zerreiben. Die Semmelbrösel daruntermengen.

Die gebratenen Innereien, den Mörserinhalt und den Mangold an die Käse-Ei-Mischung geben. Das Ganze mit zerriebenen Oreganoblüten, Salz, Pfeffer und einem Hauch Muskatnuß würzen. Alles mit den Händen gründlich vermengen.

Den Backofen auf 230 °C (Gasherd Stufe 5) vorheizen. Die Ente vorbereiten: Das Gabelbein auslösen, wie bei dem Rezept für *poulet aux anchois* auf S. 150 beschrieben. Die Flügelspitzen am zweiten Gelenk abtrennen und am ersten Gelenk durchschneiden. Den Hals in kurze Stücke schneiden. Diese Teile beiseite legen. Die vorbereitete Füllung in die Bauchhöhle der Ente füllen und die Öffnung zunähen oder mit Spießchen zustecken. Die Ente mit Küchengarn dressieren. Ringsum mit dem Olivenöl einreiben und salzen. Die Ente mit der Brustseite nach oben in einen Bräter legen, die Hals- und die Flügelstücke dazugeben. Die Keulenenden mit Alufolie umwickeln, damit sie nicht verbrennen.

Die Ente in den Ofen schieben und 35–40 Minuten braten, dabei nach 15 Minuten häufig begießen. Aus dem Ofen nehmen und die Temperatur auf 150 °C (Gasherd Stufe 1) herunterschalten.

Inzwischen das *mirepoix* zubereiten und in einem ovalen flachen Bratentopf mit Deckel verteilen, in den die Ente gerade hineinpaßt.

Die Alufolie entfernen und die Ente auf das *mirepoix* setzen. Die Hals- und die Flügelstücke ringsum verteilen. Aus dem Bräter das Fett abgießen und den Topf auf den Herd stellen. Bei starker Hitze mit dem Wein ablöschen und unter Rühren mit dem Holzlöffel den Bratensatz vom Topfboden lösen. Den Bratenfond und die kochende Brühe über die Ente gießen. Ein Stück Pergamentpapier auf die Größe des Bratentopfes zuschneiden, auf einer Seite leicht mit Öl bestreichen und mit der eingefetteten Seite nach unten über die Ente breiten. Den Deckel auflegen. Die Ente 1 Stunde im Backofen schmoren. Herausnehmen und die Temperatur auf 190 °C (Gasherd Stufe 3) hochschalten.

Die Ente in eine flache, ovale ofenfeste Form setzen. Den Schmorfond über einem kleinen Topf durch ein Sieb gießen. Das *mirepoix*

142

mit einem Holzstößel ausdrücken, um die gesamte Flüssigkeit zu extrahieren. Den Fond aufkochen lassen. Dann den Topf halb von der Kochstelle ziehen und die Temperatur so reduzieren, daß der Fond in der Topfhälfte über der Kochstelle leise simmert. Etwas von dem entfetteten Fond aus der köchelnden Topfhälfte über die Ente schöpfen und diese in den Ofen schieben. Sobald sich auf der nicht kochenden Topfhälfte eine Haut bildet, diese mit einem Löffel zusammenschieben und entfernen. Auf diese Weise den Fond völlig klären, bis kein Fett mehr aufsteigt. Gleichzeitig die Ente regelmäßig begießen. Die Oliven an den Fond geben.

Die Ente nach 20 Minuten, wenn sie schön überglänzt ist, auf einer vorgewärmten Platte anrichten. Die Fäden durchtrennen und entfernen. Den Bratensaft aus der Form zu der Sauce in den Topf gießen. Die Sauce mit einem Spritzer Zitronensaft aromatisieren und mitsamt den Oliven in eine vorgewärmte Sauciere gießen. Die Ente tranchieren und über jede Portion etwas von der Sauce und einige Oliven geben.

Für 4 Personen

VAR

POULET FARCI EN CRAPAUDINE
Brathähnchen mit Spinatfüllung

FÜR DIE FÜLLUNG:

125 g *brousse* (siehe Glossar) oder Ricotta
2 EL Olivenöl
1 Ei
250 g Spinat, blanchiert, ausgedrückt und gehackt (siehe Glossar)

Handvoll frische Semmelbrösel
30 g frisch geriebener Parmesan
Persillade mit 1 Knoblauchzehe (siehe Glossar)
Salz, frisch gemahlener Pfeffer und frisch geriebene Muskatnuß

1 Poularde, etwa 1,5 kg
1 EL Olivenöl
Salz und frisch gemahlener Pfeffer

Alle Zutaten für die Füllung in einer Schüssel gründlich vermengen.

Den Backofen auf 230 °C (Gasherd Stufe 5) vorheizen. Am Hals beginnend, die Haut mit den Fingern von Brust und Keulen lösen, jedoch nicht abziehen. Dabei behutsam vorgehen, damit die Haut nicht aufreißt.

Mit der einen Hand jeweils eine kleine Menge der Füllung unter die Haut schieben und sie mit der anderen Hand verstreichen, so daß sie sich gleichmäßig verteilt. Den Rest der Füllung in die Bauchhöhle geben. Die Poularde mit Küchengarn zunähen und in Form binden.

Mit dem Olivenöl einreiben, nach Geschmack mit Salz und Pfeffer würzen. Die Poularde mit der Brustseite nach oben in eine runde, flache Form setzen, in die sie gerade hineinpaßt.

Etwa 10 Minuten braten. Dann die Ofentemperatur auf 180 °C (Gasherd Stufe 2–3) herunterschalten. Die Poularde noch etwa 40 Minuten garen, ohne sie zu wenden. Während der letzten 30 Minuten zwei- bis dreimal mit dem Bratensaft begießen. Die Poularde ist gar, wenn aus der eingestochenen Schenkelbeuge klarer Fleischsaft austritt.

Die Poularde auf einem Tranchierbrett servieren und wie das *poulet grillé aux herbes de Provence* (Rezept S. 151) aufschneiden. Als Beilage paßt dazu frisches Baguette.

Für 4 Personen

Brathähnchen mit Spinatfüllung

POULET À LA VAUCLUSIENNE
Geschmortes Huhn in Tomatensauce

1 Poularde (etwa 1,5 kg), dressiert
Salz und frisch gemahlener Pfeffer
1 EL Olivenöl
60 g magerer gepökelter Bauchspeck, gewürfelt
1 Zwiebel, feingehackt
125 ml trockener Weißwein
500 g Tomaten, enthäutet, entkernt und grobgehackt
100 g schwarze Oliven
1 längliche Aubergine (etwa 250 g)
Mehl nach Bedarf
Pflanzenöl nach Bedarf

Das Huhn salzen und pfeffern. Zusammen mit dem Olivenöl und dem Speck in eine tiefe ofenfeste Kasserolle oder einen Bratentopf geben. Alles im zugedeckten Topf bei niedriger bis mittlerer Hitze 10–15 Minuten anbraten. Dabei das Huhn immer wieder umdrehen und den Speck umrühren. Die Zwiebeln dazugeben und unter Rühren mitbraten. Sobald sie etwas Farbe annehmen, die Hitze hochschalten, den Wein angießen und weiter rühren. Die Tomaten hinzufügen und salzen. Wenn sie nach etwa 10 Minuten kochen und allmählich zerfallen, den Deckel wieder auflegen. Das Huhn bei niedriger Hitze 45 Minuten schmoren und dabei immer wieder etwas drehen, bis es einmal komplett gewendet ist. Gegen Ende des Garvorgangs die Oliven einrühren.

Während das Huhn gart, die Aubergine quer in 0,5 cm dicke Scheiben schneiden und diese von beiden Seiten salzen.

Das Huhn aus der Kasserolle nehmen. Die Fäden durchtrennen und entfernen. Das Huhn tranchieren. Die Scheiben und Stücke auf einer tiefen vorgewärmten Servierplatte oder in einer großen Tonform anrichten. Das Huhn mit der Tomatensauce überziehen und warm stellen.

Eine große Pfanne 1 cm hoch mit Pflanzenöl füllen. Das Öl bei mittlerer bis hoher Temperatur auf etwa 190 °C erhitzen. Die Auberginenscheiben mit Küchenkrepp trockentupfen. Einmehlen und überschüssiges Mehl wieder abschütteln. Wenn das Öl die erforderliche Temperatur erreicht hat, die Auberginenscheiben portionsweise hineingeben. Von beiden Seiten in etwa 2–4 Minuten goldbraun fritieren, dabei einmal wenden. Zum Abtropfen auf Küchenkrepp legen.

Das Huhn mit den Auberginenscheiben umlegen und servieren.

Für 4 Personen

POULET AU RIZ À LA PROVENÇALE
Hähnchenpilaw

60 ml Olivenöl
1 Poularde (etwa 1,5 kg), in Portionsstücke zerlegt
Salz und frisch gemahlener Pfeffer
1 Zwiebel, feingehackt
1 rote Paprikaschote, entkernt, von weißen Häutchen befreit,
   in 1 cm breite Streifen und diese quer in Quadrate geschnitten
250 g Langkornreis
1 Msp. Safranpulver
Cayennepfeffer
Persillade mit 1 Knoblauchzehe (siehe Glossar)
625 ml kochendes Wasser
2 große Tomaten, enthäutet, entkernt und grobgehackt

Das Olivenöl in einem großen, schweren Schmortopf bei mittlerer bis hoher Temperatur erhitzen. Die Poulardenteile salzen und pfeffern und mit Ausnahme der Brüstchen in das heiße Öl geben. 10 Minuten unter Rühren ringsum anbraten. Die Brüstchen hinzufügen und noch etwa 10 Minuten weiterbraten, bis alle Stücke ringsum appetitlich gebräunt sind. Die Poulardenteile auf einen Teller legen und beiseite stellen.

Das Fett aus dem Topf bis auf einen kleinen Rest in eine große Bratpfanne gießen und diese beiseite stellen. Die Zwiebeln und die Paprika zu dem restlichen Fett in den Topf geben. Bei milder Hitze unter Rühren weich dünsten. Den Reis hinzufügen. Mit Salz, Safran und Cayennepfeffer würzen. Mit einem Holzlöffel etwa 5 Minuten rühren, bis der Reis glasig wird. Die *persillade* einrühren, das kochende Wasser angießen und einmal umrühren. Die Poulardenteile auf den Reis legen und mit dem ausgetretenen Fleischsaft beträufeln. Das Gericht im zugedeckten Topf bei sehr schwacher Hitze etwa 15 Minuten garen.

Währenddessen das Fett in der Bratpfanne erhitzen. Die Tomaten hineingeben, mit einer Prise Salz würzen und bei starker Hitze braten, bis der austretende Saft größtenteils verkocht ist. Die Tomaten über dem Reis mit dem Fleisch verteilen, ohne umzurühren. Den Topf nach 10 Minuten vom Herd nehmen.

Für 4 Personen

GIBELOTTE DE LAPIN
Kaninchen in Weißwein

1 Kaninchen (etwa 1,7 kg), mit der Leber
Salz und frisch gemahlener Pfeffer
3 EL und dazu ein paar Tropfen Olivenöl
1 Scheibe magerer gepökelter Bauchspeck (etwa 125 g),
   in Streifen geschnitten (siehe Glossar)
1 große Zwiebel, grobgehackt
3 Knoblauchzehen, zerdrückt
3 EL Mehl
60 ml Marc de Provence (siehe Glossar) oder Cognac
500 ml trockener Weißwein
Kochende Fleischbrühe oder Wasser nach Bedarf
Bouquet garni (siehe Glossar)
500 g kleine neue Kartoffeln, geschält

Das Kaninchen in 8 Teile zerlegen: 2 Vorderläufe, 2 Hinterläufe, den gespaltenen Rücken mit den anhängenden Nieren und den halbierten Brustkorb.

Die Kaninchenteile salzen und pfeffern. Drei Eßlöffel Olivenöl in einem großen Schmortopf bei mittlerer Temperatur erhitzen. Die Kaninchenteile hinzufügen und den Speck dazwischenstecken. Die Speckstreifen müssen während des Anbratens regelmäßig durch Rütteln des Topfes gewendet werden. Wenn die Kaninchenteile auf einer Seite schön gebräunt sind, werden sie gewendet. Die Zwiebeln hinzufügen und regelmäßig mit einem Holzlöffel rühren, bis sie nach etwa 10 Minuten weich sind und langsam Farbe annehmen.

Den Knoblauch in den Topf geben, alles gleichmäßig mit dem Mehl bestäuben und die Kaninchenteile wenden. Alles noch einige Minuten unter häufigem Rühren braten, dann mit dem Marc oder Cognac ablöschen. Unter Rühren mit dem Holzlöffel den Bratensatz lösen. Den Wein angießen und unter ständigem Rühren – auch über den Topfboden – aufkochen lassen. Das *bouquet garni* in die Topfmitte legen und so viel heiße Brühe oder Wasser angießen, daß das Fleisch bedeckt ist. Zugedeckt bei sehr niedriger Hitze 45 Minuten simmern lassen. Nach Ablauf von 15 Minuten die Kartoffeln hinzufügen. Sie werden einzeln hier und da zwischen das Fleisch geschoben, wobei sie völlig in die Brühe eintauchen müssen.

Den Schmorfond 1 Minute vor dem Servieren mit Hilfe einer Schöpfkelle entfetten. Die Leber in kleine Stücke schneiden und einige Sekunden in ein wenig Öl sautieren. Das Gericht mit den Leberstückchen bestreuen und direkt aus dem Topf servieren.

Für 4 Personen   *Abbildung S. 116–117*

Rechte Seite: *Geschmortes Huhn in Tomatensauce* (hinten) *und Hähnchenpilaw* (vorn); *fotografiert bei Sonnenuntergang in Bonnieux*

PROVENCE

BROCHETTES D'ABATS
Gegrillte Innereien vom Spieß

In Südfrankreich versteht man unter »brochette«, wenn keine näheren Angaben dazu gemacht werden, einen Spieß mit Lamminnereien. Manche Köche mischen sie mit zarten Fleischwürfeln, die aus der Keule oder dem Rücken geschnitten wurden. Man kann die Spieße ohne weiteres eine Stunde und länger im voraus vorbereiten und bis zur eigentlichen Zubereitung bei Zimmertemperatur marinieren. Die klassische und auch ideale Beilage sind Reispilaw mit Safran und dazu Tomaten auf provenzalische Art (Rezept S. 173).

2 Scheiben magerer gepökelter Bauchspeck (etwa 125 g), 1 cm dick und in grobe Streifen geschnitten
Grobes Salz
Frisch gemahlener Pfeffer
Kräuter der Provence (siehe Glossar)
2 Knoblauchzehen
2 EL Olivenöl
2 Lammherzen, Fett und harte Blutgefäße entfernt, längs geviertelt und die Viertel quer halbiert
2 Kalbsnieren, längs halbiert, das Fett entfernt und die Hälften in 2 cm große Stücke geschnitten
Frischer Rosmarin (nach Belieben)

Die Speckstreifen in einem Topf mit Wasser bedecken. Einmal aufkochen lassen, abgießen und unter fließendem kaltem Wasser abspülen. Abtropfen lassen, mit Küchenkrepp trockentupfen und beiseite stellen.

Im Mörser eine kräftige Prise grobes Salz mit Pfeffer, Kräutern der Provence und den Knoblauchzehen zu einer Paste zerreiben. Das Olivenöl mit dem Stößel einrühren und die Mischung in eine große

Perlhuhn mit Wirsing

Rührschüssel füllen. Den Mörser mit einigen Speckstücken auswischen. Diese Speckstücke zusammen mit den Innereien in die Schüssel geben. Mit den Händen in der Paste wenden, bis sie gleichmäßig davon überzogen sind.

Die Innereien- und Speckstücke gleich zu Anfang zählen, damit sie später gleichmäßig auf die Spieße verteilt werden können. Pro Spieß sind 4 Herzstücke, etwa 5 Speckstreifen und 6–7 Nierenstücke vorgesehen. Den Speck abwechselnd mit den Innereien auf 4 Spieße ziehen. Die Stücke sollen sich berühren, aber nicht zusammengepreßt sein. Die fertigen Spieße auf einen Teller legen, die in der Schüssel verbliebene Paste darüber verteilen und zum Marinieren stehenlassen, bis der Grill bereit ist.

Im Holzkohlengrill ein Feuer entfachen. Die Spieße auf den Rost über die glimmende Glut legen und 8–10 Minuten grillen, dabei alle paar Minuten drehen. Falls frischer Rosmarin zur Hand ist, einige Sekunden vor Ende des Garvorgangs eine Handvoll Blätter oder ein paar Zweige in die Glut werfen. (Verwenden Sie keinesfalls getrockneten Rosmarin, der, anstatt Rauch zu entwickeln, sogleich in Flammen aufgehen würde.)

Für 4 Personen

PROVENCE

PINTADE AUX CHOUX
Perlhuhn mit Wirsing

Für die klassische Variante dieses Rezeptes wird Rebhuhn verwendet. Außerhalb der Jagdsaison läßt es sich gut durch Perlhuhn ersetzen. Auch ältere Fasane können auf diese Weise zubereitet werden. Die Wurst sollte kräftig gewürzt, aber nicht geräuchert sein.

1 großer Wirsingkohl
Kochendes Salzwasser nach Bedarf
1 Perlhuhn (etwa 1,5 kg), dressiert
1 EL Olivenöl
Salz und frisch gemahlener Pfeffer
2 Scheiben magerer gepökelter Bauchspeck, je 125 g
2 große Zwiebeln, grobgehackt
60 ml trockener Weißwein
1 Brühwurst (siehe Rezept-Einleitung), 250 g, mehrmals eingestochen
Großes *bouquet garni* (siehe Glossar)
250 g Karotten, in 2 cm dicke Scheiben geschnitten
Etwa 500 ml kochende Fleischbrühe

Den Backofen auf 230 °C (Gasherd Stufe 5) vorheizen. Vom Wirsing die äußeren dunkelgrünen Blätter entfernen. Den Kohl längs vierteln und aus jedem Viertel den Strunk herausschneiden. Sichtbare dicke Rippen ebenso entfernen. Die Viertel grob hacken. Den Kohl in kochendem Salzwasser 10 Minuten garen. Abgießen, mit fließendem kaltem Wasser abschrecken und möglichst kräftig ausdrücken.

Das Perlhuhn ringsum mit dem Olivenöl einreiben, salzen und pfeffern. Mit der Brustseite nach oben in einen Bratentopf oder einen ovalen Bräter setzen. In den Ofen schieben und 20 Minuten braten. Das Perlhuhn aus dem Ofen nehmen. Die Temperatur auf 150 °C (Gasherd Stufe 1) herunterschalten.

Gleichzeitig den Speck in einem Topf mit Wasser bedecken. Bei starker Hitze aufkochen lassen und abgießen. Mit kaltem Wasser abspülen, abtropfen lassen und beiseite stellen.

Einen schweren ovalen Topf mit einer Handvoll des blanchierten Wirsings und den Zwiebeln auslegen. Das Perlhuhn mit der Brustseite nach oben auf das Gemüsebett setzen. Den Wein angießen und den Bratentopf bei hoher Temperatur auf den Herd stellen. Das Perlhuhn mit dem Weinfond beträufeln. Auf beide Seiten des Vogels je eine Speckscheibe geben, dazu auf die eine Seite die Wurst und auf die andere das *bouquet garni*. Die Karottenscheiben ringsum verteilen. Alles mit den restlichen Kohlstreifen bedecken, die leicht in die Zwischenräume gedrückt werden. So viel kochende Brühe angießen, daß das Ganze gerade bedeckt ist.

Gegrillte Innereien vom Spieß (links) *und Wachtelpilaw auf provenzalische Art* (rechts)

Den Topf zugedeckt in den Ofen schieben und das Perlhuhn etwa 2 Stunden garen. Nach 1 Stunde die Wurst und den Speck herausnehmen. Sie werden erst 10 Minuten vor Ende der Garzeit wieder in den Topf gegeben.

Das Perlhuhn auf eine Platte legen, Wurst und Speck auf einen separaten Teller legen. Beides warm stellen. Ein großes Sieb in einen großen Topf hängen und den Wirsing mitsamt dem Fond hineingeben. Den Wirsing auf einer großen vorgewärmten Platte anrichten. Den Topf auf den Herd stellen und den Fond reduzieren.

Das Perlhuhn in vier Teile zerlegen und die Fäden entfernen. Die Wurst in dicke Scheiben schneiden, die Speckscheiben halbieren. Alles mit dem Wirsing arrangieren. Das Ganze mit der Sauce beträufeln.

Für 4 Personen

PROVENCE

Cailles au Riz à la Provençale
Wachtelpilaw auf provenzalische Art

4 Wachteln
4 EL Olivenöl
1 Zwiebel, feingehackt
250 g Langkornreis
Kräuter der Provence (siehe Glossar)

1 Lorbeerblatt
Salz
750 ml kochendheiße Fleischbrühe
Frisch gemahlener Pfeffer
125 ml trockener Weißwein
60 ml Tomatensauce (siehe Glossar)

Die Wachteln am Rücken aufschneiden, mit der Hautseite nach oben ausbreiten und mit der Hand flachdrücken. Beiseite stellen.

In einem schweren Schmortopf 1 Eßlöffel Olivenöl bei niedriger Temperatur erhitzen. Die Zwiebeln hineingeben und etwa 10 Minuten dünsten. Den Reis, eine Prise Kräuter der Provence und das Lorbeerblatt hinzufügen. Leicht salzen und mit einem Holzlöffel rühren, bis der Reis nach etwa 5 Minuten glasig wird. Die Brühe angießen, einmal umrühren und einen fest schließenden Deckel auflegen. Den Reis bei sehr schwacher Hitze 25 Minuten garen.

Sobald der Reis im geschlossenen Topf gart, die restlichen 3 Eßlöffel Olivenöl in einer Schmorpfanne bei mittlerer Temperatur erhitzen. Die Wachteln salzen und pfeffern und in die Pfanne geben. Von beiden Seiten 5–6 Minuten anbräunen, dabei einmal wenden.

Die Wachteln auf den Reis setzen und den Topf verschließen. Den Bratenfond in der Pfanne bei hoher Temperatur mit dem Weißwein ablöschen und den Bratensatz mit dem Holzlöffel vom Pfannenboden lösen. Den Fond auf die Hälfte reduzieren. Die Tomatensauce einrühren und alles noch einige Minuten köcheln lassen.

Wenn der Reis und die Wachteln gar sind, die Sauce darüberschöpfen. Den Pilaw direkt aus dem Topf servieren.

Für 4 Personen

Im Uhrzeigersinn von oben links: *Schweinefleisch mit weißen Bohnen, Schweinefleischragout und Schweineschnitzel mit Tapenade*

CIVET DE PORC
Schweinefleischragout

Genaugenommen ist »civet« ein Ragout, das im letzten Augenblick mit dem Blut des betreffenden Tieres gebunden wurde. Hinter »civet de porc«, einer beliebten Spezialität provenzalischer Landgasthöfe, verbirgt sich jedoch meist ein schlichtes Ragout aus Schweinefleisch, in Rotwein geschmort. Sollten Sie Schweineblut bekommen können, rühren Sie 125 ml davon in die nachfolgend beschriebene Knoblauch-Sardellen-Paste, geben etwas von der Sauce dazu und rühren diese Mischung in das Ragout. Rühren Sie bei milder Hitze, bis das anfangs hellrote Blut schokoladenbraun wird. Damit die Sauce nicht ausflockt, darf sie keinesfalls aufkochen.

1 kg Schweineschulter ohne Knochen, in 5 cm große Stücke
   geschnitten
750 ml trockener Rotwein
4 EL Olivenöl
Kräuter der Provence (siehe Glossar)
1 Scheibe magerer gepökelter Bauchspeck (125 g), in Streifen
   geschnitten (siehe Glossar)
Salz
250 g Zwiebeln, grobgehackt
2 EL Mehl
4 EL Marc de Provence (siehe Glossar) oder Cognac
1 Lorbeerblatt
1 frischer Salbeistengel
250 g Perlzwiebeln
1 TL Butter
Zucker
100 g schwarze Oliven
Grobes Salz
Frisch gemahlener Pfeffer
1 Knoblauchzehe
2 Sardellen in Salz, abgespült und filetiert (siehe Glossar)

Das Fleisch mit dem Wein, 1 Eßlöffel Olivenöl und den Kräutern in eine Schüssel geben. Durchmischen und einige Stunden oder über Nacht im Kühlschrank marinieren lassen.

Das Fleisch abtropfen lassen und trockentupfen. In einem schweren Schmortopf 2 Eßlöffel Olivenöl bei mittlerer bis niedriger Temperatur erhitzen. Die Speckstreifen hineingeben und etwa 10 Minuten braten, bis sie etwas Farbe annehmen, aber noch nicht knusprig gebräunt sind. Den Speck auf einem Teller beiseite stellen. Das Fleisch in den Topf geben, salzen und bei mittlerer Hitze anbräunen. Die Fleischstücke wenden und die gehackten Zwiebeln hinzufügen. Weiter braten, bis die Zwiebeln nach etwa 10 Minuten goldgelb sind. Das Ganze mit dem Mehl bestäuben und einige Minuten rühren. Den Marc oder Cognac und die Marinade angießen. Die Hitze hochschalten und den Bratensatz unter Rühren mit einem Holzlöffel vom Topfboden lösen. Lorbeerblatt und Salbei dazugeben und alles aufkochen lassen. Einen Deckel auflegen und das Fleisch bei niedriger Hitze etwa 1¹/₂ Stunden schmoren.

Inzwischen die Perlzwiebeln in einen kleinen Topf geben. Butter, Zucker, eine Prise Salz und so viel Wasser hinzufügen, daß die Zwiebeln beinahe bedeckt sind. Einmal aufkochen lassen und anschließend im verschlossenen Topf bei niedriger Hitze 8 Minuten leise köchelnd garen. Den Deckel abnehmen, die Hitze hochschalten und den Sud verkochen lassen, bis die Zwiebeln bräunlich anlaufen. Die Zwiebeln zu den Speckstreifen geben.

Die Fleischstücke aus dem Schmortopf nehmen. Lorbeerblatt und Salbei entfernen. Die Sauce über einer Schüssel in ein Sieb gießen. Das Fleisch zurück in den Topf geben. Speckstreifen, Perlzwiebeln und Oliven hinzufügen. Den Topf zugedeckt beiseite stellen. Die Sauce durch ein Sieb streichen, in einen kleinen Topf füllen und aufkochen lassen. Den Topf halb von der Kochstelle ziehen und die Hitze reduzieren, so daß nur die eine Hälfte der Sauce leise köchelt. Die Haut, die sich auf der nicht kochenden Seite sammelt, immer wieder mit einem Löffel entfernen, bis die Sauce schließlich völlig geklärt ist.

Die Sauce in den Schmortopf geben und das Ragout bei milder Hitze zugedeckt noch 15 Minuten simmern lassen.

Im Mörser Salz, Pfeffer, Knoblauch und Sardellen zu einer Paste zerreiben. Einen Eßlöffel Olivenöl einrühren und die Mischung an das Ragout geben. Umrühren und servieren.

Für 4 Personen

VAUCLUSE

TIAN DE HARICOTS
Schweinefleisch mit weißen Bohnen

Wenn Sie frische, nicht ausgehülste weiße Bohnen – »cocos« – auf dem Markt finden, nehmen Sie davon 2 kg anstelle der getrockneten weißen Bohnen. Man kocht sie 30–40 Minuten mit den im Rezept aufgeführten Aromazutaten und gibt sie dann an das Fleisch.

350 g kleine getrocknete weiße Bohnen
1 Karotte
1 Zwiebel, mit 2 Gewürznelken gespickt, dazu 1 große Zwiebel, in
 feine Scheiben geschnitten
Bouquet garni mit 1 Salbeistengel (siehe Glossar)
Kochendes Wasser nach Bedarf
Salz
2 TL Olivenöl
125 g magerer Bauchspeck, gewürfelt
750 g Schweineschulter ohne Knochen
Frisch gemahlener Pfeffer
2 Tomaten, enthäutet, entkernt und grobgehackt

Die Bohnen in einer großen Schüssel mit Wasser bedecken und mehrere Stunden oder über Nacht einweichen. Danach die Bohnen abgießen, in einen großen Topf geben und großzügig mit kaltem Wasser bedecken. Zum Kochen bringen und 10 Minuten leise köchelnd garen. Die Bohnen abgießen und zusammen mit der Karotte, der gespickten Zwiebel und dem *bouquet garni* zurück in den Topf geben. Etwa 2,5 cm hoch mit kochendem Wasser bedecken. Einmal aufwallen lassen und dann zugedeckt bei niedriger Hitze etwa 45 Minuten simmern lassen, bis die Bohnen beinahe gar sind. Zuletzt salzen.

Gleichzeitig das Olivenöl mit dem Speck in einem schweren Topf bei mittlerer Temperatur erhitzen. Das Fleisch salzen und pfeffern und zu dem Speck geben. Etwa 20 Minuten braten, bis es ringsum gleichmäßig gebräunt ist. Die Zwiebelscheiben hinzufügen und etwa 10 Minuten etwas Farbe annehmen lassen, dabei häufig rühren und das Fleisch wenden. Die Tomaten dazugeben und bei höherer Temperatur 5–10 Minuten garen, bis sie allmählich zerfallen und zu brodeln beginnen. Einen Deckel auflegen und alles bei milder Hitze simmern lassen, bis die Bohnen richtig gar sind.

Den Backofen auf 180 °C (Gasherd Stufe 2-3) vorheizen. Das Fleisch in eine große Gratinform mit hohem Rand geben. Die Bohnen abgießen und das Kochwasser auffangen. Die Aromazutaten entfernen. Die Bohnen mit etwa 250 ml ihres Kochwassers an die Tomatensauce geben. Umrühren und die Sauce um das Fleisch gießen. So viel Kochwasser hinzufügen, daß alle Zutaten mit Flüssigkeit bedeckt sind. Die Form in den Ofen schieben. Sobald es an der Oberfläche leise sprudelt, die Ofentemperatur auf 150 °C (Gasherd Stufe 1) reduzieren. Die Bohnen etwa alle 20 Minuten durchmischen und dabei die Haut, die sich gebildet hat, einrühren. Gelegentlich etwas Kochwasser dazugießen, so daß die Bohnen niemals austrocknen. Das Gericht etwa 1¹/₂ Stunden garen, bis die Bohnen auf der Zunge zergehen.

Für 4 Personen

PROVENCE

ESCALOPES DE PORC À LA TAPENADE
Schweineschnitzel mit Tapenade

Da Schnitzel viel Platz benötigen, müssen mehr als zwei Portionen entweder in mehreren Arbeitsgängen gebraten werden, oder man arbeitet mit mehreren Pfannen gleichzeitig.

4 Schweineschnitzel, jedes etwa 1 cm dick
Salz und frisch gemahlener Pfeffer
4 EL *tapenade* (Rezept S. 34)
60 g frisch geriebener Parmesan
2 Eier
¹/₂ TL Olivenöl
Halbtrockene Semmelbrösel
Erdnußöl oder Maiskeimöl zum Braten
1 Zitrone, geviertelt

Die Schnitzel mit einer breiten Messerklinge leicht flachdrücken, von beiden Seiten salzen und pfeffern. Jeweils auf einer Seite mit 1 Eßlöffel *tapenade* bestreichen. Die Schnitzel zugedeckt in den Kühlschrank stellen, bis die *tapenade* sich verfestigt.

Folgendes auf der Arbeitsfläche bereitstellen: einen flachen Teller, auf dem die Hälfte des Parmesans verteilt ist; einen tiefen Teller, in dem die Eier mit dem Olivenöl und einigen Tropfen Wasser mit einer Gabel verquirlt wurden; ein Teller, der dick mit Semmelbröseln bestreut wurde. Ein Schnitzel mit der *tapenade* nach oben in den Parmesan legen und mit etwas Parmesan bestreuen, der leicht angedrückt wird. Das Schnitzel in das verquirlte Ei geben und etwas davon darüberträufeln. Nun das Schnitzel mit einem Schwung auf die Semmelbrösel geben. Großzügig mit Semmelbröseln bestreuen und diese leicht andrücken. Die restlichen Schnitzel genauso vorbereiten und die Panade etwa 1 Stunde trocknen lassen.

Eine große Bratpfanne 1 cm hoch mit Öl füllen und dieses bei hoher Temperatur erhitzen. Die Schnitzel vorsichtig hineinlegen. Die Temperatur auf die mittlere und eventuell auch die niedrige Stufe zurückschalten, damit die Schnitzel nicht zu rasch bräunen. Sobald sie an den Rändern goldgelb sind, werden sie mit Hilfe einer Fleischgabel gewendet, indem man mit einer Zinke in den Rand sticht. Die Schnitzel, wenn sie nach etwa 8 Minuten auf beiden Seiten goldbraun und knusprig sind, herausheben und zum Abtropfen auf Küchenkrepp legen. Die Schnitzel mit den Zitronenvierteln servieren.

Für 4 Personen

Im Uhrzeigersinn von oben: *Brathähnchen mit Sardellen, Huhn in Tomatensauce, Hähnchen vom Grill mit Kräutern der Provence*

VAUCLUSE

POULET AUX ANCHOIS
Brathähnchen mit Sardellen

Dieses Rezept wurde dem Buch »Le cuisinier méridional« (1855) entnommen. Dort wird der Vogel allerdings gegrillt.

FÜR DIE FÜLLUNG:

60 g magerer gepökelter Bauchspeck, feingehackt
3 Sardellen in Salz, abgespült, filetiert und feingehackt (siehe Glossar)
30 g *brousse* (siehe Glossar) oder Ricotta
3 EL frisch gehackte glatte Petersilie
3 EL feingehackte Schalotten
Frisch gemahlener Pfeffer

1 Poularde, etwa 1,5 kg
1 EL Olivenöl
Salz und frisch gemahlener Pfeffer

Alle Zutaten für die Füllung in eine Schüssel geben und mit einer Gabel sehr gründlich vermischen.

Um das spätere Tranchieren zu erleichtern, das Gabelbein auslösen: Die Halshaut vorsichtig über die Brust zurückziehen. Mit der Spitze eines scharfen Messers das nun bloßliegende Fleisch entlang dem Gabelbein einschneiden und so die Verbindungsstelle mit dem Brustbein freilegen. Mit dem Finger unter den Knochen fahren und diesen aus dem Flügelgelenk herausziehen.

Den Backofen auf 230 °C (Gasherd Stufe 5) vorheizen. Am Hals beginnend, mit den Fingern vorsichtig die Haut von Brüstchen und Keulen lösen, wobei sie nicht aufreißen darf. Mit einer Hand die vorbereitete Füllung nach und nach unter die Haut schieben und sie mit der anderen Hand von außen gleichmäßig verstreichen. Die Poularde mit Küchengarn in Form binden. Mit dem Olivenöl einreiben, salzen und leicht pfeffern.

Die Poularde mit der Brustseite nach oben in einen Bräter legen und etwa 10 Minuten braten. Die Temperatur auf 180 °C (Gasherd Stufe 2–3) reduzieren. Die Poularde, ohne sie zu wenden, noch etwa 40 Minuten garen, bis aus der Schenkelbeuge klarer Saft austritt,

60 ml Olivenöl
1 kleine Zwiebel, feingehackt
125 ml trockener Weißwein
750 g Tomaten, enthäutet, entkernt und grobgehackt
Persillade mit 1 Knoblauchzehe (siehe Glossar)
100 g schwarze Oliven
Frische Basilikumblätter

Die Hühnerteile salzen und pfeffern. Einmehlen und überschüssiges Mehl wieder abschütteln. Das Olivenöl in einer großen Schmorpfanne bei mittlerer Temperatur erhitzen. Die Hühnerteile mit Ausnahme der Brüstchen in die Pfanne geben und 10 Minuten braten, dabei mehrmals wenden. Die Brüstchen dazugeben und weitere 10 Minuten braten, bis alle Teile ringsum knusprig goldbraun sind. Einen Deckel auflegen und das Huhn bei schwacher Hitze in 10 Minuten fertig garen.

Die Hühnerteile auf einer vorgewärmten Platte anrichten und warm stellen. Die Zwiebeln in die Pfanne geben und mit einem Holzlöffel rühren. Sobald die Zwiebeln leicht bräunen, den Wein angießen, die Hitze hochschalten und den Bratensatz mit dem Holzlöffel vom Pfannenboden lösen.

Wenn der Wein beinahe verkocht ist, die Tomaten hinzufügen und salzen. Bei starker Hitze die Tomaten braten, dabei die Pfanne rütteln und rühren, bis der austretende Saft verdampft ist. Einige Minuten vor Ende des Garvorgangs die *persillade* und die Oliven zu den Tomaten geben.

Unmittelbar vor dem Servieren einige Basilikumblätter fein zerpflücken und in die Sauce einrühren. Die Sauce über das Huhn geben und servieren.

Für 4 Personen

PROVENCE

POULET GRILLÉ AUX HERBES DE PROVENCE
Hähnchen vom Grill mit Kräutern der Provence

Nachfolgendes Rezept eignet sich ebenso für junges Perlhuhn, Jungtauben und Wachteln. Perlhuhn benötigt dieselbe Garzeit wie Huhn, Tauben benötigen 15–18 Minuten und Wachteln 12–15 Minuten.

1 Poularde, etwa 1,5 kg
Kräuter der Provence (siehe Glossar)
Salz und frisch gemahlener Pfeffer
1 EL Olivenöl

Die Flügelspitzen am zweiten Gelenk abtrennen. Das Huhn am Rücken mit der Geflügelschere vom Bürzel bis zum Hals öffnen, dabei am Hals seitlich versetzt schneiden. Die Haut auf der anderen Seite des Halses ebenfalls aufschneiden. Mit einem Ausbeinmesser das Fleisch mit kurzen Schnitten von der Karkasse lösen. Das Huhn mit der Hautseite nach oben ausbreiten und auf beiden Seiten die Haut zwischen Schenkel und Brustspitze einschneiden. Die Unterschenkel nach oben ziehen und die Spitzen in die Einschnitte drücken.

Im Holzkohlengrill ein Feuer entfachen und den Rost etwa 10 cm über der Glut auflegen. Das Huhn mit Salz, Pfeffer und den Kräutern der Provence würzen und ringsum mit dem Olivenöl einreiben. Auf den Rost legen und insgesamt etwa 35 Minuten grillen, dabei mehrmals wenden. Die Haut kann rasch verbrennen; daher den Garvorgang, wenn die Hautseite unten liegt, aufmerksam beobachten. Sobald die Haut knusprig gebräunt ist, das Huhn von der anderen Seite grillen.

Das Huhn auf einem Tranchierbrett servieren. Entlang der Brust auseinanderschneiden und die Haut um die Keulen herum bis zum Rücken einschneiden. Dabei zerfällt das Huhn in vier Teile.

Für 4 Personen

wenn man hineinsticht. Während der letzten halben Stunde die Poularde häufig mit dem Bratfond begießen. Sie wird erst bei Tisch tranchiert.

Für 4 Personen

PROVENCE

POULET SAUTÉ À LA PROVENÇALE
Huhn in Tomatensauce

Dieses Gericht ist in der Provence sehr populär; häufig wird das Huhn auch kürzer gebraten und anschließend in der Tomatensauce geschmort, bis es gar ist.

1 Poularde (etwa 1,5 kg), in Portionsstücke zerlegt
Salz und frisch gemahlener Pfeffer
Mehl

PROVENCE

BŒUF MIRONTON A LA PROVENÇALE
Rindfleischgratin mit Zwiebelsauce

4 EL Olivenöl
300 g Zwiebeln, in feine Scheiben geschnitten
2 EL Mehl
500 ml Brühe vom *pot-au-feu* (Rezept S. 45)
2 EL Essig mit Kräutern der Provence (siehe Glossar)
Persillade mit 1 Knoblauchzehe (siehe Glossar)
1 Lorbeerblatt
1 frischer Thymianzweig
Salz
500 g Rindfleisch vom *pot-au-feu* (Rezept S. 45), gekühlt
    und in dünne Scheiben aufgeschnitten
1 EL Kapern, abgespült
Frisch gemahlener Pfeffer
Getrocknete Semmelbrösel

In einem Topf 3 Eßlöffel Olivenöl erhitzen. Die Zwiebeln hineingeben und unter Rühren hellbraun dünsten. Mit dem Mehl bestäuben und dieses 1 Minute unter Rühren anrösten. Die Brühe und den Essig dazugeben und rühren. Die *persillade,* das Lorbeerblatt und den Thymian hinzufügen. Alles unter Rühren zum Kochen bringen und die Sauce 20 Minuten leise köcheln lassen. Mit Salz abschmecken.

Den Backofen auf 180 °C (Gasherd Stufe 2–3) vorheizen. Die Hälfte der Fleischscheiben dachziegelartig in eine Gratinform legen. Leicht pfeffern, einige Kapern darauf verteilen und etwas Sauce darübergießen. Die Zutaten in dieser Reihenfolge weiter einfüllen und mit Sauce abschließen. Mit Semmelbröseln bestreuen und gleichmäßig mit 1 Eßlöffel Olivenöl beträufeln. Das Gratin etwa 15–20 Minuten backen, bis es goldbraun überkrustet ist.

Für 4 Personen

PROVENCE

FARCI
Pochierte, gefüllte Kalbsbrust

Genauso wie beim »pot-au-feu« kann man die Brühe, auf Röstbrot angerichtet, als ersten Gang servieren. In dem Fall würzt man die Brühe mit einem Hauch Safran. Dazu reicht man geriebenen Parmesan. Oft wird auch die Brühe für eine andere Zubereitung aufbewahrt und das Fleisch mit einer Tomatensauce serviert. Oder man nimmt die gefüllte Kalbsbrust aus der Brühe, läßt sie völlig erkalten, schneidet sie dünn auf und serviert sie kalt mit »tapenade« (Rezept S. 34).

1 Kalbsbrust (1,5 kg), nach Belieben gefüllt (Anleitung und
    Rezepte siehe rechts)
2 Gewürznelken
2 Zwiebeln
3 Karotten, in Stücke geschnitten
3 Knoblauchzehen, zerdrückt
Bouquet garni (siehe Glossar)
Grobes Meersalz

Die gefüllte Kalbsbrust in einen schweren ovalen Fleischtopf legen. Eine der Zwiebeln mit den beiden Gewürznelken spicken. Das Fleisch mit den Zwiebeln, den Karottenstücken, dem Knoblauch und dem *bouquet garni* umlegen. Alles mit Wasser bedecken und salzen. Das Ganze langsam zum Kochen bringen und mehrmals abschäumen. Die Hitze so regulieren, daß die Brühe nur leise köchelt. Die Kalbsbrust mit schräg aufgelegtem Deckel 2 Stunden pochieren.

Heiß oder kalt servieren, zuvor die Fäden entfernen.

Für 6 Personen

ANLEITUNG UND REZEPTE FÜR FÜLLUNGEN

Um eine Kalbsbrust zum Füllen vorzubereiten, muß man zunächst die Knochen auslösen. Nun die beiden Muskelschichten am Rand leicht auseinanderspreizen und das dazwischenliegende Bindegewebe mit einem scharfen Messer durchtrennen. (Am besten lassen Sie das Fleisch gleich beim Metzger zum Füllen vorbereiten.) Die entstandene Fleischtasche locker mit der Farce füllen. Die Fleischränder übereinanderschlagen und mit Stichen in Abständen von 2 bis 4 cm zunähen.

Die erste der hier beschriebenen Füllungen lehnt sich an ein Rezept von Charles Durand an. Er empfiehlt die Zugabe von gehackten Trüffeln und verwendet die Füllung für alle Arten von Geflügel sowie Kalbs- und Lammbrust, ob pochiert oder geschmort. Nachstehende Zutatenmengen sind für eine Kalbsbrust von etwa 1,5 kg berechnet.

FÜLLUNG 1
Je 250 g Spinat, Mangold und Sauerampfer, entstielt und
    feingehackt
Tafelsalz
150 g Kalbfleisch, gehackt
125 g magerer Bauchspeck, gehackt
100 g rohes Rindermark
2 Knoblauchzehen
Grobes Salz
Handvoll frisch gehackte glatte Petersilie
1 TL feingehackter Estragon
150 g frische Semmelbrösel
100 g roher Schinken vom Keulenende, vorzugsweise
    Parmaschinken, in 3 mm große Würfel geschnitten
1 Scheibe fetter Speck (60 g), gewürfelt
3 Eier
Salz, frisch gemahlener Pfeffer, gemahlener Piment und frisch
    geriebene Muskatnuß

Das gehackte Blattgemüse lagenweise in eine Schüssel geben und zwischendurch immer wieder großzügig salzen. 30 Minuten ziehen lassen, danach ausdrücken und beiseite stellen. Kalbfleisch, Bauchspeck und Rindermark in den Mixer geben und pürieren. Beiseite stellen. Im Mörser den Knoblauch mit grobem Salz zu einer Paste zerreiben. Petersilie, Estragon und Semmelbrösel untermengen. Alle Zutaten einschließlich der nach Geschmack dosierten Gewürze in eine Schüssel geben. Das Ganze mit den Händen zu einem glatten Teig vermengen.

FÜLLUNG 2
Häufig wird diese Farce mit jungen Artischocken angereichert, die sorgfältig geputzt und in feine Scheiben geschnitten werden. Je nach Saison können bei nachfolgender Füllung zarte gehäutete dicke Bohnen anstelle der oder zusätzlich zu den Erbsen verwendet werden. Mitunter werden auch hartgekochte Eier, geschält natürlich und bis zum Eigelb glattgeschnitten, hintereinander in die Farce gebettet, so daß später beim Aufschneiden in der Mitte jeder Fleischscheibe ein gelber Kreis mit weißem Rand prangt.

250 g Wurstbrät (siehe Glossar)
250 g Hackfleisch vom Kalb
500 g Mangoldblätter, blanchiert, ausgedrückt und gehackt
    (siehe Glossar)
100 g Langkornreis, 15 Minuten gekocht, abgegossen und unter
    fließendem kaltem Wasser abgespült
Große Handvoll ausgehülster kleiner grüner Erbsen
    (mit Hülsen etwa 500 g)
Persillade mit 1 Knoblauchzehe (siehe Glossar)
60 g frisch geriebener Parmesan
Kräuter der Provence (siehe Glossar)
2 Eier
Salz und frisch gemahlener Pfeffer

Alle Zutaten einschließlich der Gewürze in eine Schüssel geben und mit den Händen gründlich vermengen.

Rechte Seite: Rindfleischgratin mit Zwiebelsauce (oben), Pochierte, gefüllte Kalbsbrust (unten)

VAR

PAQUETS DE LAPIN AU FOUR
Kaninchenpäckchen aus dem Ofen

Reichen Sie zu den Kaninchenpäckchen ein Kartoffelgratin.

Hinterläufe und halbierter Rücken von 1 Kaninchen
1 EL Olivenöl
4 Stengel Winterbohnenkraut
2 Lorbeerblätter
2 Knoblauchzehen, zerdrückt
Frisch gemahlener Pfeffer
$^1/_2$ Zitrone
Salz
Schweinenetz, kurz in lauwarmem Wasser mit einem Schuß
  Weinessig eingeweicht und abgetropft (siehe Glossar)

Die Kaninchenteile mit dem Olivenöl, den Kräutern und dem Knoblauch in eine Schüssel geben. Etwas Pfeffer darübermahlen, einige Tropfen Zitronensaft hinzufügen und alles mit den Händen vermischen. Das Fleisch bei Zimmertemperatur etwa 1 Stunde marinieren.

Den Backofen auf 200 °C (Gasherd Stufe 3–4) vorheizen. Die Lorbeerblätter und die Knoblauchzehen aus der Marinade nehmen. Die Kaninchenteile salzen und auf jedes einen Stengel Bohnenkraut legen. Das Schweinenetz auf der Arbeitsfläche ausbreiten und vier Quadrate von 15–20 cm Kantenlänge ausschneiden. Jedes Kaninchenteil samt Kräuterstengel in ein Stück Schweinenetz wickeln.

In die Fettpfanne des Backofens einen Rost setzen. Die Kaninchenpäckchen so darauflegen, daß die glatte Netzseite oben ist. Die Kaninchenpäckchen 20–25 Minuten backen, bis das Netz sie wie eine goldbraune Spitzenhülle umgibt.

Für 4 Personen

Kaninchenpäckchen aus dem Ofen

PROVENCE

POULET AUX QUARANTE GOUSSES D'AIL
Huhn mit vierzig Knoblauchzehen

Eine klassische provenzalische Zubereitungsart für Huhn.

Etwa 2 kg Poularde, in Portionsstücke zerteilt, Flügel und Keulen
  abgetrennt
Salz und frisch gemahlener Pfeffer
40 feste Knoblauchzehen, ungeschält
2 Lorbeerblätter oder 2–3 frische Thymianzweige
1 Salbeizweig
125 ml Olivenöl
Großes *bouquet garni* (siehe Glossar)

Die Hühnerstücke salzen und pfeffern und in eine Schüssel geben. Den Knoblauch, die Kräuter und das Olivenöl hinzufügen und alles mit den Händen gründlich vermischen. Zugedeckt bei Zimmertemperatur 1–2 Stunden zum Marinieren stehenlassen.

Den Backofen auf 150 °C (Gasherd Stufe 1) vorheizen. Die Kräuter aus der Marinade nehmen und entweder wegwerfen oder in das *bouquet garni* einbinden. Das *bouquet garni* in die Mitte einer ofenfesten Tonkasserolle legen. Die Hühnerteile mit den Knoblauchzehen ringsum so einfüllen, daß sie nicht zu dicht gepackt sind und auch keine zu großen Lücken entstehen. Die restliche Marinade darüberträufeln. Einen fest schließenden Deckel auflegen (eventuell zuvor ein Stück dicke Alufolie über die Kasserolle legen). Die Kasserolle für etwa 1$^3/_4$ Stunden in den Backofen schieben.

Das Gericht direkt aus dem Topf servieren.

Für 6 Personen

Rechte Seite: Huhn mit vierzig Knoblauchzehen

Geschmortes Kalbsbries mit Artischocken

PROVENCE

RIS DE VEAU BRAISÉ AUX ARTICHAUTS
Geschmortes Kalbsbries mit Artischocken

Frisches Bries ist prall, feucht und glänzend, die Farbe ist weiß mit einem Anflug von Rosa. Ganz gleich, wie man es weiter zu verarbeiten gedenkt, ist die Vorbereitung stets die gleiche: Das Bries 12–24 Stunden in kaltes Wasser einlegen, das mehrmals ausgetauscht wird. Anschließend das Bries in einem großen Topf mit reichlich kaltem Wasser bedecken. Bei mittlerer bis niedriger Temperatur aufkochen lassen und dann 15 Minuten im leise siedenden Wasser pochieren. Abgießen und in eine Schüssel mit kaltem Wasser geben. Sobald das Bries so weit ausgekühlt ist, daß man sich nicht mehr die Finger verbrüht, alles sichtbare Fett sowie knorpelige Stellen entfernen und die Haut abziehen.

Mirepoix (siehe Glossar)
4 junge, zarte Artischocken, geputzt, geviertelt und, falls
   erforderlich, das Heu entfernt (siehe Glossar)

1 kg Kalbsbries, gewässert, gekocht und gesäubert
   (siehe Rezepteinleitung)
Bouquet garni (siehe Glossar)
Salz
60 ml trockener Weißwein
Frisch gemahlener Pfeffer

In einer großen, hitzebeständigen Tonkasserolle oder einem schweren Schmortopf das *mirepoix* zubereiten. Darauf die Artischocken, das Bries und das *bouquet garni* arrangieren und salzen. Zugedeckt bei sehr milder Hitze etwa 10 Minuten dünsten, dabei alle Zutaten mehrmals wenden.

Den Wein darüberträufeln. Ein Stück Pergamentpapier in der Größe des Topfes zuschneiden. Auf einer Seite leicht mit Öl einfetten und mit dieser Seite nach unten über den Topfinhalt breiten. Einen Deckel auflegen und das Gericht bei sehr schwacher Hitze 45 Minuten garen.

Nach der Hälfte der Zeit Bries und Artischocken wenden und, falls der Fond zu sehr austrocknet, einige Löffel kochendes Wasser oder Weißwein angießen.

Das Gericht in der Kasserolle servieren.

Für 4 Personen

VAUCLUSE

FOIE DE VEAU À LA MOISSONNEUSE
Kalbsleber nach Schnitter-Art

Bei diesem Gericht, das häufig auch mit Lammleber zubereitet wird, handelt es sich im Grunde um das provenzalische Pendant der italienischen Spezialität namens »fegato di vitello alla veneziana«. Der Überlieferung nach war »foie de veau à la moissonneuse« im vergangenen Jahrhundert bei den Arbeitern sehr beliebt, die im Vaucluse bei der Weizenernte halfen.

5 EL Olivenöl
500 g große milde weiße Zwiebeln, halbiert und in papierdünne
   Scheiben geschnitten
1 Lorbeerblatt
1 frischer Thymianzweig
Persillade mit 3 Knoblauchzehen (siehe Glossar)
Salz
125 ml Rotwein
400 g Kalbsleber
Frisch gemahlener Pfeffer
Mehl
2 EL Rotweinessig

Kalbsleber nach Schnitter-Art

Zwei Eßlöffel Olivenöl in einer großen, hitzebeständigen Tonkasserolle oder einem schweren Schmortopf bei sehr niedriger Temperatur erhitzen. Die Zwiebeln, das Lorbeerblatt, den Thymian, die *persillade* und Salz nach Geschmack hinzufügen.

Alles zugedeckt etwa 45 Minuten dünsten, dabei mehrmals umrühren. Die Zwiebeln sollen jetzt im eigenen Saft gegart, aber nicht gebräunt sein.

Den Deckel abnehmen, die Hitze ein wenig erhöhen und die Zwiebeln hellgelb anschwitzen, dabei immer wieder mit dem Holzlöffel umrühren. Den Wein angießen und aufkochen lassen. Den Fond im offenen Topf bei milder Hitze etwa 15 Minuten auf die Konsistenz einer Sauce einkochen. Etwas Pfeffer darübermahlen.

Die Leber zuerst in etwa 1 cm dicke Scheiben und dann jede Scheibe in etwa 2,5 cm breite Abschnitte schneiden. Die Leberstücke pfeffern, einmehlen und überschüssiges Mehl in einem Sieb wieder abschütteln.

Die restlichen 3 Eßlöffel Olivenöl in einer großen Pfanne erhitzen. Die Leberstücke darin nur einige Minuten unter Rühren braten, bis sie fest, aber nicht ganz durch sind.

Die Leberstücke salzen und in die Zwiebelsauce geben. Den Essig in die Pfanne geben und den Bratensatz unter Rühren mit einem Holzlöffel bei starker Hitze vom Pfannenboden lösen. Den Bratenfond in die Zwiebelsauce rühren und das Gericht servieren.

Für 4 Personen

BOUCHES-DU-RHÔNE

BOUCHES-DU-RHÔNE

Bei einer Begegnung von Fluß und Meer ist alles möglich. Aus der uralten Liebesgeschichte zwischen der Rhône und dem Mittelmeer erwuchsen, so will es scheinen, die vielzähligen Kontraste, die es in diesem friedlichen und ungewöhnlichen Département zu entdecken gibt. Es liegt zwischen dem trockenen Felsgestein der Alpilles, dem Tal der Durance, den *étangs* der Camargue, der lichten Atmosphäre um Aix-en-Provence, der eigenartigen Mischung aus Schönheit und Häßlichkeit von Marseille und den kleinen Buchten um Cassis. Nein, dies kann unmöglich eine vernünftige Region sein, und ebensowenig kann sie eine runde, harmonische Küche besitzen. Lebendig, von Sonne durchdrungen und bisweilen verstiegen sind die Gerichte in diesem Teil des Südens mit seinen so unterschiedlichen Stimmungen.

In Marseille treffen die charakteristischen Merkmale der mediterranen Kultur konzentriert zusammen: Offenheit, Farbigkeit, Verschwiegenheit, Übertriebenheit und für das Empfinden des Besuchers oft auch Unerträglichkeit. Selbst wenn es um die Küche geht, steht diese urbane Persönlichkeit eindeutig im Mittelpunkt. Auch bei Tisch nimmt man in Marseille einen anderen Akzent wahr, ein Mosaik, eine Art kosmopolitischen Geist. Niemals verliert Marseille die provenzalischen Traditionen aus den Augen, ohne die es eine beliebige Stadt wie jede andere auch wäre, zugleich aber ist diese Stadt stets offen für Einflüsse und Geschmacksrichtungen, die von außen eindringen.

Düfte und Farben machen den Reiz der Marseiller Küche aus, wie die lokale Version der *bouillabaisse* so deutlich zeigt. *Lou bouiabaisso* bedeutet: »Wenn es kocht, die Hitze min-

Vorhergehende Seiten: *Die Mohnfelder und die malerische Bergkulisse vor Aix-en-Provence regten Picasso an, seinen Lebensabend hier zu verbringen.*
Links: *In Marseille, dem größten Mittelmeerhafen, leert ein Fischer seine Netze.*

161

Der reichgeschmückte Kreuzgang der im 11. und 12. Jahrhundert erbauten Kathedrale St-Trophime in Arles

dern!« Mehr als einmal hat dieses schlichte Fischergericht in drittklassigen Restaurants im Hafenviertel oder an der Küste seine Seele verloren, und seine Zusammensetzung ist Thema hitziger Debatten, wenn nicht gar »kriegerischer Auseinandersetzungen« zwischen Puristen und Ketzern. Noch immer begegnen wir der *bouillabaisse,* nach Familienrezept mit dem zubereitet, was die *pointus* – die kleinen hiesigen Fischerboote – an *poissons de roche,* Felsenfischen wie Petersfisch, Knurrhahn, *girelles* (kleine Mittelmeerfische), Seeteufel, Drachenkopf und Meeraal, angelandet haben. Natürlich wird sie mit Safran gewürzt, mitunter auch von Nudeln begleitet oder gar mit geriebenem Käse bestreut (unverkennbar der Einfluß Italiens!). Sie kann – warum nicht? – einen Hummer enthalten und ebenso *muscardins,* jene kleinen Tintenfische, deren Tintenbeutel sich in die Brühe entleeren und sie schwarz färben. Die Varianten sind so vielfältig wie die Stimmungen.

Jetzt wollen wir uns mit dem unangefochtenen König der Marseiller Küche befassen, dessen Herrschaftsgebiet sich jedoch weit über die Stadtgrenzen hinaus ausdehnt bis in die Hügel von Aubagne, die Gegend um Aix-en-Provence und entlang der Chaîne des Alpilles, über ein magisches Dreieck zwischen Salon-de-Provence, Arles und Saint-Remy-de-Provence. Entlang den *calanques,* den kleinen Mittelmeerbuchten, die das glitzernde Blau des Meeres einrahmen, und in den vom Mistral durchwehten Ebenen ist dieser König, Knoblauch geheißen, allerorts präsent. Er würzt jedes Gericht, lädt sich selbst zu jedem Essen ein. Man sieht die Knollen, zu Zöpfen geflochten, bei den Metzgern am Cours Belsunce, auf den Verkaufsständen der kleinen Märkte der Provence, in Küchen in Reichweite der Arbeitsfläche hängend oder auch nur einige Zehen, sorgfältig aufbewahrt, in den Hütten am Meer. Natürlich besitzen die Küche der Provence und die Köche von Marseille keine Exklusivrechte, was den Gebrauch von Knoblauch betrifft. Doch ist diese außergewöhnliche Pflanze, die vor mehreren tausend Jahren aus Zentralasien hierher gelangte, Teil der Legenden und der Landschaft der Provence.

Er wirkt stärkend, appetitanregend und keimtötend, wird empfohlen bei Bronchialkatarrhen, Arteriosklerose und Schwermut, wirkt beruhigend und verlängert angeblich das Leben. Daher ist es nur zu verständlich, daß die Provenzalen ihn nach Herzenslust ge- und mißbrauchen. Moderne Köche beziehen ihn fast widerwillig in ihre Menüs ein: Es ist »milder Knoblauch«, der ihre Gerichte würzt, und nicht etwa die wunderbare, kräftige Sorte, die, wie der berühmte Gourmet Curnonsky einmal sagte, jeden, der ihn gegessen hat, nötigt, »sich nur noch der indirekten Rede zu bedienen«. Knoblauch tritt in der Küche der Provence in vielerlei Form auf – als unverzichtbarer Begleiter des Milchlamms in den Alpilles etwa oder in seiner unsterblichen Rolle im *aïoli,* jener Knoblauchsauce, die – so der Dichter Frédéric Mistral – den Körper wärmt und die Seele mit Wogen der Begeisterung durchströmt.

Wie ließe sich also leugnen, daß die Küche von Marseille und generell der Bouches-du-Rhône sinnlich und farbig ist? Hier bringt, mehr als anderenorts, schon eine Wenigkeit Freude. Basilikum beispielsweise, das perfekt mit Olivenöl harmoniert und ebenso mit fangfrischen Meerbarben, oder Seeigel, die aromatischen Früchte des Mittelmeers – Raoul Dufy fertigte ein unvergeßliches Bild von ihnen an –, die man roh mit einem Spritzer Zitronensaft genießt. Zu den einfachen Freuden gehören *pieds et paquets,* ein Gericht aus Lammfüßen und mit Speck und Knoblauch gefüllten Kutteln, das ebenso Teil des kulinarischen Erbes von Marseille ist wie die *navettes,* ein wie ein Bootsrumpf geformtes längliches Gebäck.

Man könnte meinen, Marseille diktiere die Regeln für ein ganzes Département. Doch stehen die Bouches-du-Rhône mitnichten unter der Fuchtel der Stadt. Marcel Pagnols Provence reicht bis nach Aubagne, wo die *santons,* kleine Tonfiguren für die Weihnachtskrippe, gefertigt werden, und bis nach Cassis, das sich mit seinen Buchten und den terrassierten Weingärten zwischen die Felsen schmiegt. Der hier produzierte Weißwein »funkelt wie ein klarer Diamant und schmeckt nach dem Rosmarin, dem Heidekraut und der Myrte, die unsere Hügel umhüllen«, schrieb Mistral. Auch hier haben sie ihre *bouillabaisse* oder vielmehr, in der Gegend von La Ciotat, den *choupin,* Brotstücke, die die Fischer auf See in früheren Tagen in die Fischbrühe tunkten: eine Art Ragout, gewürzt mit ein paar Zwiebeln und etwas Essig.

In Aix zeigt sich die Provence in einem ganz anderen Stil

als in Marseille. Hier wurde das Geschehen im 16. Jahrhundert von den Kaufleuten, Honoratioren und hohen Beamten geprägt. Sie erwarben Grund und errichteten darauf Landhäuser und Stadtpalais, denen sie die schönsten Fassaden verliehen, um so von den dahinter stattfindenden geschäftlichen Aktivitäten abzulenken. Aix-en-Provence ist eine Stadt des Wassers. Zu den zahlreichen Brunnen fand der Dichter Jean Cocteau einmal folgende Worte: »Ein Blinder würde denken, daß es regnete. Könnte er jedoch durch seinen Stock sehen, dann erblickte er die blauen Brunnen, die den Ruhm Cézannes besingen.« Und schließlich erweist es sich mit seinem Erzbischöflichen Palais, den herrschaftlichen Stadtpalästen, seinen Plätzen und Parks mit ihrer melancholischen Stimmung als Stadt der Kunst und der Architektur.

Der berühmte Impressionist Paul Cézanne verbrachte seine Jugend hier. Häufig nahm er den Weg zum Sainte-Victoire-Massiv, einem beliebten Ausflugsziel, das er, ebenso wie Renoir, in zahlreichen Variationen auf Leinwand festhielt. Émile Zola, der große Schriftsteller, verbrachte hier seine Kindheit und Jugend. Auguste Escoffier, der unvergessene Meisterkoch des ausgehenden 19. Jahrhunderts, schrieb über den unverbesserlichen Gourmand folgendes: »Zola liebte frisch gefangene Sardinen, mit Salz und Pfeffer gewürzt, mit ein wenig Olivenöl beträufelt, über glimmendem Rebholz gegrillt, alsdann auf einem irdenen Teller angerichtet, leicht mit Knoblauch eingerieben und überzogen mit einer *persillade*, bereitet mit dem Öl von Aix… Gerne aß er auch eine *blanquette* von Milchlamm *à la provençale* mit Safrannudeln, Rührei mit Käse und fein aufgeschnittenen weißen Trüffeln aus dem Piemont, Risotto mit kleinen Vögeln und schwarzen Trüffeln oder die berühmte Polenta mit weißen Trüffeln, an der auch beim Kaiser Napoleon sehr gelegen war.«

Doch erlebt man in den Bouches-du-Rhône auch andere Stimmungen. Die der Camargue etwa, der wasserreichen Gegend mit ihren charakteristischen Bauernhäusern, *mas* genannt, deren Baumaterialien aus den Steinbrüchen der Alpilles herbeigeschafft wurden, mit ihren Teichen und Sümpfen, den weißen Pferden und den schwarzen Stieren und einem Binnensee namens Vaccarès. Sie ist ein bedrohtes Gebiet mit einer eigentümlichen Vegetation, abgestorbenem Gestrüpp, in das Touristen sich nur selten vorwagen. Anläßlich größerer Feste wird hier ein Stier geschlachtet, den man mit würzigem Öl bestreicht und eine ganze Nacht lang am Spieß brät, oder vielleicht wird auch *la gardiano* zubereitet, ein deftiges Ragout aus Lammschulter und Kartoffeln.

Gleichermaßen faszinierend sind die Stimmungen der Crau-Ebene mit ihrer meterdicken Schicht von Kieseln, von Salon-de-Provence, wo Nostradamus lebte und in der Manier der *mères de famille* jener Zeit eine Abhandlung über Eingemachtes und die Herstellung von Kosmetik verfaßte. Zu Beginn dieses Jahrhunderts betätigte sich so ziemlich jeder Einwohner von Salon-de-Provence als Ölhändler. Abnehmer waren die Pariser und »Leute aus dem Norden«, die das Öl eher leicht als fruchtig bevorzugten (welch ein Sakrileg!).

Die helle Sonne, über die Mistral schrieb, überstrahlt die Gegend von Arles und die Chaîne des Alpilles. Nirgendwo ist ihr Licht so klar wie in Maillane, der Stadt, in der Frédéric Mistral geboren wurde und im »Haus der Eidechse« lebte. An diesem Ort der Poesie schlägt das Herz der Provence und steht die Wiege der provenzalischen Sprache. Hier wie in Fontvieille, das die Erinnerung an Alphonse Daudet und seine berühmte Mühle wachhält, in Maussane und in Les-Baux-en-Provence, wo van Gogh die Olivenbäume in flammende, gepeinigte Kreaturen verwandelte, ist die Landschaft rauh, und durch das Schilf von Vallabrègues pfeift wie toll der Wind.

In Arles besänftigt er sich. Alle Welt weiß, daß die Provence in dieser ersten römischen Kolonie und späteren bedeutenden, von Matrosen bevölkerten Hafenstadt hier ihre Erinnerungen hütet und ihr Erbe wiederentdeckt. Hier befinden sich das Musée Arlaten, ein Hort regionaler Folklore und Bräuche, das Amphitheater und die Alyscamps, eine schattige Allee mit zahlreichen Sarkophagen, die van Gogh in einem Gemälde dargestellt hat. Dies ist ein Land der Gold- und Flammenfarben. Und natürlich wartet es mit einer ganz besonderen Küche auf.

Auberginen, junge dicke Bohnen und Portulak singen ein Loblied auf die Gemüsegärten. Und noch heute begegnen wir dem traditionellen Seemannsessen namens *fricot*, einem Eintopf aus Rindfleisch, Zwiebeln, Öl, Sardellen und – wie könnte es anders sein – Knoblauch, zubereitet in einem irdenen Schmortopf. Knoblauch würzt auch die hiesigen Würste. Nichts ging verloren, nicht einmal die kleinen Weinbergschnecken, die man noch heute *à la suçarelle* genießt: Man ißt sie ohne Gabel, indem man sie einfach ungeniert aus ihrem Gehäuse saugt. Die dazugehörige Sauce besteht aus Zwiebeln, Tomaten, Petersilie, Knoblauch und Sardellen. Typisch für die Camargue ist auch der mit Thymian und Lorbeer gewürzte Ziegenkäse. Einmal mehr schufen die Provenzalen hier im Rhône-Delta aus dem, was die Natur bereithält, eine schlichte und von kulinarischem Instinkt geprägte Küche.

»Boule« ist der Lieblingssport der Provenzalen. Bei jeder Gelegenheit treffen sie sich auf dem Dorfplatz zum Spiel.

GEMÜSE

Rote Paprikaschoten und Auberginen bilden die Grundlage vieler provenzalischer Sommergerichte.

GEMÜSE

So verschieden die Küchen der Provence und Italiens auch sein mögen – in ihrem Umgang mit Gemüse und Getreide finden sie einen gemeinsamen Nenner. Nirgends sonst hat man einen so unmittelbaren Zugang zu diesen Grundnahrungsmitteln, nirgendwo werden sie mit größerer Achtung behandelt, abwechslungsreicher und phantasievoller zubereitet. Nicht von ungefähr ist es die Küche von Nizza, die die größten Gemeinsamkeiten mit der Italiens aufweist. Erst seit 1860 gehört die Grafschaft zu Frankreich. Abgesehen von kurzen Zeiten der Besetzung durch die Franzosen unter Ludwig XIV. und zwei Jahrzehnten unter der Herrschaft des Nationalkonvents und Kaiser Napoleons III. gehörte Nizza fünf Jahrhunderte zum Hause Savoyen und eine Zeitlang zusammen mit dem Piemont zum Königreich von Sardinien. Die Geschichte der Grafschaft spiegelt sich in ihrer Haltung zum Gemüse und in ihrer Vorliebe für *pasta*, *gnocchi*, Polenta und Reis. Nur in Nizza ähnelt ein *risotou* dem Risotto aus dem Piemont, anderenorts in der Provence verbirgt sich dahinter ein Pilaw. Der Pilaw ist trocken, *risotou* ist feucht.

Viele der in diesem Kapitel beschriebenen Zubereitungen können ebenso als Vorspeise oder Zwischengang wie auch als eigenständiges Gericht oder Beilage zu Fleischgerichten serviert werden. In der Provence schätzt man eine einzelne Geschmacksrichtung, vielleicht auch noch eine zweite, harmo-

Frische grüne Schalotten ähneln Frühlingszwiebeln, haben jedoch einen volleren und intensiveren Geschmack.

Seite 166–167. im Uhrzeigersinn von oben links: Artischocken in Weißwein gedünstet (Rezept S. 189), Grüne Bohnen auf provenzalische Art (Rezept Seite 196), und Weiße Bohnen mit Wurst und Speck (Rezept S. 183); fotografiert auf einer Terrasse in Solliès-Pont

nisch darauf abgestimmte. Ein typisches provenzalisches Menü sieht einen eigenen Gemüsegang vor, und zwar zwischen dem ersten Gang und dem Hauptgericht.

Gemüse spielt niemals nur eine Nebenrolle. Noch als Beilage verleiht es den Gerichten eine unverwechselbare Note. Ein Roastbeef aus der Provence unterscheidet sich in nichts von dem einer beliebigen anderen Region der Welt. Ist es aber von gratinierten Auberginen, gebackenen Tomaten oder einem Kartoffel-Gratin mit Knoblauch begleitet, dann wird es zu einem echt provenzalischen Roastbeef.

Im Hochsommer wecken das morgendliche Treiben auf den provenzalischen Märkten, die bunte Vielfalt der Gemüse mit ihrem verwirrenden Farbenspiel, das sie im diffusen Halbschatten der Platanen entfalten, Erinnerungen an Renoirs Lichtreflexe auf blauen und purpurnen Auberginen, roten und gelben Paprikaschoten, Tomaten mit angedeutetem Blütenansatz. Und unweigerlich kommen Gedanken an kühlen Wein und mußevolle Sommerabende, die man mit Freunden bei einem guten Essen auf einer weinumrankten Terrasse zubrachte, an Stunden des Wohlseins und geselligen Miteinanders.

Oben: *Beim täglichen Einkauf ist der Gemüsestand meist die erste Station.*
Unten: *Unübersehbar leuchtet das Sonnengelb der Zucchiniblüten aus dem breitgefächerten Gemüseangebot hervor.*

ARTICHAUTS FARCIS
Gefüllte Artischocken

Als separater Gang serviert, sind diese Artischocken ein Hochgenuß.

4 große Artischocken, geputzt (siehe Glossar)

FÜR DIE FÜLLUNG:

60 g roher Schinken, gehackt
Persillade mit 1 Knoblauchzehe (siehe Glossar)
60 g altbackenes Weißbrot ohne Rinde, kurz in Wasser eingeweicht,
   ausgedrückt und gehackt
1 Ei
30 g frisch geriebener Parmesan
Salz und frisch gemahlener Pfeffer
4 EL Olivenöl
1 Zwiebel, gehackt
2 Tomaten, enthäutet, entkernt und grobgehackt
1 Lorbeerblatt
1 Thymianzweig
125 ml trockener Weißwein

Den Backofen auf 180 °C (Gasherd Stufe 2–3) vorheizen. In einem großen Topf reichlich Wasser zum Kochen bringen. Die Artischocken hineingeben und 7–8 Minuten garen. Gut abtropfen lassen.

Die zarten Innenblätter der Artischocken behutsam freilegen, auszupfen und beiseite legen. Das Heu aus den Artischocken entfernen und wegwerfen. Die ausgezupften Blätter hacken und in eine Schüssel geben. Schinken, *persillade*, Brot, Ei und Parmesan sowie Salz und

Gefüllte Artischocken

Pfeffer nach Geschmack hinzufügen. Alles vermengen. Die Masse in die Artischocken füllen und mit dem Löffelrücken glattstreichen.

In einer ofenfesten Tonkasserolle oder einem anderen flachen Topf, in den die Artischocken gerade hineinpassen, 2 Eßlöffel Olivenöl bei niedriger Temperatur erhitzen. Die Zwiebeln in etwa 10 Minuten darin weich dünsten.

Die Tomaten über die Zwiebeln geben und salzen. Die Artischocken daraufsetzen, das Lorbeerblatt und den Thymianzweig dazwischenstecken. Die Artischocken mit 2 Eßlöffeln Olivenöl beträufeln und mit dem Wein umgießen. Den Topf zugedeckt etwa 45 Minuten in den heißen Ofen schieben. Nach 30 Minuten den Deckel abnehmen, damit die Artischocken schön bräunen und die Sauce einkochen kann.

Für 4 Personen

FÈVES À LA MÉNAGÈRE
Dicke Bohnen in Poulettesauce

Dicke Bohnen sind in der Provence ohne Bohnenkraut kaum denkbar. Am besten schmeckt das Gericht im April, wenn beides ganz frisch und zart ist.

2 EL Olivenöl
1 Zwiebel, feingehackt
2 kg junge, zarte, daumennagelgroße dicke Bohnen, ausgehülst und
   enthäutet
Salz
1 Stengel frisches Winterbohnenkraut
3 EL kochendes Wasser
3 Eigelb

Püree von dicken Bohnen (links) *und Dicke Bohnen in Poulettesauce* (rechts; Rezept S. 168)

2 EL kaltes Wasser
Frisch gemahlener Pfeffer

Das Olivenöl in einem schweren Topf bei schwacher Temperatur erhitzen. Die Zwiebeln darin dünsten, bis sie glasig sind. Die Bohnen mit dem Bohnenkraut und Salz nach Geschmack dazugeben. Zugedeckt 4–5 Minuten dünsten, dabei den Topf mehrmals rütteln. Das kochende Wasser hinzufügen. Die Bohnen zugedeckt noch einige Minuten garen, bis sie durchgewärmt sind, dabei den Topf wiederholt rütteln.

In einer Schüssel die Eigelb mit dem kalten Wasser und etwas Pfeffer mit einer Gabel verquirlen. Die Mischung mit einem Holzlöffel unter die Bohnen rühren. Einmal durchschwenken und servieren.

Für 4 Personen

PROVENCE

Purée de Fèves
Püree von dicken Bohnen

Für ein Püree benötigen Sie etwas größere, also etwas reifere dicke Bohnen. Sie sollen recht fest und schon leicht mehlig sein, nach dem Enthäuten jedoch noch eine grüne Färbung zeigen.

2 kg große, zarte dicke Bohnen
1 große Zwiebel, grobgehackt
2–3 Stengel frisches Winterbohnenkraut,
    zusammengebunden
Salz und frisch gemahlener Pfeffer
125 g Butter, gewürfelt

Die Bohnen aus den Schoten nehmen und enthäuten.

Einen Topf mit Salzwasser füllen und zum Kochen bringen. Bohnen, Zwiebeln und Bohnenkraut hineingeben. 10–15 Minuten leise köcheln lassen, bis die Bohnen so weich sind, daß sie sich pürieren lassen.

Abgießen und das Kochwasser auffangen. Das Bohnenkraut entfernen. Ein feinmaschiges Sieb in den Topf hängen und die Bohnen mitsamt den Zwiebeln mit Hilfe eines Holzstößels passieren. Eventuell etwas Kochwasser hinzufügen, falls die zerdrückten Bohnen sich nicht gut durch das Sieb drücken lassen. Das Püree salzen und leicht pfeffern und, falls nötig, mit etwas Kochwasser geschmeidig rühren.

Das Püree bei mittlerer Temperatur durchwärmen, dabei mit dem Holzlöffel rühren und schlagen. Den Topf vom Herd nehmen und die Butter unterziehen. Das Püree in eine vorgewärmte Schüssel füllen und servieren.

Für 6 Personen

LENTILLES À LA PROVENÇALE
Linsen in Rotwein

Verwenden Sie möglichst die kleinen grünlichen Puy-Linsen.

300 g Linsen, eingeweicht
1 EL Olivenöl
150 g magerer gepökelter Bauchspeck, in 1 cm große Würfel
    geschnitten
1 Zwiebel, in feine Scheiben geschnitten
Bouquet garni (siehe Glossar)
2 Knoblauchzehen
500 ml Fleischbrühe oder Wasser
125 ml trockener Rotwein
125 ml Tomatensauce (siehe Glossar)
Salz und frisch gemahlener Pfeffer

Das Olivenöl in einem schweren Topf bei mittlerer bis niedriger Temperatur erhitzen. Den Speck hineingeben und auslassen, aber nicht bräunen. Die Zwiebeln hinzufügen und 8–10 Minuten hellgelb dünsten, dabei gelegentlich rühren. *Bouquet garni*, Knoblauchzehen, Brühe oder Wasser, Wein und Tomatensauce dazugeben. Alles aufkochen lassen. Einen Deckel auflegen und die Hitze reduzieren, so daß die Sauce nur noch leise köchelt. Die Linsen abgießen. In einem Topf großzügig mit kaltem Wasser bedecken, einmal aufkochen lassen und abgießen. Die Linsen an die Sauce geben und im geschlossenen Topf garen. Je nach Qualität und Frische der Linsen beträgt die Garzeit 45–60 Minuten. Falls die Sauce zu stark reduziert ist, etwas kochendes Wasser angießen. Das Gericht mit Salz abschmecken, leicht pfeffern und servieren.

Für 4 Personen

PURÉE DE LENTILLES AU CÉLERI
Linsenpüree mit Sellerie

Verwenden Sie auch hierfür möglichst Puy-Linsen.

300 g Linsen, eingeweicht
Bouquet garni (siehe Glossar)
1 Zwiebel, mit 2 Gewürznelken gespickt
1 Karotte, halbiert
Kochendes Wasser nach Bedarf
Salz
60 g Butter, gewürfelt
1 Sellerieherz, durch Einlegen in Eiswasser aufgefrischt und
    feingewürfelt

Die Linsen abgießen und in einen Topf geben. Mit reichlich kaltem Wasser bedecken und aufkochen lassen. Abgießen und zurück in den Topf geben. Das *bouquet garni*, die Zwiebeln und die Karotte hinzufügen. Alles etwa 3 cm hoch mit kochendem Wasser bedecken. Etwa 1 Stunde leise köcheln lassen und nach der Hälfte der Garzeit salzen.

Die Linsen abgießen, wenn sie so weich sind, daß sie sich gut pürieren lassen. Das Kochwasser auffangen.

Die Linsen mit einem Holzstößel durch ein feinmaschiges Sieb streichen. Die gelegentliche Zugabe von etwas Kochwasser erleichtert die Arbeit.

Das Püree bei mittlerer Temperatur unter ständigem Rühren mit dem Holzlöffel durchwärmen. Vom Herd nehmen, Butter und Sellerie unterziehen. Das Püree mit Salz abschmecken und heiß servieren.

Für 4 Personen

Linsen in Rotwein (links) *und Linsenpüree mit Sellerie* (rechts)

171

Gefüllte Zwiebeln (vorn), *Tomaten auf provenzalische Art* (Mitte) *und Champignons »Durand«* (hinten); *fotografiert in Bonnieux, Vaucluse*

PROVENCE

OIGNONS FARCIS
Gefüllte Zwiebeln

*In der Ofenhitze verschwindet die Naht, so daß Ihre Gäste sich viel-
leicht wundern, wie Sie es nur geschafft haben, anscheinend ganze,
längliche Zwiebeln zu füllen. Als separater Gang serviert, sind diese gefüllten Zwiebeln äußerst delikat.*

4 sehr große Gemüsezwiebeln (insgesamt etwa 1 kg), längs halbiert

FÜR DIE FÜLLUNG:
Gehackte Herzen der halbgegarten Zwiebeln
500 g Spinat, blanchiert, ausgedrückt und gehackt (siehe Glossar)
250 g *brousse* (siehe Glossar) oder Ricotta
60 g frisch geriebener Parmesan
60 g roher Schinken, gehackt
Feingehackter Majoran
2 Eier
Salz und frisch gemahlener Pfeffer
Frisch geriebene Muskatnuß
500 ml Tomatensauce, erwärmt (siehe Glossar)
Handvoll frisch geriebener Parmesan

In einem großen Topf reichlich Wasser zum Kochen bringen. Die
Zwiebeln hineingeben und 20 Minuten im leise siedenden Wasser
halbgar kochen. Abgießen und zum Abkühlen in eine Schüssel mit
kaltem Wasser legen.

Die Zwiebeln abtropfen lassen und vorsichtig Schicht für Schicht
auseinandernehmen. Die einzelnen Stücke nebeneinander auf Geschirrtücher legen.

Die Zwiebelherzen, deren Blattscheiden zum Füllen zu klein sind,
hacken und in eine Schüssel geben. Die übrigen Zutaten für die Füllung hinzufügen. Mit Salz, Pfeffer und Muskatnuß würzen. Alles mit
den Händen gründlich vermischen.

Den Backofen auf 180 °C (Gasherd Stufe 2–3) vorheizen. In eine
große Gratinform so viel Tomatensauce geben, daß der Boden gleichmäßig dünn bedeckt ist. Die schalenförmigen Zwiebelstücke mit jeweils 1 gehäuften Eßlöffel der Farce füllen, zusammenrollen und mit
der Naht nach unten in die Gratinform legen. Sie werden dicht an
dicht eingefüllt, jedoch nicht gequetscht. Die Zwiebeln mit der restlichen heißen Tomatensauce überziehen, aber nicht völlig bedecken.
Die Form lose mit Alufolie abdecken und für 30 Minuten in den Ofen
schieben.

Die Folie entfernen. Das Gericht mit Parmesan bestreuen und
noch 15–20 Minuten backen, bis die Zwiebeln richtig gar sind und die
Sauce leise brodelt. Heiß servieren.

Für 4 Personen

172

Die Schnittflächen salzen und die Tomaten umgedreht 30 Minuten auf einem Rost abtropfen lassen.

Den Backofen auf 190 °C (Gasherd Stufe 3) vorheizen. Die abgetropften Tomatenhälften trockentupfen und erneut salzen und leicht pfeffern. In einer großen Bratpfanne 3 Eßlöffel Olivenöl bei hoher Temperatur erhitzen.

Die Tomatenhälften mit der Schnittfläche nach unten hineinsetzen. Braten, bis der austretende Saft verkocht ist und in der Pfanne ein leicht karamelisierter Satz zurückbleibt. Die Hitze herunterschalten und die Tomaten vorsichtig umdrehen. Noch einige Minuten von der anderen Seite dünsten und, damit sie nicht ansetzen, die Pfanne wiederholt rütteln.

Die Tomaten mit der Schnittfläche nach oben in eine Gratinform setzen, in die sie gerade hineinpassen. Die Pfanne wieder auf den Herd stellen, die *persillade* hineingeben und einige Sekunden unter Rühren braten. Vom Herd nehmen und eine kleine Handvoll Semmelbrösel einstreuen, so daß der Bratensatz völlig aufgesogen wird.

Die Mischung mit einem kleinen Löffel in den Tomaten verteilen und behutsam in die Kammern hineindrücken. Die Tomaten mit Semmelbröseln bestreuen und gleichmäßig mit 1 Eßlöffel Olivenöl beträufeln.

Die Form für 10–15 Minuten in den Ofen schieben, bis die Tomaten leicht schrumpelig und oben appetitlich gebräunt sind. Die sehr weichen Tomaten mit einer Palette vorlegen.

Für 4 Personen *Abbildung S. 172*

VAUCLUSE / BOUCHES-DU-RHÔNE

CHAMPIGNONS À LA BÉRIGOULE
Gefüllte Champignons »Durand«

In seinem umfassenden Werk über die provenzalische Küche stellte Charles Durand ein Rezept für »oronges« (Kaiserling, »Amanita caesarea«) vor, die, einfach mit Öl beträufelt, gesalzen, gepfeffert und dann gegrillt, geradezu himmlisch schmecken. Für nachfolgendes Rezept eignen sich am besten Zuchtchampignons.

500 g große, feste, noch geschlossene Zuchtchampignons,
   die Stielenden abgeschnitten
2 Knoblauchzehen
Grobes Salz
3 EL Olivenöl
125 ml trockener Weißwein
Salz
Frisch gemahlener Pfeffer
2 EL frisch gehackte glatte Petersilie
2 Sardellen in Salz, abgespült, filetiert und gehackt (siehe Glossar)
Getrocknete Semmelbrösel

Die Pilzstiele durch behutsame Hin- und Herbewegungen von den Hüten lösen und hacken.

Im Mörser den Knoblauch mit einer Prise grobem Salz zu einer Paste zerreiben. In jeden Pilzhut etwas von dieser Paste geben und verstreichen. Die Hüte und die gehackten Stiele in einen Topf geben. 2 Eßlöffel Olivenöl, den Wein und eine Prise Salz hinzufügen. Alles bei starker Hitze zum Kochen bringen und dann 15 Minuten im zugedeckten Topf leise köcheln lassen. Dabei die Pilzhüte mehrmals wenden.

Währenddessen den Backofen auf 230 °C (Gasherd Stufe 5) vorheizen. Die Pilzhüte mit der Wölbung nach unten nebeneinander in eine Gratinform setzen, in der gerade Platz haben. Etwas Pfeffer darübermahlen. Die Petersilie und die Sardellen zu den gehackten Stielen in den Fond geben. Die Sauce im offenen Topf leise köchelnd stark reduzieren und anschließend mit einem Löffel in den Pilzhüten verteilen. Semmelbrösel darüberstreuen und über jeden Pilz einige Tropfen Olivenöl träufeln.

Die Pilze im Ofen etwa 10 Minuten goldbraun überbacken. Sehr heiß servieren.

Für 4 Personen *Abbildung S. 172*

VAR

TOMATES À LA PROVENÇALE
Tomaten auf provenzalische Art

Überall in der Provence erfreut sich dieses Gericht großer Beliebtheit. Ob als eigenständiger Gang oder als Beilage zu gebratenem oder gegrilltem Fleisch oder Geflügel, kommt es im Sommer in vielen Familien beinahe täglich auf den Tisch. Leichte Abwandlungen sind möglich: Manchmal wird frisches Brot eingeweicht, ausgedrückt und gehackt, mitunter wird die »persillade« nicht gebraten. Nachstehend die Version aus Toulon.

8 feste Tomaten
Salz
Frisch gemahlener Pfeffer
4 EL Olivenöl
Persillade mit 4 Knoblauchzehen (siehe Glossar)
Halbtrockene Semmelbrösel

Die Tomaten waagerecht halbieren. Mit dem kleinen Finger vorsichtig die Kerne in den einzelnen Kammern lösen und durch eine ruckartige Bewegung aus den umgedrehten Tomatenhälften herausschleudern, ohne das Fleisch zu beschädigen.

ALPES-MARITIMES

Gnocchi aux Pommes de Terre
Kartoffelgnocchi

Kartoffelgnocchi werden häufig mit dem Schmorfond einer »estouf-fade« (Rezept S. 139) oder auch mit Tomatensauce (siehe Glossar) ange-richtet. Vorzüglich schmecken sie aber auch mit »pistou« (Rezept S. 36).

1 kg mehligkochende Kartoffeln, geschält und in Stücke geschnitten
Salz
Frisch geriebene Muskatnuß
1 Ei
250 g Mehl
60 g Butter, zerlassen und warm gestellt
100 g frisch geriebener Parmesan

Die Kartoffeln mit reichlich Salzwasser in einen Topf geben. Aufko-chen lassen und etwa 20 Minuten garen. Abgießen und über einer Rührschüssel durch ein Sieb oder die Kartoffelpresse treiben oder auch zerstampfen.

Das Kartoffelpüree mit Salz und einem Hauch Muskatnuß würzen. Das Ei und das Mehl hinzufügen und alles zu einem festen, aber ge-schmeidigen Teig verarbeiten. Die Masse zuletzt mit den Handballen noch einmal gründlich durchkneten und dann auf die bemehlte Ar-beitsfläche geben. Die Hände gut einmehlen. Mit den Handflächen apfelsinengroße Teigportionen zu etwa 1,5 cm dicken Würsten rollen. Diese in 2,5 cm lange Stücke schneiden. In die Mitte jedes Teigstücks mit dem bemehlten Daumen oder Zeigefinger eine Mulde drücken. Oder die Stücke einzeln in die Wölbung einer Gabel legen und unter leichtem Druck über die Zinken rollen, so daß die Stücke auf der ei-nen Seite eingedrückt und auf der anderen dekorativ gerieft sind.

In einem großen Topf reichlich Salzwasser zum Kochen bringen. Die Gnocchi portionsweise in das sprudelnde Wasser geben. Sobald sie nach etwa 3 Minuten an die Oberfläche steigen, die Gnocchi mit einer großen Schaumkelle aus dem Wasser heben. Abtropfen lassen und dann in eine vorgewärmte tiefe Servierschüssel geben.

Die Gnocchi mit der zerlassenen Butter beträufeln und mit dem Parmesan bestreuen. Sofort servieren.

Für 6 Personen

Kartoffelgnocchi

VAUCLUSE

Tian à la Comtadine
Kartoffel-Gratin mit Knoblauch

Wenn das Gratin als Beilage zu einer Lammkeule gedacht ist, wird die-se auf die Kartoffeln gelegt und beides zusammen gebacken.

1 kg Kartoffeln, geschält, in dünne Scheiben geschnitten
   und trockengetupft
60 ml Olivenöl
12 Knoblauchzehen
Salz
1 Lorbeerblatt
Kochendes Wasser nach Bedarf

Den Backofen auf 180 °C (Gasherd Stufe 2–3) vorheizen. Die Kar-toffelscheiben mit dem Olivenöl in eine Schüssel geben und durch-mischen, bis sie gleichmäßig vom Öl überzogen sind. Eine weite, flache Gratinform – möglichst eine irdene und mit einem Fassungs-vermögen von 1,5 Litern – mit der Hälfte der Kartoffeln auslegen. Die Knoblauchzehen gleichmäßig dazwischen verteilen. Das Ganze sal-zen und das Lorbeerblatt hinzufügen. Die restlichen Kartoffeln dar-auflegen. Alles mit kochendem Wasser beinahe bedecken. Salzen und mit dem restlichen Öl aus der Schüssel beträufeln.

Das Gratin 50–60 Minuten backen, bis das Wasser völlig verkocht ist. Falls die Oberfläche zu früh stark bräunt, ein Stück Alufolie über die Kartoffeln breiten. Das Gratin heiß servieren.

Für 4 Personen

VAR

Boulangère à l'Oseille
Kartoffel-Gratin mit Sauerampfer

Das leicht säuerliche Aroma des Sauerampfers und die milde Süße der Zwiebeln verleihen den Kartoffeln ein wunderbares Aroma. Dieses Gratin ist eine ideale Beilage zu Braten jeder Art.

2 EL Butter
150 g zarte Sauerampferblätter, entstielt, fest zusammengerollt
   und in feine Streifen geschnitten
Salz
200 ml Crème double
1 kg große Kartoffeln, geschält und längs (möglichst mit einem
   Hobel) in hauchdünne Scheiben geschnitten
250 g Gemüsezwiebeln, in feine Scheiben geschnitten

Den Backofen auf 180 °C (Gasherd Stufe 2–3) vorheizen. Eine Gra-tinform mit etwa 2 Litern Fassungsvermögen mit 1 Eßlöffel Butter einfetten.

In einer Schmorpfanne die restliche Butter bei niedriger Tempera-tur erhitzen. Den Sauerampfer dazugeben, salzen und dünsten, bis das Grün verblaßt und die Blätter stark zusammenfallen. Dabei häu-fig mit einem Holzlöffel rühren. Die Crème double hinzufügen und alles noch einige Minuten garen. Die Pfanne vom Herd nehmen.

Die Kartoffeln (weder abgespült noch trockengetupft) mit den Zwiebeln in einen Topf geben. Salzen und so viel Wasser angießen, daß das Gemüse beinahe bedeckt ist. Alles zum Kochen bringen, dabei den Topf rütteln und mit dem Holzlöffel rühren, damit die Kar-toffeln nicht ansetzen. Den Topfinhalt in die Gratinform füllen und glattstreichen. Den Pfanneninhalt gleichmäßig darüber verteilen.

Das Gratin im heißen Ofen etwa 30 Minuten backen, bis die Kar-toffeln gar sind. Sofort servieren.

Für 4 Personen

Rechte Seite: *Kartoffel-Gratin mit Knoblauch* (links), *Kartoffel-Gratin mit Sauerampfer* (rechts)

POMMES DE TERRE SAUTÉES À LA PROVENÇALE
Bratkartoffeln auf provenzalische Art

In der Schale gebraten, schmecken Kartoffeln ganz ausgezeichnet. Da Franzosen sich aber mit der Vorstellung, Kartoffelschalen zu essen, nicht anfreunden können, schälen sie sie bei Tisch.

3 EL Olivenöl
750 g kleine neue Kartoffeln
12 Knoblauchzehen, ungeschält
Salz
Frisch gemahlener Pfeffer
1 EL gehackte glatte Petersilie

Das Olivenöl in einer hitzebeständigen Tonkasserolle oder einem schweren Schmortopf bei schwacher Temperatur erhitzen. Kartoffeln und Knoblauchzehen hineingeben und salzen. Einen gut schließenden Deckel auflegen und die Kartoffeln etwa 40 Minuten garen. Den Topf regelmäßig rütteln, um die Kartoffeln zu wenden. Falls Sie zwischendurch den Deckel abnehmen müssen, halten Sie ihn nicht schräg, damit kein Wasser in den Topf tropft, und trocknen Sie ihn ab, bevor Sie ihn erneut auflegen.

Vor dem Servieren die Kartoffeln leicht pfeffern, mit der Petersilie bestreuen und gründlich durchmischen.

Für 4 Personen

MOUSSELINE AU GRATIN
Kartoffelauflauf mit Knoblauch und Parmesan

Besonders gut paßt diese Zubereitung zu gegrillter Wurst jeder Art, zum Beispiel »andouillettes«, Blutwurst oder auch Fleischwurst.

1 kg Kartoffeln, geschält und geviertelt
8 Knoblauchzehen
Salz
Kochendes Wasser nach Bedarf
4 EL Olivenöl
60 g frisch geriebener Parmesan
3 Eier
Frisch gemahlener Pfeffer
Frisch geriebene Muskatnuß

Den Backofen auf 200 °C (Gasherd Stufe 3–4) vorheizen. Die Kartoffeln und die Knoblauchzehen mit einer Prise Salz in einen Topf geben. Alles mit kochendem Wasser knapp bedecken. Zugedeckt etwa 30 Minuten leise köcheln lassen, bis die Kartoffeln gerade gar sind.

Das Wasser abgießen und auffangen. Die Kartoffeln und die Knoblauchzehen mit Hilfe eines Holzstößels durch ein feines Sieb drücken. Mit einem Holzlöffel so viel Kochwasser unter das Püree rühren, daß es geschmeidig, aber nicht gießfähig ist.

Eine Gratinform mit 1,5 Litern Fassungsvermögen leicht mit Olivenöl einfetten. Zwei Eßlöffel Olivenöl, die Hälfte des Parmesans, die Eier und etwas von dem Kochwasser in eine kleine Schüssel geben. Das Ganze leicht pfeffern, mit etwas Muskatnuß würzen und mit dem Schneebesen verrühren. Diese Mischung unter das Kartoffelpüree ziehen. Die Kartoffelmasse in die Gratinform füllen. Mit dem restlichen Käse bestreuen und mit 2 Eßlöffeln Olivenöl beträufeln.

Den Auflauf 15–20 Minuten backen, bis er aufgegangen und leicht gebräunt ist. Heiß genießen.

Für 4–6 Personen *Abbildung S. 8–9*

Paprika-Gratin (vorn) *und Bratkartoffeln auf provenzalische Art* (hinten)

PIMENTS DOUX AU GRATIN
Paprika-Gratin

Dieses Paprika-Gratin ist als eigenständiges Gericht ebenso zu empfehlen wie als farbenfrohe Beilage zu Braten und speziell zu Lammfleisch. Die Sardellen und die Oliven bilden einen pikanten Kontrast zu den lieblichen Paprikaschoten.

2 große rote und 2 große gelbe Paprikaschoten
6 Sardellen in Salz, abgespült, filetiert und gehackt (siehe Glossar)
100 g schwarze Oliven, entsteint und halbiert
Persillade mit 1 Knoblauchzehe (siehe Glossar)
Salz und frisch gemahlener Pfeffer
4 EL Olivenöl
Halbtrockene Semmelbrösel

Die Paprikaschoten rösten, enthäuten und entkernen, wie bei *salade de piments doux* (siehe S. 32) beschrieben. Die Paprikaschoten längs in schmale Streifen schneiden. Den beim Rösten ausgetretenen Saft in einer Schale beiseite stellen.

Den Backofen auf 180 °C (Gasherd Stufe 2–3) vorheizen. In einer Schüssel die Paprikastreifen mit ihrem Saft, die Sardellen, die Oliven, die *persillade*, Salz und Pfeffer nach Geschmack sowie 2 Eßlöffel Olivenöl vermengen.

Eine Gratinform mit etwas Olivenöl einfetten. Die Mischung gleichmäßig darin verteilen und so dick mit Semmelbröseln bestreuen, daß sie völlig bedeckt ist. Das Ganze mit dem restlichen Olivenöl beträufeln.

Das Gericht in den Ofen schieben und etwa 30 Minuten goldbraun überbacken.

Als separaten Gang oder Beilage servieren.
Für 4 Personen

PROVENCE

PETITS POIS À LA MÉNAGÈRE
Erbsen gedünstet mit Zwiebeln und Blattsalat

Die Erbsen sollten so zart sein, daß man sie ohne weiteres auch roh essen kann. Das Gericht wird als eigenständiger Gang serviert.

1 kleiner Kopf Blattsalat
1 Thymianzweig
1 Bund glatte Petersilie
125 g Frühlingszwiebeln, etwa walnußgroß, das Grün entfernt
2 EL Wasser
2 kg kleine, junge Erbsen, ausgepalt
60 g Butter, gekühlt und gewürfelt
Salz
Zucker

Vom Salatkopf die äußeren Blätter entfernen. Die Blätter und auch das Salatherz waschen. Den Thymianzweig und den Petersilienstrauß in das Salatherz geben. Das Bündel mehrfach mit Küchenzwirn umwickeln und in eine kleine hitzebeständige Tonkasserolle oder einen schweren Schmortopf legen. Die Frühlingszwiebeln ringsum verteilen und das Wasser hinzufügen. Die Erbsen mit den Butterwürfeln vermischen und in die Kasserolle geben. Alles salzen und eine Prise Zucker hinzufügen. Mit den Salatblättern bedecken und diese andrücken. Einen Deckel auflegen. Das Gemüse bei sehr milder Hitze etwa 45 Minuten schmoren, bis die Erbsen ganz zart sind. Vor dem Servieren Salatblätter und -herz entfernen.

Für 4 Personen

ALPES-MARITIMES

TIAN DE COURGETTES
Zucchini-Reis-Auflauf

Zu diesem Auflauf paßt entweder einfach eine Tomatensauce oder auch ein Braten.

4 EL Olivenöl
1 große Zwiebel, feingehackt
500 g Zucchini, in feine Scheiben geschnitten
Salz und frisch gemahlener Pfeffer
60 g frische Semmelbrösel
500 ml Milch
3 Eier
Frische Majoranblätter und -blütenknospen, feingehackt
100 g frisch geriebener Parmesan
100 g Langkornreis

Den Backofen auf 180 °C (Gasherd Stufe 2–3) vorheizen. Eine Auflaufform mit 1,5 Litern Fassungsvermögen mit Olivenöl einfetten.

In einer Bratpfanne 2 Eßlöffel Olivenöl bei niedriger Temperatur erhitzen. Die Zwiebeln etwa 10 Minuten weich dünsten, jedoch nicht bräunen. Die Zucchini dazugeben, salzen und pfeffern. Die Zucchini einige Minuten unter Rühren braten. Die Pfanne vom Herd nehmen.

In einer Rührschüssel die Semmelbrösel mit 250 ml Milch übergießen. Die restlichen 2 Eßlöffel Olivenöl, die Eier, den Majoran und etwa zwei Drittel des Parmesans hinzufügen. Salzen und pfeffern und alles mit dem Schneebesen oder Holzlöffel glattrühren. Den Pfanneninhalt sowie den Reis dazugeben und umrühren. Die Masse in die Auflaufform füllen, glattstreichen und mit 250 ml Milch übergießen. Den restlichen Käse darüberstreuen.

Den Auflauf in den Ofen schieben und etwa 1 Stunde backen, bis er goldbraun überkrustet ist. Heiß servieren.

Für 4 Personen

Erbsen gedünstet mit Zwiebeln und Salat (oben), *Überbackene Kartoffeln in Sahnesauce* (rechts) *und Zucchini-Reis-Auflauf* (unten)

BOUCHES-DU-RHÔNE

POMMES DE TERRE AU GRATIN
Überbackene Kartoffeln in Sahnesauce

1 kg Kartoffeln, geschält und in 3 mm dicke Scheiben geschnitten
Kochende Fleischbrühe oder Wasser nach Bedarf
Salz (nach Belieben)

60 g frisch geriebener Gruyère oder Parmesan
125 ml Crème double
2 Eier
Frisch geriebene Muskatnuß

Den Backofen auf 180 °C (Gasherd Stufe 2–3) vorheizen. Die Kartoffeln in einen Topf geben und mit kochender Brühe oder Wasser knapp bedecken. Bei Verwendung von Wasser die Kartoffeln salzen. Zugedeckt etwa 15 Minuten leise köcheln lassen, bis die Kartoffeln beinahe gar sind. Den Topf vom Herd nehmen.

Die Hälfte des Käses, die Crème double und die Eier mit einer kleinen Prise Muskatnuß in eine Schüssel geben. Alles mit dem Schneebesen gründlich verrühren.

Die Mischung zu den Kartoffeln gießen, den Topf schwenken und dann den Inhalt in eine Gratinform geben. Glattstreichen und mit dem restlichen Käse bestreuen.

Die Form etwa 20 Minuten in den heißen Ofen schieben, bis die Sauce eingedickt und der Käse gebräunt ist.

Für 4 Personen

VAUCLUSE

TRUFFES AU
CHÂTEAUNEUF-DU-PAPE
Trüffeln in Rotwein

Schwarze Trüffeln haben in der Provence von Dezember bis Ende Februar Saison, wobei sie nach Neujahr ihren geschmacklichen Höhepunkt erreichen. Auf den Trüffelmärkten werden sie mitsamt der anhaftenden Erde verkauft, müssen vor der Verarbeitung also noch gebürstet werden. Für den Export bestimmte Trüffeln sind hingegen küchenfertig vorbereitet.

500 ml trockener Rotwein
Mirepoix (siehe Glossar)
120 g Butter
1 EL Mehl
500 ml Fleischbrühe, vorzugsweise vom *pot-au-feu*
250 g schwarze Trüffeln, mit der Bürste gesäubert
Salz und frisch gemahlener Pfeffer
1 EL Cognac
8 Baguettescheiben
1 Knoblauchzehe

Den Rotwein mit dem *mirepoix* in einem Topf zum Kochen bringen. Anschließend ohne Deckel leise köcheln lassen, bis die Flüssigkeit nach etwa 45 Minuten auf etwa 200 ml reduziert ist.

Gleichzeitig in einem Topf 1 Eßlöffel Butter bei mittlerer bis hoher Temperatur erhitzen. Das Mehl hinzugeben und gründlich einrühren. Langsam die Brühe angießen und dabei ständig mit dem Schneebesen rühren, bis das Ganze aufkocht. Die Hitze reduzieren und die Sauce 30 Minuten leise simmern lassen.

Den eingekochten Rotwein durch ein feinmaschiges Sieb an die Sauce geben und die festen Bestandteile im Sieb kräftig ausdrücken. Den Topf halb vom Herd ziehen und die Hitze so regulieren, daß sich die Flüssigkeit über der Herdplatte nur leise kräuselt. Nach 15 Minuten die Haut, die sich auf der unbewegten Seite gebildet hat, mit einem Löffel abnehmen. Die entfettete Sauce warm stellen.

Währenddessen den Backofen auf 190 °C (Gasherd Stufe 3) vorheizen. Eine ofenfeste Tonkasserolle oder einen schweren Schmortopf mit 1 Eßlöffel Butter einfetten.

Die Trüffeln enthäuten. Die abgezogene Haut im Mörser fein zerreiben. Die Trüffeln in Schnitze teilen und in die Kasserolle geben. Leicht salzen, großzügig pfeffern und mit dem Cognac beträufeln. Die Trüffeln zugedeckt bei niedrigster Temperatur etwa 15 Minuten sanft dünsten – sie sollen nicht garen.

Die restlichen 6 Eßlöffel Butter zerlassen. Die Brotscheiben von beiden Seiten damit bestreichen. Auf ein Blackblech legen und von beiden Seiten einige Minuten im Ofen rösten, bis sie goldbraun und knusprig sind. Mit der Knoblauchzehe ein- oder zweimal über beide Seiten der Brotscheiben streichen. Das Trüffelpulver aus dem Mörser in die heiße Sauce rühren und diese über die Trüffeln geben.

Vier vorgewärmte Teller mit den Brotscheiben auslegen. Die Trüffeln mit der Sauce darauf anrichten und servieren.

Für 4 Personen

Trüffeln in Rotwein

Chicorée in Sahnesauce

ENDIVES BRAISÉES
Chicorée in Sahnesauce

*Servieren Sie das Gericht als eigenständigen Gang oder auch als Bei-
lage zu gebratenem oder gegrilltem Kalb- oder Schweinefleisch.*

750 g Chicorée, die Enden abgeschnitten und schadhafte
    Blätter entfernt
Salz
30 g roher Schinken, in streichholzgroße Stifte geschnitten
1 EL Butter, in kleine Stücke geschnitten

Saft von ¹/₂ Zitrone
6 EL Crème double

Eine hitzebeständige Tonkasserolle oder eine schwere Schmorpfanne, in die die Chicoréesprossen gerade hineinpassen, ausbuttern. Die
Chicoréesprossen nebeneinander hineinlegen, salzen und mit dem
Schinken bestreuen. Die Butterstückchen darüber verteilen. Einen
fest schließenden Deckel auflegen. Die Chicoréesprossen bei sehr
milder Hitze 50–60 Minuten dünsten, bis sie durch und durch gar sind.
Gelegentlich wenden, damit sie gleichmäßig bräunen.

Unter Rühren den Zitronensaft angießen und die Sahne hinzufügen. Die Chicoréesprossen in der Sauce schwenken und servieren.

Für 4 Personen

Geschmorter Fenchel mit Knoblauch

ALPES-MARITIMES

FENOUIL À LA NIÇOISE
Geschmorter Fenchel mit Knoblauch

Der Knoblauch zerfällt in der Schale in ein delikates Püree, das, auf Brot, den Fenchel oder ein Stück Fleisch gestrichen, geradezu unwiderstehlich schmeckt. Auch dieses Gemüsegericht mundet als separater Gang ebensogut wie zu gebratenem oder gegrilltem Fleisch.

1 kg Fenchelknollen
60 ml Olivenöl
1 Knoblauchknolle, in Zehen geteilt und die abblätternde Hülle
   entfernt, die Zehen aber ungeschält
Salz
125 ml trockener Weißwein

Von den Fenchelknollen die unansehnlichen Außenblätter entfernen. Die Stengel oben glattschneiden – das Grün beiseite legen – und die Knollen längs halbieren.

Die Fenchelstücke erneut wenden, so daß die Schnittflächen wieder unten liegen. Zugedeckt bei sehr milder Hitze etwa 1 Stunde schmoren. Damit das Gemüse nicht austrocknet, ab und zu etwas von dem restlichen Wein angießen. Zuletzt sollte der Fenchel auf der Zunge zergehen und die Sauce zu einem braunen, nicht zu dicken Sirup eingekocht sein.

Unmittelbar vor dem Servieren das Fenchelgrün hacken und über das Gemüse streuen.

Für 4 Personen

VAUCLUSE / BOUCHES-DU-RHÔNE

HARICOTS BLANCS À LA VILLAGEOISE
Weiße Bohnen mit Wurst und Speck

Wenn Sie frische weiße Bohnen – »cocos« (siehe Glossar) – bekommen können, sollten Sie unbedingt zugreifen. Anstelle der 500 g getrockneten Kerne benötigen Sie 2 kg frische Bohnen. Nach dem Aushülsen werden sie etwa 20 Minuten mit den unten angegebenen Aromazutaten gekocht, bevor man sie zu dem Speck und der Wurst gibt. Heben Sie das Kochwasser für eine Suppe oder Brühe auf. Wählen Sie die beste, größte, frischeste Schweinekochwurst, die der Markt bereithält. Natürlich können Sie für dieses Gericht auch das im Glossar beschriebene Wurstbrät in einen frischen Naturdarm füllen.

500 g getrocknete weiße Bohnen
Bouquet garni (siehe Glossar)
1 Zwiebel, mit 2 Gewürznelken gespickt
1 Karotte, halbiert
3 Knoblauchzehen, ungeschält
Kochendes Wasser nach Bedarf
Salz
1 Scheibe magerer gepökelter Bauchspeck, etwa 2 cm dick
2 EL Olivenöl
1 Zwiebel, gehackt
1 frische Schweinekochwurst (etwa 300 g), ringsum mit einem
    dünnen Spieß oder einer Spicknadel eingestochen

Die Bohnen in einer Schüssel mit Wasser bedecken und mehrere Stunden oder über Nacht einweichen. Danach abgießen und in einen Topf füllen. Großzügig mit kaltem Wasser bedecken, aufwallen lassen und 10 Minuten kochen. Die Bohnen abgießen und zurück in den Topf geben.

Das *bouquet garni*, die gespickte Zwiebel, die Karotte und den Knoblauch hinzufügen. Alles etwa 2,5 cm hoch mit kochendem Wasser bedecken und zugedeckt 45 Minuten leise köcheln lassen. Die Brühe mit Salz abschmecken und noch etwa 15 Minuten – je nach Qualität und Frische der Bohnen – weiterköcheln lassen, bis die Bohnen beinahe gar sind.

Inzwischen den Speck in einem Topf mit Wasser bedecken und einmal aufkochen lassen. Sofort abgießen, mit kaltem Wasser abspülen und beiseite stellen.

Das Olivenöl in einer hitzebeständigen Tonkasserolle oder einem anderen schweren Topf bei niedriger Temperatur erhitzen. Die gehackte Zwiebel hineingeben und etwa 10 Minuten weich dünsten, jedoch nicht bräunen.

Den Speck und die Wurst darauflegen. Die Bohnen abgießen und das Kochwasser auffangen, die Zwiebel entfernen. Die Bohnen über den Speck und die Wurst geben. Das Ganze mit dem Kochwasser knapp bedecken und zugedeckt etwa 40 Minuten leise köchelnd garen. Bei Bedarf etwas mehr Kochwasser angießen. Die Bohnen dürfen nie austrocknen, sollten aber zuletzt beinahe die gesamte Flüssigkeit aufgesogen haben.

Das *bouquet garni* und die Karotte entfernen. Den Speck und die Wurst herausnehmen und in Scheiben schneiden. Beides auf den Bohnen anrichten und das Gericht direkt aus dem Topf servieren.

Für 4 Personen   *Abbildung S. 164–165*

In einer großen, schweren Schmorpfanne das Olivenöl bei mittlerer bis niedriger Temperatur erhitzen. Die Fenchelhälften mit der Schnittfläche nach unten hineinlegen. Die Knoblauchzehen in die Zwischenräume schieben. Den Fenchel salzen und zugedeckt garen, bis die Schnittflächen leicht Farbe annehmen. Wenden, erneut salzen und von der anderen Seite ebenso anbräunen. Insgesamt dauert dies etwa 30 Minuten.

Den Deckel abnehmen und etwa die Hälfte des Weins über den Fenchel geben. Aufkochen lassen und dabei die Pfanne mehrfach sanft rütteln.

GRATIN DE CHOUFLEUR
Blumenkohl-Gratin

Dieses Rezept stammt aus der Küche von Nizza. Anderenorts in der Provence werden die halbgegarten Blumenkohlröschen häufig mit »sauce béchamel« überzogen, mit Käse bestreut und überbacken, bis die Sauce leise Blasen wirft. Nach Belieben kann man auch einige Eigelb und eine Handvoll geriebenen Parmesan unter die Béchamelsauce ziehen.

1 makelloser, weißer Blumenkohl, in Röschen geteilt und größere
   Röschen längs halbiert
60 ml Olivenöl
Salz und frisch gemahlener Pfeffer
Frisch geriebene Muskatnuß
60 g frisch geriebener Parmesan
Handvoll halbtrockene Semmelbrösel

Den Backofen auf 200 °C (Gasherd Stufe 3–4) vorheizen. In einem großen Topf reichlich Salzwasser zum Kochen bringen. Die Blumenkohlröschen ins sprudelnde Wasser geben und etwa 5 Minuten auf Biß garen (beim Einstechen mit einer Messerspitze in ein Strunkende muß noch ein gewisser Widerstand zu spüren sein). Abgießen, gut abtropfen lassen und in einer Schüssel im Olivenöl schwenken.

Die Blumenkohlröschen dicht an dicht in eine Gratinform füllen. Leicht salzen und pfeffern und mit etwas Muskatnuß würzen. Mit dem Parmesan und dann mit den Semmelbröseln bestreuen. Das in der Schüssel verbliebene Öl darüberträufeln.

Das Gericht in den Ofen schieben und etwa 10 Minuten goldbraun überbacken. Heiß servieren.

Für 4 Personen

CAPOUN NIÇOIS
Wirsingrouladen

Häufig wird auch Mangold auf diese Weise zubereitet. Servieren Sie die Rouladen als Gemüsegang oder zum Abendessen.

1 großer Wirsingkohl

FÜR DIE FÜLLUNG:

1 große Zwiebel, feingehackt und in 2 EL Olivenöl weich gedünstet,
   aber nicht gebräunt
100 g Langkornreis, 15 Minuten vorgekocht und abgetropft
Persillade mit 2 Knoblauchzehen (siehe Glossar)
150 g Wurstbrät (siehe Glossar)
1 dicke Scheibe roher Schinken vom unteren Keulenende, gehackt
60 g frisch geriebener Parmesan
Kräuter der Provence (siehe Glossar)
2 Eier
Salz und frisch gemahlener Pfeffer
Frisch geriebene Muskatnuß

Mirepoix (siehe Glossar)
125 ml Tomatensauce (siehe Glossar)
125 ml trockener Weißwein
Fleischbrühe nach Bedarf

Die harten und fleckigen Außenblätter vom Wirsing entfernen. Den Strunk an der Basis kegelförmig herausschneiden. Mindestens 8 makellose Blätter vorsichtig einzeln ablösen. Die Mittelrippen stutzen und den Wulst glattschneiden. Die Blätter in einen großen Topf legen und mit kochendem Wasser bedecken. Einmal aufkochen lassen und dann vorsichtig in ein großes Sieb geben. Die Blätter mit kaltem Wasser abschrecken und zum Abtropfen nebeneinander auf Geschirrtücher legen.

Das Wirsingherz längs halbieren und den verbliebenen Strunk herausschneiden. Die Hälften in grobe Scheiben schneiden, die Kohlscheiben hacken. In einem Topf reichlich Salzwasser zum Kochen bringen. Den gehackten Wirsing hineingeben und 5 Minuten blanchieren. Abgießen, mit kaltem Wasser abspülen und gründlich ausdrücken. Den Wirsing mit den übrigen Zutaten für die Füllung in eine Schüssel geben. Das Ganze mit Salz, Pfeffer und ein wenig Muskatnuß würzen und gründlich mit den Händen vermischen. Beiseite stellen.

Den Backofen auf 165 °C (Gasherd Stufe 2) vorheizen. In einer ofenfesten Tonkasserolle oder einem anderen schweren Topf das *mirepoix* zubereiten. Die Kasserolle vom Herd nehmen.

Die Wirsingblätter mit der Außenseite nach unten auf die Arbeitsfläche legen. Auf jedes Blatt am unteren Ende eine Handvoll der Füllung geben. Die Blätter zu einem Drittel aufrollen, dann die seitlichen Ränder über die Rolle legen und fertig aufrollen. Die Rouladen mit der Naht nach unten dicht an dicht auf das *mirepoix* setzen. Die Tomatensauce, den Wein und so viel Brühe angießen, daß die Rouladen völlig bedeckt sind.

Das Ganze bei mittlerer Temperatur zum Kochen bringen, anschließend zugedeckt etwa 1$\frac{1}{2}$ Stunden in den heißen Ofen schieben. Die Rouladen sind gar, wenn sie zu schrumpeln beginnen und von der stark eingekochten Sauce appetitlich überglänzt sind. Sie werden heiß serviert.

Für 4 Personen

AUBERGINES EN ÉVENTAIL
Auberginenfächer

Auf die gleiche Weise können Zucchini zubereitet werden, wobei man gleich nach dem Würzen einen Schuß trockenen Weißwein hinzufügt und die Garzeit um 20 Minuten reduziert. Beide Varianten schmecken gleichermaßen gut. Man serviert sie als separaten Gemüsegang.

5 EL Olivenöl
2 große Gemüsezwiebeln, längs halbiert und in feine Scheiben
   geschnitten
4 feste Knoblauchzehen, in hauchdünne Scheiben geschnitten
4 kleine, längliche Auberginen (jede etwa 150 g)
Etwa 750 g feste Tomaten
Kleine Thymian- und Bohnenkrautstengel oder Kräuter der
   Provence (siehe Glossar)
3 Lorbeerblätter
Koriandersamen, zerstoßen
Salz und frisch gemahlener Pfeffer

Den Backofen auf 230 °C (Gasherd Stufe 5) vorheizen. Eine sehr große Gratinform (oder zwei kleinere Formen) mit Olivenöl einfetten.

Die Zwiebel- und die Knoblauchscheiben vermischen. Die Hälfte davon in der Form verteilen. Von den Auberginen beide Enden abschneiden und die Früchte längs genau in der Mitte halbieren. Die Hälften mit der Schnittfläche nach unten auf die Arbeitsfläche legen und bis 1,5 cm vor dem Stielende längs in 1 cm dicke Scheiben schneiden. Die Scheiben hängen am Stielende zusammen und lassen sich so auffächern.

Die Tomaten senkrecht halbieren und die Blütenansätze keilförmig herausschneiden. Die Hälften mit der Schnittseite nach unten auf die Arbeitsfläche legen und senkrecht in 1 cm dicke Scheiben schneiden.

Jeweils drei Tomatenscheiben hintereinander zwischen zwei Auberginenscheiben schieben. Die fertigen Auberginenfächer mit Hilfe einer breiten Palette in die Gratinform heben, dabei seitlich mit den Händen zusammenhalten.

Die Fächer in der Form so anordnen, daß möglichst kleine Zwischenräume entstehen. Die Kräuterstengel dazwischenschieben. Das Ganze mit der restlichen Zwiebel-Knoblauch-Mischung bestreuen.

Auberginenfächer (oben), *Blumenkohl-Gratin* (rechts) *und Wirsingrouladen* (links)

Mit einer Prise Koriander, Salz und etwas Pfeffer würzen und gleichmäßig mit dem Olivenöl beträufeln. Ein Stück feste Alufolie über die Form breiten und am Rand gut andrücken.

Die Form in den Ofen schieben. Die Temperatur auf 180 °C (Gasherd Stufe 2–3) herunterschalten. Die Auberginen etwa 1 Stunde backen, bis sie weich sind (machen Sie mit einer Spicknadel die Gar-

probe). Den Herd abschalten und das Gericht noch 30 Minuten im Backofen ruhen lassen. Falls dieser für eine andere Zubereitung benötigt wird, die Form zugedeckt an einen warmen Platz stellen.

Auf einer Servierplatte anrichten und heiß oder lauwarm servieren.

Für 4 Personen

Chicorée Frisée Braisée
Geschmorter Frisée

Dieses Gericht bildet die perfekte Beilage zu Lammbraten, paßt aber ebenso zu gebratenem Kalb- oder Schweinefleisch.

4 Köpfe Frisée, schadhafte Blätter entfernt und den Strunk
   herausgeschnitten
Grobes Salz
Kochendes Wasser nach Bedarf
2 EL Olivenöl
Kräuter der Provence (siehe Glossar)
Persillade mit 1 Knoblauchzehe (siehe Glossar)
1 EL Mehl
125 ml Fleischbrühe, nach Bedarf
Bratenfond und Fleischsaft

Die Salatköpfe in gesalzenem, kochendem Wasser blanchieren. Abgießen und unter fließendem kaltem Wasser abschrecken. Den Frisée kräftig ausdrücken und hacken.

Das Olivenöl in einem schweren Schmortopf bei mittlerer Temperatur erhitzen. Den Frisée hineingeben und unter Rühren einige Minuten dünsten. Mit einer Prise Kräuter der Provence und der *persillade* bestreuen und noch einige Minuten weitergaren. Das Mehl darüberstäuben und 1 Minute unter Rühren anschwitzen. Langsam die Brühe angießen und dabei ständig rühren. Die Hitze auf die kleinste Stufe herunterschalten. Einen Deckel auflegen und den Frisée etwa 1¼ Stunden schmoren, dabei gelegentlich rühren. Falls der Fond zu sehr austrocknet, etwas kochende Brühe oder Wasser hinzugießen.

Im letzten Moment Bratenfond und Fleischsaft einrühren.

Für 6 Personen

Spinat-Ei-Gratin

Roussin d'Épinards
Spinat-Ei-Gratin

lecker!

Servieren Sie dieses Gratin als separaten Gemüsegang oder auch als unkompliziertes Abendessen.

4 EL Olivenöl
1 Zwiebel, feingehackt
1 kg Spinat, blanchiert, ausgedrückt und gehackt (siehe Glossar)
Salz
Persillade mit 1 Knoblauchzehe (siehe Glossar)
1 EL Mehl
500 ml Milch
Frisch gemahlener Pfeffer
Frisch geriebene Muskatnuß
4 Eier, hartgekocht, geschält und längs halbiert
Halbtrockene Semmelbrösel

Den Backofen auf 190 °C (Gasherd Stufe 3) vorheizen.

In einer Schmorpfanne 2 Eßlöffel Olivenöl bei niedriger Temperatur erhitzen. Die Zwiebeln etwa 10 Minuten darin dünsten, bis sie weich und leicht gebräunt sind. Den Spinat hinzufügen und etwa 5–10 Minuten pfannenrühren, bis er keinen Saft mehr abgibt und anzusetzen beginnt. Salzen, mit der *persillade* bestreuen und mit dem Mehl bestäuben. Rühren, bis das Mehl nicht mehr zu sehen ist. Die Milch über die nächste halbe Stunde verteilt in kleinen Portionen hinzufügen und regelmäßig rühren.

Eine Gratinform mit 1,5 Litern Fassungsvermögen mit Olivenöl einfetten. Den Spinat leicht pfeffern und mit etwas Muskatnuß abschmecken. Noch einmal durchmischen und in die Form füllen. Die Eihälften so tief in die Spinatmasse drücken, daß ihre Schnittflächen mit deren Oberfläche abschließt. Das Ganze mit Semmelbröseln bestreuen und gleichmäßig mit 2 Eßlöffeln Olivenöl beträufeln.

Das Gratin etwa 30 Minuten backen, bis die Oberfläche schön gebräunt ist.

Für 4 Personen

Tian d'Épinards à la Comtadine
Spinatgratin nach Bäuerin-Art

prima!

Besonders köstlich schmeckt diese herzhafte Zubereitung zu Schweinebraten. Mitunter wird sie anstatt mit Semmelbröseln mit Mehl bestreut.

750 g junger zarter Spinat, entstielt und gehackt
Salz und frisch gemahlener Pfeffer
Große Handvoll halbtrockene Semmelbrösel
3 EL Olivenöl

Den Backofen auf 230 °C (Gasherd Stufe 5) vorheizen. Eine große Gratinform mit Olivenöl einfetten.

Den Spinat in einer Schüssel mit Salz und Pfeffer bestreuen und durchmischen. In die Form füllen und fest zusammendrücken. Den Spinat dick mit Semmelbröseln bestreuen und gleichmäßig mit dem Olivenöl beträufeln.

Die Form in den Ofen schieben. Die Temperatur auf 165 °C (Gasherd Stufe 2) herunterschalten. Den Auflauf etwa 1 Stunde backen, bis er sein Volumen um mehr als die Hälfte reduziert hat und goldbraun überkrustet ist. Sofort servieren.

Für 4 Personen

Rechte Seite: *Geschmorter Frisée* (links) *und Spinatauflauf nach Bäuerin-Art* (rechts)

Mit Sardellen und Eiern gefüllte Tomaten

ALPES-MARITIMES

TOMATES FARCIES À L'ANTIBOISE
Mit Sardellen und Eiern gefüllte Tomaten

Diese Tomaten bilden einen separaten Gang.

8 feste Tomaten
Salz
4 EL Olivenöl
1 Zwiebel, feingehackt
Grobes Salz
Frisch gemahlener Pfeffer
2 Knoblauchzehen

Von den Tomaten das obere Viertel abschneiden. Aus den Deckeln das Fruchtfleisch herauskratzen. Mit dem kleinen Finger vorsichtig die Tomatenkerne in den einzelnen Kammern lösen und durch eine ruckartige Bewegung aus den Tomaten herauslösen, ohne das Fruchtfleisch zu beschädigen.

Die Trennwände mit einem kleinen, spitzen Messer herausschneiden und zusammen mit dem Fruchtfleisch aus den Deckeln hacken. Die ausgehöhlten Tomaten innen salzen. Umgedreht auf ein Gitter setzen und 30 Minuten abtropfen lassen.

Inzwischen den Backofen auf 180 °C (Gasherd Stufe 2–3) vorheizen. Eine Auflaufform mit 1,5 Litern Fassungsvermögen mit Olivenöl einfetten.

In einer kleinen Pfanne 2 Eßlöffel Olivenöl bei niedriger Temperatur erhitzen. Die Zwiebeln etwa 10 Minuten dünsten, bis sie weich sind, sie dürfen jedoch nicht bräunen. Die Hitze hochschalten, das Tomatenfleisch in die Pfanne geben und braten, bis es allmählich zerfällt. Die Pfanne vom Herd nehmen.

Das grobe Salz mit dem Pfeffer, den gehackten Sardellen und dem Basilikum zu einer Paste zerreiben. Die Mischung mit 1 Eßlöffel Olivenöl geschmeidig rühren, dann die frischen Semmelbrösel hinzugeben. Alles gründlich mit dem Stößel verrühren. Den Pfanneninhalt und die Eier untermischen.

Die Mischung in die Tomaten füllen und mit dem Löffelrücken glattstreichen. Die Tomaten in die eingeölte Form setzen – sie sollen gerade hineinpassen. Mit den getrockneten Semmelbröseln bestreuen und mit 1 Eßlöffel Olivenöl beträufeln.

Die Tomaten im vorgeheizten Ofen etwa 30 Minuten backen, bis sie weich und goldbraun überkrustet sind.

Für 4 Personen

PROVENCE

ARTICHAUTS À LA BARIGOULE
Artischocken in Weißwein gedünstet

Ursprünglich, so ist manchmal zu hören, verbargen sich hinter diesem Rezeptnamen einfach gegrillte Artischocken. Heute sind »artichauts à la barigoule« indes stets gedünstet und mitunter auch gefüllt mit einer »duxelles« – feingehackten Champignons, die mit Zwiebeln und Petersilie gebraten und mit einem Spritzer Zitronensaft sowie Salz und Pfeffer aromatisiert wurden. Als separater Gang genossen, sind diese Artischocken ein Hochgenuß.

Mirepoix (siehe Glossar)
Bouquet garni (siehe Glossar)
12 eigroße Artischocken, geputzt und unzerteilt, oder 6 mittelgroße
    Artischocken, geputzt, geviertelt und, falls nötig, das Heu
    entfernt (siehe Glossar)
Salz
60 ml Olivenöl
125 ml trockener Weißwein

In einer großen hitzebeständigen Tonkasserolle oder einem großen schweren Schmortopf (nehmen Sie auf keinen Fall einen Topf aus Aluminium) das *mirepoix* zubereiten. Das *bouquet garni* in die Mitte legen und die Artischocken (falls unzerteilt, aufrecht) ringsum verteilen. Salzen und gleichmäßig mit dem Olivenöl beträufeln. Den Weißwein angießen.

Einen Deckel auflegen. Die Artischocken etwa 45 Minuten bei sehr milder Hitze dünsten, bis sie ganz zart sind und der Fond weitgehend verdampft ist. Die Artischocken dabei gelegentlich wenden und mit der Flüssigkeit begießen.

Die Artischocken auf einer vorgewärmten Servierplatte arrangieren und den Fond mit dem *mirepoix* darüber verteilen.

Für 4 Personen   *Abbildung S. 164–165*

2 Sardellen in Salz, abgespült, filetiert (siehe Glossar)
    und grobgehackt
Kleine Handvoll frische Basilikumblätter
60 g frische Semmelbrösel
2 Eier, hartgekocht, geschält und gehackt
Getrocknete Semmelbrösel
Olivenöl zum Einfetten der Form

PROVENCE

RAGOÛT D'ARTICHAUTS AUX PETITS POIS
Gemüsetopf mit Artischocken und Erbsen

In Nizza heißt dieses Gericht stets »petits pois à la niçoise«, in anderen Gegenden der Provence ist es auch als »petits pois à la provençale« bekannt. Ganz ähnliche Zubereitungsarten gibt es in der italienischen Küche.

3 EL Olivenöl
100 g durchwachsener gepökelter Speck, in 0,5 cm große Würfel geschnitten
12 eigroße Artischocken, geputzt und unzerteilt, oder 6 mittelgroße Artischocken, geputzt, geviertelt und, falls nötig, das Heu entfernt (siehe Glossar)
250 g walnußgroße Frühlingszwiebeln, das Grün entfernt
1 Salatherz, gefüllt mit einem Sträußchen aus Petersilienzweigen und 1 Thymianzweig
Salz
2 kg kleine, junge Erbsen, ausgepalt
60 ml Wasser

Das Olivenöl in einer hitzebeständigen Tonkasserolle oder einem schweren Schmortopf bei mittlerer bis niedriger Temperatur erhitzen. Den Speck, die Artischocken und die Zwiebeln hinzufügen. Alles im zugedeckten Topf etwa 10 Minuten garen, bis es weich ist und etwas Farbe annimmt, dabei den Topf gelegentlich rütteln.

Das Salatherz, Salz nach Geschmack, die Erbsen und das Wasser hinzufügen. Den Topf wieder fest verschließen. Das Gemüse bei sehr milder Hitze etwa 40 Minuten schmoren, dabei den Topf ab und zu rütteln. Das Salatherz mit dem Kräutersträußchen entfernen und den Eintopf heiß servieren.

Für 4 Personen

PROVENCE

TIAN DE COURGETTES AUX HERBES
Gratin von Zucchini und Blattgemüsen

lecker

Mit verschiedenen Blatt- und anderen Gemüsen lassen sich Gratins in allen erdenklichen Variationen zubereiten. Lassen Sie Ihrer Phantasie freien Lauf! Ausgezeichnet schmecken diese Gratins zu Braten, aber auch als einzelnes Gericht.

1 kg Zucchini
Salz
4 EL Olivenöl
100 g magerer gepökelter Schweinebauch, in 0,5 cm große Würfel geschnitten
1 große Gemüsezwiebel, feingehackt
500 g Mangoldblätter, blanchiert, ausgedrückt und gehackt (siehe Glossar)
Große Handvoll Sauerampferblätter, entstielt, fest zusammengerollt und feinstreifig geschnitten
Persillade mit 3 Knoblauchzehen (siehe Glossar)
60 g frisch geriebener Parmesan
Salz und frisch gemahlener Pfeffer
3 Eier

Die Zucchini von Hand grob raspeln oder in Stücke schneiden und in der Küchenmaschine mit dem entsprechenden Einsatz grob raspeln. Lagenweise auf einen Teller geben und zwischendurch immer wieder

salzen. Die Zucchini 30 Minuten Wasser ziehen lassen. Danach ausdrücken und in eine Schüssel geben.

Währenddessen den Backofen auf 175 °C (Gasherd Stufe 2) vorheizen. Boden und Rand einer Gratinform mit 2 Litern Fassungsvermögen mit Olivenöl einfetten.

In einer kleinen Pfanne 1 Eßlöffel Olivenöl bei sehr milder Temperatur erhitzen. Die Speckwürfel etwa 10 Minuten braten, bis sie leicht Farbe annehmen.

Die Zwiebeln hinzufügen und etwa 15 Minuten goldgelb dünsten, dabei häufig mit einem Holzlöffel rühren. Speck und Zwiebeln an die Zucchini geben.

Mangold, Sauerampfer, *persillade* und die Hälfte des Parmesans hinzufügen. Nach Geschmack salzen und pfeffern. Die Eier dazugeben und alles mit den Händen gründlich vermengen.

Die Masse in die Gratinform füllen. Glattstreichen, mit dem restlichen Parmesan bestreuen und gleichmäßig mit 3 Eßlöffeln Olivenöl beträufeln.

Das Gratin etwa 40 Minuten backen, bis es gar und von einer goldbraunen Kruste überzogen ist. Sofort servieren.

Für 4 Personen

ALPES-DE-HAUTE-PROVENCE

CHARLOTTE DE TOMATES
Tomaten-Kartoffel-Auflauf

molto buono!

Dieses herzhafte Gratin paßt vorzüglich zu Schweinebraten. Man kann es mit einer Handvoll schwarzer entsteinter Oliven anreichern, die man über die Kartoffeln streut.

500 g Kartoffeln
4 EL Olivenöl
500 g Zwiebeln, gehackt
500 g feste Tomaten, in Scheiben geschnitten
Frische Thymianblättchen
1 TL gehackter Estragon
Salz und frisch gemahlener Pfeffer
Frisch geriebene Muskatnuß
Getrocknete Semmelbrösel

Den Backofen auf 190 °C (Gasherd Stufe 3) vorheizen.

In einem Topf reichlich Salzwasser zum Kochen bringen. Die ungeschälten Kartoffeln hineingeben und 15–20 Minuten kochen, bis sie halbgar sind. Die Kartoffeln abgießen. Noch heiß schälen und in Scheiben schneiden – zum Schutz der Hände die Kartoffeln mit einem gefalteten Geschirrtuch festhalten.

Gleichzeitig in einer schweren Pfanne 2 Eßlöffel Olivenöl bei niedriger Temperatur erhitzen. Die Zwiebeln hineingeben und zugedeckt etwa 30 Minuten dünsten, dabei gelegentlich mit einem Holzlöffel rühren.

Boden und Rand einer Gratinform mit 1,5 Litern Fassungsvermögen mit Olivenöl bestreichen. Die Form mit der Hälfte der Tomaten auslegen. Mit einigen Thymianblättchen, einer Prise Estragon, Salz und Pfeffer nach Geschmack würzen. Ein Drittel der Zwiebeln darauf verteilen. Darauf die Kartoffelscheiben legen. Mit Thymian, Estragon, Salz, Pfeffer und ein wenig Muskatnuß würzen. Die Hälfte der restlichen Zwiebeln darüber verteilen. Alles mit den übrigen Tomaten abdecken, salzen und pfeffern. Zuletzt die restlichen Zwiebeln darüberstreuen.

Das Ganze gleichmäßig mit Semmelbröseln bestreuen und mit 2 Eßlöffeln Olivenöl beträufeln.

Die Form für etwa 45 Minuten in den Ofen schieben. Der Auflauf ist fertig, wenn er goldbraun überkrustet ist. Heiß servieren.

Für 4 Personen

Rechte Seite: *Gemüsetopf mit Artischocken und Erbsen* (rechts), *Gratin von Zucchini und Blattgemüsen* (Mitte) *und Tomaten-Kartoffel-Auflauf* (vorn)

RISOTTO D'ÉTÉ
Sommer-Risotto

Delikat schmeckt diese Zubereitung auch mit kleinen Erbsen oder Baby-Artischocken, die man, halbgar gekocht beziehungsweise in Scheiben geschnitten und sautiert, im letzten Augenblick hinzufügt. Arborio-Reis ist für das Gelingen des Risottos unerläßlich. Servieren Sie ihn als Zwischengericht oder als Hauptgericht bei einer einfachen Mahlzeit.

Mireproix (siehe Glossar)
300 g Arborio-Reis
Salz nach Bedarf
1,2 l kochende Fleischbrühe oder Wasser
125 g junge, zarte grüne Bohnen, geputzt
60 g Butter, gekühlt und gewürfelt
60 g frisch geriebener Parmesan

In einem schweren Topf das *mirepoix* zubereiten. Den Reis einstreuen. Bei milder Hitze mit einem Holzlöffel rühren, bis der Reis ringsum von Öl überzogen ist und leicht glasig wird. Bei Verwendung von Wasser als Kochflüssigkeit den Reis salzen.

Bei mittlerer bis niedriger Temperatur eine Schöpfkelle heißer Flüssigkeit angießen und ständig rühren, bis sie vom Reis beinahe aufgesogen ist. Die Flüssigkeit weiterhin schöpfkellenweise hinzufügen, bis der Reis nach 20–25 Minuten gar ist.

Währenddessen die Bohnen in 0,5 cm lange Stücke schneiden. In einem Topf reichlich Wasser zum Kochen bringen. Die Bohnen hineingeben und 1 Minute blanchieren. Abgießen.

Die Bohnen in den Reis einrühren. Der Risotto sollte zuletzt beinahe flüssig, aber nicht ganz gießfähig sein. Daher muß man in der Regel im letzten Augenblick noch einmal Flüssigkeit hinzufügen.

Den Topf vom Herd nehmen und Butter und Parmesan unterziehen. Den Risotto auf vorgewärmten Tellern servieren.

Für 4 Personen

Linke Seite: Sommer-Risotto

POLENTE À LA NIÇOISE
Überbackene Polenta mit Tomatensauce

Diese Polenta ist ein kulinarisches Erbe aus dem Piemont.

1,25 l Wasser
Salz
250 g feiner Maisgrieß (Polenta)
Kochendes Wasser nach Bedarf
750 ml Tomatensauce, erwärmt (siehe Glossar)
100 g frisch geriebener Parmesan

In einem Topf das Wasser zum Kochen bringen und nach Geschmack salzen. Das Maismehl aus größerer Höhe langsam in das sprudelnde Wasser einrieseln lassen und dabei kontinuierlich mit einem Holzlöffel rühren. Die Hitze reduzieren, so daß das Wasser nur noch leise siedet. Mindestens 40 Minuten weiterrühren, bis das Maismehl breiig eindickt und sich vom Topfrand löst. Sollte der Brei vor Ablauf der angegebenen Zeit zu stark eindicken, etwas Wasser hinzufügen.

Eine Marmorplatte oder eine andere glatte Fläche mit etwas Olivenöl bestreichen. Die Polenta daraufgeben. Mit einem kurz in kaltes Wasser getauchten Spatel höchstens 1 cm dick ausstreichen. Völlig erkalten lassen und dann in etwa 5 cm große Quadrate schneiden.

Den Backofen auf 180 °C (Gasherd Stufe 2–3) vorheizen. In eine Gratinform mit 2 Litern Fassungsvermögen so viel heiße Tomatensauce geben, daß der Boden dünn bedeckt ist. Die Hälfte der Polentaschnitten leicht überlappend hineinlegen. Mit der Hälfte der restlichen Sauce überziehen und mit der Hälfte des Parmesans bestreuen. Die übrigen Polentaschnitten darauflegen. Die restliche Sauce und den verbliebenen Parmesan darüber verteilen. Das Gericht für etwa 30 Minuten in den heißen Ofen schieben, bis die Sauce leise Blasen wirft und der Käse leicht gebräunt ist. Sofort servieren.

Für 4–6 Personen

Überbackene Polenta mit Tomatensauce

PROVENCE

PILAF DE RIZ
Reispilaw

In den meisten Gegenden der Provence heißt dieses Reisgericht »risotou«. Je nachdem, wozu der Reispilaw gereicht wird, kann man ihn mit einer Prise Safran aromatisieren, die gleichzeitig mit dem Salz hinzugefügt wird.

2 TL Olivenöl
Handvoll Frühlingszwiebeln, in Scheiben geschnitten,
    ersatzweise 1 Zwiebel, feingehackt
300 g Langkornreis
Salz nach Bedarf
1 l kochende Fleischbrühe oder Wasser
2 EL Butter, gekühlt und gewürfelt

Das Olivenöl in einer hitzebeständigen Tonkasserolle oder einem schweren Schmortopf bei niedriger Temperatur erhitzen. Die Frühlingszwiebeln oder die gehackte Zwiebel hinzufügen und etwa 10 Minuten dünsten. Den Reis dazugeben, nach Geschmack salzen, falls Wasser verwendet wird, und den Reis unter Rühren glasig werden lassen. Die kochende Flüssigkeit angießen, einmal umrühren und einen fest schließenden Deckel auflegen. Den Reis etwa 20 Minuten bei sehr schwacher Hitze garen.

Den Topf vom Herd nehmen. Die Butter hinzufügen und den Reis mit zwei Gabeln lockern, dabei die Butter gleichmäßig unterziehen. Den Reis sofort zu Tisch bringen.

Für 4 Personen

PROVENCE

POMMES À LA PAYSANNE
Provenzalischer Kartoffeltopf

Dieser Kartoffeltopf ergibt ein herzhaftes Abendessen.

150 g magerer gepökelter Bauchspeck, in Streifen geschnitten
    (siehe Glossar)
2 EL Olivenöl
150 g Perlzwiebeln
1 Knoblauchzehe, zerdrückt
Bouquet garni (siehe Glossar)
2 Tomaten, enthäutet, entkernt und grobgehackt
750 g kleine neue Kartoffeln, geschält, oder große Kartoffeln,
    geschält und geviertelt
Etwa 500 ml kochende Fleischbrühe oder Wasser
Salz nach Bedarf
1 EL gehackte glatte Petersilie

Den Backofen auf 180 °C (Gasherd Stufe 2–3) vorheizen.

Den Speck blanchieren, mit kaltem Wasser abspülen und mit Küchenkrepp trockentupfen.

Das Olivenöl in einem Schmortopf bei mittlerer bis niedriger Temperatur erhitzen. Den Speck und, sobald er leicht Farbe annimmt, die Zwiebeln hineingeben. Den Topf häufig rütteln, bis die Zwiebeln leicht gebräunt sind. Den Knoblauch, das *bouquet garni* und die Tomaten hinzufügen und die Hitze hochschalten. Etwa 10 Minuten rühren, bis die Tomaten allmählich zerfallen.

Die Kartoffeln in die Kasserolle geben und mit kochender Brühe oder Wasser bedecken. Einmal aufwallen lassen. Anschließend den Topf zugedeckt für etwa 30 Minuten in den Ofen schieben, bis die Kartoffeln gar sind.

Den Eintopf mit Petersilie bestreuen und heiß servieren.

Für 4 Personen

Reispilaw (links) *und Provenzalischer Kartoffeltopf* (rechts)

PROVENCE

TIAN DE COURGE
Kürbis-Gratin

Servieren Sie dieses Gratin als separaten Gemüsegang oder als Beilage.

4 EL Olivenöl
250 g Porree mit dem zarten Grün, in dünne Scheiben geschnitten
750 g Kürbis, geschält und gewürfelt
Salz
2 EL Wasser
125 ml Crème double
2 Eier
60 g frisch geriebener Parmesan
Frisch gemahlener Pfeffer
Frisch geriebene Muskatnuß
Halbtrockene Semmelbrösel

In einer ofenfesten Tonkasserolle oder einem schweren Schmortopf 2 Eßlöffel Olivenöl bei niedriger Temperatur erhitzen. Den Porree hineingeben und 10–15 Minuten sanft dünsten, bis er zerfällt. Den Kürbis mit etwas Salz und dem Wasser dazugeben. Etwa 30 Minuten unter häufigem Rühren dünsten, bis der Kürbis beinahe zu einem Mus verkocht ist. Die Kasserolle vom Herd nehmen.

Inzwischen den Backofen auf 190 °C (Gasherd Stufe 3) vorheizen. Eine Gratinform mit einem Fassungsvermögen von etwa 1,5 Litern mit Olivenöl einfetten.

In einer kleinen Schüssel die Crème double mit den Eiern, der Hälfte des Parmesans, Pfeffer nach Geschmack und ein wenig Muskatnuß mit dem Schneebesen verquirlen. Die Mischung unter das Gemüse rühren. Den Topfinhalt in die Gratinform füllen. Gleichmäßig mit dem restlichen Parmesan und dünn mit Semmelbröseln bestreuen. Die restlichen 2 Eßlöffel Olivenöl darüberträufeln.

Das Gericht im vorgeheizten Ofen etwa 30 Minuten goldbraun gratinieren. Heiß servieren.

Für 4 Personen

PROVENCE

HARICOTS VERTS À LA PROVENÇALE
Grüne Bohnen auf provenzalische Art

Kleine, zarte, 7–10 cm lange grüne Bohnen sind zum Sautieren am besten geeignet. Größere Bohnen werden in der Mitte durchgebrochen und zunächst vorgekocht. Anstelle der Semmelbrösel kann man auch einige enthäutete, entkernte und gehackte Tomaten dazugeben, die gebraten werden, bis der austretende Saft völlig verdampft ist.

60 ml Olivenöl
4 Knoblauchzehen, ungeschält zerdrückt
500 g kleine, zarte grüne Bohnen, geputzt
Salz und frisch gemahlener Pfeffer
Handvoll Semmelbrösel von altbackenem Brot ohne Rinde

Das Olivenöl in einer großen Pfanne bei mittlerer bis hoher Temperatur erhitzen. Die Knoblauchzehen hineingeben und, sobald sie leise knistern und etwas Farbe annehmen, die Bohnen hinzufügen. 4–5 Minuten sautieren und dabei die Pfanne mehrmals heftig rütteln. Die Bohnen salzen und leicht pfeffern. Die Semmelbrösel einstreuen und anbräunen, dabei mit einem Holzlöffel rühren oder die Pfanne rütteln.

Die Bohnen direkt aus der Pfanne auf vorgewärmten Tellern servieren.

Für 4 Personen   Abbildung S. 164–165

Kürbis-Gratin

CHAMPIGNONS AU GRIL
Marinierte Champignons vom Grill

Echte Reizker (Lactarius deliciosus), auf französisch »champignons des pins«, »safranés« oder »lactaires délicieuses«, überschwemmen im Spätherbst die Märkte der Provence. Makellose Prachtexemplare von bis zu 5 cm Durchmesser sind, nach diesem Rezept zubereitet, eine Köstlichkeit. Damit die Pilze flach auf dem Rost liegen, müssen zuvor die Stiele entfernt werden. Man kann sie bei anderen Zubereitungen verwerten. Auch Zuchtchampignons gelingen auf diese Weise ausgezeichnet.

2 Knoblauchzehen
Grobes Salz
Frisch gemahlener Pfeffer
Kräuter der Provence (siehe Glossar)
1 EL frisch gehackte glatte Petersilie
2 EL Olivenöl
Saft von ¹/₂ Zitrone
500 g große, feste, noch geschlossene frische Pilze (siehe Rezepteinleitung), die Stiele entfernt

Im Mörser Knoblauch, Salz, Pfeffer und Kräuter der Provence zu einer Paste zerreiben. Die Petersilie, das Olivenöl und den Zitronensaft einrühren. Die Mischung in eine große Schüssel geben. Die Pilzhüte hinzufügen und mit den Händen durchmischen, bis sie gleichmäßig von der Marinade überzogen sind. 30 Minuten ziehen lassen und dabei mehrmals durchmischen oder die Schüssel rütteln.

Inzwischen im Holzkohlengrill ein Feuer entfachen. Die marinierten Pilze auf den Rost über die glühenden Kohlen legen. Von beiden Seiten 7–8 Minuten grillen, bis sie merklich geschrumpft und schön gebräunt sind. Heiß genießen.

Für 4 Personen

CHAMPIGNONS SAUTÉES À LA PROVENÇALE
Gebratene Champignons auf provenzalische Art

Auch Pfifferlinge (»chanterelles«) eignen sich vorzüglich für dieses Rezept.

3 EL Olivenöl
400 g kleine frische Zuchtchampignons, Stielenden gekappt
Salz und frisch gemahlener Pfeffer
Persillade mit 1 Knoblauchzehe (siehe Glossar)
1 Zitrone

Das Olivenöl in einer großen Pfanne bei hoher Temperatur erhitzen. Die Pilze hineingeben und 3–4 Minuten scharf braten, dabei die Pfanne mehrmals kräftig rütteln oder häufig mit einem Holzlöffel rühren. Salzen, pfeffern und die *persillade* einrühren. Die Pilze noch etwa 1 Minute sautieren, bis der unverwechselbare Duft der *persillade* aus der Pfanne steigt.

Die Pilze mit einigen Spritzern Zitronensaft aromatisieren und servieren.

Für 4 Personen

Linke Seite: *Marinierte Champignons vom Grill*   *Gebratene Champignons auf provenzalische Art*

In einem Weinberg im Vaucluse fotografiert: Gegrillte Auberginen (links),
Kartoffeln mit Weißwein und Oliven (hinten), *Gebratene Zucchini auf provenzalische Art* (rechts)

PROVENCE

AUBERGINES AU GRIL
Gegrillte Auberginen

Noch unkomplizierter als in diesem Rezept und gleichermaßen delikat können Auberginen zubereitet werden, wenn man sie im ganzen grillt, bis sie zart wie Püree sind, und bei Tisch mit Salz, Pfeffer und Olivenöl anmacht.

4 längliche Auberginen, insgesamt etwa 1 kg
Salz
Frisch gemahlener Pfeffer
Olivenöl

Die Auberginen von den Stielansätzen befreien und längs halbieren. Mit einem kleinen, spitzen Messer das Fruchtfleisch kreuzförmig einschneiden, ohne dabei die Haut zu verletzen.

Die Schnittflächen salzen und die Auberginen für 30 Minuten zum Entwässern beiseite stellen.

Währenddessen den Holzkohlengrill in Gang bringen. Sobald die Holzkohle richtig glüht, die Auberginenhälften mit Küchenkrepp trockentupfen. Über die Schnittflächen etwas Pfeffer mahlen und ein wenig Olivenöl träufeln. Die Auberginen mit der Schnittfläche nach unten auf den Rost legen und grillen, bis sich das Gitter in Form goldbrauner Linien auf dem Fruchtfleisch abzeichnet. Die Hälften wenden und weitergrillen, bis sie nach insgesamt etwa 15 Minuten am Stielende sehr weich sind.

Für 4 Personen

200

In einer großen Pfanne mit senkrechtem Rand das Olivenöl bei hoher Temperatur erhitzen. Die Zucchinischeiben hineingeben, salzen und pfeffern. 3–4 Minuten sautieren, dabei sehr häufig die Pfanne rütteln und die Zucchinischeiben in die Luft schleudern (wenn Sie sich nicht trauen, rühren Sie mit dem Holzlöffel, doch ist das Resultat nicht das gleiche).

Die *persillade* hinzufügen, die Zucchini noch 1 Minute wie zuvor braten und dann servieren.

Für 4 Personen

PROVENCE

GRATIN DE NAVETS
Gratin von weißen Rüben

Fond von gebratener Ente oder Schweinebraten rundet dieses Gratin gelungen ab, das daher als Beilage zu diesen Gerichten ganz besonders zu empfehlen ist.

1 kg junge, knackige weiße Rüben, geschält und in 0,5 cm dicke
    Scheiben geschnitten
3 EL Butter
Dünne Scheiben von altbackenem Brot
Salz und frisch gemahlener Pfeffer
60 g frisch geriebener Parmesan

In einem Topf reichlich Salzwasser zum Kochen bringen. Die Rüben hineingeben und etwa 15–20 Minuten kochen, bis sie gar sind.

Währenddessen den Backofen auf 165 °C (Gasherd Stufe 2) vorheizen. Eine Gratinform mit 1,5 Litern Fassungsvermögen einfetten mit 1 Eßlöffel Butter und mit den Brotscheiben auslegen.

Die Rüben abgießen. Eine Lage weiße Rüben auf die Brotscheiben geben. Leicht salzen und pfeffern und mit ein wenig Parmesan bestreuen. Wieder je eine Lage Brotscheiben und Rüben einschichten. Abermals würzen und Parmesan darüberstreuen. Auf diese Weise die restlichen Zutaten einfüllen. Mit einer Lage Rüben abschließen, die wie zuvor gesalzen, gepfeffert und mit Parmesan bestreut wird.

Die verbliebenen 2 Eßlöffel Butter in kleine Stückchen schneiden und über das Gemüse verteilen. Das Gericht in den Ofen schieben und etwa 40 Minuten backen, bis es goldbraun überkrustet ist und die weißen Rüben beinahe zerlaufen.

Für 4 Personen Abbildung S. 8–9

VAR

ÉTUVÉE DE POMMES DE TERRE AUX OLIVES
Kartoffeln mit Weißwein und Oliven

Dies ist eine unkomplizierte Beilage, die gut zu gegrillten Lammkoteletts paßt.

750 g Kartoffeln, geschält und geviertelt oder grobgewürfelt
3–4 Schalotten, in feine Scheiben geschnitten
2 Knoblauchzehen, zerdrückt
Salz
3 EL Olivenöl
125 ml trockener Weißwein
100 g schwarze Oliven, nach Belieben entsteint

Zuerst das Olivenöl in einer hitzebeständigen Tonkasserolle oder einem schweren Schmortopf erhitzen, dann alle Zutaten hinzufügen und zugedeckt bei milder Hitze etwa 40 Minuten dünsten, bis die Kartoffeln gar sind. Sofort servieren.

Für 4 Personen

PROVENCE

COURGETTES SAUTÉES À LA PROVENÇALE
Gebratene Zucchini auf provenzalische Art

Reichen Sie diese Zucchini zu gegrilltem oder gebratenem Fleisch. Exquisit schmecken sie auch mit gebutterten Nudeln und Parmesan.

60 ml Olivenöl
500 g Zucchini, in feine Scheiben geschnitten
Salz und frisch gemahlener Pfeffer
Persillade mit 2 Knoblauchzehen (siehe Glossar)

ALPES-MARITIMES

Spaghetti aux Anchois
Spaghetti mit Tomaten und Sardellen

Der einmalige, frische Geschmack der Sauce ist auf die rasche Zubereitung zurückzuführen: Je größer die Pfanne, desto schneller verdampft der von den Tomaten abgegebene Saft. Das Gericht ist in etwa 20 Minuten fertig.

400 g Spaghetti
5 EL Olivenöl
6 Sardellen in Salz, abgespült und filetiert (siehe Glossar)
4 Knoblauchzehen
500 g Tomaten, enthäutet, entkernt und grobgehackt
Salz
100 g schwarze Oliven, entsteint
Frisch gemahlener Pfeffer

Artischocken-Gratin

Handvoll frische Basilikumblätter, unmittelbar vor dem Servieren fein zerpflückt
Frisch geriebener Parmesan und Butter zum Servieren

In einem großen Topf reichlich Salzwasser zum Kochen bringen. Die Spaghetti hineingeben und nach Packungsanleitung kochen. Sie müssen gleichzeitig mit der Sauce fertig sein.

Zwei Eßlöffel Olivenöl in eine große hitzebeständige Tonkasserolle oder eine schwere Schmorpfanne gießen. Die Sardellenfilets nebeneinander hineinlegen und bei sehr milder Temperatur im Öl erhitzen. Sie dürfen dabei auf keinen Fall braten.

Gleichzeitig in einer großen Bratpfanne die restlichen 3 Eßlöffel Olivenöl bei hoher Temperatur erhitzen. Die Knoblauchzehen hineingeben. Wenn sie leise knistern, aber noch keine Farbe angenommen haben, die Tomaten hinzufügen und salzen. Etwa 5 Minuten unter Rühren braten, bis der austretende Saft verdampft ist. Dabei dürfen die Tomaten nicht zu Mus verkochen. Die Oliven einrühren und alles zu den Sardellen in die Pfanne geben. Die Sauce leicht pfeffern und das Basilikum einrühren.

Die Spaghetti abgießen und an die Sauce geben. Mit einer Gabel und einem Löffel rasch durchmischen. In vorgewärmten tiefen Tellern anrichten. Parmesan und Butter separat dazu reichen.

Für 4 Personen

BOUCHES-DU-RHÔNE

Tian d'Artichauts
Artischocken-Gratin

Nur als separater Gang genossen, offenbaren die zarten Artischocken unter der goldbraunen Kruste ihre ganze Köstlichkeit.

6 junge, zarte Artischocken, geputzt, längs halbiert, erforderlichenfalls vom Heu befreit und längs in feine Scheiben geschnitten (siehe Glossar)
6 EL Olivenöl
150 g frische Semmelbrösel
100 g magerer gepökelter Bauchspeck, gewürfelt
Persillade mit 2 Knoblauchzehen (siehe Glossar)
1 Bund Frühlingszwiebeln mit dem zarten Grün, in feine Streifen geschnitten
Salz und frisch gemahlener Pfeffer
2 Eier
125 ml Milch

Den Backofen auf 200 °C (Gasherd Stufe 3–4) vorheizen.

Die Artischockenscheiben zwischen einem zusammengelegten Geschirrtuch oder mehreren Lagen Küchenkrepp trockentupfen. Mit 2 Eßlöffeln Olivenöl in eine Schüssel geben und durchmischen.

Die Semmelbrösel, den Speck, die *persillade* und die Zwiebeln in eine große Schüssel geben. Salzen und pfeffern.

In einer kleineren Schüssel die Eier mit der Milch und 2 Eßlöffeln Olivenöl gründlich verquirlen. Die Eimischung in die große Schüssel geben und alles sorgfältig vermischen.

Den Boden und den Rand einer Gratinform mit 1,5 Litern Fassungsvermögen mit Olivenöl einfetten. Die Hälfte des Schüsselinhalts darin verteilen.

Die Artischockenscheiben gleichmäßig darauf anordnen und mit der restlichen aromatischen Mischung bedecken. Mit einem Palettmesser glattstreichen. Die verbliebenen 2 Eßlöffel Olivenöl gleichmäßig darüberträufeln.

Die Form in den Ofen schieben und die Temperatur auf 165 °C (Gasherd Stufe 2) reduzieren.

Das Gratin etwa 1 Stunde backen, bis es goldbraun und knusprig ist. Heiß servieren.

Für 4 Personen

Rechte Seite: *Spaghetti mit Tomaten und Sardellen*

VAUCLUSE

COURGETTES AU GRATIN
Zucchiniauflauf

Servieren Sie diesen Auflauf als eigenständigen Gemüsegang.

3 EL Olivenöl
1 Zwiebel, feingehackt
2 Sardellen in Salz, abgespült, filetiert und gehackt (siehe Glossar)
750 g kleine, feste Zucchini, gewürfelt
Salz und frisch gemahlener Pfeffer
Persillade mit 1 Knoblauchzehe (siehe Glossar)
100 g schwarze Oliven, entsteint
3 Eier, hartgekocht, geschält und gehackt
Getrocknete Semmelbrösel

Den Backofen auf 200 °C (Gasherd Stufe 3–4) vorheizen. Eine Gratinform mit 1,5 Litern Fassungsvermögen mit Olivenöl einfetten.

In einer Bratpfanne 2 Eßlöffel Olivenöl bei milder Temperatur erhitzen. Die Zwiebeln darin etwa 10 Minuten glasig schwitzen. Die Sardellen hinzufügen und, sobald sie zu schmelzen beginnen, auch die Zucchini in die Pfanne geben. Das Ganze bei schwacher Hitze unter häufigem Rühren mit dem Holzlöffel dünsten, bis die Zucchini nach etwa 15 Minuten beinahe gar sind.

Sparsam salzen und großzügig pfeffern. Die *persillade*, die Oliven und die Eier untermengen. Die Masse in die Gratinform füllen. Mit Semmelbröseln bestreuen und mit 1 Eßlöffel Olivenöl beträufeln.

Den Auflauf im vorgeheizten Ofen etwa 20 Minuten goldbraun überbacken.

Für 4 Personen

VAUCLUSE

PAPETON D'AUBERGINES
Auberginenkrone

Einer kuriosen Legende zufolge warf im 14. Jahrhundert ein Papst, kaum daß er aus Rom angereist war, den Köchen von Avignon mangelnde Finesse vor. Um ihn Lügen zu strafen, ersann einer von ihnen eine göttliche Speise aus Auberginen in der Form der päpstlichen Tiara. Von Stund an war der Papst von der »cuisine avignonnaise« sehr angetan. Ebenso werden es Ihre Gäste sein, wenn Sie ihnen diesen Gemüsegang kredenzen.

1,5 kg längliche Auberginen
Salz
Olivenöl nach Bedarf
5 Eier
250 ml Milch
$\frac{1}{8}$ TL Safranpulver, in 1 EL heißem Wasser aufgelöst
Kochendes Wasser nach Bedarf
750 ml Tomatensauce, erhitzt (siehe Glossar)

Von den Auberginen die Stielenden abschneiden. Aus der Mitte jeder Aubergine längs 2–3 Scheiben von 1 cm Stärke schneiden. Mit der Spitze eines scharfen Messers die Randstücke an der Schnittseite kreuzweise einritzen. Die Randstücke und die Scheiben salzen und 30 Minuten in einem Sieb abtropfen lassen. Zuletzt mit Küchenkrepp trockentupfen.

Den Backofen auf 180 °C (Gasherd Stufe 2–3) vorheizen. Eine große Bratpfanne 0,5 cm hoch mit Olivenöl füllen und dieses bei hoher Temperatur erhitzen. Die Auberginenscheiben portionsweise in das heiße Öl gleiten lassen und etwa 10 Minuten von beiden Seiten goldbraun braten, dabei einmal wenden. Zum Abtropfen auf Küchenkrepp legen. Falls nötig, weiteres Öl hinzufügen. Nun die Randstücke zunächst mit der Schnittfläche nach unten braten, dann wenden und anschließend auf Küchenkrepp abtropfen lassen.

Zucchiniauflauf

Aus den Randstücken das Fleisch herausschaben, in eine Schüssel geben und mit der Gabel fein zerdrücken. Die Eier mit einer Prise Salz hinzufügen und alles mit dem Schneebesen verrühren. Die Milch und den aufgelösten Safran gründlich einrühren. Die Schüssel beiseite stellen.

Eine Savarin-Form mit hochgewölbter Mitte (ersatzweise eine einfache runde Form) mit einem Fassungsvermögen von 1,5 Litern mit den Auberginenscheiben auskleiden. Sie sollen sich leicht überlap-

pen und werden fest angedrückt, ihre Enden müssen über den äußeren Rand und die innere Wölbung ragen. Die Auberginenmasse einfüllen und die Enden der Auberginenscheiben darüberlegen.

Die Form in einen weiten Topf setzen und diesen bis zur halben Höhe der Form mit kochendem Wasser füllen. Die Auberginenkrone etwa 40 Minuten im Wasserbad garen, bis die Oberfläche nicht mehr flüssig ist. Die Form aus dem Wasserbad nehmen und 10 Minuten ruhen lassen.

Zum Stürzen die Form auf ein Geschirrtuch stellen. Eine umgedrehte Servierplatte auflegen. Den Rand der Form von unten mit den Fingerspitzen umfassen. Gleichzeitig mit den Daumen die Platte von oben festhalten. Beides zusammen umdrehen und die Form abnehmen. Den *papeton* mit Tomatensauce umgießen, die restliche Sauce in einer vorgewärmten Sauciere separat dazu reichen.

Für 6 Personen   *Abbildung S. 206–207*

Im Uhrzeigersinn von oben: *Gefüllte Auberginen auf provenzalische Art, Auberginenschmortopf* (Rezept S. 208), *Auberginenkrone* (Rezept S. 204–205) *und Auberginenauflauf*

PROVENCE

AUBERGINES FARCIES À LA PROVENÇALE
Gefüllte Auberginen auf provenzalische Art

Zu gebratenem Lamm sind diese Auberginen ebenso ein Genuß wie als separater Gemüsegang. Oft werden zusammen mit der Zwiebel auch gehackte Pilze gedünstet, oder die Füllung wird – für ein sättigendes Abendessen – mit gehackten Lammfleischresten angereichert.

4 längliche Auberginen, insgesamt etwa 750 g
Salz
Olivenöl nach Bedarf

1 Zwiebel, feingehackt
2 Tomaten, enthäutet, entkernt und grobgehackt
Grobes Salz
1 Knoblauchzehe
2 Sardellen in Salz, abgespült und filetiert (siehe Glossar)
30 g frische Semmelbrösel
1 EL frisch gehackte glatte Petersilie
Kräuter der Provence (siehe Glossar)
Frisch gemahlener Pfeffer
1 Ei
Getrocknete Semmelbrösel

Von den Auberginen die Stielansätze abschneiden und die Früchte längs halbieren. Das Fruchtfleisch mit einem kleinen, scharfen Messer etwa 0,5 cm vom Rand gleichmäßig leicht schräg einschneiden, ohne die Haut zu verletzen. Dazwischen das Fleisch mit der Messerspitze kreuzförmig einschneiden.

sel geben. Im Mörser eine Prise grobes Salz, den Knoblauch und die Sardellenfilets zu einer Paste zerreiben. Die frischen Semmelbrösel gründlich einarbeiten, bis sich die Masse vom Mörserrand löst. Die würzige Paste zusammen mit der Petersilie, den Kräutern, etwas Pfeffer und dem Ei ebenfalls in die Schüssel geben. Alles mit den Händen gründlich vermengen. Die Füllung mit Salz abschmecken.

Die Auberginenhälften mit der Masse füllen und mit der Rundung nach unten nebeneinander in eine Gratinform setzen. Die Füllung mit einem Löffelrücken glattstreichen, mit getrockneten Semmelbröseln bestreuen und mit Olivenöl beträufeln. Die Auberginen 20–25 Minuten backen, bis sie goldbraun überkrustet sind. Sofort servieren.

Für 4 Personen

VAR

GRATIN D'AUBERGINES
Auberginenauflauf

Dieses exquisite Gericht muß man einfach als separaten Gang genießen!

3 längliche Auberginen (insgesamt etwa 750 g), längs in 1 cm dicke
   Scheiben geschnitten
Salz
Olivenöl nach Bedarf
1 Zwiebel, feingehackt
2 Knoblauchzehen, feingehackt
500 g Tomaten, enthäutet, entkernt und grobgehackt
125 g *brousse* (siehe Glossar) oder Ricotta
2 Eier
60 g frisch geriebener Parmesan
125 ml Crème double
Frisch gemahlener Pfeffer
Frische Basilikumblätter

Die Auberginenscheiben auf beiden Seiten salzen, nebeneinander auf einen Teller legen und 30 Minuten ruhen lassen. Mit Küchenkrepp trockentupfen.

Eine große Pfanne 0,5 cm hoch mit Olivenöl füllen. Das Öl bei mittlerer bis hoher Temperatur erhitzen. Die Auberginenscheiben portionsweise etwa 10 Minuten im heißen Öl braten, bis sie goldbraun und am Stielende weich sind, dabei einmal wenden. Falls nötig, weiteres Öl hinzufügen. Die Auberginen auf Küchenkrepp abtropfen lassen. Das Öl weggießen.

Den Backofen auf 230 °C (Gasherd Stufe 5) vorheizen. In der Pfanne 2 Eßlöffel Öl bei niedriger Temperatur erhitzen. Die Zwiebeln darin etwa 10 Minuten langsam weich dünsten. Den Knoblauch und die Tomaten hinzufügen. Alles salzen und bei hoher Temperatur etwa 15 Minuten rühren, bis die Flüssigkeit verdampft ist. Die Pfanne beiseite stellen.

Den *brousse* oder Ricotta in einer Schüssel mit einer Gabel zerdrücken. Die Eier hinzufügen und alles mit dem Schneebesen glattrühren. Die Hälfte des Parmesans, die Crème double sowie Salz und Pfeffer dazugeben. Alles mit dem Schneebesen zu einer gießfähigen Creme verschlagen.

Etwa die Hälfte der Auberginenscheiben in einer Gratinform mit 1,5 Litern Fassungsvermögen auslegen und andrücken. Leicht pfeffern und mit den zerpflückten Basilikumblättern bestreuen. Die Hälfte des verbliebenen Parmesans und dann die Tomatensauce darüber verteilen. Wieder eine Lage Auberginenscheiben einfüllen und andrücken. Falls einige Scheiben übrigbleiben, diese obenauf legen und ebenfalls andrücken. Die Käse-Ei-Mischung darübergießen und glattstreichen. Das Ganze mit dem restlichen Parmesan bestreuen.

Die Form in den Ofen schieben. Die Hitze sofort auf 180 °C (Gasherd Stufe 2–3) herunterschalten. Den Auflauf etwa 30 Minuten backen, bis er aufgeht und oben goldbraun ist.

Aus dem Ofen nehmen und heiß servieren.

Für 4 Personen

Die Schnittflächen salzen. Die Auberginen 30 Minuten entwässern und zuletzt mit Küchenkrepp trockentupfen. Den Backofen auf 190 °C (Gasherd Stufe 3) vorheizen.

Eine große Pfanne 0,5 cm hoch mit Öl füllen und dieses bei mittlerer Temperatur erhitzen. Die Auberginenhälften mit der Schnittfläche nach unten hineingeben und braten, bis sie etwas Farbe annehmen. Die Hälften wenden und von der anderen Seite etwa 15 Minuten braten, bis das Fruchtfleisch so weich ist, daß es sich ohne weiteres auslöffeln läßt. Dabei die Temperatur nach Bedarf regulieren.

Die Auberginen auf Küchenkrepp abtropfen lassen.

Das Öl bis auf einen kleinen Rest abgießen. Die Zwiebeln in die Pfanne geben und bei milder Hitze etwa 10 Minuten weich dünsten. Die Tomaten hinzufügen. Die Hitze hochschalten und die Tomaten etwa 10 Minuten unter Rühren braten, bis ihr Saft verdampft ist. Den Pfanneninhalt in eine Schüssel geben.

Die Auberginenhälften mit Hilfe eines Löffels aushöhlen, dabei eine 0,5 cm starke Wand stehen lassen. Das Fruchtfleisch in die Schüs-

Purée Blanche
Weißes Gemüsepüree

Nichts rundet geschmortes Lamm und insbesondere gefüllte Lamm-schulter (Rezept S. 130) gelungener ab als dieses himmlische Püree. Das Kochwasser ergibt eine schmackhafte Suppengrundlage. Geben Sie zusätzlich einige Pimentkörner in die Pfeffermühle.

500 g kleine, knackige weiße Rüben
125 g Butter
500 g Knollensellerie, geschält und grobgewürfelt
Salz
500 g Kartoffeln, geschält und große Knollen geviertelt
500 g Zwiebeln, geschält und geviertelt
1 Knoblauchknolle, die Zehen abgetrennt und geschält
Frisch gemahlener Pfeffer

Die weißen Rüben schälen und größere Exemplare vierteln. In einem Topf reichlich Wasser zum Kochen bringen. Die weißen Rüben hin-eingeben und etwa 15 Minuten halbgar kochen. Abgießen und gründ-lich abtropfen lassen.

In einer schweren Pfanne 2 Eßlöffel Butter bei sehr milder Hitze schmelzen. Die weißen Rüben hineingeben und zugedeckt etwa 20–30 Minuten gar dünsten. Dabei gelegentlich rühren und die Pfan-ne rütteln.

Gleichzeitig in einem großen Topf reichlich Salzwasser zum Ko-chen bringen. Den Sellerie 15 Minuten darin kochen. Kartoffeln, Zwiebeln und Knoblauch hinzufügen. Alles etwa 30 Minuten leise köcheln lassen, bis das Gemüse gar ist. Abgießen und das Kochwas-ser auffangen.

Die Rüben mit der Butter sowie das gekochte Gemüse mit einem Holzstößel durch ein Sieb streichen. Falls das Püree zu fest ist, etwas Kochwasser einrühren.

Das Püree in einem schweren Topf bei mittlerer Temperatur erhit-zen. Damit es nicht ansetzt, ständig mit einem Holzlöffel rühren und schlagen. Das durchgewärmte Püree vom Herd ziehen.

Leicht pfeffern und die restliche Butter in Flöckchen unterziehen. Das Püree in eine vorgewärmte Schüssel füllen und heiß servieren.

Für 6 Personen

Côtes de Blette à l'Anchois
Mangoldstiele mit Sardellensauce

Sie müssen mindestens 2 kg Mangold kaufen, um 500 g Mangoldstiele zu erhalten. Die abgeschnittenen Blätter blanchieren, mit kaltem Was-ser abspülen und ausdrücken (siehe Glossar). In Plastikfolie gewickelt, hält sich der kompakte Ball im Kühlschrank 3–4 Tage. Verwenden Sie die Blätter für Füllungen, Suppen, Omeletts oder Gratins.

FÜR DIE COURT-BOUILLON:
2 l Wasser
1 große Zwiebel, in feine Scheiben geschnitten
1 Lorbeerblatt
1 großer frischer Thymianzweig
Stengel von glatter Petersilie
1 kleine Chilischote
1 EL Essig
Salz

500 g Mangoldstiele, die Fasern entfernt und in 10 × 2,5 cm große
  Stücke geschnitten
Frisch gemahlener Pfeffer
Grobes Salz
2 Knoblauchzehen

2 Sardellen in Salz, abgespült und filetiert (siehe Glossar)
2 EL Olivenöl
2 EL Mehl

Sämtliche Zutaten für die *court-bouillon* in einen Topf geben. Alles aufkochen und dann zugedeckt 45 Minuten simmern lassen.

Den Topfinhalt durchseihen. Die Brühe wieder in den Topf füllen und die Mangoldstiele hineingeben. 10 Minuten kochen, anschlie-ßend abgießen, dabei die Brühe auffangen. Die Mangoldstiele in ei-ne Gratinform schichten und pfeffern.

Den Backofen auf 200 °C (Gasherd Stufe 3–4) vorheizen. Im Mör-ser eine Prise grobes Salz mit dem Knoblauch und den Sardellen zu einer Paste zerreiben.

Das Olivenöl in einem Topf bei mittlerer bis hoher Temperatur er-hitzen. Das Mehl hinzugeben und etwa 1 Minute unter Rühren an-schwitzen. Die Sardellenpaste einrühren. 750 ml der Brühe angießen und gleichzeitig mit einem Schneebesen rühren, bis die Sauce auf-wallt. Die Hitze herunterschalten und die Sauce 20 Minuten ohne Deckel leise simmern lassen. Mit Salz abschmecken.

Die Sardellensauce durch ein Sieb über den Mangold gießen. Das Gericht für etwa 20 Minuten in den Ofen schieben, bis die Sauce lei-se brodelt und oben leicht gebräunt ist. Sofort servieren.

Für 4 Personen

Daube d'Aubergines
Auberginenschmortopf

Erstmals, wenngleich in unvollkommener Form, wurde dieses Rezept 1963 von René Jouveau in »La cuisine provençale de tradition popu-laire« vorgestellt. Seine Ähnlichkeit mit einer traditionellen »daube« beruht in erster Linie auf der Auswahl der würzenden Zutaten.

2 EL Olivenöl
150 g magerer gepökelter Bauchspeck, in 1 cm große Würfel
  geschnitten
2 große Gemüsezwiebeln, in feine Scheiben geschnitten
150 g Karotten, in dicke Scheiben geschnitten
500 g Tomaten, enthäutet, entkernt und grobgehackt
3 Knoblauchzehen, zerdrückt
Bouquet garni mit einem Streifen getrockneter Orangenschale
  (siehe Glossar)
1 kg feste, junge Auberginen, in 2 cm große Würfel geschnitten
125 ml trockener Weißwein
Salz
Frisch gemahlener Pfeffer
1 EL gehackte glatte Petersilie

Das Olivenöl in einer hitzebeständigen Tonkasserolle oder einem an-deren schweren Topf bei mittlerer Temperatur erhitzen. Den Speck hineingeben und sanft braten, dabei gelegentlich mit einem Holzlöf-fel rühren. Sobald der Speck leicht bräunt, die Zwiebeln und die Ka-rotten hinzufügen. Etwa 15 Minuten bei milder Hitze dünsten, bis die Zwiebeln weich sind.

Tomaten, Knoblauch und *bouquet garni* dazugeben. Die Aubergi-nenwürfel darauf verteilen, den Wein angießen und salzen. Die Hit-ze hochschalten. Nach dem Aufwallen einen Deckel auflegen und das Gericht bei niedriger Temperatur etwa 1 Stunde schmoren, bis die Auberginen gar sind.

Die Flüssigkeit aus der Kasserolle in einen kleinen Topf gießen. Einmal aufkochen lassen und dann bei mittlerer bis hoher Hitze etwas reduzieren. Die Auberginen pfeffern und mit dem reduzierten Fond übergießen. Den Topfinhalt durch Schwenken leicht vermi-schen. Das Gericht mit der Petersilie bestreuen und servieren.

Für 4 Personen   *Abbildung S. 206–207*

Rechte Seite: *Weißes Gemüsepüree* (links) *und Mangoldstiele mit Sardellen-sauce* (rechts)

Frühlingsgemüse

PROVENCE

ESTOUFFADE PRINTANIÈRE
Frühlingsgemüse

Ob zu Lammbraten oder als eigenständiger Gang serviert, ist dieses Gericht ein ausgesprochener Genuß. Die dicken Bohnen sollten ernte-frisch, etwa daumennagelgroß, nach dem Schälen hellgrün und so zart sein, daß man sie auch roh essen könnte.

Mehrere zarte Salatblätter
2 EL Olivenöl
4 junge, zarte Artischocken, geputzt, geviertelt und, falls nötig, das
   Heu entfernt (siehe Glossar)
250 g walnußgroße Frühlingszwiebeln, das Grün entfernt
12 Knoblauchzehen (möglichst neue Ernte), ungeschält
Bouquet garni (siehe Glossar)
Salz
2 EL Wasser
2 kg junge, zarte dicke Bohnen, ausgehülst und enthäutet
Frisch gemahlener Pfeffer

2 EL Butter, gekühlt und gewürfelt
Einige Bohnenkrautblättchen, feingehackt und mit einer Prise
   gehackter glatter Petersilie gemischt

Die Salatblätter abspülen, aber nicht trockentupfen. Die Blätter fest aufrollen und quer in feine Streifen schneiden. Beiseite legen.

Das Olivenöl in einer hitzebeständigen Tonkasserolle oder einem schweren Schmortopf bei niedriger Temperatur erhitzen. Die Artischocken, die Zwiebeln, den Knoblauch und das *bouquet garni* hineingeben. Alles salzen und die Salatstreifen darüberbreiten. Einen fest schließenden Deckel auflegen. Das Gericht bei sehr milder Hitze etwa 40 Minuten garen, bis der Salat fast zerfällt und die Artischocken zart, aber noch fest sind. Dabei den Topf gelegentlich rütteln.

Das Wasser und die dicken Bohnen dazugeben. Den Topf wieder verschließen und die Hitze hochschalten, so daß sich Dampf entwickelt. Den Topf rütteln, um den Inhalt zu vermischen. Wenn die Bohnen nach 5–6 Minuten durch und durch heiß sind, den Gemüsetopf mit etwas frisch gemahlenem Pfeffer würzen und vom Herd nehmen.

Die Butter einschwenken und die Kräutermischung über das Gemüse streuen. Sofort servieren.

Für 4 Personen

210

BOUCHES-DU-RHÔNE

Brandade de Haricots
Püree von weißen Bohnen

Traditionsgemäß wird dieses Marseiller Gericht mit »poutargue« – gesalzenem, gepreßtem und getrocknetem Thunfisch- oder Meeräschenrogen – zubereitet. Hier werden statt dessen Sardellen verwendet. Dieses Püree ist eine köstliche Beilage zu gebratenem Lamm oder Schweinefleisch, wird aber häufig auch als Vorspeise serviert.

500 g getrocknete weiße Bohnen
Aromazutaten zum Garen der weißen Bohnen (siehe S. 183)
250 ml Olivenöl
Etwa 125 ml Milch, erhitzt
Frisch gemahlener Pfeffer
6 Sardellen in Salz, abgespült, filetiert und gehackt (siehe Glossar)
Saft von 1/2 Zitrone
Salz
Handvoll kleine Weißbrotwürfel, in Olivenöl knusprig goldbraun
    geröstet

Die getrockneten Bohnen wie für *haricots blancs à la villageoise* (Rezept S. 183) vorbereiten, jedoch zusammen mit dem *bouquet garni*, der ganzen Zwiebel, der Karotte und dem Knoblauch etwa 1 1/2 Stunden leise köchelnd garen, bis sie sich pürieren lassen.

Die Bohnen abgießen, die Aromazutaten entfernen. Die Bohnen über dem Topf mit einem hölzernen Stößel durch ein feines Sieb streichen. Den Topf wieder aufsetzen und das Püree bei sehr milder Hitze mit einem Holzlöffel bearbeiten, dabei das Olivenöl langsam dazugießen. (Am besten lassen Sie sich dabei von jemandem helfen.) Eventuell wird nicht das gesamte Öl benötigt, um ein geschmeidiges Püree zu erhalten. So viel Milch einrühren, daß das Püree noch geschmeidiger, aber nicht flüssig wird. Das Püree großzügig pfeffern. Zuletzt die Sardellen und den Zitronensaft einrühren.

Das Püree mit Salz und Pfeffer abschmecken. In eine vorgewärmte Schüssel füllen und mit den *croûtons* bestreuen. Sofort servieren.

Für 4–6 Personen

BOUCHES-DU-RHÔNE

Feuilles de Céleris à la Ménagère
Sellerie-Gratin »Durand«

Charles Durand, der Verfasser des ersten provenzalischen Kochbuches, empfiehlt, das Gratin zur Abwechslung auch einmal mit Portulak zuzubereiten.

2 Stauden Bleichsellerie
3 EL Olivenöl
2 Sardellen in Salz, abgespült, filetiert und gehackt (siehe Glossar)
Salz und frisch gemahlener Pfeffer
Frisch geriebene Muskatnuß
125 g altbackenes Brot ohne Rinde
375 ml Milch
3 Eigelb
30 g frisch geriebener Parmesan oder Gruyère
1 EL Butter, in Flöckchen geteilt

Von den Selleriestauden die äußeren harten Stangen entfernen. Die unteren Enden glattschneiden. Die Stauden gleich unterhalb der Verzweigung der Stangen durchschneiden. Die Blätter ablösen und beiseite legen. (Die Blattstengel und die äußeren Stangen kann man noch für *bouquets garnis* verwenden.) Die Stauden quer in 3–4 Abschnitte teilen. In einem Topf reichlich Salzwasser zum Kochen bringen. Die Sellerieabschnitte hineingeben und 10 Minuten vorkochen,

zum Schluß die Blätter hinzufügen. Abgießen und, sobald man sich nicht mehr die Hände verbrüht, in einem Geschirrtuch fest ausdrücken. Stengel und Blätter hacken.

Den Backofen auf 200 °C (Gasherd Stufe 3–4) vorheizen. In einem Schmortopf 2 Eßlöffel Olivenöl erhitzen. Den Sellerie mit den Sardellen hineingeben. Mit etwas Salz (dabei beachten, daß die Sardellen eine salzige Würze haben), ein wenig Pfeffer und einem Hauch Muskatnuß würzen. Alles zugedeckt bei sehr milder Hitze 10 Minuten dünsten, dabei ab und zu mit dem Holzlöffel rühren.

Gleichzeitig das Brot zerpflücken und in einem kleinen Topf mit der Milch übergießen. Einmal aufkochen und dann 10 Minuten bei mittlerer Hitze simmern lassen. Die Brotmischung unter den Sellerie rühren. Das Ganze einige Minuten unter häufigem Rühren leise köcheln lassen, bis die Mischung eindickt – sie darf nicht zu fest werden. Den Topf vom Herd nehmen.

Eine Gratinform mit 1,5 Litern Fassungsvermögen mit Olivenöl einfetten. In einer kleinen Schüssel die Eigelb mit 1 Eßlöffel Olivenöl und einigen Eßlöffeln Wasser mit einer Gabel verquirlen. Die Eimischung mit einem Holzlöffel unter die Selleriemasse rühren. Das Ganze in die Gratinform füllen und glattstreichen. Mit dem Käse bestreuen und mit den Butterflöckchen belegen.

Das Gericht im heißen Backofen etwa 10 Minuten goldgelb überkrusten. Heiß servieren.

Für 4 Personen

Püree von weißen Bohnen (links) *und Sellerie-Gratin »Durand«* (rechts)

VAR

Ohne Frage ist diese Gegend ein wenig zu scheu. Dies ist so ziemlich der einzige Wesenszug, der sich als Erklärung anbietet für eine kulinarische Identität, die anders ausgeprägt ist als die der Alpes-Maritimes in der Gegend um Nizza mit ihren besonderen Akzenten oder auch die nie verstummende Konversation, die die Küchen der Provence zwischen den Bouches-du-Rhône, den Alpes-de-Haute-Provence und dem Vaucluse führen.

Dennoch bestehen zwischen den Rezepten, die sich in den Hügeln über Le Lavandou oder auf den Îles d'Hyères, in den Dörfern des Hochlands oder am Verdon entwickelten oder denen wir – in manchmal abgewandelter Form – im Herzen von Saint-Tropez begegnen, und den übrigen Geschmacksnuancen der Provence unbestreitbar verwandtschaftliche Beziehungen. Der Var liegt an einem geographischen Knotenpunkt, wo die Meeresaromen, in denen eine Ahnung von Italien anklingt, mit den Einflüssen des provenzalischen Hinterlands zusammentreffen.

Auch hier bilden *bouillabaisse* (mit ihrer Variante aus Toulon namens *revesset,* die Spinat oder Mangold enthält), *bourride* und *anchoïade* oder *aïoli* die Grundpfeiler der Gastronomie an der Küste. Olivenöl und Gemüse spielen einmal mehr eine wichtige Rolle, und wenn man die Hügel emporsteigt, findet man Pilze, Schnecken und Wild.

Während das Rezept für *lapin en paquets* (»Kaninchenpäckchen«) in Brignoles noch immer geschätzt ist, erinnern sich nur wenige der Einwohner an die *pistoles,* jene getrockneten und – wie die alten Goldmünzen gleichen Namens – platten Pflaumen, die zu Ehren von Gaston d'Orléans den Beinamen *de Monsieur* erhielten.

Vorhergehende Seiten: Noch ist diese malerische Bucht in St. Tropez nicht von den Touristenscharen belagert, die jeden Sommer herbeiströmen.
Links: Diese idyllische Landschaft wurde bei Draguignan fotografiert. Der Name des Städtchens leitet sich von dem Drachen her, der der Legende nach im 5. Jahrhundert hier Angst und Schrecken verbreitete.

Obgleich Singvögel selten geworden sind (und die Jagd auf sie verboten ist), bekommt man in Barjols noch immer Lerchen *à la barjolaise,* in Olivenöl gebraten. Und alle vier Jahre wird im Januar am Namenstag von Saint Marcel der Mastochse in einer Parade durch diese an Quellen und Springbrunnen so reiche Stadt des Haut-Var geführt. Das Tier wird anschließend geschlachtet, und die Kutteln werden verteilt, und jedermann tanzt bei der traditionellen *fête des tripettes* zur Erinnerung an die schreckliche Hungersnot von 1350.

Der Var der *caillette,* des Schweinsbries, des Specks und der frischen Leber, der *daubes* von Rind und Lamm, der *pieds et paquets* (Kutteln und Hammelfüße in Weißwein), der Artischocken *à la barigoule* (mit gehackten Pilzen und Schinken gefüllt), der *tians,* benannt nach der irdenen Auflaufform, in der sie zubereitet werden, des Schmalzgebäcks und der Füllungen, dieser Var also ist, kulinarisch betrachtet, ein ganz eigenständiges Gebiet der Provence: lieblich duftend und aufgewühlt zugleich, als lebe er in ständiger Erinnerung an die Sarazenen, die ihn im achten Jahrhundert aus dem Hinterhalt im Massif des Maures überfielen, ebenso aber strahlend in den Ockertönen des Massif de l'Estérel, in dem einst legendäre Banditen wie Gaspard de Besse umherstreiften. Auch ein wenig launenhaft ist er, wie Saint-Tropez beweist, das von aller Welt hofiert und heimgesucht wird und dabei eifersüchtig die Erinnerungen an seine berühmten Maler und Schriftsteller – Dunoyer de Segonzac, Matisse, Bonnard, Signac oder auch Colette – hütet.

Dieses Kapitel wäre unvollständig, versäumte es, Essen und Wein zusammenzubringen. Die Eroberung des Rebstocks im Var ist einer der bemerkenswertesten aller französischen Siege. Und die Palette der Weinbaugebiete mit ihrem bisweilen breitgefächerten Produktspektrum paßt gut zu den Stimmungen der provenzalischen Küche.

Winzer jedweder Provenienz haben die Angewohnheit, die Geschichte so darzustellen, daß sie ihnen zum Vorteil gereicht. Auch die provenzalischen Winzer gehen bis in die fernste Vergangenheit zurück, um die Güte ihrer Rebensäfte hervorzuheben. Die Verfechter der A.C.-Herkunftsbezeichnung für das kleine Weinbaugebiet des *Bandol* beispielsweise verwiesen auf die griechischen Seeleute, die im 6. Jahrhundert v. Chr. die Küste zwischen Sanary-sur-Mer und Bandol nach Handelsposten abfuhren. Sie waren den Bewohnern mehr als willkommen, denn sie lehrten sie die Kunst, Rebstöcke zu be-

Der Weinbau ist einer der Hauptwirtschaftszweige des Var. Aus der Gegend von Bandol kommt einer der besten Weine der Provence.

schneiden und Wein zu keltern. Wir wollen ihnen glauben, obgleich die historische Genauigkeit bei derlei Dingen manchmal zu wünschen übrig läßt. Und wir wollen uns vorstellen, daß der Wein in den Amphoren, die noch immer aus Schiffswracks zwischen Marseille und Antibes geborgen werden, schon damals Teil der Brot-Wein-Oliven-Dreieinigkeit war, die für die Bevölkerung des Mittelmeerraums eine so wichtige Rolle spielt.

Wein und Essen – eine altbewährte Allianz. Der Beitrag, den die traditionellen und importierten Rebsorten zur Entwicklung der provenzalischen Rezepte leisteten, ist hinlänglich bekannt. Syrah, die älteste überhaupt, wurde von den Römern mitgebracht und ergibt hervorragende Rotweine. Von sehr guter Qualität ist auch die Grenache-Rebe, aus der beste Roséweine hergestellt werden, die erlesene Cinsaut-Traube, das Funkeln und die vollmundige Schwere des weniger bekannten Tibouren, der würzige Charakter des ursprünglich aus Spanien stammenden Carignan – seine Produktion wurde inzwischen reduziert – und nicht zuletzt der Tropfen, der »die See sehen« muß: Mourvèdre, König der Bandol-Weine, der auf den sonnendurchglühten Kalkhügeln um Le Beausset, Le Castellet und La Cadière d'Azur gedeiht.

Zwei Appellationen – Côtes de Provence und Bandol – beherrschen die Tafel als beredte Vertreter der fruchtbaren Weingärten des Var. Manchmal gesellen sich – provenzalische Solidarität! – Weine der benachbarten Anbaugebiete Cassis, Palette oder Coteaux d'Aix oder sogar der kleinen nizzaischen Bellet-Region hinzu; nicht zu vergessen die Weine der Coteaux Varois, die seit 1985 das V.D.Q.S.-Siegel auf ihrem Etikett tragen dürfen.

Rosés munden zu Lammkarree ebenso wie zu einer klassischen *ratatouille,* zu aïoli oder auch bestimmten Fischsorten. Bekanntlich werden inzwischen qualitätsvollere Weine produziert als die wenig gefälligen Weine, die noch vor zwanzig Jahren von sorglosen Produzenten in überheizten Kellern hergestellt wurden.

Der Rotwein mit seinem Anteil an Cabernet-Sauvignon-Trauben paßt zu Wild aus den Hügeln der Umgebung oder zu den Wildschweinen, die im Massif des Maures und im nördlichen Var anzutreffen sind. Gleichermaßen gut aber ergänzt er auch eine *daube* von Rindfleisch, eine *caillette* oder eine mit Knoblauch gewürzte Lammkeule. Die Weißweine, je nach Region aus Clairette-, Ugni-Blanc- und Rolle-Reben gekeltert, sind ein Genuß zu Meerbrassen oder Petersfisch, im Ofen gebacken und einfach mit Olivenöl beträufelt.

Es ließen sich Dutzende von Weingütern auflisten, die außergewöhnliche Weine produzieren, doch wollen wir uns hier auf die Domaine Ott beschränken, die aus der Geschichte der Appellation Côtes de Provence nicht wegzudenken ist. 1896 aus dem Elsaß hinzugezogen, lehrte die Familie die Provenzalen, wie man den Boden kultiviert, die Rebstöcke hegt und einen großen Wein erzeugt. Noch heute produziert die Familie in Le Beausset, in Taradeau im Herzen des Var und in La Londe-les-Maures, wo die Reben für den Clos Mirelle auf Meereshöhe gedeihen, Rot-, Rosé- und Weißweine von beispielhafter Qualität.

Dem Rhythmus der Jahreszeiten folgend, ergänzen die Weine des Var eine ländliche Küche, die ihre Traditionen nicht vergißt: Wild im Herbst, Trüffeln in der Gegend um Aups von November bis März. Lesen Sie nachstehende Beschreibung, die ein Müller aus Tourtour Anfang unseres Jahrhunderts von einem Mahl verfaßte, bei dem er mehrere Flaschen einheimischer Weine konsumierte (und dabei ist die Schilderung nicht in ihrer vollen Länge wiedergegeben): »Ich lasse mir rohe Artischocken bringen, beträufelt mit einem duftenden Jungfernöl. Vor mir ein Glas, das gefüllt ist mit einem Rosé aus

Enge Gassen zwischen dichtgedrängten Häusern kennzeichnen das typische provenzalische Dorf.

Carcès. Das Mädchen stellt eine große rote Kasserolle auf den Tisch, in der ein Kaninchen *en paquetoùn* nach Art von Brignoles schmurgelt… Ein anderes Mädchen setzt eine weiße Porzellan-Sauciere mit dem Schmorfond ab und bringt dazu eine Flasche aus Tourves, in der ein Rotwein mit der Sonne tanzt… Sodann, beinahe einer Lawine gleich, Drosseln im Speckmantel, mit Wacholderbeeren gefüllt und im Ofen gebraten, zwei lange Spieße mit Vögelchen… schließlich Lerchen nach Art von Barjols… *caillettes* vom Schwein und Scheiben von Lammleber, angerichtet mit *coulis* und Kapern und bestreut mit gehacktem Knoblauch und Petersilie… Am be-

Das mittelalterliche Dorf Seillans ist berühmt für seine Blumen und Parfums.

sten munden mir meine Krebse und meine Schnecken *à la suçarelle*… Rührei mit Trüffeln und in Öl geröstete Kartoffeln, dazu Sardellenfilets. Zu den *pignins aux saucissettes* kredenze ich den Pontevès-Wein… Der exzellente *vin cuit* aus Entrecasteaux ist ausgetrunken, wenn uns der Branntwein, dieses Juwel aus Lorgues, eingeschenkt wird.«

Heutzutage wird glücklicherweise nicht mehr so gespeist – im Angesicht des drohenden Todes durch Gaumenfreuden! Nach wie vor aber bringt der Haut-Var seine sonnendurchtränkten Erzeugnisse hervor. Der Honig, seit dem sechzehnten Jahrhundert in der Region von Brignoles und Draguignan gewonnen, wird auch heute noch in den Imkereien produziert, die sich in großer Zahl in Lorgues, Taradeau, Le Thoronet, Montfort sur Argens, Comps, Trigance und Aups finden. Es gibt Rosmarinhonig, *miel de mille fleurs* und Lavendelhonig, der im Grenzgebiet zwischen den Dörfern am Verdon gewonnen wird.

Dann gibt es noch das »schwarze Gold«. Eine der Hochburgen der schwarzen Trüffeln ist unbestritten Aups mit seinen zahlreichen Springbrunnen. Die Trüffeln werden in den Hügeln von den *caveurs* gesammelt, die sie, sofern ihnen keine Wildschweine oder Wilderer zuvorkamen, mit Hilfe ihrer eigens dafür ausgebildeten Hunde und Schweine zwischen den Wurzeln der Trüffeleichen aufspüren und ausgraben.

Von November bis März werden jeden Donnerstag auf dem Markt von Aups, der ebenso berühmt ist wie der von Carpentras, Körbe voller Trüffeln feilgeboten. Oder vielmehr beginnt in den Hinterzimmern der Cafés die Zeit der geheimen Verhandlungen zwischen Trüffelsammlern und Händlern: Die »Diamanten der Küche« werden aus dem Papier genommen, in das sie eingewickelt sind, die Händler wiegen einen jeden bis aufs Gramm aus und schieben wortlos Bündel von Banknoten über den Tisch. Noch die neugierigsten Augen haben nichts gesehen, und dennoch ist der mysteriöse Handel vollzogen. Dies ist die Magie der Trüffel! So lebt der Var, der buchstäblich niemals das Mittelmeer aus seinem Blick verliert, in der Verschwiegenheit seiner Dörfer.

DESSERTS

Die köstlichsten Ziegenkäse sind oft die hausgemachten, die man direkt beim Bauern kauft.

DESSERTS

Unter den provenzalischen Desserts nehmen Käse und frische Früchte den ersten Rang ein. Ein beliebter und bei Kindern heißbegehrter Nachtisch ist frische *brousse*, hergestellt aus ungesalzener und mit Lab dickgelegter Ziegen- oder Schafmilch. Der Frischkäse wird in durchlöcherte Formen gefüllt und noch tropfend verkauft. Meist wird er mit Zucker bestreut und mit einigen Tropfen Orangenblütenwasser aromatisiert. Mit Salz und etwas Pfeffer gewürzt aber kommt sein milder, zarter Geschmack weitaus besser zur Geltung. Die westlich von Marseille erzeugte *brousse du Rove* ist in der gesamten Region berühmt.

Die Provence ist ein Land der Schaf- und vor allem auch der Ziegenkäse. Die kleinen runden Käse aus Ziegen- und Schafmilch namens *tommes de Camargue* oder *tommes arlésiennes*, die, nur eine Woche gereift, ganz exquisit schmecken, werden in so geringen Mengen erzeugt, daß sie nur in der Region zu bekommen sind. Dagegen legen die Ziegenkäse aus Banon in den Alpes-de-Haute-Provence, die entweder in Kastanienblätter gewickelt (*Banon au feuille*) oder mit frischen Bohnenkrautstengeln belegt werden, weite Strecken zurück und sind weit über die Landesgrenzen hinaus erhältlich.

Überall in der Provence erblickt man entlang den Landstraßen handgemalte Schilder. Sie weisen den Weg zu Bauernhöfen, bei denen man Ziegenkäse kaufen kann. Oft bekommt man hier den feinsten Käse, zwei Wochen im Keller auf Strohmatten gelagert und täglich gewendet.

Vorhergehende Seiten: Pfirsich-Brot-Gratin (hinten; Rezept S. 234) und Aprikosenkuchen (Rezept S. 231), fotografiert vor einer Brücke im Lubéron

Die berühmtesten aller provenzalischen Desserts aber sind die Nachspeisen des Weihnachtsessens. Bei diesem opulenten Mahl werden herzhafte Speisen wie *aïgo bouido*, Selleriestangen mit *anchoïade*, Schnecken mit *aïoli*, Klippfisch oder Aal in Sauce, Kichererbsensalat und Gemüse-Gratins aufgetischt. Den glorreichen Abschluß bilden traditionsgemäß dreizehn Desserts, darunter Mandeln, Haselnüsse und Walnüsse, gedörrte Feigen, Datteln, Rosinen und Pflaumen, Bananen, Orangen, Tangerinen, Birnen und Trauben, auf dem Speicher abgehangen und zu betörender Süße gereift, kandierte Mandeln und Früchte, Quittenbrot und *calissons d'Aix* (glasierte kleine Rauten aus Mandelpaste, mit Früchten aromatisiert) sowie schwarzer und weißer Nougat. *Nougat noir*, hergestellt aus ungehäuteten, mit Honig dunkel verkochten Mandeln und unter einem Gewicht zwischen Reispapier erkaltet, sowie *pompe à l'huile*, ein Gebäck aus gesüßtem Hefeteig, dürfen dabei keinesfalls fehlen.

Zu all diesen Desserts wird stets ein *vin cuit* gereicht, ein süßer Rotwein, der von den Winzern zur Zeit der Traubenernte hergestellt wird. Dafür kochen sie unfermentierten Most, den sie aus den Bottichen abgezogen haben, in riesigen Kesseln über einem Holzfeuer ein, wodurch eine erhöhte Traubenzuckerkonzentration erreicht wird. Anschließend wird der Most in Fässern vergoren, bis der hohe Zuckergehalt die Fermentation zum Stillstand bringt. (Vielen hausgemachten wie auch industriell hergestellten *vins cuits* wird Branntwein zugesetzt.) Eigentlich eine eher trockene Angelegenheit, wird *pompe à l'huile*, in ein Glas guten, gealterten *vin cuit* getunkt, zu einem köstlichen Genuß.

Viele einfache Süßigkeiten werden traditionsgemäß an bestimmten religiösen Festtagen gegessen. Bei den Dorffesten zu Ehren der Schutzheiligen gibt es *oreillettes*. Dieses Fettgebäck wird aus gesüßtem Teig hergestellt. Man rollt ihn zu kleinen Ovalen aus, die durch eine leichte Drehung eine Ohrform erhalten. In Nizza heißen ausgebackene Bänder aus demselben Teig *ganses*, und in Arles werden die Bänder lose verschlungen und heißen dann *bugnes*. Beide sind ein typisches Karnevalsgebäck.

Für den Dreikönigstag stellen die Bäcker Kronen aus süßem Hefeteig her, die mit kandierten Früchten dekoriert werden und in die jeweils kleine Gegenstände – ursprünglich ein dicker Bohnenkern – eingebacken sind. Man trifft sich unter Freunden, um einen *gâteau des rois* zu teilen, und wer die Bohne erwischt, wird zum König gekrönt. Am 2. Februar – Mariä Lichtmeß – ißt man fast überall in der Provence Crêpes. In Marseilles aber feiert man dieses Fest mit *navettes*, süßen Plätzchen in Bootsform. Süße Krapfen sind typisch für die Fastnacht und den Aschermittwoch, und zu Ostern gibt es *brassadeaux*, »Armreifen« aus gesüßtem Eierteig, die erst pochiert und dann im Ofen gebräunt werden.

Zum Abschluß der Mahlzeit schätzen die Provenzalen einfache, aber gute Fruchtdesserts. Qualität und Frische der Früchte sind das A und O.

Im Frühjahr sind die Täler der Provence mit weißen Kirschblüten übersät. Die köstlichen Früchte lassen noch bis zum Frühsommer auf sich warten.

PROVENCE

OREILLETTES
Karnevalsgebäck

In Arles heißt dieses Gebäck »bugnes« (verknotete Bänder) und in Nizza »ganses« (Bänder). Überall in der Provence aber kennt man es unter der Bezeichnung »oreillettes« – Öhrchen. Mitunter erinnert es in der Form tatsächlich an Ohren. Manchmal handelt es sich aber auch einfach um etwa 4 × 4 cm große Quadrate oder um größere, eingeschnittene Rechtecke.

Etwa 400 g Mehl
Salz
2 EL Zucker
2 Eier, verquirlt
60 g Butter, zimmerwarm
60 ml brauner Rum
2 l Erdnuß- oder Maiskeimöl
Puderzucker

In einer Rührschüssel 250 g Mehl, Salz und 2 Eßlöffel Zucker vermischen. In die Mitte eine Mulde drücken und in diese die Eier, die Butter und den Rum geben. Von der Mitte ausgehend, mit einer Gabel nach und nach das gesamte Mehl einarbeiten. Falls erforderlich, weiteres Mehl hinzufügen, so daß man schließlich einen elastischen Teig erhält. Diesen in der Schüssel mit den Fingerknöcheln walken und immer wieder ein wenig Mehl darüberstäuben, bis der Teig nicht mehr klebt. Den glatten und geschmeidigen Teig in der Schüssel zu einer Kugel formen und, mit einem Tuch bedeckt, 1 Stunde ruhen lassen.

Ein Backblech mit einem dünnen Baumwolltuch auslegen und dieses mit Mehl bestäuben. Für die »Öhrchen« jeweils aprikosengroße Teigstücke zu 3 mm dicken, ovalen Stücken ausrollen. Alternativ die Teigkugel halbieren, jede Hälfte 3 mm dick ausrollen und mit dem Teigrädchen Ovale von etwa 11 cm Länge und 7,5 cm Breite ausschneiden. Jedes Oval an beiden Enden längs zweimal einschneiden, und zwar so, daß der Abstand der Einschnitte zum Rand und zueinander gleich ist. Die Teigstücke sehen jetzt aus wie drei aneinandergefügte Streifen. Die beiden äußeren Streifen zur Mitte hin umlegen. Den einen Streifen durch den Schlitz auf der gegenüberliegenden Seite schieben, gleichzeitig den anderen Streifen in die entgegengesetzte Richtung ziehen. Die Streifen leicht flachdrücken.

Um »verknotete Bänder« herzustellen, den Teig halbieren. Beide Portionen 3 mm dick zu einem Rechteck von etwa 20 cm Breite ausrollen. Die Rechtecke quer in 2 cm breite und 20 cm lange Streifen schneiden. In jeden Streifen in der Mitte einen lockeren Knoten schlingen und behutsam anziehen.

Das Öl zum Ausbacken in einem großen Topf erhitzen (siehe Glossar). Die Teigstücke in kleinen Portionen in das heiße Öl gleiten lassen. Es dürfen nicht zu viele auf einmal verarbeitet werden. Nach 1 Minute die *oreillettes* wenden und, wenn sie nach etwa 2 Minuten ringsum gleichmäßig goldgelb sind, mit einem Schaumlöffel aus dem Öl nehmen. Die *oreillettes* zum Aufsaugen von überschüssigem Fett kurz auf Küchenkrepp legen.

Eine große Platte mit einer Serviette auslegen und die *oreillettes* darauf anrichten. Großzügig mit Puderzucker bestäuben und heiß genießen.

Für 6 Personen

PROVENCE

TIAN DE LAIT
Provenzalischer Pudding

Dies ist gewissermaßen der Urahn des Puddings. Man genießt ihn heiß, lauwarm oder kalt und knabbert dazu Kekse.

1 l Milch
250 g Zucker

Karnevalsgebäck

4 Eier plus 6 Eigelb
60 ml brauner Rum

Den Backofen auf 150 °C (Gasherd Stufe 1) vorheizen.
Die Milch in einen Topf gießen und bei mittlerer Temperatur erhitzen. Den Zucker einrühren. Weiterrühren und, kurz bevor die

Milch aufwallt, den Topf vom Herd nehmen. Einige Minuten abkühlen lassen.

In einer Schüssel die ganzen Eier und die Eigelb mit dem Schneebesen verquirlen. Langsam die Milch angießen und dabei stetig mit dem Schneebesen rühren. Den Rum hinzufügen und gut mit der Milch-Eier-Mischung vermengen.

Die Creme in eine ofenfeste Tonform geben. In den Ofen schieben und garen, bis die Masse in der Mitte nicht mehr flüssig ist. Die Garzeit beträgt je nach Größe und Tiefe der Form 30–40 Minuten. Der Pudding muß sich zuletzt in der Mitte fest anfühlen.

Für 8 Personen   *Abbildung S. 224–225*

TOURTE DE BLETTES
Mangoldtorte mit Äpfeln und Rosinen

Beinahe unwiderstehlich ist diese süße Spezialität aus Nizza. Ursprünglich verwendete man hierzu Brotteig, der mit Zucker und Ei verknetet wurde. Mitunter werden auch Bananenscheiben, Gelee oder Marmelade untergemengt. Im Vaucluse wird eine süße Spinattorte zubereitet. Sie können also den Mangold auch durch Spinat ersetzen.

FÜR DEN MÜRBETEIG:

250 g Mehl

60 g Zucker

Salz

125 g Butter, zimmerwarm

2 Eier, mit einer Gabel nur kurz verquirlt

$^1/_2$ TL Butter

2 Eier

1 EL Olivenöl

125 g Zucker

60 g frisch geriebener Parmesan

60 g Pinienkerne

60 g Rosinen, mehrere Stunden oder über Nacht in 60 ml braunem Rum eingeweicht

500 g Äpfel, zum Beispiel Reinetten oder Cox Orange, geviertelt, das Kerngehäuse entfernt, im letzten Moment geschält und in Scheiben geschnitten oder gewürfelt

1 TL abgeriebene Zitronenschale

1 kg Mangoldblätter, blanchiert, ausgedrückt und gehackt (siehe Glossar)

Frisch gemahlener Pfeffer

Frisch geriebene Muskatnuß

Puderzucker

Für den Teig in einer Schüssel das Mehl, den Zucker und eine Prise Salz vermischen. In der Mitte eine Mulde formen, die Butter und die Eier hineingeben. Alles rasch mit einer Gabel zu einem homogenen Teig vermengen. Diesen auf die bemehlte Arbeitsfläche geben und kurz kneten. Den Teig zu einer Kugel formen, in Plastikfolie einschlagen und für 2 Stunden in den Kühlschrank legen.

Den Backofen auf 180 °C (Gasherd Stufe 2–3) vorheizen. Eine Springform von 25 cm Durchmesser mit $^1/_2$ Teelöffel Butter einfetten. Den Teig in zwei Portionen teilen, die eine etwas größer als die andere.

Auf der leicht bemehlten Arbeitsfläche die etwas größere Teigportion 3 mm dick ausrollen. Den Teig über das Nudelholz legen und in die Form heben. An Boden und Rand der Form andrücken, dabei den Teigrand etwas überstehen lassen.

In einer Schüssel die Eier mit dem Olivenöl, dem Zucker und dem Parmesan mit dem Schneebesen gründlich verquirlen. Die Pinienkerne, die Rosinen mit dem Rum, die Äpfel, die Zitronenschale und den Mangold hinzufügen. Alles mit etwas Pfeffer und ein wenig Muskatnuß würzen und gründlich vermengen. Die Füllung auf den Teigboden geben und glattstreichen.

Die zweite Teighälfte ausrollen und über die Füllung breiten. Den Teigrand so beschneiden, daß er etwa 1 cm übersteht. Die beiden Teigränder zusammendrücken und über den Rand der Form legen. Den Teigrand mit dem eingemehlten Daumen wellen oder mit einer Gabel riefeln. Den Teigdeckel mit einer schräg gehaltenen spitzen Schere vier- bis fünfmal einschneiden, damit während des Backens der Dampf entweichen kann.

Die Torte für 40 Minuten in den Ofen schieben. Zehn Minuten vor Ende der Backzeit die Bräunung kontrollieren. Falls sie noch sehr leicht ist, die Temperatur auf 200 °C (Gasherd Stufe 3–4) erhöhen.

Die Torte aus dem Ofen nehmen und großzügig mit Puderzucker bestreuen. Am besten schmeckt sie lauwarm oder auch zimmerwarm.

Für 6 Personen

Im Uhrzeigersinn von oben links: Provenzalischer Kürbiskuchen, Weinschaum mit Muscat de Beaumes-de-Venise (Rezepte S. 226), Mangoldtorte mit Äpfeln und Rosinen und Provenzalischer Pudding (Rezept S. 222–223)

SABAYON AU MUSCAT DE BEAUMES-DE-VENISE
Weinschaum mit Muscat de Beaumes-de-Venise

Die Nizzaer betrachten den »sabayon« als kulinarisches Vermächtnis des Piemont und melden die alleinigen Ansprüche darauf an. Mit Muscat de Beaumes-de-Venise zubereitet, gehört er jedoch zum Vaucluse.

100 g Zucker
6 Eigelb
300 ml Muscat de Beaumes-de-Venise

Der *sabayon* wird im Wasserbad zubereitet. Dafür einen Dreifuß in einen größeren Topf stellen. Einen kleinen, schweren Topf daraufsetzen und den großen Topf etwa bis zur halben Höhe des kleinen Topfes mit Wasser füllen. Den kleinen Topf herausnehmen. Das Wasser bis kurz vor dem Siedepunkt erhitzen, dann die Hitze auf die kleinste Stufe stellen. Im kleinen Topf den Zucker und die Eigelb mit dem Schneebesen schlagen, bis die Masse weiß und schaumig wird. Den Wein mit dem Schneebesen einrühren. Den Topf in das heiße Wasserbad stellen. Etwa 10 Minuten mit dem Schneebesen schlagen, bis die Mischung cremig eindickt und sich ihr Volumen etwa verdoppelt hat. Falls nötig, die Hitze leicht erhöhen, wobei der *sabayon* jedoch keinesfalls aufkochen darf.

Den *sabayon* direkt im Topf servieren oder auch in kleine Dessertschalen oder Sorbetgläser füllen und, mit Plastikfolie abgedeckt, bis zum Servieren in den Kühlschrank stellen.

Für 4 Personen   *Abbildung S. 224–225*

TARTE DE POTIRON
Provenzalischer Kürbiskuchen

Üblicherweise ist der Kürbis in der provenzalischen Küche Suppen oder herzhaften Gratins vorbehalten. Nachfolgendes Rezept ist in keinem Kochbuch des vergangenen Jahrhunderts zu finden. Vermutlich handelt es sich also um eine jüngere kulinarische Erfindung. Da Kürbisse stattliche Ausmaße erreichen können, werden sie in der Regel portionsweise verkauft.

Halbe Menge der Zutaten für den Mürbeteig (Rezept S. 225)
60 g plus 1/2 TL Butter
750 g Kürbis, in Stücke geschnitten, geschält, Kerne und Fasern
    entfernt und das Fleisch gewürfelt
2 EL Mehl
3 Eier
1 TL Orangenblütenwasser
3 EL brauner Rum
1 TL abgeriebene Zitronenschale
1 TL abgeriebene Orangenschale
125 g Zucker
Handvoll geröstete Mandeln, grobgehackt
Puderzucker

Den Teig herstellen und 2 Stunden kühlen.

In einem großen, schweren Schmortopf 60 g Butter bei sehr milder Hitze schmelzen. Den Kürbis hineingeben und zugedeckt 40–45 Minuten unter häufigem Rühren dünsten, bis er musig zerfällt. Den Deckel abnehmen und das Mus noch einige Minuten durchrühren, bis die überschüssige Flüssigkeit verdampft ist. Das Mehl darüberstäuben und gründlich einrühren. Das Mus vom Herd nehmen und abkühlen lassen.

Den Backofen auf 180 °C (Gasherd Stufe 2–3) vorheizen. Eine Springform von 25 cm Durchmesser mit 1/2 Teelöffel Butter einfetten. Den Teig auf der leicht bemehlten Arbeitsfläche etwa 3 mm dick zu einer runden Fläche von gut 30 cm Durchmesser ausrollen. Den Teig um das Nudelholz wickeln und in die Form legen. An Boden und Rand der Form leicht andrücken, den Teigrand beschneiden und riefeln.

In einer Rührschüssel die Eier mit dem Orangenblütenwasser, dem Rum, der abgeriebenen Zitronen- und Orangenschale und dem Zucker mit einem Schneebesen verrühren. Das Kürbisfleisch unterziehen und die Mandeln einrühren. Die Masse in die Teighülle gießen und glattstreichen.

Den Kuchen 40–45 Minuten backen, bis an einem Holzstäbchen, das man in der Mitte einsticht, kein Teig mehr haftenbleibt. Aus dem Ofen nehmen und mit Puderzucker bestäuben. Am besten schmeckt dieser Kuchen lauwarm oder zimmerwarm.

Für 6 Personen   *Abbildung S. 224–225*

NAVETTES DE LA CHANDELEUR
Marseiller Lichtmeßgebäck

Diese Plätzchen sind auch als »navettes de Saint-Victor« bekannt, da sie traditionsgemäß an Mariä Lichtmeß auf dem Platz vor der Marseiller Kirche St-Victor verkauft werden.

7 g Trockenhefe
2 EL lauwarmes Wasser
500 g Mehl
Salz
60 g Butter, zimmerwarm
250 g Zucker
2 Eier
3 EL Orangenblütenwasser
Abgeriebene Schale von 1 Zitrone
1 TL Olivenöl
1 Eigelb, mit 1 EL Wasser verquirlt

In einer großen Rührschüssel 400 g Mehl mit der Trockenhefe sorgfältig vermischen, dann eine Prise Salz hinzufügen. In die Mitte eine Vertiefung drücken. In einer zweiten Schüssel Butter und Zucker mit einer Gabel zu einer weichen, krümeligen Masse verarbeiten. Die ganzen Eier, die Hefe, das Orangenblütenwasser und die Zitronenschale hinzufügen und alles mit dem Schneebesen verrühren. Die Mischung in die Mulde im Mehl geben. Von innen nach außen arbeitend, das Mehl mit einer Gabel nach und nach untermengen. Nach Bedarf weiteres Mehl hinzufügen, bis schließlich ein fester, aber elastischer Teig entsteht. Diesen in der Schüssel kneten und dabei, falls er klebt, weiteres Mehl hinzufügen. Wenn der Teig glatt und nicht mehr klebrig ist, eine Kugel formen. Mit einem Küchentuch abdecken und 30 Minuten bis 1 Stunde an einem warmen Platz ruhen lassen.

Ein Backblech mit dem Olivenöl bestreichen. Den Teig auf der bemehlten Arbeitsfläche in drei gleiche Portionen teilen. Diese mit den Händen jeweils zu einer etwa 3 cm dicken Wurst ausrollen. Die Würste in 6–8 cm lange Abschnitte teilen. Insgesamt sollten etwa 30 Teigstücke vorhanden sein. Diese zwischen den Handflächen leicht abflachen und an den Enden zuspitzen, so daß sie eine Bootsform erhalten. Die Teigstücke mit etwa 4 cm Abstand auf das Backblech legen. Mit einem Tuch abdecken und 2 Stunden an einem warmen Ort ruhen lassen. Dabei gehen sie leicht auf (um weniger als das Doppelte).

Inzwischen den Backofen auf 190 °C (Gasherd Stufe 3) vorheizen. Die »Boote« mit einem scharfen Messer über die ganze Länge und etwa ein Drittel ihrer Höhe in der Mitte einschneiden. Auf der Oberseite mit dem verquirlten Eigelb bestreichen.

Die *navettes* etwa 25 Minuten backen, bis sie leicht gebräunt sind. Zum Abkühlen auf ein Kuchengitter legen.

Ergibt etwa 30 Stück

Rechte Seite: *Marseiller Lichtmeßgebäck*

VAR

CLAFOUTIS
Kirschkuchen

Experten der Geschichte der Gastronomie vermuten den Ursprung dieses Kirschpuddings im Limousin, einer historischen Landschaft in Mittelfrankreich. Das aber sehen die Bewohner des Gapeau-Tales ganz anders. Seit Menschengedenken und bis vor wenigen Jahren noch war dieses Flußtal berühmt für seine herrlichen Kirschen. Am 1. April war das gesamte Tal von einem weißen Blütenteppich überzogen, und einen Monat später erschienen die kleinen, süßen schwarzen »cérises de Solliès« auf allen europäischen Märkten. Inzwischen sind die Kirschgärten Siedlungsgebieten mit Fertighäusern gewichen.

2 EL Butter
500 g süße dunkle Herzkirschen, nicht entsteint
125 g Zucker
4 Eier
Salz
60 g Mehl
250 ml Milch
60 ml Kirschwasser
Puderzucker

Den Backofen auf 200 °C (Gasherd Stufe 3–4) vorheizen. Eine ofenfeste Porzellan- oder Tonform von 25 cm Durchmesser und mit 3 cm hohem Rand mit 1 Eßlöffel Butter einfetten.

Die Kirschen dicht an dicht in die Form legen. In einer Schüssel 125 g Zucker, die Eier und etwas Salz mit dem Schneebesen gründlich verrühren. Das Mehl daraufsieben und gleichzeitig mit dem Schneebesen rühren. Die Milch und das Kirschwasser mit dem Schneebesen ein-

Linke Seite: Getrocknete Feigen mit Thymian in Rotwein, fotografiert in der Küche der Domaine Tempier

rühren. Den Teig über die Kirschen geben. Mit 1 Eßlöffel Butter in Form von Flöckchen belegen und mit 2 Eßlöffeln Puderzucker bestäuben.

Den Kuchen etwa 25 Minuten backen, bis er golden gebräunt ist. Aus dem Ofen nehmen und sofort mit weiterem Puderzucker bestäuben. Lauwarm servieren.

Für 6 Personen

VAR

FIGUES AU VIN ROUGE
Getrocknete Feigen mit Thymian in Rotwein

Die ungewöhnliche Geschmackskombination weckt Assoziationen an die Heidelandschaft der Provence.

500 g getrocknete Feigen
2 Thymianzweige, in ein Stück Gaze gewickelt
100 g Honig
Rotwein nach Bedarf

Die Feigen in einen Topf geben und die Thymianzweige in die Mitte betten. Den Honig darüberträufeln und alles großzügig mit Rotwein bedecken. Einmal aufkochen lassen und dann bei milder Hitze zugedeckt 1 Stunde simmern lassen.

Die Feigen mit einer Schaumkelle aus dem Sud nehmen und auf einer Servierplatte anrichten. Die Thymianzweige entfernen.

Den Sud bei niedriger Temperatur in etwa 20 Minuten auf die Hälfte einkochen. Den Sirup über die Feigen geben.

Das Dessert lauwarm servieren oder bis zum Servieren kalt stellen.

Für 4 Personen

Kirschkuchen

Apfelkuchen

TARTE AUX POMMES
Apfelkuchen

Provenzalische Obstkuchen sind oft von verblüffender Schlichtheit. Ihr Geschmack stützt sich nicht auf extravagante Zutaten, sondern allein auf die Qualität der Früchte und die Güte des Teigs.

Halbe Menge der Zutaten für den Mürbeteig (Rezept S. 225)
1 TL Butter
500 g Äpfel, vorzugsweise Reinetten oder Cox Orange
125 g Zucker
100 g provenzalischer Lavendelhonig

Den Teig nach der Anleitung auf Seite 225 herstellen und 2 Stunden kühlen. Den Backofen auf 180 °C (Gasherd Stufe 2–3) vorheizen. Ein Backblech mit 1 Teelöffel Butter einfetten. Den Teig auf der leicht bemehlten Arbeitsfläche zu einer etwa 3 mm dicken, runden Fläche ausrollen. Den Teig um das Nudelholz wickeln, auf das Backblech heben und ausbreiten. Den Kuchenrand zu einem etwa 0,5 cm hohen Wulst aufbiegen und diesen mit dem eingemehlten Daumen oder einer Gabel riefeln.

Die Äpfel längs halbieren und die Kerngehäuse herausschneiden. Die Hälften schälen und dann quer in etwa 0,5 cm dicke Scheiben schneiden. Am äußeren Rand beginnend, die Scheiben in konzentrischen Kreisen so auf den Teig legen, daß sowohl die Scheiben als auch die Kreise sich leicht überlappen. Die Äpfel mit dem Zucker bestreuen. Den Kuchen 50–60 Minuten backen, bis Teig und Belag golden gebräunt sind.

In der Zwischenzeit den Honig in eine Schale geben und diese einige Minuten in eine Schüssel mit heißem Wasser stellen, bis der Honig flüssig wird. Den Apfelkuchen aus dem Ofen nehmen. Die Äpfel sofort mit dem flüssigen Honig bestreichen. Den Kuchen auf eine Platte gleiten lassen und warm servieren.

Für 6 Personen

TARTE AUX ABRICOTS
Aprikosenkuchen

Kleine Aprikosen mit tieforangefarbenem Fleisch und rötlich überlaufener Haut besitzen in der Regel den intensivsten Geschmack.

1 TL Butter
Halbe Menge der Zutaten für den Mürbeteig (Rezept S. 225)
500 g Aprikosen, halbiert und entsteint
6 EL Zucker
6 EL Aprikosenmarmelade

Den Backofen auf 190 °C (Gasherd Stufe 3) vorheizen. Ein Backblech mit der Butter einfetten.

Den Teig auf einer leicht bemehlten Arbeitsfläche etwa 3 mm dick zu einem Rechteck ausrollen. Die Teigplatte um das Nudelholz wickeln und auf das Backblech legen. Die Kanten aufbiegen, so daß sie einen etwa 0,5 cm hohen Rand bilden. Diesen mit dem eingemehlten Daumen oder den Zinken einer Gabel riefeln. Die Aprikosenhälften, am äußeren Rand beginnend, dicht an dicht mit der Rundung nach unten auf den Teig legen. Mit dem Zucker bestreuen.

Das Blech für etwa 40 Minuten in den Ofen schieben, bis Teig und Belag goldgelb sind.

Den Kuchen aus dem Ofen nehmen und 15 Minuten ruhen lassen. Die Aprikosenmarmelade in einem Topf bei niedriger Temperatur erhitzen und die Aprikosen gleichmäßig und dünn damit bestreichen. Den Kuchen lauwarm oder auch zimmerwarm genießen.

Für 6 Personen   *Abbildung S. 218–219*

VAUCLUSE

Pêches au Muscat de Beaumes-de-Venise
Pfirsiche in Muscat de Beaumes-de-Venise

Seit ein paar Jahren genießen die likörartigen, bernsteinfarbenen Weine aus Beaumes-de-Venise, die ihr intensives, exotisches Bukett der Muskatellertraube verdanken, Weltruhm.

750 g gelbe Pfirsiche, enthäutet, entsteint und in Scheiben geschnitten
60 g Zucker
250 ml Muscat de Beaumes-de-Venise

Die Pfirsichscheiben in eine Servierschüssel geben. Besonders geeignet ist eine Schüssel aus Kristall, die die warmen Farben der Früchte und des Weins schön zur Geltung bringt. Die Pfirsiche zuckern und mit dem Wein übergießen. Die Schüssel mit Plastikfolie fest verschließen und bis zum Servieren kalt stellen.

Für 4 Personen

PROVENCE

Compote d'Abricots
Aprikosenkompott

Die in den Aprikosensteinen enthaltenen Kerne verleihen dem Kompott ein delikates, leicht bitteres Aroma.

750 g reife, aber feste Aprikosen
250 ml Wasser
1 EL frisch gepreßter Zitronensaft
250 g Zucker

Die Aprikosen halbieren. Die Hälfte der Steine mit einem Nußknacker oder Hammer zertrümmern und in ein Mullsäckchen geben.

Das Wasser mit dem Zitronensaft in einen Topf geben. Den Zucker hinzufügen und rühren, bis er sich auflöst. Das Ganze aufkochen lassen und dann bei verringerter Hitze 2–3 Minuten köcheln lassen, bis der Sirup sich klärt. Die Aprikosen mit den eingewickelten Steinen hineingeben und alles erneut aufkochen lassen. Vom Herd nehmen und erkalten lassen.

Die Aprikosen mit einem Schaumlöffel aus dem Sirup nehmen und in eine Schüssel geben. Die Steine entfernen. Den Sirup leise köchelnd in etwa 15 Minuten um die Hälfte reduzieren und anschließend über die Aprikosen geben. Das Kompott abkühlen lassen, mit Plastikfolie abdecken und bis zum Servieren kalt stellen.

Für 4 Personen

PROVENCE

Figues au Four
Gebackene frische Feigen

500 g reife Feigen
2 EL grüner Chartreuse
100 g provenzalischer Lavendelhonig

Den Backofen auf 230 °C (Gasherd Stufe 5) vorheizen. Die Feigen längs halbieren und in eine Gratinform legen. Die Schnittflächen mit dem Chartreuse beträufeln und den Honig darüber verteilen.

Die Feigen etwa 7 Minuten backen. Sofort heiß servieren.

Für 4 Personen

In Isle-sur-la-Sorgue: Aprikosenkompott (vorn) und Gebackene frische Feigen (rechts)

PROVENCE

POMPE DE NOËL
Süßes Weihnachtsbrot

Ein anderer Name für dieses Brot lautet »gibassier«. Er leitet sich ab von dem provenzalischen Wort »gibo« (Schlag) und spielt damit auf die Art der Teigbearbeitung an. Wegen des verwendeten Olivenöls wird das Weihnachtsbrot mitunter auch »pompe à l'huile« genannt. In den Alpes-Maritimes backt man aus einem ganz ähnlichen Teig, der jedoch oft mit einer Prise Safran gewürzt wird, kleinere, ovale Brote, die dort die Bezeichnung »fougassettes de Grasse« tragen. Die »pompes de Noël« werden traditionsgemäß bei Tisch gebrochen und gemeinsam verzehrt.

FÜR DEN VORTEIG:
25 g Frischhefe
250 ml lauwarmes Wasser
125 g Mehl

Etwa 500 g Mehl
Salz
6 EL Zucker
1 EL abgeriebene Orangenschale
2 EL Orangenblütenwasser
125 ml Olivenöl

Für den Vorteig in einer großen Schüssel die Hefe im lauwarmen Wasser auflösen. 125 g Mehl mit dem Schneebesen einrühren. Die Mischung muß die Konsistenz eines Backteigs aufweisen. Die Schüssel mit Folie abdecken und den Teig bei Zimmertemperatur 30 Minuten gehen lassen.

400 g Mehl in eine große Rührschüssel geben. In die Mitte eine tiefe Mulde drücken. Salz, Zucker, Orangenschale, Orangenblütenwasser, Olivenöl und den Vorteig in die Vertiefung geben. Mit einer Gabel von innen nach außen rühren und dabei nach und nach das gesamte Mehl einarbeiten. Die Arbeitsfläche großzügig mit dem restlichen Mehl bestreuen. Den Teig darauflegen und kneten, bis er nicht mehr klebt und schön elastisch ist. Dabei nach Bedarf weiteres Mehl in kleinen Mengen einarbeiten. Den Teig zu einer Kugel formen, zurück in die Schüssel geben und mit einem Tuch abdecken. An einem warmen Ort etwa 2 Stunden gehen lassen, bis sich das Teigvolumen ungefähr verdoppelt hat.

Den Teig wieder auf die bemehlte Arbeitsfläche legen und kräftig schlagen. Möglichst wenig kneten, damit er nicht zu weich wird. Den Teig in 3 gleiche Portionen teilen. Die Portionen mit der Handfläche möglichst flach drücken und dabei mehrmals auf der bemehlten Fläche wenden. Die Portionen mit dem Nudelholz zu beinahe runden Flächen von etwa 1 cm Stärke ausrollen.

Die Teigkreise auf ein Backblech legen (eventuell benötigen Sie mehrere Bleche). Mit einem scharfen Messer 1,5 cm vom Rand entfernt ringsum etwa 0,5 cm tief einschneiden. Dann den Bereich innerhalb des Kreises ebenfalls 0,5 cm tief in Abständen von 2,5 cm kreuz und quer einschneiden. Den Teig mit einem Tuch abdecken und an einem warmen Ort 1 Stunde gehen lassen.

Währenddessen den Backofen auf 200 °C (Gasherd Stufe 3–4) vorheizen. Die Brote 20–25 Minuten backen, bis sich eine schöne, goldbraune Kruste gebildet hat. Auf Kuchengittern auskühlen lassen.

Ergibt 3 Brote

PROVENCE

TIAN DE PAIN AUX PÊCHES
Pfirsich-Brot-Gratin

Weiße und gelbe Pfirsiche werden in der Provence in großen Mengen geerntet. Trotz ihres unterschiedlichen Aromas und Fruchtfleisches sind beide für dieses Dessert gleichermaßen gut geeignet.

Süßes Weihnachtsbrot

125 g Butter
125 g altbackenes Brot, in Scheiben geschnitten und zerpflückt
Handvoll Rosinen, mehrere Stunden oder
    über Nacht in 125 ml Marc de Provence (siehe Glossar) oder
    Cognac eingeweicht
750 g reife Pfirsiche, enthäutet und in Scheiben geschnitten
3 Eier
125 g Zucker
750 ml Milch

Den Backofen auf 180 °C (Gasherd Stufe 2–3) vorheizen. Eine Gratinform mit 1,5 Litern Fassungsvermögen mit Butter einfetten.

60 g Butter in einem Topf bei milder Hitze zerlassen. Die Brotstücke hineingeben und 10–15 Minuten sanft rösten, dabei immer wieder wenden und eventuell weitere Butter hinzufügen, bis das Brot gleichmäßig goldbraun und knusprig ist.

Das Brot in die Gratinform geben. Die Rosinen abtropfen lassen (den Marc auffangen und beiseite stellen) und über das Brot streuen. Die Pfirsiche hinzufügen. Die Zutaten vermischen, bis sie gleich-

mäßig verteilt sind. In einer Schüssel die Eier und den Zucker mit dem Schneebesen verquirlen. Die Milch und den Marc hinzufügen und mit dem Schneebesen einrühren. Die Mischung über die Pfirsichmischung geben.

Die Form für etwa 40 Minuten in den Ofen schieben, bis die Sauce eingedickt und die Oberfläche schön gebräunt ist. Das Gratin warm oder zimmerwarm servieren.

Für 4 Personen   *Abbildung S. 218–219*

PROVENCE

POIRES AU VIN ROUGE
Birnen in Rotwein

*Gelbe Pfirsiche sind, auf diese Weise zubereitet, ebenfalls köstlich und
zudem, wenn sie nur enthäutet, aber nicht zerteilt werden, hübsch an-
zusehen. Sie benötigen etwa die halbe Garzeit.*

6 nicht ganz ausgereifte Williams-Birnen, längs halbiert,
    das Kerngehäuse entfernt, die Hälften geschält
Streifen getrocknete Orangenschale
1 Stange Zimt
125 g Zucker
750 ml Rotwein

Die Birnenhälften in einen großen Email- oder Edelstahltopf geben.
Die Orangenschale und die Zimtstange dazwischenstecken. Die Birnen mit dem Zucker bestreuen und mit Wein bedecken. Die Flüssigkeit einmal aufkochen lassen und anschließend zugedeckt 1 Stunde
simmern lassen.

    Die Birnenhälften mit einem Schaumlöffel aus dem Topf heben
und in einer farblich kontrastierenden Servierschüssel anrichten. Die
Orangenschale und die Zimtstange aus dem Rotwein nehmen. Den
Wein etwa 20 Minuten leise köchelnd um zwei Drittel reduzieren und
über die Birnen geben.

    Das Dessert abkühlen lassen, mit Plastikfolie abdecken und bis
zum Servieren kalt stellen.

Für 4 Personen

VAR

MACÉDOINE AU VIN DE BANDOL
Fruchtsalat in Bandol-Wein

*Im späten Frühjahr und Frühsommer erfreut sich dieses Dessert bei
den Provenzalen großer Beliebtheit. Man kann die Himbeeren nach
Belieben auch passieren und über die Früchte geben, bevor der Wein
angegossen wird. Bei grünen Mandeln sind die Schalen noch weich
und lassen sich durch Einritzen mit einem Messer leicht entfernen.
Auch die zarte weiße Haut läßt sich ohne Mühe abziehen. Falls Sie
keine grünen Mandeln bekommen, verwenden Sie statt dessen geho-
belte Mandeln, doch stellen diese keinen gleichwertigen Ersatz dar.*

250 g Kirschen, entstielt, aber nicht entsteint
250 g kleine Erdbeeren, entstielt
250 g Himbeeren
2 gelbe oder weiße reife Pfirsiche, enthäutet und in Scheiben
    geschnitten
2 feste, reife Williams-Birnen, längs geviertelt, die Kerngehäuse
    entfernt, die Viertel geschält und gewürfelt
Etwa 100 g Zucker
Etwa 30 grüne Mandeln, geschält
500 ml junger, dunkler, tanninhaltiger Rotwein

Alle Früchte in eine hübsche Glasschüssel geben. Zuckern und behutsam mit den Fingern durchmischen. Zum Marinieren 30 Minuten
stehenlassen.

    Die Mandeln untermischen und den Fruchtsalat mit dem Wein
übergießen. Die Schüssel mit Plastikfolie abdecken und den Frucht-
salat bis zum Servieren 2–3 Stunden kalt stellen.

Für 6 Personen   *Abbildung S. 10*

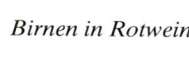

Birnen in Rotwein

PROVENCE

CRÊPES

Traditionsgemäß backt man die dünnen Pfannkuchen in einer speziellen Crêpe-Pfanne mit einem Durchmesser von 23 cm. Natürlich können Sie sich mit einer anderen Pfanne behelfen. Die Crêpes werden ohne weitere geschmackliche Verfeinerung serviert. Auf dem Tisch stehen jedoch verschiedene Marmeladen (Kirsch- und Aprikosenmarmelade dürfen dabei nicht fehlen), eine Schale mit Zucker und oft auch eine Flasche »génépi«, ein kräftiger Kräuterlikör, bereit.

60 g Mehl
Salz
4 Eier
375 ml Milch
3 EL Butter
2 EL Marc de Provence (siehe Glossar) oder Cognac

Mehl und Salz in einer Rührschüssel vermischen. In die Mitte eine Vertiefung drücken und die Eier hineinschlagen. Von innen nach außen mit einem Schneebesen langsam das gesamte Mehl einrühren, bis sich ein glatter Teig ohne Klümpchen ergibt. Falls der Teig dabei zu zäh wird, etwas Milch einrühren. Langsam die gesamte Milch hinzufügen und dabei ständig weiterrühren. Der Teig muß zuletzt die Konsistenz von flüssiger Sahne haben. Falls das Mehl klumpt, den Teig durch ein Sieb in eine andere Schüssel geben. Die Butter in einer Crêpe-Pfanne zerlassen. Zusammen mit dem Marc oder Cognac an den Teig geben und einrühren.

Die Pfanne mit einem Tuch oder mit Küchenkrepp auswischen, so daß nur ein hauchdünner Fettfilm zurückbleibt. Die Pfanne erhitzen, anschließend die Temperatur auf die mittlere bis niedrige Stufe reduzieren. Den Teig mit einer kleinen Schöpfkelle noch einmal umrühren. Die Pfanne hochnehmen. So viel Teig hineingeben und sogleich durch Schwenken der Pfanne verteilen, daß er den Pfannenboden gleichmäßig und dünn überzieht. Die Pfanne muß so heiß sein, daß der Teig beim Einlaufen leise zischt. Die Pfanne zurück auf den Herd stellen. Wenn die Crêpe nach etwa 1–2 Minuten auf der Oberseite beinahe trocken ist und der inzwischen goldgelbe Rand sich leicht nach innen wölbt, die Crêpe mit einer vorn abgerundeten Palette wenden. Die Crêpe nach einigen Sekunden aus der Pfanne auf eine vorgewärmte Platte gleiten lassen und warm stellen.

Die Pfanne zum Auskühlen einige Sekunden vom Herd nehmen. Dann die nächste Crêpe wie beschrieben backen. Jedesmal den Teig kurz mit der Schöpfkelle umrühren. Die Pfanne wird nicht eingefettet – die im Teig enthaltene Butter genügt vollauf. Die fertigen Crêpes auf der Platte auftürmen und noch warm servieren.

Für 4 Personen

PROVENCE

CRÈME AU CITRON
Zitronencreme

Pur schmeckt diese Creme ebenso wie zu Früchten in Rotwein, geschmorten Aprikosen und ähnlichem mehr.

125 g Zucker
1 TL Maisstärke
6 Eigelb
500 ml Milch
3 schmale Streifen Zitronenschale

Eine große Schüssel mit zerstoßenem Eis oder mit Eiswürfeln und Wasser bereitstellen. In einer Schüssel Zucker und Maisstärke vermischen. Die Eigelb in einer weiteren Schüssel bereithalten.

Einen Topf mit kaltem Wasser ausspülen. Die Milch mit den Zitronenschalen hineingeben und einmal aufkochen lassen. Die Milch vom Herd nehmen.

Crêpes

Die Eigelb an die Zuckermischung geben und etwa 10 Minuten mit dem Schneebesen zu einem feinen, hellen Schaum schlagen, der zäh vom Schneebesen abtropft. Die Zitronenschalen aus der Milch nehmen. Die Milch langsam zu dem Eischaum gießen und dabei ununterbrochen mit dem Schneebesen rühren.

Den Schüsselinhalt in einen schweren Topf füllen. Bei milder Hitze mit einem Holzlöffel kontinuierlich in Form einer Doppelschleife rühren und dabei alle Topfbereiche mit einbeziehen, bis die Creme den Löffel dick überzieht, jedoch noch lange nicht aufkocht. Dieser Vorgang dauert etwa 15 Minuten.

Den Topf vom Herd nehmen und in das Eis setzen. Weiter rühren, bis die Creme erkaltet ist. Die Zitronencreme in vier Dessertschalen füllen und bis zum Servieren kalt stellen.

Für 4 Personen

Abbildung S. 10

VAUCLUSE

POMMES AU MUSCAT DE BEAUMES-DE-VENISE
Bratäpfel in Muscat de Beaumes-de-Venise

In der Provence verwendet man zum Backen bevorzugt Reinetten.

60 g Butter, zimmerwarm
100 g plus 3 EL Zucker
1 TL abgeriebene Orangenschale
4 große, feste Äpfel, vorzugsweise Reinetten oder Cox Orange
Saft von ½ Zitrone
Safranpulver
125 ml Muscat de Beaumes-de-Venise

Den Backofen auf 165 °C (Gasherd Stufe 2) vorheizen.

Die Butter mit 100 g Zucker und der Orangenschale geschmeidig rühren. Aus den Äpfeln die Kerngehäuse mit einem Apfelausstecher entfernen. Die Äpfel im oberen Drittel schälen und in diesem Bereich sogleich mit Zitronensaft einreiben.

Die Buttercreme in die Höhlung füllen und etwas davon auch über die geschälten Flächen verteilen. Die Äpfel aufrecht in eine ofenfeste Form setzen, in der sie gerade nebeneinander Platz haben. Die geschälten Bereiche mit etwas Safran bestreuen. Den Wein angießen.

Die Äpfel etwa 45 Minuten backen und dabei mehrmals mit dem Wein begießen. Sie sind gar, wenn eine Nadel sich ohne Widerstand einstechen läßt. Da ein Teil der Füllung während des Backen zerläuft, die Äpfel mit übriggebliebener Creme wieder auffüllen.

Die Äpfel außen mit 3 Eßlöffeln Zucker bestreuen. Die Ofentemperatur auf 230 °C (Gasherd Stufe 5) erhöhen. Den Garvorgang aufmerksam beobachten: Sobald der Zucker karamelisiert, die Äpfel aus dem Ofen nehmen. Nach Belieben heiß, lauwarm oder zimmerwarm servieren.

Für 4 Personen

PROVENCE

GLACE AU MIEL
Honigeis

Der Honig verleiht diesem Eis einen ganz besonderen Schmelz. Wer zum Süßen sonst nur Zucker verwendet, wird überrascht sein!

500 ml Milch
5 Eigelb
150 g würziger Honig, etwa von Lavendel, Thymian oder Rosmarin
Salz
250 ml Crème double

Eine große Schüssel, gefüllt mit zerstoßenem Eis oder mit Eiswürfeln und Wasser, bereitstellen. Die Milch in einem Topf zum Kochen bringen.

In der Zwischenzeit in einer Rührschüssel die Eigelb, den Honig und eine kleine Prise Salz mit dem Schneebesen verquirlen, bis die Masse hell und schaumig wird. Langsam und unter ständigem Rühren mit dem Schneebesen die Milch hinzufügen. Die Mischung in einen Topf füllen. Bei milder Hitze mit einem Holzlöffel rühren, bis die Creme nach etwa 10 Minuten den Löffelrücken mit einem feinen Film überzieht.

Den Topf vom Herd nehmen und in die Schüssel mit dem Eis setzen. Weiter rühren, bis die Creme völlig erkaltet ist. Die Crème double unterziehen. Das Ganze durch ein feines Sieb in eine Schüssel geben. In die Eismaschine füllen und nach Anweisung des Herstellers gefrieren.

Ergibt 1 l oder 4 Portionen

Rechte Seite: *Bratäpfel in Muscat de Beaumes-de-Venise; fotografiert in der Küche von Château d'Ansois*

Honigeis

GLOSSAR

Küchenutensilien Ein traditionelles und auch heute noch unverzichtbares Utensil der provenzalischen Küche ist ein marmorner Mörser mit einem Fassungsvermögen von mindestens 1 Liter – ein kleiner Apothekermörser reicht keinesfalls aus – und dazu ein hölzerner Stößel. In der Provence spielen Rituale bei der Zubereitung der Speisen eine ebenso wichtige Rolle wie bei Tisch. Eines von ihnen besteht darin, mit dem Handballen leicht zerdrückte und anschließend geschälte Knoblauchzehen zusammen mit grobem Meersalz im Mörser gründlich zu zerreiben. Das Salz verleiht der Paste eine geschmeidige Konsistenz, wie sie sich mit keiner Knoblauchpresse auch nur annähernd erzielen läßt. In vielen Fällen kann die Küchenmaschine Mörser und Stößel ersetzen, nicht jedoch bei *aïoli* oder *pistou,* die nur handgerührt ihre unvergleichliche Samtigkeit und das einmalig fruchtige Aroma des Olivenöls besitzen.

Die provenzalische Küche ist unvorstellbar ohne ein verglimmendes Holzfeuer, über dem bestimmte Speisen gegrillt werden. Die allgegenwärtigen *croûtes à l'ail,* Scheiben von altbackenem Brot, die man so gerne als Vorspeise zusammen mit Oliven und aufgeschnittener Dauerwurst *(saucisson sec)* serviert, erhalten zum Beispiel, nachdem sie mit Knoblauch eingerieben und mit Olivenöl beträufelt wurden, erst beim Rösten über der Glut ihr einmaliges Aroma. Zu einer provenzalischen Kücheneinrichtung gehört eine Feuerstelle auf Tischhöhe, vor der eine hölzerne Arbeitsplatte angebracht ist. Sehr praktisch ist ein Gartengrill, den man bei gutem Wetter in Betrieb nehmen kann, doch tut es ein verlöschendes Feuer ebenso. Schwere, geschmiedete Gußeisenroste, die über der Glut vorgeheizt werden, dienen zum Grillen von Fleisch, Geflügel und Gemüse. Auf Wendebrätern aus kräftigem Draht, die man bequem umdrehen oder auch senkrecht stellen kann, wird Fisch gegrillt, dessen zartes Fleisch an einem gußeisernen Rost leicht klebenbleiben oder beim Wenden zerfallen würde. Es gibt Roste in verschiedenen Größen und Formen sowie spezielle Grillkörbe, in die bestimmte Fische, etwa Zackenbarsch oder Goldbrasse, genau hineinpassen. Große, besonders flache Wendebräter nehmen ein Dutzend und mehr kleine Fische wie Sardinen und Meerbarben auf.

In der provenzalischen Küche benutzt man gern Kochgeschirr aus gebranntem Ton, das die Hitze langsamer und gleichmäßiger aufnimmt und länger hält. Zudem absorbiert dieses Material Duftstoffe und gibt sie auch wieder an die Speisen ab. Wenn ein Topf stets für ähnliche Zubereitungen verwendet wird, erhalten diese so einen intensiveren und besseren Geschmack. Der *poêlon,* eine Tonkasserolle in Form einer abgeflachten Kugel mit hohlem Griff, ist sehr häufig im Einsatz. Viele Rezepte beginnen mit dem Satz: »Eine *rasade* (großer Schluck) Olivenöl in den *poêlon* gießen, einige zerdrückte Knoblauchzehen dazugeben …« Gratins werden im *tian* zubereitet, einer großen, flachen Tonform, und Fleisch und Geflügel kocht man im *pot-au-feu,* einem bauchigen Tontopf mit großem Fassungsvermögen. Bauchig ist auch die *daubière,* ein Spezialtopf für Schmorgerichte. Aufgrund des verringerten oberen Querschnitts sind die Verdunstungsverluste gering. Daher ist ein Schmorgericht, in einem beliebigen Topf zubereitet, absolut nicht zu vergleichen mit einer *daube,* die stundenlang in einer *daubière* gegart wurde, in der im Laufe der Jahre Hunderte von *daubes* für Tausende von Stunden vor sich hin geköchelt haben. Wie in jeder Küche gehören auch in der Provence schwere Saucentöpfe, Bratpfannen und gute Messer zur Grundausstattung.

Aïoli Die Provenzalen bezeichnen *aïoli* häufig als ihr »Nationalgericht«. In Marseille bereitet man diese Knoblauch-Mayonnaise mit mindestens 2 Knoblauchzehen pro Person zu. Man serviert *aïoli* nicht nur zum *grande aïoli,* einem festlichen Gericht, das verschiedenste gekochte und im Ofen ge-

garte Gemüsesorten, pochierten Klippfisch, Meeresfrüchte und andere Zubereitungen umfassen kann, sondern ebenso zu zimmer- bis lauwarmem Fleisch, insbesondere gebratener Lammkeule oder Brathuhn, zu gekochtem Gemüse, geschmortem Tintenfisch und ähnlichem mehr.

Die Knoblauchzehen sollten möglichst frisch sein und noch keinen Keim entwickelt haben. Ist jedoch kein anderer Knoblauch vorhanden, wird der Keim entfernt, bevor man den Knoblauch in den Mörser gibt.

Wie bei einer klassischen Mayonnaise sollten Eier und Olivenöl zimmerwarm sein. Das Öl muß anfangs unbedingt in einem sehr feinen Strahl hinzugefügt werden, den man am Rand des Mörsers einlaufen läßt und hin und wieder unterbricht, wobei man jedoch ununterbrochen weiter mit dem Stößel rührt. Angeblich soll man dabei stets in derselben Richtung rühren. Am besten führt man diesen Arbeitsgang zu zweit aus, wobei einer gießt und der andere rührt.

AÏOLI FÜR 6 PERSONEN: Eine große Prise grobes Meersalz mit 6–12 (je nach Geschmack auch weniger oder mehr) festen Knoblauchzehen im Mörser zu einer Paste zerreiben. Eine kräftige (mit fünf Fingern genommene) Prise frische Semmelbrösel, hergestellt ohne Kruste in der Küchenmaschine, dazugeben und alles unter Reiben und Rühren mit dem Stößel zu einer glatten Paste verarbeiten. Jetzt 2 Eigelb unterziehen. Etwa 1 Minute mit dem Stößel rühren und dann 250 ml Olivenöl hinzufügen. Man gießt es anfangs seitlich in so feinem Strahl dazu, daß es durch die kontinuierliche Rührbewegung sogleich aufgenommen wird. Wenn die Mayonnaise merklich eindickt, kann man das Öl – noch immer von der Seite – etwas zügiger dazugießen. Die Mayonnaise darf nicht zu fest werden. Nach etwa der Hälfte des Öls den Saft von 1/2 Zitrone oder 1 Teelöffel Wasser hinzufügen und dabei weiter rühren. Mehr Öl und, falls nötig, etwas Wasser dazugießen, bis die benötigte Menge erreicht ist. Sie können nach Belieben mehr oder weniger Öl verwenden.

Für eine Safran-*aïoli* in einer kleinen Schüssel eine Prise Safranfäden mit 1 Eßlöffel kochendem Wasser beträufeln. Abkühlen lassen und die Schüssel mit den Semmelbröseln ausreiben, die man anschließend in den Mörser gibt.

Eine »kalte provenzalische Sauce« *(sauce provençale froide)* erhält man, indem man einige Sardellen in Salz (siehe Stichwort) abspült, filetiert und mit dem Knoblauch zu einer Paste zerreibt, bevor man die Semmelbrösel hinzufügt.

Die Gefahr des Ausflockens besteht nur, wenn die *aïoli* nicht genau nach Anleitung zubereitet wird, also etwa das Öl zu kalt ist oder zu schnell hinzugefügt wird. Füllen Sie die mißratene Mayonnaise in eine Schüssel, säubern Sie den Mörser, und beginnen Sie erneut mit einem Eigelb. Geben Sie die ausgeflockte Mayonnaise teelöffelweise seitlich in den Mörser, und rühren Sie dabei unentwegt mit dem Stößel.

Anchovis siehe *Sardellen*

Artischocken Hierbei handelt es sich um die Blütenköpfe eines distelartigen Korbblütlers. Sie müssen in einem sehr frühen Entwicklungsstadium geerntet werden, denn wenn man sie zu spät schneidet, entwickelt sich das »Heu« zu einer purpurblauen Blüte. Provenzalische Rezepte mit Artischocken verlangen stets »junge, zarte Artischocken«, wobei man die nur eigroßen, violetten Exemplare bevorzugt, bei denen das Heu noch nicht entwickelt ist. Dennoch erlaubt die Größe einer Artischocke nicht unbedingt einen Rückschluß auf ihr Alter. Die besten Artischocken sind jene, die als erste oben an einem Stengel sprießen. Wird nicht der gesamte Stengel geschnitten, wachsen aus den unteren Blattachseln kleinere Artischocken von minderer Qualität. Die runden Artischocken, die die Größe einer Grapefruit erreichen können – in der Provence heißen sie »Bretagne-Artischocken« –, schmecken herrlich, wenn sie erst apfelsinengroß sind und das Heu noch nicht entwickelt ist. Bei jungen Artischocken ist der Stiel im Vergleich zum Blütenkopf relativ dick (in der Provence werden die Stiele geschält und zusammen mit den Artischocken gekocht) und der Blütenkopf vom Blattansatz zur Spitze hin gleichmäßig gewölbt. Ältere Artischocken erkennt man an ihrem dünnen, faserigen Stiel und einer Einbuchtung über der Basis. Artischocken verfärben sich bei Kontakt mit Sauerstoff oder unlegiertem Stahl sowie Aluminium dunkel. Stellen Sie daher, wenn Sie Artischocken vorbereiten, eine Schüssel mit Wasser bereit, das großzügig mit Zitronensaft gesäuert wurde, und verwenden Sie nur Messer aus rostfreiem Edelstahl. Von den Artischocken den Stiel abschneiden und die harten Außenblätter nach unten abziehen. Bei jungen Artischocken das obere Drittel der Blätter abschneiden, bei ausgereiften Exemplaren etwa die obere Hälfte; von den äußeren Blättern die Spitzen abschneiden. Die Artischocke vollständig in das Zitronenwasser tauchen und, bis alle übrigen vorbereitet sind, in der Schüssel liegen lassen. Für Schmorgerichte und zum Fritieren werden größere Artischocken oft geviertelt; anschließend entfernt man das Heu und reibt die Schnittflächen sofort mit Zitrone ein. Soll eine Artischocke in Scheiben ge-

schnitten werden, wird sie zunächst halbiert und dann das Heu entfernt. Die Schnittflächen mit Zitrone einreiben, die Hälften in Scheiben schneiden und diese in Zitronensaft wenden.

Ausbacken siehe *Fritieren*

Bouquet garni Dieser Küchenfachbegriff bezeichnet ein Bündel sorgfältig zusammengebundener Kräuter, das mitgekocht wird und dabei seine verschiedenen Aromen an die Speisen abgibt, ohne jedoch zu verkochen. Zum Schluß nimmt man das Kräuterbündel wieder heraus. Gewöhnlich umfaßt ein *bouquet garni* Thymianzweige, Lorbeerblatt, Petersilienstengel oder – besser noch – Petersilienwurzel sowie Sellerie. Oft werden auch getrocknete Orangenschale oder Bohnenkraut hinzugefügt. Für ein großes *bouquet garni* kann man einen 10–12 cm langen grünen Porreeabschnitt längs aufschlitzen und um das Bündel legen; zuletzt wird das Ganze mehrmals fest mit Küchenzwirn umwickelt.

Brousse Hierbei handelt es sich um einen Frischkäse, der ein wenig an trockenen Quark erinnert. *Brousse* wird sowohl aus Ziegenmilch als auch aus Mischungen mit Schafmilch hergestellt. Falls kein *brousse* erhältlich ist, können Sie ihn problemlos durch italienische *ricotta* ersetzen (siehe auch Käse).

Cocos Stangenbohnen oder breite Bohnen heißen in Frankreich *coco*-Bohnen. Sie haben rundliche weiße Samen, die nach dem Kochen samtig zart sind. Anfangs grün, nehmen die Schoten mit zunehmender Reife eine gelbliche Farbe an. *Cocos* sind auf den provenzalischen Märkten ab Juli und bis Anfang November zu bekommen. Sie können durch andere frische Palbohnen ersetzt werden. Palbohnen schmecken grundsätzlich frisch besser als getrocknet und sind auch leichter verdaulich.

Essig Die Essigbakterien, die Alkohol in Essig umwandeln, benötigen Sauerstoff, um zu überleben und sich zu vermehren. Sie bilden auf der Oberfläche der Flüssigkeit die sogenannte Kahmhaut, einen weißlichen Schleier, über den stets frische Luft streichen sollte. Doch darf der Essigschleier nicht in Bewegung geraten, da die Bakterien, sobald sie in die Flüssigkeit eintauchen, auf den Grund des Gefäßes sinken und inaktiv werden. Der *vinaigrier* – das Gefäß zur Essigherstellung – besteht aus Keramik und weist unten eine Öffnung auf, die mit einem Holzzapfen mit Korkspitze versehen ist. Ein 4-Liter-Gefäß reicht für den durchschnittlichen Haushalt aus. Man gießt eine Flasche guten, nicht pasteurisierten Weinessig hinein, der den Gärprozeß in Gang bringt, und füllt den *vinaigrier* anschließend zu drei Vierteln mit Rot- oder Weißwein auf. Den *vinaigrier* leicht abdecken und mehrere Monate bei Zimmertemperatur, zum Beispiel in der Küche, sich selbst überlassen. Es wäre falsch, immer wieder kleine Essigmengen zu entnehmen und entsprechend Wein nachzufüllen. Statt dessen werden Weinreste in zugekorkten Flaschen gesammelt und erst dann in den *vinaigrier* gegossen, wenn der Essig weitgehend aufgebraucht ist. Verwenden Sie dafür einen Trichter mit langem Stutzen, den Sie so in den verbliebenen Essig tauchen, daß der Essigschleier möglichst wenig bewegt wird.

Aus dem abgezapften Essig läßt sich provenzalischer Kräuteressig herstellen, indem man ihn mit Thymian, Oregano, Bohnenkraut und Majoran, je einem Rosmarin- und Salbeizweig sowie mehreren Lorbeerblättern und einigen zerdrückten, ungeschälten Knoblauchzehen in einen Keramiktopf füllt und einen Monat ruhen läßt. Anschließend gießt man den Essig durch einen mit Gaze ausgelegten Trichter in Flaschen, die mit Korken fest verschlossen werden. Zum Reifen lagert man den Essig liegend.

Wer in größerem Rahmen in die Essigproduktion einsteigen möchte, besorgt sich ein 16-Liter-Weinfaß. Es wird mit einem Holzzapfen versehen und mit Wasser gefüllt, das nach 2–3 Tagen wieder ausgeleert wird. Jetzt bohrt man gleich unter dem oberen Rand und genau gegenüber dem Zapfen ein Belüftungsloch hinein, das man zum Schutz gegen Taufliegen mit Plastikfliegendraht verschließt. Nachdem das Faß mit Weinessig und Wein bis unterhalb des Luftloches gefüllt wurde, verschließt man das Spundloch dauerhaft mit einem Korken. Dann bohrt man ein Loch in den Korken und setzt einen Trichter mit langem Stutzen ein, der gerade bis unterhalb des Zapfens reicht. Der Trichter wird mit Plastikfolie abgedeckt, die man nur zum Füllen des Fasses abnimmt. Das Faß sollte etwa acht Monate ruhen, bevor man es bis auf Zapfenhöhe leert. Der Verdunstungsgrad ist relativ hoch: Vierzehn Flaschen Wein werden benötigt, um das Faß vom Zapfen bis zum Luftloch zu füllen, und etwa acht Flaschen Essig können abgezogen werden. Mitunter ist die erste Produktion aus einem neuen *vinaigrier* enttäuschend, durch ständige Benutzung des Fasses aber wird der Essig von Mal zu Mal aromatischer.

Fritieren Im Gegensatz zu Erdnuß- oder Maiskeimöl verliert kaltgepreßtes Olivenöl, wenn es stark erhitzt wird, seine bekömmlichen Eigenschaften. Daher sollte man es nicht zum Fritieren verwenden. Zum Fritieren eignet sich jeder größere Topf. Er sollte so hoch sein, daß er, nur etwa zur Hälfte mit Öl gefüllt, das Fritiergut bequem aufnimmt. Beim Ausbacken müssen die Teile frei im Öl schwimmen. Falls Sie eine Friteuse verwenden, nehmen Sie zum Ausbacken den Fritierkorb heraus. Bevor Sie mit dem Fritieren beginnen, breiten Sie auf der Arbeitsfläche mehrere Zeitungsblätter und darüber einige Lagen Küchenkrepp zum Abtropfen aus. Heizen Sie rechtzeitig den Backofen auf niedrigster Stufe vor, und stellen Sie eine Servierplatte bereit, die Sie mit einer Serviette auslegen. Zum Herausnehmen aus dem Öl empfiehlt sich eine flache Schaumkelle. Lassen Sie das Fritiergut auf dem Küchenkrepp kurz abtropfen, legen Sie es dann auf die Servierplatte, und stellen Sie diese in den vorgewärmten Ofen, bis die übrigen Portionen fertig ausgebacken sind. Im allgemeinen liegt die ideale Fritiertemperatur bei 190 °C. Sie ist erreicht, wenn ein Petersilienblatt, in das heiße Öl gegeben, knistert oder ein Tropfen Backteig leise zischt.

Honig Bei den duftenden Lavendelfeldern der Provence sieht man häufig Bienenstöcke, und in den Anbauregionen kann man direkt von den Imkern den köstlichen Lavendelhonig kaufen. Er ist hell, süß und birgt das herbe Aroma des Lavendels. Desserts lassen sich damit verfeinern, und das berühmte Lavendeleis bekommt durch ihn seinen besonderen Geschmack. Aber auch andere Honigsorten werden in der Provence hergestellt. Viele Imker betreiben hier Wanderimkerei, das heißt, sie plazieren die Bienenstöcke je nach den Blühperioden bei den verschiedenen Kräutern. Neben Lavendelhonig gibt es Thymian- und Rosmarinhonig, und *Miel de Provence* stammt von den verschiedenen Blüten der Garrigue.

Kalmar Diesen Tintenfisch bereiten die Provenzalen auf unterschiedliche Weise zu, unter anderem auch mit verschiedenen aromatischen Farcen gefüllt. Kalmare werden folgendermaßen vorbereitet: Zuerst wäscht man den Tintenfisch gründlich und zieht dann die Haut ab. Dann zieht man mit den Tentakeln die anhängenden Eingeweide aus dem Körpersack. Als nächstes wird das bei den Kalmaren beinahe transparente Fischbein, der Schulp, herausgezogen. Nun trennt man die Tentakel knapp unter den Augen so vom Kopf, daß sie durch einen Ring verbunden bleiben, drückt die in der Mitte sitzenden Kauwerkzeuge von unten heraus und entfernt sie. Zuletzt werden Tentakel und Körpersack nochmals unter fließendem kaltem Wasser gewaschen. Je nach Rezept wird der Körpersack ganz gelassen und gefüllt oder in Ringe geschnitten.

Käse In der Provence werden hauptsächlich Käse aus Schaf- und Ziegenmilch hergestellt. Es sind jedoch auch einige Käsesorten darunter, die aus Mischungen von Schaf- und Ziegenmilch bestehen, wie der *Tomme d'Annot*, der seinen Namen von der kleinen Ortschaft westlich von Entrevaux erhalten hat. Der *Picodon*, dessen charakteristisches Aroma mit zunehmender Reife kräftiger wird, ist in den Bergen entlang der Rhône nördlich von Orange beheimatet. Er wird in kleinen Laiben zu je etwa 100 g verkauft. Man legt ihn auch in Wein oder Marc ein. Zusammen mit Olivenöl, Knoblauch, Lorbeer, Winterbohnenkraut, Rosmarin und Thymian in dekorative Gläser gefüllt, erhält er ein wunderbares Aroma. *Tomme de*

chèvre kommt in verschiedenen Sorten aus den provenzalischen Alpen. Sein Geschmack reicht von mild bis kräftig, die Oberfläche kann mit weißlichem oder bläulichem Schimmel überzogen sein oder auch mit Käserotflora. Der berühmte *Banon*, nach dem kleinen Ort in den Alpes-de-Haute-Provence benannt, ist weit über die Landesgrenzen hinaus berühmt. Es gibt ihn in verschiedenen Varianten: aus reiner Ziegenmilch, Mischungen mit Schafmilch und auch aus Kuhmilch; letztere werden in großen Laiben hergestellt, die etwa 1 kg wiegen. In Kastanienblätter gehüllt und mit Raphiabast verschnürt, eventuell vorher noch in Marc getaucht, heißt er *Banon au feuille*. Frisch ist der *Banon* ebenso auf dem Markt wie gereift und mit weißlichem oder bläulichem Schimmel überzogen (Frischkäse siehe *brousse*).

Klippfisch Der ausgelöste, filetierte, eingesalzene Kabeljau wurde früher von den Fischern auf Klippen getrocknet. Stockfisch wird vor dem Trocknen nicht gesalzen. Vor der Zubereitung müssen Stock- und Klippfisch durchschnittlich 24 Stunden gewässert werden, wobei die Zeit je nach Beschaffenheit des Fisches zwischen 12 und 36 Stunden variieren kann. Am besten erkundigen Sie sich bei Ihrem Fischhändler nach der erforderlichen Einweichzeit. Das Fleisch muß einheitlich weißlich bis hellgelb sein und darf keine rötlichen Flecken aufweisen. Die besten Stücke stammen aus dem dicken Mittelteil des Schwanzes, also weder aus dem Bauchbereich noch vom Schwanzende. Man schneidet das Stück in kleinere Teile und gibt diese in einem Sieb in eine große Schüssel mit kaltem Wasser, das während des Einweichens mehrmals ausgewechselt wird. Nach Ablauf der Einweichzeit ist das Fleisch merklich heller geworden, und sein Volumen hat sich verdoppelt.

Zum Pochieren gibt man den gewässerten Klippfisch mit einem Lorbeerblatt und einem frischen Thymianzweig in einen großen Topf und bedeckt ihn großzügig mit kaltem Wasser. Nach dem Aufwallen legt man einen gut schließenden Deckel auf und zieht den Topf vom Herd. Der Fisch muß etwa 10 Minuten – Stücke von mehr als 2,5 cm Dicke auch länger – im siedendheißen Wasser gar ziehen.

Knoblauch siehe *Persillade*

Kräuter In der provenzalischen Küche werden sowohl Wild- als auch Gartenkräuter verwendet.

Basilikum (basilic) besitzt je nach Sorte kleine oder große, glatte oder gewellte, grüne oder purpurfarbene Blätter, wobei letztere in einem Salat besonders dekorativ aussehen. Das großblättrige italienische Basilikum besitzt den intensivsten Geschmack und eignet sich am besten für *pistou*. In vielen Gegenden der Provence kommt Basilikum fast ausschließlich in der *soupe au pistou* zur Verwendung, in Nizza dagegen setzt man es vielseitiger ein. Man sollte etwa acht bis zehn Pflanzen im Kräutergarten ziehen. Die Knospen sind als Gewürz ebenso zu verwenden wie die Blätter, die Samenbildung aber sollte man verhindern, da die Pflanzen danach absterben. Ein übermäßiger Knospenansatz wird ausgedünnt.

Estragon (estragon) Hin und wieder verwendet man Estragon in der Küche von Nizza. Er verträgt sich nicht gut mit anderen Kräutern mit Ausnahme der übrigen *fines herbes*, also Petersilie, Kerbel und Schnittlauch.

Fenchel, wilder (fenouil) besitzt ein viel stärkeres Anisaroma als kultivierter Knollenfenchel. Man begegnet ihm häufig am Straßenrand und auf Ödland, wo er bis 1,5 m und mehr in die Höhe wächst und im Spätsommer zur Blüte gelangt. Nachdem die Blüten in Samen geschossen sind, werden die Stengel geschnitten, in Abschnitte geteilt oder umgeknickt und gebündelt. Sie dienen den ganzen Winter über als Würze für verschiedenste Fischgerichte. Die Fischhändler haben stets etwas getrockneten Fenchel vorrätig und schieben, wenn sie größere Fische zum Grillen oder Garen im Ofen vorbereiten, ohne viele Worte darüber zu verlieren, ein wenig davon in Bauch- und Kopfhöhle. Die feingehackten zarten Triebe und gefiederten Blätter werden Fischfüllungen beigemischt, und mit den grünen Stengeln und Blättern legt man Bratroste oder Backformen aus.

Kerbel (*cerfeuil*) Beinahe in jeder Salatmischung ist Kerbel enthalten. In Gewürzmischungen aber, zum Beispiel Kräutern der Provence, geht sein zartes, entfernt an Anis erinnerndes Aroma leicht unter. Kerbel gedeiht unter den mediterranen Boden- und Klimaverhältnissen nur schlecht.

Lavendel (*lavande*) ist sehr verbreitet. Oft findet er sich in den Kräutermischungen, die von Souvenirläden angeboten werden; für den provenzalischen Gaumen aber ist der Geschmack zu exotisch.

Liebstöckel (*livèche*) ist dem Sellerie eng verwandt und besitzt einen ganz ähnlichen, wenngleich strengeren Geschmack. Er kann Schnittsellerie im *bouquet garni* ersetzen.

Lorbeer (*laurier*) wird angepflanzt, ist aber auch in freier Natur anzutreffen, wo er sich durch Selbstaussaat verbreitet. In der provenzalischen Küche werden Lorbeerblätter häufig ohne zusätzliche Kräuter verwendet. Während Rezepte aus anderen Regionen einen Teil eines Lorbeerblatts fordern, verlangen provenzalische Zubereitungen oft gleich 2–3 ganze Blätter. Auch im *bouquet garni* darf Lorbeer nicht fehlen. Manchmal werden die frischen Blätter auch halbiert und bei Spießen zwischen die Fleischstücke gesteckt.

Majoran (*marjolaine*) blüht von Frühjahr bis Herbst und ist in Gegenden mit milden Wintern ausdauernd. Die noch geschlossenen Knospen besitzen ein sehr zartes, liebliches Aroma. Zusammen mit den dicht neben ihnen sitzenden Blättchen bilden sie feingehackt eine ideale Würze für Rührei und Omelettes ohne oder mit Gemüse wie Zucchini, Zwiebeln und Artischocken. Majoran und Knoblauch passen nicht zusammen. Die Blütenstengel sollten, um die Neubildung anzuregen, regelmäßig gepflückt werden. Sie werden gebündelt und getrocknet. Majoran ist ein wichtiger Bestandteil von getrockneten Kräutermischungen.

Oregano (*origan*) der wilde Majoran, wird während der Blüte im Juli gepflückt, gebündelt und hängend getrocknet, wobei sein Aroma sich noch verstärkt. In Gewürzmischungen, zum Beispiel Pizza-Gewürz, spielt Oregano eine große Rolle, allein aber wird er in der traditionellen provenzalischen Küche kaum verwendet.

Petersilie, glatte (*persil commun*) Unter den kultivierten Kräutern nimmt glatte Petersilie, die einzige Petersilienart, die man in den Gärten und auf den Märkten der Provence sieht, zweifellos die Spitzenstellung ein. Frisch gepflückt, besitzt sie ein viel feineres Aroma als krause Petersilie, die jedoch einen akzeptablen Ersatz darstellt. Petersilie ist eigentlich zweijährig, da sie aber im zweiten Jahr schießt, also Blüten und Samen ausbildet, wird sie jährlich neu gepflanzt. Die Samen keimen sehr zuverlässig, wenn man sie vor der Aussaat über Nacht in Wasser legt, dann gut ablaufen läßt und der einfacheren Handhabung wegen mit trockenem Sand mischt. Pflanzen, die Samen ausgebildet haben, sollte man nicht vernichten, sondern an Ort und Stelle belassen. Denn ihre Wurzel bietet, bei Bedarf aus der Erde gezogen, geschabt und ge-

waschen, eine schmackhafte Ergänzung zu einem *bouquet garni* anstelle der sonst üblichen Petersilienstengel.

Rosmarin (*romarin*) wächst stellenweise in freier Natur zu einem beinahe undurchdringlichen Dickicht. In der Provence, wo er ganzjährig mit Ausnahme des extrem heißen Hochsommers blüht, wird er gern als Hecke gepflanzt. Er erfüllt die Luft mit einem betörenden Duft, der im Kochtopf jedoch leicht zu dominant werden kann. Daher verwendet man Rosmarin weniger als Küchenkraut, sondern meist als Grillgewürz: Auf die Glut geworfen, kurz bevor das Fleisch oder das Geflügel vom Rost genommen wird, verleiht er diesem ein zartes, charakteristisches Aroma. (Frisches Grün gerät im Gegensatz zu trockenen Zweigen nicht in Brand.)

Salbei (*sauge*) ist eine robuste und mehrjährige Pflanze. Die langen Blütenstiele sollten nach der Welke zurückgeschnitten werden. Ein frischer Salbeizweig verleiht Knoblauchsuppe (*aïgo boïdo*) eine charakteristische Würze, und die frischen Blätter werden gern beim Grillen auf Schweinskoteletts gelegt oder zum Spicken von Schweinebraten verwendet.

Schnittlauch (*ciboulette*) taucht zwar manchmal in Salaten auf, viel häufiger aber verwendet man statt seiner Frühlingszwiebeln und frische Schalotten.

Schnittsellerie (*céleri du potager*) ist in nahezu jedem Kräutergarten anzutreffen. Sein Geschmack ähnelt dem von Bleichsellerie, ist jedoch kräftiger: Ein einziger Stengel samt Grün genügt für ein *bouquet garni*. Ersatzweise können Sie Bleichsellerie verwenden – einige Gemüsehändler verkaufen auch einzelne Stangen.

Thymian (*thym, farigoule, farigoulette*) überzieht im April die Hügel mit seinem violetten Blütenflor. Um Thymian zu trocknen, sammelt man ihn am besten in dieser Zeit; für *bouquets garnis* schneidet man ihn frisch nach Bedarf.

Winterbohnenkraut (*sarriette de montagne, poivre d'âne, pebre d'ase, pebre d'ai*) blüht im Juli und August und wird dann zum Trocknen gesammelt. Die Provenzalen hegen eine besondere Vorliebe für Bohnenkraut, das hier allgemein unter der Bezeichnung *pebre d'ai* (Knoblauchpfeffer) bekannt ist, einer Abwandlung seiner korrekten Namen *pebre d'ase* oder *poivre d'âne* (Eselspfeffer). Frische Bohnenkrautstengel garnieren *Banon*, die kleinen Ziegenkäse aus den Alpes-de-Haute-Provence. Die im Frühjahr sprießenden zarten Blättchen sind eine unverzichtbare Würze für dicke Bohnen, und oftmals ersetzt oder ergänzt Bohnenkraut Thymian in einem *bouquet garni*.

Ysop (*hysope*) ist nicht sehr verbreitet. Die feingehackten Blätter und hübschen blauen Blüten zeichnen sich durch einen leicht bitteren, erfrischenden Geschmack aus, der vielen Salaten eine reizvolle Note verleiht.

Kräuter der Provence Die im Handel erhältlichen getrockneten Kräutermischungen enthalten gewöhnlich zu viele Kräuter, darunter Rosmarin, Lavendel und Salbei, und riechen meist leicht muffig. Wenn Sie die Gelegenheit haben, selbst Kräuter zu sammeln und zu trocknen und Ihre eigenen Mischungen zusammenzustellen, verwenden Sie Thymian, Oregano, Bohnenkraut und Majoran, und zwar in der genannten Reihenfolge in abnehmenden Mengen. Die Kräuter werden gebündelt, getrocknet und anschließend in Papiertüten gefüllt, die mit Heftklammern verschlossen oder in eine zweite Papiertüte gesteckt werden. So sind die Kräuter gegen Staub geschützt, ohne gleichzeitig hermetisch versiegelt zu sein, bis im Herbst alle Bestandteile der Mischung gesammelt und getrocknet sind. Die Bündel zwischen den Händen zerreiben (dazu Handschuhe anziehen) und die Kräuter anschließend in kleinen Portionen kurz in der Küchenmaschine verwirbeln. Zuletzt die Kräuter mit der behandschuhten Hand durch ein Sieb streichen und in Gläser füllen. Kräuter der Provence würzen Füllungen, Marinaden, Wurstbrät und Pasteten sowie gegrilltes Fleisch und Geflügel und ersetzen auch das *bouquet garni,* wenn Sie einmal in Eile sind oder keine frischen Kräuter zur Hand haben.

Lentilles vertes Ihren zweiten Namen, *lentilles du Puy,* verdanken diese Linsen einem ihrer Hauptproduktionszentren, der Hauptstadt des südfranzösischen Départements Haute-Loire. Puy-Linsen sind klein (nicht einmal halb so groß wie die gewöhnlichen, hellbraunen Linsen) und zeigen eine dunkelgrüne Farbe mit dunklen Sprenkeln. Sie zerkochen nicht so leicht und besitzen unter allen Linsen den feinsten Geschmack.

Marc de Provence Dieser Branntwein wird durch Destillation des sogenannten Tresters gewonnen, der festen Rückstände, die nach dem Pressen der Trauben und dem Abziehen des Saftes zurückbleiben. Marc de Provence reift gewöhnlich zwei bis drei Jahre in Eichenholzfässern, bevor er in Flaschen abgefüllt wird.

Melonen Mehr als die Hälfte der 200 000 Tonnen Melonen, die jährlich in Frankreich produziert werden, stammt aus dem Anbau der Region um Cavaillon. Dort wird die Charentais, die feinste der Kantalupmelonen, angebaut, die den Namen der Ortschaft trägt: Cavaillon – *die* französische Melone schlechthin! Melonen werden dort schon seit dem 16. Jahrhundert angebaut, und dies wurde erst möglich, nachdem Franz I. 1537 die Erlaubnis erteilte, Wasser aus der Durance umzuleiten und damit die bis dahin trockenen Felder zu bewässern. In der Region sind alle Bedingungen für ein gutes Gedeihen der Früchte gegeben: eine gute Bodenbeschaffenheit, starke Sonneneinstrahlung und hohe Temperaturen. Die Früchte haben eine graugrüne, leicht gerippte Schale mit Netzmuster; das Fruchtfleisch ist orangegelb und von erlesenem Geschmack. Sie sind ab Mai bis Oktober auf dem Markt; die frühesten werden im Gewächshaus gezogen, dann unter Folie angebaut, und schließlich stammen sie aus dem Freiland. Auch wenn es sie schon recht früh zu kaufen gibt, sollte man doch auf die Freilandmelonen warten, denn erst sie haben den charakteristischen intensiven Fruchtgeschmack. Reife Melonen erkennt man daran, daß sie auf Druck am Stielansatz leicht nachgeben und an der Blüte einen wunderbaren Duft verströmen. Unreife Melonen lagert man am besten bei Raumtemperatur, bis sie den erwünschten Reifegrad erreicht haben. Reife Früchte behalten ihr Aroma und ihre Saftigkeit, wenn sie im Kühlschrank gelagert werden.

Mirepoix Diese aromatische Mischung verleiht vielen geschmorten Fleisch-, Fisch- oder Gemüsegerichten erst ihren einmaligen Geschmack. Und so wird das *mirepoix* hergestellt: 2 Karotten, 1 große Zwiebel und 1 kleine Selleriestange feinhacken. In einem Topf 1 Eßlöffel Olivenöl bei sehr milder Temperatur erhitzen. Das Feingehackte zusammen mit einer Prise Kräuter der Provence und Salz nach Geschmack hineingeben. Das Ganze zugedeckt 30 Minuten sanft garen, dabei gelegentlich umrühren.

Morcheln Dieser hochgeschätzte Edelpilz wird in der Provence gern als würzende Beigabe zu Geflügelgerichten verwendet. Er wächst in Auwäldern, aber auch an Waldrändern und auf Waldwiesen in Berggegenden. Der Hut ist gelbbraun, gelbgrau oder dunkelbraun gefärbt und weist wabenartig gefächerte unregelmäßige Falten und Vertiefungen auf. Das zarte Fleisch ist angenehm aromatisch und würzig. Morcheln müssen vor der Weiterverarbeitung sorgfältig geputzt werden, denn in den Furchen sammelt sich hartnäckig Erde, die nicht leicht zu entfernen ist. Auch getrocknete Exemplare müssen nach dem Einweichen sorgfältig gesäubert werden.

Muscheln *Moules à la marinière* sind Muscheln, die einfach mit einigen aromatischen Zutaten in Weißwein gedämpft werden, bis sie sich öffnen. Nach diesem Grundrezept zubereitet, werden die Muscheln zu den verschiedensten Gerichten weiterverarbeitet. Man kann sie aber auch einfach so genießen: die unausgelösten Muscheln in einer Schüssel serviert und die Brühe in Suppenteller gefüllt (in diesem Fall gibt man zusätzlich zu den nachstehend genannten Aromazutaten 1 Eßlöffel Butter und großzügig frisch gemahlenen Pfeffer in den Topf).

Hier die Anleitung für die Vor- und Zubereitung der Muscheln: Eine große Schüssel mit kaltem Wasser füllen, eine Handvoll Salz einstreuen und die Muscheln hineingeben. 30 Minuten stehenlassen. Exemplare mit beschädigten oder geöffneten Schalen aussortieren und wegwerfen. Die übrigen Muscheln gründlich abbürsten – Seepocken sind unbedenklich und müssen nicht entfernt werden. Die Muscheln entbarten, das heißt, die neben dem Schloß befindlichen Fäden, mit denen sich die Muscheln am Untergrund festheften, entfernen. Anschließend die Muscheln einzeln zwischen Daumen und Zeigefinger zusammendrücken – bei toten Exemplaren ist kein Widerstand zu spüren, sie müssen ausgesondert werden. Die Muscheln gründlich abspülen und anschließend in einen großen Topf mit zwei Griffen und fest schließendem Deckel geben. Drei zerdrückte Knoblauchzehen, 1 kleine feingehackte Zwiebel, 1 Lorbeerblatt, 2–3 Thymianzweige, 2 Eßlöffel frisch gehackte glatte Petersilie und 125 ml trockenen Weißwein hinzufügen. Den Deckel auflegen und alles bei hoher Temperatur erhitzen. Sobald der Wein – nach spätestens 1 Minute – aufkocht, den Topf rütteln. Pressen Sie dabei den Deckel fest auf den Topf, und schützen Sie Ihre Hände mit Küchenhandschuhen oder einem zusammengefalteten Tuch gegen die Hitze. Nach 2–3 Minuten den Deckel abnehmen. Wenn die meisten Muscheln bereits geöffnet sind, den Topf vom Herd nehmen. Andernfalls den Deckel wieder auflegen, die Muscheln noch einige Sekunden oder auch 1 Minute weitergaren und dabei immer wieder den Topf rütteln. Den Topfinhalt über einer Schüssel in ein Sieb geben. Ein zweites Sieb mit einem angefeuchteten Tuch oder mehreren Lagen angefeuchtetem Mull auslegen und den Sud über einer weiteren Schüssel durchseihen. Muscheln, deren Schalen nur einen Spaltbreit geöffnet sind, sind nicht selten die fleischigsten und saftigsten. Man löst sie aus, indem man eine Messerklinge zwischen die Schalen schiebt und den Muskel durchtrennt. Muscheln, die sich nicht geöffnet haben, Muschelschalen und die festen Bestandteile im Sieb wegwerfen.

Oliven Mitte Oktober haben die Oliven ihre maximale Größe erreicht, sind aber noch grün. Ihre Reifezeit variiert nicht nur von Sorte zu Sorte, sondern auch von Baum zu Baum, und selbst an einem Baum reifen die Früchte verschieden schnell heran. Bereits Mitte Dezember sind die meisten schwarz, doch werden sie bis weit in den Januar hinein geerntet. Die besten Oliven der Provence kommen aus der Gegend um Nyons und dem Hinterland von Nizza. Vielen provenzalischen Gerichten verleihen sie ihr typisches Aroma, und für die meisten Provenzalen ist ein Mittagessen ohne Vorspeisen aus Oliven kaum vorstellbar. Schwarze Oliven werden mit würzenden Zutaten zu der aromatischen, vielseitig verwendbaren *tapenade* püriert, und Oliven, ob schwarz oder grün, garnieren Salate und Saucen.

Die erste Olivenzubereitung der Saison heißt *olives cassées* (zerschlagene Oliven) oder – dies ist der korrektere, aber weniger gebräuchliche Name – *olives écachées* (zerquetschte Oliven): Zwischen Mitte Oktober und Mitte November werden die Oliven noch grün gepflückt. Man schlägt auf jede einzelne leicht mit einem Holzhammer, so daß die Haut aufplatzt, und gibt die Oliven dann für 9–10 Tage in ein großes Gefäß mit Wasser, das mindestens einmal täglich ausgetauscht wird. Danach füllt man sie in einen Keramiktopf und bedeckt sie mit einer aromatischen Lake. Wieviel Lake benötigt wird, ermittelt man, indem man die abgegossenen Oliven in das Gefäß gibt und so viel Wasser angießt, daß sie großzügig bedeckt sind. Dieselbe Wassermenge in einen Topf füllen und ein Zehntel des Gewichts an grobem Meersalz (also 100 g/l) sowie pro Liter einige getrocknete Stengel Fenchelkraut (ersatzweise 1 Teelöffel Fenchelsamen), einen Streifen getrocknete Orangenschale, 1 Teelöffel Koriandersamen und einige Lorbeerblätter hinzufügen. Das Ganze zum Kochen bringen, 5 Minuten kochen und abkühlen lassen. Die kalte Lake durch ein Sieb über die abgetropften Oliven gießen. Den Topf mit einem Teller abdecken. *Olives noires en saumur,* meist eine Mischung aus grünen, halbreifen violetten und schwarzen Oliven, werden mit Nadeln eingestochen, die durch eine Korkscheibe gesteckt sind, wie die *olives cassées* 10 Tage in Wasser gelegt, abgegossen und dann in dieselbe kalte Lake eingelegt. In beiden Fällen kann man die Oliven ab dem fünften bis sechsten Tag genießen. Sie halten sich 2–3 Monate.

Das traditionelle (und zweifellos beste) Rezept für *olives à la picholine* schreibt vor, frisch gepflückte grüne Oliven 5–6 Tage in eine dicke, aber gießfähige Holzaschenpaste zu legen, bis das helle Grün einen Olivton annimmt und das Fruchtfleisch einer aufgeschnittenen Olive sich leicht vom Stein löst. Vorzugsweise sollte man Asche von Hartholz (optimal ist Olivenholz) verwenden, die besonders fein und weiß ist. Sie wird vor dem Anrühren mit Wasser durchgesiebt. Während sie in der Paste liegen, sammeln sich die Oliven immer wieder an der Oberfläche, und die Asche sinkt langsam auf den Grund des Gefäßes. Daher werden Asche und Oliven mehrmals täglich vorsichtig mit einem Holzlöffel vermischt. Nachdem sie aus der Aschenpaste genommen wurden, spült man die Oliven mehrmals ab und legt sie anschließend, wie bei den zuvor beschriebenen Zubereitungen, 9–10 Tage in Wasser, das regelmäßig ausgewechselt wird. Anschließend werden auch sie mit der Lake übergossen. Sie schmecken weniger bitter und lassen sich länger aufbewahren.

Am besten schmecken die völlig ausgereiften, blauschwarzen, möglichst nach dem ersten Frost gepflückten Oliven, die während des Reifens alle Bitterkeit verloren haben. Sie werden einfach in ein Gefäß gefüllt, reichlich gesalzen, durchgemischt und anschließend 5–6 Tage lang täglich neu gesalzen. Danach läßt man sie abtropfen, gibt sie in einen kleinen Weidenkorb, der auf einem Teller steht, salzt erneut und mischt sie mehrmals täglich durch, bis sie keine Flüssigkeit mehr abgeben. Gewöhnlich dauert dies insgesamt 8–9 Tage, oft auch weniger. Schwarze Oliven, die bereits am Baum zu schrumpeln begonnen haben, scheiden häufig kaum noch Flüssigkeit aus. Klebt an den Oliven noch sichtbar Salz, kann man sie kurz abspülen und läßt sie dann gründlich abtropfen. Ist dies nicht der Fall, füllt man sie direkt in ein Tongefäß, würzt mit einigen Lorbeerblättern, ein paar Thymianzweigen und reichlich frisch gemahlenem Pfeffer und bedeckt das Ganze großzügig mit Olivenöl. Vor dem Genuß die Oliven 3–4 Tage lang mindestens einmal täglich durchmischen. Man-

che Sorten sind fleischiger oder haben eine zartere Haut als andere. Die in der Gegend von Toulon bevorzugte Sorte heißt bei den Einheimischen caillon oder caillonne. Obwohl sie so reichlich gesalzen wurden, schmecken auf diese Weise zubereitete schwarze Oliven niemals salzig, denn das Salz tropft mit dem austretenden Saft ab.

Olivenöl Die Qualität des Olivenöls hängt davon ab, wie schonend die Oliven verarbeitet werden und welche Oliven man dafür verwendet. Aus den *olives de Nice* wird naturreines, grünes Olivenöl feinster Qualität gepreßt. Von Feinschmeckern wird es überaus geschätzt, aber es weist einen so starken Eigengeschmack auf, daß es nicht jedermanns Sache ist, denn für Leute, die an Industrieöl gewöhnt sind, ist das ausgeprägte Aroma eines Naturproduktes zunächst häufig ungewohnt.

Die Produktion von Öl, das aus provenzalischen Oliven gewonnen wird, ist heute äußerst gering. Südfrankreichs Olivenwirtschaft hat stark unter dem katastrophalen Frost des Jahres 1956 gelitten, bei dem so viele Olivenbäume zerstört wurden, daß viele Bauern den Olivenanbau aufgaben. Zwar hat man versucht, die Olivenwirtschaft durch Wiederaufforstung erneut in größerem Maßstab zu betreiben, jedoch wurde ein Teil des Bestandes, der sich in 30 Jahren einigermaßen erholt hatte, im strengen Winter 1985 abermals zerstört. In der Provence gepreßtes Olivenöl wird daher hauptsächlich aus spanischen und italienischen Oliven gepreßt.

Kaltgepreßtes Jungfernöl trägt auf dem Etikett den Aufdruck *huile d'olive vierge extra.* Wie ein provenzalisches Essen schmeckt, hängt ganz wesentlich davon ab, wie gut das verwendete Olivenöl ist. Auch Weinhändler bieten oft hochwertiges Olivenöl an. Das neue Jahr wird mit herrlich fruchtigem, noch trübem Öl der neuen Ernte eingeleitet, das man über Scheiben altbackenen Brotes träufelt, die zuvor über einem verglimmenden Holzfeuer geröstet wurden. Auch gießt man es großzügig über heiße Kichererbsen, die dann noch mit frisch gemahlenem Pfeffer, Essig, gehackten Schalotten, Knoblauch und Petersilie angemacht werden.

Orangenschale, getrocknete Bestimmte provenzalische Zubereitungen verlangen einen Streifen getrocknete Orangenschale. Da die meisten Orangen chemisch behandelt sind, muß man beim Obsthändler ausdrücklich nach unbehandelten Früchten fragen. Man wäscht sie vor der Verarbeitung gründlich, trocknet sie sorgfältig ab und schält dann die Schale hauchdünn ohne das darunterliegende weiße Gewebe ab. Die Schalenstreifen mit einer Spick- oder Sticknadel mit ausreichendem Abstand auf Küchenzwirn ziehen und aufhängen. Nach einigen Tagen die Schalen herunterstreifen und in ein luftdicht schließendes Gefäß füllen.

Persillade Diese Mischung aus Knoblauch und Petersilie, die zunächst separat und dann zusammen gehackt werden, ist ein wichtiger Bestandteil der provenzalischen Küche. Beinahe jede Zubereitung »*sauté à la provençale*« wird mit *persillade* zubereitet. Zuerst werden die jeweiligen Zutaten für die »*sauté*«

in Olivenöl sautiert, dann etwa eine Minute mit einer *persillade* gebraten und zuletzt mit einigen Tropfen Zitronensaft abgerundet.

Für eine *persillade* muß man zunächst geschälten Knoblauch sehr fein hacken. Der Provenzale glaubt, es gebe nur eine richtige Art, den Knoblauch zu schälen, ohne die Zehen zu zerdrücken. Er macht aus dem Knoblauchschälen ein kleines Ritual. Er schneidet das untere (dickere) Ende ab, legt die Klinge eines breiten Messers flach so auf die Zehe, daß die Schneide vom Körper weg weist, und schlägt behutsam, aber zugleich nachdrücklich mit dem Handballen darauf. Dadurch platzt die Haut auf und läßt sich anschließend ohne weiteres abziehen. Wenn man nicht zu kraftvoll vorgeht, bleibt die Knoblauchzehe dabei ganz. Falls sie einen Keim hat, wird dieser entfernt. Jetzt wird sie in feine Scheiben geschnitten, danach mehrmals gehackt, wobei man die Knoblauchstückchen mit der Messerklinge immer wieder zu einem Häufchen zusammenschiebt. Auch die Petersilie wird für die Mischung vorbereitet. Nach dem Abspülen wird die Petersilie gründlich trockengetupft; um Petersilie zu hacken, müssen die Blätter absolut trocken sein. Die Blätter werden von den Stengeln geknipst, zu einem kleinen Sträußchen zusammengefaßt und in feine Streifen geschnitten.

Zuletzt werden die feingeschnittenen Petersilienblätter mit dem gehackten Knoblauch vermischt und zusammen noch einmal gewiegt. Für die übliche Mischung für eine *persillade* verwendet man 2 Eßlöffel feingehackte Petersilie und 1 feingehackte Knoblauchzehe.

Die übriggebliebenen Petersilienstengel können Sie für ein *bouquet garni* aufbewahren. Sollten Sie womöglich den Knoblauch beim Schälen zerdrückt haben, was einem Provenzalen natürlich nie passiert, können Sie ihn für *aïoli* verwenden oder für irgendeines der zahlreichen Gerichte, für das Knoblauch im Mörser zerrieben wird.

Pilze   siehe *Wildpilze*

Rindermark   Bitten Sie Ihren Metzger, den Knochen in 2,5–5 cm dicke Scheiben zu sägen, aus denen sich das Mark mit einem spitzen Messer leicht herauslösen läßt. Farcen beigemischt, verleiht es diesen eine ganz besondere Zartheit.

Safran   Bei diesem Gewürz handelt es sich um die getrockneten Narben des *Crocus sativus,* der im Herbst seine blauvioletten Blüten entfaltet. Etwa 80 000 Blütennarben werden benötigt, um 1 kg des kostbaren Gewürzes zu gewinnen. Die charakteristische Farbe und das unverwechselbare Aroma des Safrans sind aus zahlreichen provenzalischen Gerichten nicht wegzudenken. Zwar ist echter Safran recht kostspielig, doch man braucht auch nicht sehr viel davon.

Sardellen in Salz   Sie sind gewissermaßen ein Eckpfeiler der provenzalischen Küche und durch Sardellen aus der Dose keinesfalls zu ersetzen, die stets einen zu strengen und salzigen Geschmack haben, der sich auch nicht durch gründlichstes Wässern vertreiben läßt. Im Mai werden fangfrische Sardellen

in großen Mengen auf den Märkten angeboten, und auch den ganzen Sommer hindurch sind sie immer wieder zu bekommen. Hier die Anleitung zum Einsalzen von Sardellen: Eine große Platte mit grobem Salz ausstreuen. Zuerst die Schuppen der Sardellen entfernen, und dann die Sardellen auf der Bauchseite mit dem Finger oder der Spitze eines kleinen Messers öffnen, den Kopf am hinteren Ende abschneiden und nach vorne abziehen, dabei zugleich die Eingeweide herausziehen. Köpfe und Eingeweide werden weggeworfen. Die Sardellen nebeneinander auf das Salzbett legen und mit weiterem Salz bestreuen: 3–4 Stunden ruhen lassen, anschließend auf Küchenkrepp legen und trockentupfen. Nach Belieben leicht mit Kräutern der Provence bestreuen. Einen Tontopf oder ein Glas mit weiter Öffnung mit Salz ausstreuen und dann lagenweise die Sardellen abwechselnd mit Salz einfüllen; die letzte Lage mit einer Schicht Salz bedecken. Die Salzschichten sollten etwa 1 cm dick sein, und die Sardellen werden dicht an dicht so eingefüllt, daß jeweils ein Kopf- neben einem Schwanzende liegt und die Fische der Krümmung des Gefäßes folgen. Auf die oberste Salzschicht ein Gewicht aus einem geschmacksneutralen Material setzen – zum Beispiel eine mit Wasser gefüllte Flasche mit planem Boden, deren Durchmesser etwas kleiner als der des Gefäßes ist – und das Gefäß mehrere Tage an einen kühlen Ort stellen. Das Salz entzieht den Sardellen Wasser und löst sich teilweise, so daß sich eine Lake bildet. Zuletzt das Gewicht entfernen, eventuell auf der Lake schwimmendes Fett sorgfältig abschöpfen, das Gefäß abdecken oder verschließen und kühl lagern.

Je nachdem, wie lange die Sardellen eingelegt waren, müssen sie vor der Verwendung eine Zeitlang gewässert werden oder auch nicht. Haben sie nur einige Monate im Salz gelegen, muß man sie lediglich behutsam, aber gründlich unter fließendem Wasser abreiben, um anhaftende Salzkristalle und zugleich auch verbliebene Schuppen zu entfernen. Die Filets mit den Fingern von der Mittelgräte lösen und die Flossengräten an den Rändern entfernen. Die Sardellenfilets erneut abspülen, auf Küchenkrepp legen und mit weiterem Küchenkrepp trockentupfen. Je länger Sardellen im Salz liegen, desto fester, trockener und salziger wird das Fleisch. Waren sie einige Jahre eingelegt, muß man sie eine Viertelstunde in einer Schüssel mit kaltem Wasser wässern. Dadurch werden sie einerseits teils entsalzt, und andererseits wird das Fleisch wieder so geschmeidig, daß man die Fische anschließend sauber filetieren kann. Eventuell müssen sie nach dem Säubern und Abspülen erneut gewässert werden, um den salzigen Geschmack zu mildern – probieren Sie vor der weiteren Verarbeitung ein Stückchen. Am besten schmecken eingesalzene Sardellen im ersten Jahr ihrer Konservierung.

Man bekommt sie in italienischen Lebensmittelgeschäften und im Feinkosthandel. Die Rezepte in diesem Buch verlangen »Sardellen in Salz, abgespült und filetiert«; ob die Sardellen zusätzlich vorher und nachher gewässert werden müssen, entscheiden Sie selbst nach den zuvor genannten Kriterien. Ein Rezept, bei dem unter den Zutaten »2 Sardellen in Salz, abgespült und filetiert« aufgelistet sind, verlangt 2 ganze Sardellen, also 4 Filets.

Sauerampfer   Der säuerliche Geschmack der zu den Blattgemüsen und -salaten zählenden Pflanze verleiht bestimmten Gerichten der provenzalischen Küche eine unverwechselbare Note. Sauerampfer ist mehrjährig und leicht zu kultivieren. Man sollte ihn regelmäßig ernten, um die Blattneubildung anzuregen. Alte Blätter sind an ihrer dunkelgrünen Farbe zu erkennen und schmecken leicht bitter. Daher werden sie vor der Verwendung kurz blanchiert. Die jungen Blätter sind hingegen zart und von hellgrüner Farbe. Man kann sie auch gut in kleineren Mengen Salaten beigeben.

Schalotten Schalotten gehören zu derselben botanischen Familie wie Zwiebeln, sind jedoch feiner und milder im Geschmack. Am häufigsten sieht man rosa und graue Schalotten. Gewöhnlich sind sie etwa walnußgroß. Junge grüne Schalotten erinnern an Frühlingszwiebeln. Allerdings stehen um eine Hauptzwiebel mehrere schmale Tochterzwiebeln, die jeweils von einer rötlichbraunen Schale umhüllt sind. Wenn man das Wurzelende abschneidet und die Schale abzieht, kommt das weiße Fleisch zum Vorschein. Grüne Schalotten schmecken voller und intensiver als die zuvor genannten Sorten und können, falls sie nicht erhältlich sind, notfalls durch Frühlingszwiebeln ersetzt werden.

Schweinenetz Hierbei handelt es sich um eine hauchdünne, von Fettadern durchzogene Membran, die die Eingeweide umgibt. Man verwendet Schweinenetz, um Fleisch darin einzuhüllen. Während des Bratens oder Grillens gibt es sein Fett an das Fleisch ab und schützt es dadurch vor dem Austrocknen. Der fertige Braten ist schließlich von einer knusprigen Hülle umgeben, die fast wie zarte Spitze aussieht.

Speck Für die meisten Rezepte der provenzalischen Küche wird magerer durchwachsener Speck verwendet, der zwar gepökelt, aber nicht geräuchert ist.

Spinat und Mangold Bevor man sie in den verschiedensten Füllungen, Gratins und Omeletts verarbeitet, werden Spinat und Mangold zunächst blanchiert, abgeschreckt, ausgedrückt und gehackt. Spinatblätter werden mit Ausnahme der kleinen, zarten Blätter aus dem Inneren der Pflanzen möglichst entstielt: Hierzu den Stiel nach hinten ziehen, das Blatt zusammenfalten und dabei die Mittelrippe herausziehen. Spinat muß gründlich, das heißt in der Regel mindestens dreimal, gewaschen werden, bis keine Erde mehr an ihm haftet. Nach jedem Durchgang werden die Blätter aus dem Wasser gehoben und in ein Sieb gefüllt, wobei die Erdpartikel im Becken zurückbleiben.

Mangoldblätter können bis zu 50 cm lang und 25 cm breit sein, die weißen, fleischigen Blattrippen sind unten bis zu 8 cm breit. Man legt jeweils ein Blatt auf ein Brett, schneidet die Mittelrippe heraus und wäscht die Blätter anschließend eines nach dem anderen. Die Rippen werden geschält, entfasert, in Abschnitte geteilt, blanchiert und wie Karden zubereitet; die Blätter bilden einen Ersatz für Spinat, falls dieser nicht erhältlich ist.

Um Spinat oder Mangold zu blanchieren, gibt man die Blätter in einen großen Topf, fügt eine Handvoll grobes Salz hinzu und setzt den Topf auf den Herd bei hoher Temperatur. Das Gemüse kurz trocken erhitzen und dann mit kochendem Wasser bedecken. Bis das Wasser erneut aufwallt, die Blätter mehrmals mit dem Holzlöffel unter die Oberfläche drücken. Einige Male im kochenden Wasser umrühren und dann abgießen. Die Blätter im Sieb mit kaltem Wasser abbrausen und danach mit den Händen mehrmals kräftig ausdrücken. Die dabei entstandene kompakte Masse auf das Hackbrett legen und leicht flachdrücken. In feine Streifen schneiden, eine Vierteldrehung vollführen und in der Querrichtung ebenfalls fein schneiden.

Stockfisch siehe *Klippfisch*

Tomaten Um vollreife Tomaten zu schälen, schneidet man zunächst den Stielansatz kegelförmig heraus und ritzt dann die Tomaten unten mit einem scharfen Messer kreuzförmig ein. Jeweils 2–3 Tomaten gleichzeitig in einen großen Topf mit kochendem Wasser geben und sogleich wieder herausnehmen. Die Tomaten etwas abkühlen lassen und die Haut abziehen. Zum Entkernen die Tomaten längs halbieren. Die so freigelegten Samen samt der umgebenden Gallerte mit dem kleinen Finger lösen und herausnehmen. Sollen die Tomaten grob gewürfelt werden, legt man die Hälften mit der Schnittfläche nach unten auf das Brett und schneidet sie etwa zwei- bis dreimal in einer und dann nach einer Vierteldrehung in der Querrichtung durch.

Tomatensauce (Coulis) Vor einem Jahrhundert bezeichnete das Wort *coulis* eine eingekochte Fleischsaucengrundlage, in der heutigen Küchenterminologie hingegen verbirgt sich dahinter der Fachbegriff für ein Püree. Eine wirklich gute Tomatensauce läßt sich im Sommer aus vollreifen Freilandtomaten zubereiten, die möglichst aus dem eigenen Garten stammen sollten. Außerhalb der Saison bilden italienische geschälte Dosentomaten den besten Ersatz. Frische Tomaten müssen nicht geschält werden, da die Haut beim Passieren ohnehin im Sieb zurückbleibt. Man entkernt die Tomaten jedoch, um die Flüssigkeit zu reduzieren und somit die Kochzeit zu verkürzen. Denn der wunderbare frische Geschmack einer gelungenen Tomatensauce kommt nur zustande, wenn diese möglichst schnell auf die richtige Konsistenz eingekocht wird. Dabei spielt auch die Topfgröße eine Rolle: Je größer die Oberfläche, desto schneller verdampft die Flüssigkeit. Die nachstehend genannten Mengen ergeben 750 ml Sauce.

In einem großen, schweren Topf oder einer Schmorpfanne 3 Eßlöffel Olivenöl erhitzen, 1 gehackte Zwiebel hineingeben und etwa 5 Minuten bei milder Hitze anschwitzen, ohne sie zu bräunen. 2 kg Tomaten, entkernt und grobgehackt, hinzufügen, dazu 3 zerdrückte Knoblauchzehen, 1 Lorbeerblatt, 1 Petersilienwurzel oder zusammengebundene Petersilienstengel sowie Salz nach Geschmack. Die Hitze hochschalten. Immer wieder mit dem Holzlöffel rühren und die Tomaten zerdrücken, bis sie ihren Saft abgegeben haben und zu köcheln beginnen. Die Hitze so weit herunterschalten, daß die Sauce nur noch ganz leise brodelt, und einen Deckel so auflegen, daß er nicht ganz schließt. Die Sauce etwa 40 Minuten leise köcheln lassen. Lorbeerblatt und Petersilienwurzel oder -stengel entfernen und die Sauce durch ein Sieb streichen, dabei die festen Bestandteile mit dem Holzlöffel ausdrücken. Sollte die Sauce noch zu flüssig sein, gibt man sie wieder in den Topf und reduziert sie noch einige Minuten bei mittlerer Hitze und unter ständigem Rühren.

In kleinen Mengen kann man exzellente Tomatensaucen im Handumdrehen wie folgt zubereiten: 2–3 kleingeschnittene Tomaten, 1 kleine gehackte Zwiebel, 1 zerdrückte Knoblauchzehe, 1 Lorbeerblatt, eine kräftige Prise Salz und 1 Eßlöffel Wasser in einen Topf geben. Das Ganze bei starker Hitze etwa 15 Minuten einkochen lassen, dabei ständig rühren und die Tomaten zerdrücken, die Sauce zuletzt passieren. Oder man erhitzt in einer großen Pfanne 2 Eßlöffel Olivenöl mit einer zerdrückten Knoblauchzehe bei mittlerer Temperatur. Bevor der Knoblauch zu bräunen beginnt, 2–3 enthäutete, entkernte und grobgehackte Tomaten hinzufügen. Salzen und pfeffern und 3–4 Minuten rasch garen, dabei die Pfanne häufig rütteln. Zerpflückte Basilikumblätter darüberstreuen, die Pfanne noch ein- oder zweimal rütteln und vom Herd nehmen. Diese Sauce wird nicht püriert.

Vorzüglich schmeckt auch folgende einfache Sauce: 2–3 Tomaten halbieren, den Stielansatz bei beiden Hälften entfernen, die Hälften mit der Schnittfläche nach unten auf ein Brett legen und in etwa 3 mm dicke Scheiben schneiden. Die Hälften um 90 Grad drehen und auch in Querrichtung dünn aufschneiden. In einer großen Bratpfanne 2 Eßlöffel Olivenöl mit einer kleinen gehackten Zwiebel und 1 zerdrückten Knoblauchzehe erhitzen. Die Tomaten, Kräuter, Salz und Pfeffer hinzufügen und das Ganze bei starker Hitze einige Minuten braten, bis der austretende Saft verdampft ist; dabei häufig rühren und die Pfanne rütteln. Da die Tomaten sehr fein zerkleinert werden, muß man sie nicht unbedingt häuten.

Trüffeln Die begehrtesten weißen Trüffeln stammen aus dem Piemont. In Frankreich dagegen schätzt man die schwarzen Trüffeln, wobei die *truffes du Périgord* unter Kennern besonders gefragt sind. Trüffeln haben von Ende November bis Ende Februar Saison. Im Januar und Februar schmecken sie gewöhnlich am besten, denn dann besitzen sie gerade den richtigen Reifegrad und das vollste Aroma. Auch der obere Vaucluse und der obere Var sind für ihre feinen schwarzen Trüffeln bekannt. Die Pilze wachsen unterirdisch, gewöhnlich in der Nähe von Eichen- und Haselstrauchwurzeln, und werden mit Hilfe eigens dafür ausgebildeter Hunde oder Schweine aufgespürt. Wer einmal ihren einmaligen, durchdringenden Duft und Geschmack kennengelernt hat, den läßt er nicht mehr los. Frische Trüffeln werden per Flugzeug in alle Länder der Welt exportiert. Wenn das Angebot sich auf konservierte Trüffeln beschränkt, wählen Sie solche im Glas, die in ganz wenig Flüssigkeit, gewöhnlich Cognac oder Madeira, eingelegt sind. In ihrem Kochwasser schwimmende Trüffeln in Dosen enttäuschen hingegen in der Regel durch ihren faden Geschmack.

Weine der Provence Es bestätigt sich immer wieder: Von ihrer allerbesten Seite vermögen die Weine und das Essen einer bestimmten Region sich erst dann zu zeigen, wenn sie einander begleiten und sich dabei in ihrer geschmacklichen Entfaltung gegenseitig noch fördern. Die Küche der Provence ist gekennzeichnet von Temperament bis hin zum Überschwang, der, so frohsinnig er auch sein mag, der Erlesenheit eines alten Burgunders oder der Noblesse eines Bordeaux allzu leicht den Garaus machen kann. Demgegenüber werden die einheimischen Tropfen durch die lokalen Spezialitäten in ihrer Wirkung noch gehoben. Ihr Bukett weckt Assoziationen an die Wildkräuter und die Brombeeren der provenzalischen Hügellandschaft, und ihrem vollen, rustikalen Charakter kann der intensive Geschmack von Knoblauch, Safran und Tomaten nichts anhaben. Dies will nicht heißen, daß die vornehmsten unter den provenzalischen Weinen nicht zu Fülle und Eleganz heranreifen. Ein roter Palette erreicht nach einigen Jahren Reifung unerwartete geschmackliche Höhen. Sein an Wildkräuter und Früchte erinnerndes Aroma läßt nach und weicht einem sanften Duft von Veilchen und Kiefernholz; und ein Bandol entwickelt nach 10-, 15- oder sogar 20jähriger Lagerung ein feines Aroma, das an Pfeffer, Zimt, Vanille und Kirschen erinnert.

Die besten Weine Frankreichs wachsen auf kargen, steinigen Böden, auf denen keine anderen Nutzpflanzen gedeihen würden. Dabei bildet die Provence keine Ausnahme. Im Vaucluse erstreckt sich zwischen Avignon und Orange Châteauneuf-du-Pape, das 3200 Hektar umfassende und damit größte der mit einer einzigen *appellation d'origine contrôlée* (AOC) ausgezeichneten Weinbaugebiete Frankreichs. Hier werden jährlich durchschnittlich 104 000 Hektoliter Wein, zum größten Teil Rotwein, abgefüllt und etwa drei Viertel davon in alle Länder der Welt exportiert. Fast könnte man sich hier in einer Mondlandschaft wähnen: Die Reben wachsen aus einem Meer glatter, abgeflachter, ovaler oder runder Steine von Ei- bis Kopfgröße, die in grauer Vorzeit beim Abschmelzen von Gletschern hier abgelagert wurden; dazwischen

schimmert roter Lehm hervor. Kein Körnchen Erde ist zu sehen. Bis vor kurzem noch konnte ein roter Châteauneuf-du-Pape aus einer beliebigen Kombination von 13 Rebsorten, darunter auch einigen weißen, bestehen. Dabei verwendeten einige Winzer zu viel oder ausschließlich Grenache, der sich durch einen hohen Zuckergehalt und ein intensives Aroma auszeichnet. Nun steht eine gesetzliche Neuregelung an, die den Grenacheanteil begrenzt und Mindestmengen von Syrah, Hermitage, Cinsaut und Mourvèdre, der Hauptkomponente der Bandol-Weine, vorschreibt.

Château de Beaucastel rühmt sich der Verwendung aller 13 Rebsorten. Dieses Weingut erzeugt auch einen ungewöhnlichen und herrlichen weißen Châteauneuf-du-Pape, der vor allem Roussannetrauben enthält und ohne weiteres 20 Jahre und älter werden kann. Ein weißer Châteauneuf, kräftig und zugleich nach Blüten und Honig duftend, verleiht *caillettes,* einer lokalen Spezialität aus Schweinekutteln, eine völlig neue Dimension und bildet den idealen Begleiter zu einer *bourride,* einem Gratin von Muscheln und Spinat oder auch gefülltem und geschmortem Kalmar. Die schwarzen Trüffeln aus dem benachbarten Valréas und Richerenches werden in jungem rotem Châteauneuf gekocht und mit einem alten Châteauneuf heruntergespült. Ein Châteauneuf-du-Pape paßt vielleicht besser als jeder andere Rote zu dem strengen Geschmack von Blauschimmelkäse und rundet Wildgerichte jeder Art wie auch die herzhaften *daubes* und *estouffades* der Region harmonisch ab.

Aus Gigondas, nordöstlich von Avignon gelegen, kommt ein A.O.C.-Rotwein – ein Verschnitt aus den gleichen Traubensorten, meist jedoch aus Grenache, Syrah, Mourvèdre, Cinsaut und Clairette –, der zwar einen ähnlichen Charakter besitzt, jedoch rustikaler und fester ist. Auch er altert gut. Er benötigt fünf bis acht Jahre, um seine ganze Komplexität zu entwickeln, und hält sich fünfzehn bis zwanzig Jahre. Aus den gleichen Rebsorten werden im Weinbaugebiet von Côtes du Rhône Rotweine, Rosés und Weißweine gekeltert. Die besseren Tropfen kommen als Côtes du Rhône-Villages oder mit einem bestimmten Ortsnamen wie Cairanne oder Valréas nach dem Bindestrich in den Handel. Die Rotweine sind gewöhnlich die interessanteren, oft sehr gefällig und zudem erschwinglich. In Rasteau wird ein süßer Aperitif oder Dessertwein aus der Grenachetraube produziert, und Beaumes-de-Venise ist bekannt für seinen intensiv duftenden, bernsteingelben Süßwein aus der Rebsorte Muscat à Petits grains. Man genießt ihn am besten als Aperitif oder verwendet ihn zum Zubereiten von Desserts. Scheiben frischer Pfirsiche etwa, in Muscat de Beaumes-de-Venise mariniert, sind eine Delikatesse.

In den Bouches-du-Rhône, nur wenige Autominuten von Aix-en-Provence entfernt, liegt das kleine A.O.C.-Gebiet von Palette, das lange schon als eines der besten der Provence gilt. Auf dem Weingut Château Simone, das 8 Hektar Rebfläche einnimmt, stellt der heutige Besitzer René Rougier seine Weine nach streng überlieferten Verfahren her. Der Rotwein, ein Verschnitt aus Cinsault, Grenache und Mourvèdre, wird zwei Jahre in großen Eichenfässern und anschließend ein weiteres Jahr in kleineren Fässern ausgebaut, bevor er auf Flaschen gefüllt wird. Eine nachfolgende Flaschenreifung von fünf bis sechs Jahren steigert seine Qualitäten noch ganz erheblich. Für den Rosé werden die gleichen Trauben verwendet, und die Maische wird vor dem Keltern, dem Auspressen also, zunächst der Gärung überlassen, wobei die Schalen ihre Farbstoffe abgeben. So erklärt sich die besonders intensive Farbe dieses Weins. Er ist auch körperreicher als die meisten anderen Rosés, was auf den einjährigen Ausbau in Holzfässern zurückzuführen ist. Darüber hinaus werden hier zwei

Weißweine, vorwiegend aus Clairettetrauben, erzeugt. Der eine zeichnet sich, da er bereits sechs Monate nach der Ernte abgefüllt wird, durch fruchtige Frische aus und sollte jung getrunken werden. Der andere lagert zwei Jahre in Fässern, wobei er Fülle und eine gewisse Widerstandsfähigkeit gegen Oxydation erhält, doch benötigt er, wie der Rote, danach noch eine Flaschenreifung, um seinen geschmacklichen Höhepunkt zu erreichen. Die Clairette-, Ugni-blanc- und Marsannereben in den Hügeln über dem Fischerort Cassis, 23 km östlich von Marseille gelegen, liefern den soliden, bodenständigen und fruchtigen Pascal Blanc, einen Weißwein, den die Marseiller zu ihrer *bouillabaisse* oder auch anderen Gerichten mit Fischen und Meeresfrüchten bevorzugt genießen. Die Rotweine und Rosés aus Cassis sind weniger erfolgreich. Zwischen Aix und Les Baux-de-Provence liegt die Domaine de Trévallon, die einen beachtlichen, großen und vollen Rotwein erzeugt. Er enthält je zur Hälfte Syrah und Cabernet Sauvignon, denn für die traditionellen provenzalischen Rebsorten ist das hiesige Mikroklima zu rauh.

Im Var nimmt das A.O.C.-Gebiet von Bandol eindeutig eine Spitzenstellung ein. Acht Dörfer bilden mit ihren Hügeln und den dahinter aufragenden Bergen gleichsam ein natürliches Amphitheater, in dessen geschütztem Rund der Fischerort Bandol liegt. Hier wachsen Mourvèdre, Cinsaut, Grenache, Syrah, Ugni blanc, Bourboulone und Clairette. Aus den drei letztgenannten werden begrenzte Mengen Weißwein erzeugt, zum größten Teil aber wird aus den drei erstgenannten Rosé produziert, ein fröhlicher, würziger Wein von heller Farbe, der im Frühjahr nach der Ernte abgefüllt wird. Für den roten Bandol ist jetzt, vor allem dank der Bemühungen von Lucien Peyraud, Besitzer der Domaine Tempier, per Gesetz ein Mourvèdre-Mindestanteil von 50 % vorgeschrieben, einer spät reifenden Rebsorte mit geringen Erträgen, die sich durch einen hohen Gerbsäuregehalt, eine intensive Farbe, Geschmacksfülle und eine oxydationshemmende, also die Alterung begünstigende Wirkung auszeichnet. Die meisten Weine der Domaine Tempier enthalten zu 70 bis 80 % Mourvèdre, und einer, hergestellt aus den alten Weinstöcken, die im unteren Hügelbereich unterhalb von Le Castellet gedeihen, enthält ausschließlich Mourvèdre und erlangt bei ausreichender Alterung eine bestechende Eleganz. Rotweine aus Bandol werden frühestens nach 18monatigem Ausbau in Holzfässern abgestochen, je nach der natürlichen Entwicklung des Weines und dem Ermessen des Winzers auch später. Als Aperitif zu einer *tapenade, einer anchoïade* oder rohen Seeigeln ist nichts willkommener als ein Rosé aus Bandol, und ein junger Rotwein, gekühlt zur *bouillabaisse* kredenzt, ist beinahe eine Offenbarung. Nach acht- bis zwölfjähriger Lagerung passen diese Rotweine hingegen besser zu gebratenem oder geschmortem rotem Fleisch oder zu einer sorgfältig zusammengestellten Käseplatte.

Die Appellation Côtes de Provence ist über den gesamten Var verstreut. Ihr Rosé ist ein beliebter Durstlöscher im Sommer. Trotz der so unterschiedlichen Böden und Lagen konnten die Rosé- und Rotweine aus diesem Weinbaugebiet in den letzten Jahren aufgrund strengerer Richtlinien erheblich verbessert werden. Viele der Weißweine sind dagegen belanglos und zu säurearm.

Nizza ist stolz auf seinen Bellet, der in so geringen Mengen produziert wird, daß man ihn außerhalb der Alpes-Maritimes kaum bekommt. Die für Nizza typischen Rebsorten Rolle (weiß), Folle Noire und Braquet (beide rot) verleihen, mit traditionellen provenzalischen Rebsorten kombiniert, diesen leichten, ausgeglichenen und eleganten Weinen ihren besonderen Charakter. Zu einer *pissaladière* ist ein junger, gekühlter Bellet – ob rot, rosé oder weiß – beinahe ein Muß.

Vin cuit Dieser französische Fachausdruck bezeichnet Weine, denen ein Konzentrat zugesetzt wurde, das vor der Gärung erhitzt (»gekocht«) wurde, um Alkoholgehalt und Körper zu verstärken. Manchmal wird dieser Begriff fälschlicherweise für *vin doux naturel* verwendet. In der Provence tunkt man den *pompe de Noël*, den Weihnachtskuchen, gern in *vin cuit*.

Wildpilze Am häufigsten sieht man auf den Märkten der Provence nach einem ausgiebigen Herbstregen – der November ist der ertragreichste Monat – den Echten Reizker (*safrané* oder *lactaire délicieux; Lactarius deliciosus*), weiterhin zwei Pfifferlingarten (*girolles; Cantharellus cibarius* und *chanterelle; Cantharellus infundibuliformis*), Totentrompete (*trompette de la mort; Carterellus cornucopioides*) sowie Steinpilze (*cèpe; Boletus edulis*). Seltener, aber vielleicht am köstlichsten von allen ist der Kaiserling (*orange; Amanita caesarea*). Der Mai ist der Monat der hellen wie der dunklen Morcheln (*morille; Morchella*), die jedoch nur in begrenzten Mengen gefunden werden und daher selten in den Handel gelangen. Darüber hinaus gibt es natürlich zahlreiche weitere eßbare Wildpilze. Diese aber bleiben weitgehend dem passionierten Pilzsammler überlassen, der seine »Beute« allerdings sicherheitshalber vor dem Verzehr von einer amtlichen Stelle begutachten lassen sollte.

Echte Reizker, Pfifferlinge, Totentrompeten und Steinpilze werden gewöhnlich in Olivenöl gebraten, gesalzen und gepfeffert, mit *persillade* und, ganz nach Gusto, mit einem Spritzer Zitronensaft aromatisiert. Man kann sie aber auch marinieren und grillen. Kaiserlinge schmecken am besten mit etwas Olivenöl beträufelt, nur mit Salz und Pfeffer gewürzt und gegrillt. Morcheln werden sanft in Butter gedünstet, gewürzt und mit Sahne abgerundet.

Wurstbrät Einfaches gewürztes Wurstbrät ist eine vielverwendete Zutat für *pâtés,* Terrinen und Fleischfüllungen. Viele handelsübliche Würste enthalten mehr Fett und Füllstoffe als Fleisch. Wenn Sie Ihr eigenes Wurstbrät herstellen möchten, kaufen Sie 1 kg Schweinefleisch ohne Knochen – es sollte zu etwa zwei Dritteln aus schierem Fleisch bestehen und ein Drittel Fett enthalten. Geeignet sind beispielsweise Bauch, Schulter oder Nacken. Schneiden Sie das Fleisch in größere Stücke, die sie ringsum mit grobem Salz bestreuen. Legen Sie sie in ein großes Porzellan- oder Glasgefäß, wie etwa eine Gratinform, decken Sie es mit Plastikfolie ab, und lassen Sie es über Nacht stehen. Gießen Sie den ausgetretenen Saft ab, spülen Sie die Fleischstücke gründlich ab, und tupfen Sie sie mit einem sauberen Tuch oder mit Küchenkrepp trocken. Jetzt werden die Stücke noch weiter zerkleinert und anschließend durch die mittelfeine Scheibe des Fleischwolfs getrieben. Geben Sie das Brät in eine Schüssel. Würzen Sie mit reichlich frisch gemahlenem Pfeffer, einigen frisch zerstoßenen Körnern oder einer Prise gemahlenem Piment, einem Hauch frisch geriebener Muskatnuß sowie Kräutern der Provence nach Geschmack. Übergießen Sie das Ganze mit 60 ml trockenem Weißwein, und vermengen Sie alles gründlich mit den Händen. Rollen Sie eine kleine Menge des Teigs zu einer Kugel, braten Sie sie in einigen Tropfen Olivenöl, und schmecken Sie das Brät zuletzt mit Salz ab.

Wenn Sie selbst Würste herstellen möchten, benötigen Sie Wurstdärme. Am besten lassen Sie sich von Ihrem Metzger beraten.

Danksagung

Weldon Owen dankt den folgenden Personen und Organisationen für ihre Mithilfe und Unterstützung bei der Vorbereitung dieses Buches:

Mme. Marie-Françoise Guichard, Patrick Benhamou, Wendely Harvey, Norman Kolpas, Tori Ritchie, Roger Smoothie, Richard Van Oosterhout, Fee-Ling Tan, Laurie Wertz, Dawn Low, Janique Poncelet, Jim Obata, Tara Brown, Sigrid Chase, Pinnacle Publishing Services, Bob Firken.

Das für die Außenaufnahmen zuständige Team möchte den nachfolgend Genannten für ihre Beiträge danken: Richard Olney; Jean Luc Villemot; Dixon Long und Ruthanne Dickerson: M. und Mme. François Peyraud und Mme. Lucie et M. Lucien Peyraud, Domaine Tempier; Château D'Ansouis, Wohnsitz der Familie De Sabran Ponteves sowie von M. Robert und Mme. Noelle Rocchi, Le Caveau de la Tour de L'Isle, L'Isle sur la Sorgue.

Der Dank des Food-Fotografen und -Stylisten für die freundliche Bereitstellung von Requisiten für die Studioaufnahmen in Sydney gilt Appley Hoare Antiques, Woollahra; The Bay Tree, Woollahra; Country Floors, Woollahra; Parterre Garden, Woollahra; Studio Haus, Double Bay; Les Olivades, Double Bay; In Residence, Paddington; John Normyle, Paddington; Gregory Ford, Paddington; The Art of Food and Wine, Woollahra; Alison Coates Flowers, Paddington; Country Furniture Antiques, Balmain; Accoutrement, Villeroy & Boch, Brookvale; Hale Imports for Pillivuyt, Brookvale; Sewita Marble, Silverwater.

Zu den Illustrationen

 Dieser Fries schmückt das Portal des ehemaligen Priorats von Notre-Dame-de-Salagon vor den Toren des Städtchens Mane in den Alpes-de-Haute-Provence. Von den Mönchen während der Französischen Revolution verlassen, zerfiel das Kloster. Seine Überreste wurden schließlich als Scheune genutzt. Jahrzehntelang verschwanden seine kunstvollen Dekorationen hinter Strohballen und landwirtschaftlichem Gerät. Heute befindet sich die Kirche in Privatbesitz.

Das Aquädukt von Roquefavour in den Bouches-du-Rhône stammt noch aus römischer Zeit. In der Nähe befindet sich der  Canal de Marseille, zwischen 1842 und 1847 von François de Montricher erbaut, der das Wasser der Durance nach Marseille befördert. Das Bauwerk aus behauenem Stein überspannt das Arc-Tal. In seiner Konstruktion lehnt es sich an den Pont du Gard an, ein Aquädukt in Nîmes, das beinahe zwei Jahrtausende unbeschadet überdauerte.

 In jedem Städtchen der Provence, so kann man beinahe sagen, dringt irgendwo der Klang stetig plätschernden Wassers ans Ohr. Folgt man ihm, so gelangt man meist unweigerlich zum zentralen Platz mit einem reichdekorierten Brunnen oder zu einem Wasserspeier wie diesem aus Aspremont, Alpes-Maritimes.

Das karolingische Antependium in Limans, Alpes-de-Haute-Provence, ist eine anonyme Arbeit aus dem Frühmittelalter. Sein Monogramm besteht aus vier griechischen Buchstaben –

 Chi, Rho, Alpha und Omega. Zusammen bilden sie ein Kreuz, Symbol für den Anfang und das Ende aller Dinge. Doch wurden die Buchstaben in der falschen Reihenfolge verwendet, was zu der Spekulation veranlaßte, der Künstler habe ihre Bedeutung nicht verstanden.

 Der berühmte Arc de Triomphe in Orange, Vaucluse, ist der besterhaltene römische Torbogen in Frankreich. Das dreitorige Bauwerk wurde etwa zu Beginn unserer Zeitrechnung zur Erinnerung an die siegreiche 2. Legion errichtet. Die opulente Dekoration der Anlage schildert die römischen Land- und Seesiege über die Gallier.

 Der aus dem 12. Jahrhundert datierende Figurenschmuck am Portal der Kathedrale St-Trophime in Arles, Bouches-du-Rhône, zeigt biblische Szenen und legt Zeugnis ab von der provenzalischen Steinmetzkunst des Mittelalters. Die vielleicht schönste romanische Kirche der Provence wurde zu Ehren des heiligen Trophimus erbaut, der das Christentum nach Frankreich brachte.

 Der Sarkophag von Gayole – hier ein Detail – wurde in einer Kapelle unweit von Brignoles, Var, gefunden und steht heute im *Musée du Pays Brignolais*. Er gilt als das älteste Meisterwerk seiner Art in Frankreich. Das exzellente Beispiel frühchristlicher Steinmetzkunst entstand im 2. oder 3. Jahrhundert vermutlich in Italien.

REGISTER

Zahlen in *Kursivschrift* beziehen
sich auf Abbildungen